中国城市群研究丛书

丛书主编　张学良　肖金成

国家社会科学基金一般项目(项目批准号：18BJL092)：
新国家空间理论视阈下新时代中国城镇体系的尺度重组研究

山东半岛城市群研究

Study on Shandong Peninsula Urban Agglomeration

马学广　于兰军　等著

中国财经出版传媒集团
经济科学出版社
Economic Science Press

图书在版编目（CIP）数据

山东半岛城市群研究/马学广等著. —北京：经济科学出版社，2022.4
（中国城市群研究丛书）
ISBN 978-7-5218-0712-7

Ⅰ.①山… Ⅱ.①马… Ⅲ.①山东半岛-城市群-研究 Ⅳ.①F299.275.2

中国版本图书馆 CIP 数据核字（2019）第 143436 号

责任编辑：于　源　陈　晨
责任校对：隗立娜
责任印制：范　艳

山东半岛城市群研究

马学广　于兰军　等著

经济科学出版社出版、发行　新华书店经销
社址：北京市海淀区阜成路甲 28 号　邮编：100142
总编部电话：010-88191217　发行部电话：010-88191522
网址：www.esp.com.cn
电子邮箱：esp@esp.com.cn
天猫网店：经济科学出版社旗舰店
网址：http://jjkxcbs.tmall.com
北京季蜂印刷有限公司印装
710×1000　16 开　19 印张　340000 字
2022 年 4 月第 1 版　2022 年 4 月第 1 次印刷
ISBN 978-7-5218-0712-7　定价：76.00 元
（图书出现印装问题，本社负责调换。电话：010-88191510）
（版权所有　侵权必究　打击盗版　举报热线：010-88191661
QQ：2242791300　营销中心电话：010-88191537
电子邮箱：dbts@esp.com.cn）

中国城市群研究丛书
学术委员会

主　　任：范恒山

副主任：肖金成　张学良

委　　员：（以姓氏拼音首字母排序）

白永亮	鲍曙明	曹文炼	陈建军	杜凤莲
樊　杰	方创琳	高新才	高志刚	郭爱君
郭淑芬	郝寿义	何立胜	江曼琦	金　碚
李　刚	李　红	李　郇	李国平	马　涛
马学广	倪鹏飞	潘玉君	屈凌波	孙海鸣
唐　杰	王雅莉	魏后凯	吴传清	谢一春
杨开忠	尹　稚	赵作权	郑长德	钟业喜
周国华	周加来			

中国城市群研究丛书
编辑委员会

主　编：张学良　肖金成

编　委：（以姓氏拼音首字母排序）

白永亮	崔新蕾	杜凤莲	高志刚	郭爱君
郭淑芬	何文举	江曼琦	景朝阳	李　刚
李　红	李　郇	梁育填	林芳莹	刘乃全
刘雅轩	刘修岩	马　涛	马学广	毛锦凰
孟美侠	潘玉君	屈凌波	孙中叶	汪增洋
王　哲	王雅莉	吴　康	吴传清	于兰军
赵儒煜	郑荣华	郑长德	钟海燕	钟业喜
周国华	周加来	周靖祥		

中国城市群研究丛书
主编简介

张学良，1978年6月生，安徽安庆人，经济学博士，中国区域经济50人论坛成员，上海财经大学长三角与长江经济带发展研究院执行院长。上海财经大学讲席教授、创新团队首席专家，博士生导师，美国密歇根大学、佛罗里达大学访问学者。入选中组部国家"万人计划"哲学社会科学领军人才、中宣部文化名家暨"四个一批"人才、教育部新世纪优秀人才等多个国家级人才计划，为国家社科基金重大项目首席专家，兼任全国经济地理研究会副会长、长三角城市经济协调会专家咨询委员会专家，主持了国家社科基金重大（重点）项目、国家自然科学基金项目与各级政府委托重大课题50余项，研究方向为区域经济与城市经济。

肖金成，1955年9月生，河北邯郸人，经济学博士，研究员，享受国务院特殊津贴。现任中国宏观经济研究院研究员、中国社会科学院研究生院博士生导师、中国区域经济学会副会长、中国区域科学协会理事长。曾任国家发展和改革委员会国土开发与地区经济研究所所长、国家发展和改革委员会经济研究所财政金融研究室主任、国家原材料投资公司财务处处长、中国城市规划学会区域规划和城市经济委员会副主任委员。2011年，被中国国土经济学会评为"中国十大国土经济人物"，2012年，被中国国际城市化发展战略研究委员会评为"中国城市化贡献力人物"，被中国科学技术协会评为"全国优秀科技工作者"。

序

大力推动城市群高质量发展

城市群是城市发展的最高层次的空间组织形式。作为资源要素的主要集聚地和协同创新的最强承载体，城市群在区域和国家经济社会发展中发挥着核心支撑作用。资料显示，世界排名前40名的城市群为全球贡献了66%的经济总量和85%的科技创新成果，而城市群都是各国经济发展格局中最具活力和潜力的地区[1]。我国已由高速增长阶段转向高质量发展阶段，抓住世界百年未有之大变局带来的机遇，适应形势变化构建以国内大循环为主体、国内国际双循环相互促进的新发展格局，实现国家经济更高质量、更有效率、更加公平、更可持续、更为安全的发展，必须高度重视城市群发展，采取更加有力的举措推动城市群建设。

一、进一步认识推动城市群发展的重要意义

党的十八大以来，我国把城市群作为新型城镇化的主体形态予以积极部署、大力推进。在《国家新型城镇化规划（2014—2020年）》中，对优化提升东部地区城市群、培育发展中西部地区城市群和建立城市群发展协调机制做了安排。国家"十三五"规划纲要明确了城市群的具体建设任务。近些年来，19个城市群和2个城市圈的规划编制工作相继展开。党的十九大报告进一步指出，要以城市群为主体构建大中小城市和小城镇协调发展的城镇格局。党的十九届五中全会通过

---

[1] 范恒山：《推动长三角城市合作联动新水平》，载于《智库时代》2017年第4期，第57页。

的《中共中央关于制定国民经济和社会发展第十四个五年规划和二〇三五年远景目标的建议》强调，发挥中小城市和城市群带动作用，建设现代化都市圈。在新的发展阶段，践行新发展理念，推动形成新的发展格局，应进一步认识并充分发挥城市群建设的重要作用。

第一，有利于促进城乡区域协调发展。当前我国存在的主要问题是发展不平衡不充分，而这在城乡区域发展方面表现得尤为突出。东西部差距过大问题没有完全解决，南北地区悬差又凸显出来；近些年城镇居民与农村居民人均可支配收入比有所缩小，但综合考量城乡差别依然很大。建设城市群有利于加快缩小城乡间、地区间的发展差距。城市作为优质资源要素的主要集聚地，不仅构成了经济社会发展的主体动源，而且是带动区域发展的核心力量，而由多个城市有机组合而成的城市群，依托其网状形态和联动机制对周边地区发挥着更加广泛和更具强度的辐射带动作用，从而能大大加快欠发达地区的发展进程。不仅如此，依据东、中、西地区资源禀赋和发展潜能构造城市群功能和布局供应链价值链，则可以形成区域间联动发展、合作共赢的格局。就城市群内部看，通过城市间的合理分工及交通通信等基础设施网络连接等举措，不仅能发挥中小城镇各自的比较优势，还可以充分发挥中心城市的引领带动作用，促进域内各城市间在关键领域和重点环节的一体发展、协调发展，从而大大提升相对落后地区的发展速度与品质。

第二，有利于防止和治理"大城市病"。城镇化发展进程寓含着两个演进趋势：一个是农村生产要素向城镇的流转集聚，这更多地体现为土地城镇化的发展；另一个是产业和人口等向大城市的转移集聚，这更多地体现为人口城镇化的发展。前一种演进容易形成粗放发展，而后一种演进很容易导致"大城市病"。大城市具有的综合优势吸引众多的人口和企业进入，众多人口和企业的进入推动了城市产业多元扩张和功能全面拓展，大而全的产业体系和混杂的功能结构，造成城市不堪重负，从而形成了交通拥堵、环境污染、资源浪费等一系列"大城市病"。因此，注重于发展单个城市，不仅大概率会使城市患上各种病灶，而且一旦患病，很难通过自己进行有效治理。发展城市群则能够较好地解决这个问题。通过功能疏解重组既能够化解中心城市人口多、产业杂、环境乱、服务难等难题，又能强化各适宜中小城市的主体功能，推动其产业结构和公共服务等的优化提升。借此也能有效克服各城市间基于局部利益造成的不良竞争，促进优势互补、资源并济和风险共担。

第三，有利于进一步提升资源配置效率。作为由众多不同规模等级城市组合而成的空间结构紧凑、经济联系紧密的有机体，城市群为一体发展、协同运行提供了坚实的组织体系和空间构架，而一体发展、协同运行给城市个体和城市群整体都能带来强大的发展动能。城市间的合理分工减少了不良竞争、带来了地区协作，防止了资源配置分散、带来了专业效能的提升，强化了比较优势、提供了产业衔接配套条件。与此同时，在一体化、同城化等机制下，各城市可以突破行政区划约束，在城市群范围内自由进行资源要素配置，这不仅能有效化解自身面对的"巧妇难为无米之炊"困境，还能大大降低配置成本，提高适配水平，从而大大提升发展质量与效率。

第四，有利于加快形成双循环战略格局。城市群不仅是国家和地区发展创新的主体，而且是全面承载生产、分配、流通、消费过程，衔接供给、需求体系，连接国内外市场的平台，城市群的循环不仅是国家双循环的基础与支撑，也是动能和推手。通过加强城市群各城市间跨行政区的开放合作，打破阻梗与封锁，畅通内部"小循环"，实现中心城市的引领带动作用与其他城市联动崛起效应的有机结合，全面激发各个地区的发展潜能，提升城市群整体竞争力，带动周边区域加快发展。通过深化城市群间的开放合作，形成合理的区域分工和全方位的合作联动局面，形成供给与需求的配套促进、产业链创新链的联动提升，通过发挥内需潜力，使国内市场和国际市场互相联通，持续挖掘新动能、拓展新空间。

二、不断提高城市群的建设水平

为了契合经济进入高质量发展新阶段的要求，服务加快推进国家现代化建设重大使命，努力在形成新发展格局中担当砥柱职责，我国城市群发展必须走内涵式的高质量发展道路。要遵循客观规律要求，着眼解决关键问题，不断提高城市群的建设水平。考虑到城市群建设所涉及领域的广泛性与关系的复杂性，在具体方略上，宜坚持从实际出发，灵活施策、多措并举。特别要围绕五个方面下功夫。

第一，强化区域战略协调互动，进一步优化城市群功能分工。围于历史基础和自然禀赋的差异，我国城市群在国土空间中总体呈现出"东高、中平、西低"的分布格局，而东部地区城市群的经济实力、可持续发展能力远远领先于中西部地区城市群。现有城市群本身发展很不平衡，既有已经较为成熟的，也有正在快速发展之中的，还有处于培育形成阶段的。这种不平衡状态要求城市群发展在总体战略上坚持分类指导、因地制宜，并根据各城市群的发展水平和比较优势，进一步明确功能定位、确立发展重点。在此前提下，应大力推动成熟型城市群与发展型城市群、培育型城市群的战略互动。长三角、粤港澳、京津冀等成熟型城市群应充分发挥辐射带动作用，将发展型城市群和培育型城市群作为产业转移和跨区域合作的主要依托，发展型城市群和培育型城市群应进一步加强与成熟型城市群的交流合作。一方面，通过移植借鉴成熟经验和科学做法，夯实经济社会运行和治理的软硬基础，建立国际一流的发展环境；另一方面，通过飞地经济、租赁经济、托管经济、共享经济、平台经济等多种组织形态和合作模式，实现优质资源要素的共享互补，进一步强化地区比较优势和特色经济体系。

第二，加快都市圈建设，完善城市群空间结构。通常意义上，都市圈是城市群内部以超大特大城市或辐射带动功能强的大城市为中心，以约1小时通勤圈为基本范围的城镇化空间形态，它以同城化为方向，构筑中心城市和周边城市一体化发展的运行格局。都市圈是城市群的基本支撑和主要带动力量，从根本上决定着城市群发展的能量与质量。放眼世界，城市群的发展几乎都得益于都市圈的优强发展。据2018年美国经济分析局数据，纽约大都市区以占美国东北部大西洋沿岸城市群不到25%的总面积集聚了超过40%的就业，创造了约40%的国民生产总值，其集聚带动效应十分显著。因此，推动城市群发展，必须加快都市圈建设。都市圈建设仍然要坚持分类指导、因地制宜的总体原则，而操作的重心，一方面应是进一步塑造和突出中心城市的主体功能，增强其核心竞争力；另一方面则是大力推动中心城市与周边城市的一体发展、协调联动，这两个方面应该有机结合、相互支撑。可以利用空间换产业、市场换技术、园区换资本等手段，在疏解中心城市非主体功能的同时，将中心城市发展中的一般功能和"臃肿"事务向周边地区进行"梯度转移"，扶助周边地区突破发展的瓶颈制约。同时，以体制机制创新为保障，以基础设施一体化为支撑，促进中心城市和周边城市市场统一建设、产业错位布局、公共服务协同共建、生态环境一体保护，在合作联动中实现互利共赢。通过促进中心城市和周边地区功能互补和同城化建设，进一步完善城市群的空间结构，形成更大的发展能量。

第三，依托经济联动规避行政区划约束，最大限度地提升城市群综合承载能力。我国京津冀、粤港澳、长三角、成渝等19个城市群承载了全国78%的人口，贡献了超过80%的地区生产总值，成为承载资源要素、引领经济发展的主要空间载体。其中的奥妙在于，城市群各城市间通过协调联动强化了资源要素的跨行政区划配置，即通过拓展经济边界提升区域资源能源、生态环境、基础设施、公共服务等对经济社会发展的承载和支撑能力，缓解单个城市因行政区划限制所受到的土地、生态、环境等的约束。推进城市群发展，应进一步通过共建经济区、深化互补性经济合作、促进体制对接与市场开放等途径，突破行政边界限制，打通人员、资金、技术、土地、数据等要素的自由流动通道。土地是城市群发展的核心要素，往往受制于行政区约束和城市分割，应作为城市群改革创新的重点。就这方面而论，在加强建立全国性建设用地、补充耕地指标跨区域交易机制探索的同时，重点应加快城乡接合部农村集体土地制度改革，盘活存量建设用地，并深化农村宅基地制度改革试点，完善城乡建设用地增减挂钩政策，通过这些举措改变中心城市土地紧缺而外围地区土地闲置的不良状况。

第四，强化数字技术开发利用，夯实城市群现代化建设的智能基础。伴随全球新一轮科技和产业革命的蓬勃兴起和深入发展，以互联网、大数据、人工智能等为代表的数字技术将直接作用于经济发展，形成"数字经济+"模式，带动人类社会生产方式变革、生产关系再造和生产空间重构。如果说过去区域经济乃至整个国民经济的快速发展在很大程度上得益于各类战略的大力推动的话，那么数字技术将成为现在和未来国家高质量发展的核心支撑力量。对于城市群建设来说，数字技术不仅是高效运行、有效治理和一体联动的支撑，还是内涵拓展、品质提升、功能集聚的条件。要把握新的科技革命的机遇，立足争取未来发展的主动地位，加快推进城市群数字技术的开发利用。在这方面应当竭尽所能，能走多快就走多快。当前应当重视的是，加快5G基站、智慧高速公路、未来社区等数字基础设施或运行载体在城市群内深度布局；大力推动传统产业数字化改造，促进制造业与数字技术融合发展；结合本地比较优势，发展和壮大数字经济核心产业；加快完善相关法律法规体系，优化数字经济投资促进机制，强化保障措施。通过努力，在城市群内形成优质高端、开放包容的数字技术基础设施与经济运行体系。

第五，协调优化"三生"空间，努力提高城市群的内在品质。高质量发展的城市群应当是生产、生活和生态功能的有机结合体。回顾我国城镇化发展历程，"三生"空间布局失衡是一个突出问题。在比较长的一个时期里，对生产功能的过度重视，导致生活空间和生态空间不断被蚕食侵夺，相应影响了城市品质的提升和人民福祉的增长。随着新发展理念特别是绿色发展理念深入人心，今天城市生态和生活空间建设已受到各方面高度重视，但协调发展和优化布局仍然面临着不少难题。必须明白，城市群发展"三生"协调并不是简单强化自然景观或休闲场所建设，不是三种功能空间的物理拼凑，而是从整体规划到具体设计上全方位多层次体现三者的交融耦合。高质量发展前提下的"三生"协调，要把绿色作为全部经济社会活动的底色，融入生产格局和生活方式之中。要站在绿色发展、经济发展与环境保护有机结合、人和自然和谐共生的基点上来考虑"三生"的建设与布局，通过"三生"的融合协调，更好地满足人民日益增长的美好生活的需要，实现城市群的高品质建设、高质量发展。

三、完善城市群一体化发展的支撑协调机制

城市群在超越单个城市的更大空间范围内承载着资源要素的集聚与配置，它不是简单的城市集合体，而是特定空间内由不同规模等级的城市在分工与协作基础上形成的具有密切联系的一体化功能区域。可以说，一体化是城市发展的基本品质所在，也是其旺盛的持续发展潜力所在，而一体化的本质和核心则是资源要素的无障碍自由流动和地区间全方位开放合作。因此，推动城市群发展，还要以促进资源要素自由流动和各城市间全方位开放合作为导向，建立健全各种支撑协调机制，尤其要重视以下一些方面的机制建设。

第一，完善规划指导协调机制。事前的统筹布局、一体规划不仅可以避免低水平重复建设，还可以促进各个城市的发展紧扣自身功能定位，充分发挥比较优势，从而促进城市群内部合理分工与协调发展，

进而提升区域的整体竞争能力。我国实施规划指导具有特殊的优势和丰富的经验，世界上一些国家和地区在城市群规划建设方面也有可资借鉴的做法。例如纽约都市区区域规划协会的工作经验表明，尺度较小、精准度较高的区域规划更能促进区域间交流合作。因此，应当进一步完善城市群规划的指导、管理与协调机制，在强化政府规划部门指导的同时，针对不同区域的城市群发展建立社会层面的规划引导和协调机制。在规划重点上，考虑到都市圈发展对城市群发展的特殊功能，应在统筹谋划城市群发展总体方向、战略布局、地区特色和发展重点的同时，把加强都市圈建设的规划指导与协调放到突出重要的位置。

第二，创新产业集群发展跨区域协调机制。产业集群的跨区域建设是城市群建设的核心内容，而形成世界级产业集群是实现城市群高质量发展的关键支撑。产业集群组织在欧盟、美国、德国、日本等发达国家世界级产业集群的建设过程中发挥了至关重要的作用。在坚持政府引导、市场决定和企业推动的基本思路与操作原则的基础上，我国推动城市群内跨区域产业集群建设，还应借助已有的区域合作机制，尝试建立包括政府、企业、高校、科研院所、行业协会、投资机构等在内的多元化集群管理组织架构，通过其更好地协调各方利益，维护公平竞争秩序、优化产业结构，并不断推动产业发展政策的调整和创新，支持先进特色产业做强做大。

第三，探索公共服务优化配置机制。以医疗、教育为代表的公共服务跨地区共享是城市群高质量一体化发展的重要标志，也是提升人民群众获得感和幸福感的重要途径，但在现阶段仍然是城市群建设的一个难点。解决这一难题，一个可以探寻的思路是建立教育、医疗协同发展体系，形成公共服务跨区域优化配置机制。在具体操作上，可以通过中心城市医疗、教育等公共服务部门与周边地区签署合作协议等方式，促进资源共享、研训协同；可以采取设立分院、科室合作、学校共建、专家义诊、线上云平台等办法促使中心城市优良医疗教育资源服务于周边城市居民。值得强调的是，此次新冠肺炎疫情的突然袭击，警示城市群建设必须高度重视生物安全和卫生安全。应依此进一步优化城市群空间布局和城市建设格局，完善突发公共卫生疫情联防联控机制，健全跨区域公共卫生应急管理体系，做到反应及时、应对有力、严谨有序、万无一失。

第四，建立成本共担、利益共享机制。交通基础设施互联互通、生态环境联保联治、产业发展协同协作、市场要素对接对流等跨区域事务都涉及成本分担和利益分配问题。保障城市群一体化高质量发展应进一步畅通多层次政府间沟通协商机制，按照稳定存量、改善增量的原则，建立成本共担、利益共享的分配机制，以全面调动各城市、各地区的积极性。为切实推进一体化发展进程，可以以政府资金为引导，探索设立城市群共同投资基金，相应建立科学高效的基金投资决策机制和运行监督机制。

总体来说，城市群发展是一项宏大而又艰巨的系统工程，要审时度势、统筹兼顾，并谋于高远、工于细末。特别是要基于百年未有之大变局的形势和实现高质量发展、建设现代化的要求来谋划和推进。通过持续努力，让我国城市群真正成为带动国家发展的创新高地和核心增长极。

顺应新形势新使命的要求，上海财经大学张学良教授等发起的中国城市群研究联盟运用"互联网+科研"的新思维，采取"众筹、众包、众研"的项目组织方式，从2017年7月起，在深入调研的基础上，对我国城市群发展的诸多理论与现实问题进行了全面系统的研究，经过艰苦努力，编写出了"中国城市群研究丛书"。丛书在梳理京津冀城市群、长三角城市群、粤港澳大湾区、成渝城市群、长江中游城市群、中原城市群、关中平原城市群、山东半岛城市群、滇中城市群、环鄱阳湖城市群、呼包鄂城市群的地理环境、历史脉络与发展历程的基础上，对我国城市群空间结构、产业发展、交通网络、经济联系、区域合作、资源环境承载能力等进行了分析论证，揭示了当前城市群发展取得的基本成就和存在的主要问题，提出了未来实现高质量发展的方向性思路与操作性建议。这套通过各团队成员集体参与、充分沟通，可谓集百家之所长、融众人之所思的丛书，将思想性、政策性、学术性、资料性归为一体，特色鲜明、见解独到、不乏真知灼见，是了解、研究和推进我国城市群发展不可多得的工具类书籍，于理论研究者、政策制定者、实践推进者诸都适用。若据而读之，必深受其益。故此竭力推荐，希望引起关注。

范恒山

2020年11月21日

代 序

城镇化战略与城市群规划

城镇化战略在中国已经达成了共识。城镇化关系到经济发展、社会发展,关系到人口素质的提高。城镇化和城市建设存在非常密切的关系,城市和城镇是城镇化的载体。城市规模的扩大和城镇数量的增加,使中国涌现出若干城市群。通过城市群规划,促进城市的分工合作与功能互补,实现大中小城市与小城镇协调发展。

一、城镇化与城镇化战略

城镇化作为农村人口从分散的乡村向城市和城镇集中的历史过程,是一种世界性现象。进入21世纪,中国开始实施城镇化战略,城镇化速度不断加快。中国"十五"计划(2001~2005年)纲要提出"要不失时机地实施城镇化战略"。中共十九大报告提出:"以城市群为主体构建大中小城市和小城镇协调发展的城镇格局,促进农业转移人口市民化"。

加快农村富余劳动力向城市和城镇转移,提高城镇化水平,是中国全面建成小康社会、实现全面现代化的必然选择。一是城镇化是解决日益严重的农村富余劳动力的根本出路。农业现代化的顺利推进,需要将滞留在农村的大量富余劳动力转移到城市和城镇的二、三产业,摆脱严重失调的人口城乡分布格局对国民经济持续健康发展的制约。根据国家统计局的数据显示,2000年,中国的城镇化水平为36.22%,农村人口8.08亿人;2017年,中国的城镇化水平为58.52%,农村人口仍有57688万人,还不包括2亿多的农民工。二是城镇化是提高人口素质的重要举措。城镇丰富的教育资源和高效的资源利用有利于人口科学文化素质的提高。三是城镇化有利于减轻生态脆弱地区的压力,从而改善生态环境。随着城镇化进程的不断推进和城镇化水平的不断提高,农村居民的数量不断减少,农民人均收入不断提高,对土地等自然资源的压力也随之降低,为生态退化问题的解决提供了重要条件。

统计数据表明,城镇化水平每提高1%,就可拉动当年国民生产总值增长1%~2%。[1] 由此可见,城镇化已经成为决定中国经济增长的关键性因素,不加快城镇化进程,就难以实现农业现代化,中国国民经济发展就难以跃上一个新台阶。

城镇化的本质是实现人口由农村向城市和城镇的转移,城镇化的最终目的是要为人的全面发展创造条件,让进城的农民"进得来、留得住、过得好"。解决农业转移人口(农民工)问题是城镇化战略的重要组成部分,正确的选择是让进城的农民留下来,并且让他们的家属进城居住。解决农民工问题的基本途径就是农业转移人口市民化。

农业转移人口市民化就是让已进城的农民工不管是在大中城市,还是小城市、小城镇都能享受与城市居民同等的福利待遇、同等的社会保障、同等的权利与义务,不再是城市的"边缘人"。农业转移人口市民化可从解决农民工的福利与保障入手,再逐步解决其他问题。

中国改革开放以来,一批批农民脱离农业,离开农村,进入工厂,进入城市,形成了庞大的农民工群体,他们不仅为中国的工业化做出了贡献,也为城镇化做出了贡献,但时至今日,虽然在统计数据上大部分已属于城市常住人口的一部分,但身份问题没有解决,大多数人的家属没有进城,未能享受与城市居民同等的待遇,所以,农民工问题受到社会各界的广泛关注。

首先应该解决的是农民工的社会保障问题。在社会保障制度方面,主要是解决流动人口社会保障的可转移问题。加快农民工输入和输出大省之间进行养老保险关系转移的对接试点工作,在取得经验的基础上推向全国。应尽快研究建立不分城乡区域的社会保障体系。其次是农民工的子女教育问题。儿童教育当然应是输入地政府的责任,不应

---

[1] 肖金成:《城镇化战略与城市群的发展》,载于《今日国土》2013年第9期,第15~17页。

该有任何的歧视。实质上这已不是农民工的福利而是农民工子女的权益，应追究城市政府不作为的责任。再次，在住房方面，要城市政府包下来也不现实，应多层面完善农民工的住房问题。参照城市居民住房公积金制度，制定并实行外来务工人员住房公积金制度，对建立公积金账户的外来务工人员允许其以公积金购房和支付房租；建设一批小户型的廉租房，向包括外来人口在内的无力购房的低收入群体出租。在户籍制度方面，应废除城乡分割的户籍制度，建立全国统一的以居民身份证和居住证为基本依据的人口管理体制。超大城市和特大城市可建立有序的准入制，降低门槛，允许具有可靠职业和稳定收入的外来人口在经常居住地落户，引导流动人口融入当地社会。城市应该宽容、主动、创造条件去接纳农民工成为城市居民。鼓励家庭移民，家庭中凡有一人在城市有固定职业者，允许其家庭成员落户。

二、城市群：城镇化的主体形态

进入21世纪，中国区域经济发展的重要特点是城市群的出现。城市群是在工业化、城镇化进程中出现的区域空间形态的高级现象，能够产生巨大的集聚经济效益，是国民经济快速发展、现代化水平不断提高的标志之一。所谓城市群是在特定的区域范围内云集相当数量的不同性质、类型和等级规模的城市，以一个或几个特大城市为核心，依托一定的自然环境和便捷的交通条件，城市之间的内在联系不断加强，共同构成一个相对完整的城市"集合体"。在城市群范围内，原来单个的城市和另外的城市形成了互补关系，大城市的功能不断升级，给小城市和小城镇带来了机遇。小城市和小城镇在城市群范围内，区位劣势在弱化，而成本优势在强化。原来一些小城市之所以发展缓慢，是因为有区位劣势，产业和人口难以集聚，始终保持很小的规模，但在城市群中，由于交通条件的改善，区位劣势被化解。小城市和小城镇要素成本很低，比如零部件产业就可以在小城市和小城镇得到发展。长三角城市群、珠三角城市群之所以有很多小城镇能够集聚那么多产业，和处于城市群之中有非常密切的关系。另外，在城市群里大中小城市和小城镇能够协调发展，而且基础设施能够共享共用。

一个区域是否形成了城市群，需具备三个条件：一是要有一定的城市数量；二是要有大都市，没有大都市，都是中小城市，各自的辐射半径就很小，城市和城市之间难以形成合理分工；三是城市之间的联系要十分密切，交通要十分便捷。

根据我们的研究，中国已经形成了十大城市群，即长三角城市群、粤港澳大湾区城市群、京津冀城市群、长江中游城市群、川渝城市群、中原城市群、辽中南城市群、山东半岛城市群、海峡西岸城市群和关中城市群。这十大城市群的面积约占全国国土面积的10%多一点，承载人口占全国1/3多，GDP占全国的比重将近2/3。①

未来还会形成几大城市群，如湘东城市群、江淮城市群、北部湾城市群、哈长城市群、天山北坡城市群等。原来大家只听说过长株潭城市群，实际上这三个城市离得很近，这三个城市实际上是一个城市的三个组团，它的发展会带动周边城市的发展，如益阳、衡阳、岳阳、娄底和常德，还有江西的萍乡，会形成以长株潭为核心的湘东城市群。像长沙、合肥、长春、哈尔滨、南宁、乌鲁木齐，近年来发展非常快，随着辐射半径的扩大，和周边城市的联系不断加强，城市群就有希望形成。

总之，由于中国人口众多，适宜人类生存发展的国土空间并不大，绝大多数人集中生活在东中部平原地区，所以，中国的城市群不仅数量多，而且规模大。我们预测，中国将形成若干世界级城市群。长三角城市群已经名列世界第六大城市群，珠三角将与香港、澳门融为一体，形成比珠三角范围更大的粤港澳大湾区世界级城市群。未来，京津冀和山东半岛两大城市群将融合为一体，形成京津冀鲁世界级城市群，还有长江中游地区、川渝地区、东北地区，也有可能形成世界级城市群。这些世界级城市群将矗立在世界的东方，和美国、美加、欧洲、英国、日本的世界级城市群遥相辉映。

三、城市群规划：城市分工与功能互补

为什么要做城市群规划？因为在城市群内部，由于区位的变化，竞争比较激烈，如北京与天津、广州与深圳、沈阳与大连、济南与青

---

① 肖金成、申兵：《我国当前国土空间开发格局的现状、问题与政策建议》，载于《经济研究参考》2012年第31期，第15~26页。

岛、福州与厦门等，均要发展成为金融中心，出现"虹吸效应"和"寡头效应"，周边城市很难发展起来，而核心城市由于功能过度聚集，出现了比较严重的"大城市病"。因此需要国家出面进行规划，明确各自的分工，消除行政壁垒和恶性竞争，促进城市间的合作。2011年3月6日发布的《中华人民共和国国民经济和社会发展第十二个五年规划纲要》指出，要科学规划城市群内各城市功能定位和产业布局，缓解特大城市中心城区压力，强化中小城市产业功能，增强小城镇公共服务和居住功能，推进大中小城市基础设施一体化建设和网络化发展。

城市群如何规划？城市群规划与区域规划和城市规划有很大的区别。区域规划范围一般大于城市群规划，规划对象既要包括城市也要包括农村，内容比较庞杂。城市规划主要对一个城市未来一定时期扩展的部分与需要重建或改造的部分进行设计，包括交通设施、地下基础设施、空间布局、城市风貌等，一般不涉及其他城市，甚至也不涉及农村。而城市群规划的对象是城市群范围内的城市和城镇，确定各城市的功能及相互之间的关系等。

第一，科学界定城市群的范围。城市群包括多个城市，但范围并非越大越好。是否纳入城市群范围，应根据城市的辐射半径、城市之间的联系度和交通条件。城市的辐射半径最远不会超过200公里，也就是说大都市的辐射半径远一些，小城市的辐射半径会近一些。一般来说，都市有都市圈，城市有城市圈，都市圈和城市圈相互耦合，也就是各自辐射的范围连在一起，城市群的范围就清楚了。

第二，明确城市群内各城市的功能定位。城市群内的每个城市都要承担一定的功能，根据产业基础、比较优势进行分工。比如京津冀城市群，北京的功能、天津的功能、河北省各城市的功能均要在规划中明确。

第三，确定城市群的空间布局。预测城市群内大都市和其他城市发展的速度和方向，明确同等规模城市之间的关系，确定哪个城市重点发展哪些产业，各城市发展到多大规模，为各城市的规划提供依据。

第四，构建合理的城镇体系。城市群内有特大城市甚至有超大城市，也有大城市、中等城市、小城市，还有小城镇。规划主要明确大中小城市和小城镇之间的关系，构建比较合理的城市体系。我们说京津冀城市群城市体系不太合理，是因为有两个人口在1000万人以上的超大城市，经济实力很强，吸引力很强，而河北省均是300万人以下的城市，存在断崖式落差，所以，在城市群内建立合理的城镇体系非常重要。

第五，产业发展与分工协作。产业选址、产业发展一般由企业决策，但在规划中可明确负面清单，即明确哪些城市不能发展什么产业，如核心城市一般发展现代服务业，限制发展劳动力密集型制造业，禁止发展高排放产业。产业链条应向整个城市群延伸，向中小城市和小城镇延伸，促进产业分工协作。

第六，基础设施互联互通。之所以要对城市群进行统一规划，直接动因就是要解决"断头路"问题。交通一体化和建设交通网络体系是城市群规划的重要内容。

第七，生态环境共建共保。城市群中有的城市在流域的上游，有的城市在下游，流域上下游要一体化规划，规划生态走廊，划定生态红线，共同保护生态环境。

第八，基本公共服务共享。在城市群内一体化的公共服务十分必要。规划中要明确缩小公共服务差距的途径与举措。

此外，要有保障措施，上级政府应加强组织领导，强化督促检查。要推进体制机制创新，如建立市长联席会议制度，建立合作办公室，建立共同发展基金等。

在"中国城市群研究丛书"出版之际，我将在丛书组稿会上的发言作为序言，希望这一丛书得到研究城镇化和城市群的学者的欢迎，希望社会各界的读者了解和认识城镇化和城市群。

肖金成

2020年2月14日

总前言

城市群的日益崛起是当前我国区域经济发展的一个重要特征。伴随着城镇化的快速推进，城市之间的联系日益密切，企业和要素的跨城市配置日益明显，一个城市的发展愈发受到其他地区和城市影响，传统的行政区逐渐向经济意义上的功能区转变，由地域上相近的不同规模和功能的多个城市聚合而成的城市群逐渐成为我国区域经济发展的主要空间单元，同时，以城市群为主要载体来实现大中小城市和小城镇的协调发展也已成为被普遍认可的城镇化道路。党的十九大报告指出，要以城市群为主体构建大中小城市和小城镇协调发展的城镇格局。《中共中央关于制定国民经济和社会发展第十四个五年规划和二〇三五年远景目标的建议》也进一步提出，要发挥中心城市和城市群的带动作用，建设现代化都市圈。此外，国家还集中出台了多项有关城市群和经济区的专项规划，特别是近年来京津冀协同发展、粤港澳大湾区建设、长三角一体化发展、成渝双城经济圈上升为国家战略，更加凸显了城市群在区域发展中的重要作用。

城市群的崛起源于其特定的竞争优势，这种优势内生于城市群的形成和演化过程之中。城市伴随着集聚经济而发展，产生两个好处：地方化经济与城市化经济，二者推动专业化城市和综合性城市的形成。但是，当城市发展到一定规模，经济活动在单个城市的集中会带来集聚不经济问题，此时要素和产业会从中心城市以人流、资本流、信息流和商品流的形式沿着交通轴线和通信渠道向外围低梯度城市地区扩散，甚至在区域其他地方产生新的经济中心，这些新的经济中心与原来的经济中心在发展和空间上相互联系、组合，形成区域的经济中心体系。每个经济中心都会有与其规模相应的大小不一的外围地区，这样，区域中就出现了若干规模不等的"中心—外围"空间结构，大、中、小城市在地理空间上"聚集"在一起，并最终形成一个完善的由不同等级规模城市构成的城市体系，即城市群。

城市群的核心竞争力在于城市群经济效应。城市群是基于交通高度发达、社会分工深化、市场深度扩张、要素高度聚集而演化形成的空间组织形式，从城市向城市群的演进，是经济集中化的产物，体现了生产从企业聚集到产业聚集再到城市聚集的延伸，能够实现要素在更大范围城市体系内的集聚与整合。现有理论强调单一城市的集聚对城市内部市场主体形成的外部性，但城市之间彼此的空间聚集和联动发展也会形成一种互为溢出的外部性，产生"1+1＞2"的更强的经济效应，提高城市群整体的资源配置效率，获得更大的规模效益和分工收益。城市群经济的发挥就在于集聚空间由城市向城市群的扩展，地理邻近、功能邻近、交流邻近能够带来城市间交易成本的降低和知识信息的溢出，使得网络外部性作用得以充分发挥，实现城市与区域间的经济边界、行政边界、地理边界与社会文化边界的耦合。所以，要真正实现地方化经济和城市化经济向城市群经济的延伸，城市群各个城市之间必须要形成联系密切、结构合理、布局优化的城市体系。只有通过整合发展，构筑合理的城市等级规模结构、产业分工结构和空间布局结构，实现各个城市在市场一体化基础上的密切联系和交流，才能优化要素配置，发挥城市群经济的优势，从而具备更强的竞争力。中国地域广阔，各大城市群的发展必然处在不同的发展阶段，资源环境所承载的人口规模和经济发展水平也均有不同，我们在前期的系列研究中，也将处于不同发展阶段的城市群划分为成熟型城市群、发展型城市群和形成型城市群，以因地制宜、分类指导，更好地寻求其各自发展的侧重点。

由此看来，城市群问题是中国区域经济发展的重大综合性问题，需要综合多学科开展系统性、整体性、协同性的深化研究。为此，一直以来坚持以"组织科研"方式创新、实现"科研组织"形式变革的中国城市与区域实验室（CCRL），于2017年7月，与南开大学城市与区域经济研究所、中国人民大学区域与城市经济研究所、兰州大学经济学院、西南民族大学经济学院、东北财经大学国民经济管理研究所、中山大学城市化研究院、首都经济贸易大学特大城市经济社会发展研究院、哈尔滨工业大学（深圳）经济管理学院、哈尔滨工业大学经济管理学院、湖南师范大学资源与环境科学学院、武汉大学、中国地质大学（武汉）、中国海洋大学法政学院、山东省城乡规划设计研究院、河南工业大学、云南师范大学地理学部、广西大学商学院、江西师范大学江西经济发展研究院、山西财经大学资源型经济转型发展研究院、内蒙古大学经济管理学院、安徽财经大学经济学院、新疆财经大学经济学院、上海财经大学区域经济研究中心等23个研究机构共同发起成立了"中国城市群研究联盟"，并举办了系列城市群发展高端论坛。联盟旨在让一群对中国城市群有研究基础、有研究能力、有研究兴趣的学者或团队聚集在一起，运用"互联网+科研"的新思维，秉持"众包、众筹、众研"的项目组织方式，让学术回归学术，平等参与、平等讨论，充分发挥科研比较优势，分享研究成果，共享知识溢出，构建中国城市群研究的学术生态圈。

"中国城市群研究丛书"就是在联盟成员充分沟通、达成共识的基础上，共同参与、集体创作的综合性研究成果。全书结合中国城市群发展实际，坚持用数据说话，牢固树立问题导向，从理论与实践相结合的高度，对我国城市群发展做出全面考量与客观评价。各研究团队不仅梳理了京津冀城市群、长三角城市群、粤港澳大湾区城市群、山东半岛城市群、哈长城市群、环鄱阳湖城市群、滇中城市群、兰州—西宁城市群、中原城市群、江淮城市群等相应城市群的地理环境、历史脉络与发展历程，研究了不同城市群的空间结构、产业结构、经济结构、区域合作方式与进程，并就不同城市群目前存在的问题与未来的可持续发展方向提出了意见与建议，具有重大的理论价值和现实意义。

展望未来，中国城市群发展的道路、模式、机制等都十分复杂，有中国改革开放空间试验场的独特故事，书中虽对全国各大城市群已经做了比较系统、独特的综合性研究，但在中国进入新发展阶段，以国内大循环为主体、国内国际双循环相互促进的新发展格局中，城市群的理论与实践还在不断发展，关于城市群空间范围科学界定、内部城市间产业分工合理测度、城市联系度量等研究在广度、深度上仍有待深入探索。例如，"大城市—都市圈—城市群"三个空间尺度紧密相连，都市圈作为突破城市行政边界、促进生产要素跨区域优化配置的更小空间尺度，在城市群建设中正发挥着放大城市群核心城市辐射力、突破行政边界束缚、实现区域融合发展的重要作用，是城市群发展不可逾越的阶段。我们会在后续都市圈系列丛书中对此问题进行深入探讨，敬请关注。

最后，丛书是在经济科学出版社领导和编辑同志支持下完成出版的，中国地质大学（武汉）区域经济与投资环境研究中心副主任白永亮教授，内蒙古大学经济管理学院院长杜凤莲教授，新疆财经大学副校长高志刚教授，兰州大学经济学院院长郭爱君教授，山西财经大学资源型经济转型发展研究院院长郭淑芬教授，南开大学城市与区域经济研究所原所长、中国城市经济学会学科建设专业委员会主任江曼琦教授，安徽财经大学经济学院院长李刚教授，广西大学商学院李红教授，中山大学地理科学与规划学院梁育填副教授，哈尔滨工业大学（深圳）经济管理学院林芳莹助理教授，哈尔滨工业大学可持续发展与城市治理研究所所长马涛教授，中国海洋大学法政学院马学广教授，云南师范大学地理学部潘玉君教授，郑州大学副校长屈凌波教授，深圳市原副市长、哈尔滨工业大学（深圳）经济管理学院唐杰教授，东北财经大学公共管理学院王雅莉教授，武汉大学经济与管理学院吴传清教授，首都经济贸易大学城市群可持续发展决策模拟北京市重点实验室常务副主任吴康副教授，西南民族大学经济学院原院长郑长德教授，江西师范大学地理与环境学院执行院长钟业喜教授，湖南师范大学资源与环境科学学院副院长周国华教授，安徽财经大学副校长周加来教授等共同参与了丛书的讨论与编写工作。此外，丛书还得到了国家发改委原副秘书长范恒山教授，中国科学院科技战略咨询研究院副院长樊杰教授，中国科学院地理资源所区域与城市规划设计研究中心主任方创琳教授，中国区域科学协会副会长、南开大学郝寿义教授，中国社科院学部委员、中国区域经济学会会长金碚教授，南开大学经济与社会发展研究院院长刘秉镰教授，中国社科院城市与竞争力研究中心主任倪鹏飞教授，华东师范大学中国现代城市研究中心原主任宁越敏教授，上海对外经贸大学原校长、上海市政府参事孙海鸣教授，中国人民大学区域与城市经济研究所原所长、全国经济地理研究会会长孙久文教授，中国社会科学院农村发展研究所所长魏后凯教授，国家发改委国土开发与地区经济研究所原所长肖金成教授，中国社科院生态经济研究所党委书记、中国区域科学协会会长杨开忠教授，清华大学中国新型城镇化研究院执行副院长尹稚教授，中国科学院赵作权教授等专家学者的关心与支持，特此深表谢意！

张学良
2020年11月于上海

前 言

"半岛兴，则山东兴；半岛强，则山东强"，山东半岛城市群是山东省区域经济核心区，是环渤海城镇密集区的重要组成部分，是黄河流域出海大通道的经济引擎，是我国东部沿海地区经济发展的驱动引擎，是国家海洋经济发展龙头、海洋科技创新中心和海洋人才储备中心，在我国国民经济发展、国家产业布局和国家城市布局中占有重要的地位。

山东半岛城市群的发展在全国具有重要的示范意义。国务院2009年11月正式批复的《黄河三角洲高效生态经济区发展规划》，助推黄河三角洲地区的发展上升为国家战略，成为国家区域协调发展战略的重要组成部分。2011年1月，国务院批复《山东半岛蓝色经济区发展规划》，是中国区域发展从陆域经济延伸到海洋经济、积极推进陆海统筹的重大战略举措，标志着全国海洋经济发展试点工作进入实施阶段，也标志着山东半岛蓝色经济区建设正式上升为国家战略，成为国家层面海洋发展战略和区域协调发展战略的重要组成部分。2014年6月9日，国务院发布《国务院关于同意设立青岛西海岸新区的批复》，我国第9个国家级新区——青岛西海岸国家新区正式获批，承担起海洋强国和军民融合两大国家战略使命。2015年10月19日，国务院正式批复设立"黄河三角洲农业高新技术产业示范区"，使得黄河三角洲成为继杨凌之后全国第二个国家级农业高新技术产业示范区，黄河三角洲的开发迎来了全新的机遇。2016年4月，国务院批复同意济南、青岛（含青岛西海岸片区）、淄博、潍坊、烟台、威海等6个国家高新区建设山东半岛国家自主创新示范区。2018年1月10日，国务院原则同意《山东新旧动能转换综合试验区建设总体方案》，推进新旧动能转换成为新时期山东半岛城市群转型发展的重要主题。因此，山东半岛城市群的发展成为落实一系列国家战略不可或缺的重要环节，成为新时期先行先试改革发展的重要试验区。

对于山东半岛城市群的范围，不同学者有不同的观点。1986年，山东社会科学院马传栋研究员对济南、青岛、烟台、潍坊和淄博等城市的发展及其内在联系进行了较为系统的实地调查研究，认为山东省已初步形成了以济南、青岛、淄博、烟台、潍坊为中心的城市群，并且呈济南—青岛"双城"结构，这是山东学者第一次提出山东半岛城市群的概念并明确其地域范围。自20世纪90年代初期"海上山东"战略提出之后，"山东半岛城市群"的地理范围也在适时的不断调整和扩充，由8城市方案（青岛市、烟台市、威海市、潍坊市、日照市、东营市、济南市、淄博市）、8+1城市方案（青岛市、烟台市、威海市、潍坊市、日照市、东营市、济南市、淄博市、邹平市）、13城市方案（青岛市、烟台市、威海市、潍坊市、日照市、东营市、滨州市、济南市、淄博市、德州市、聊城市、泰安市、莱芜市）演变至目前的17城市方案（山东省全省共有17个地级及以上城市）①。但是，就其地理范围而言，功能意义和学术意义上的山东半岛城市群，与行政意义和政策意义上的山东半岛城市群是否完全契合，还需要经过严谨、细致的科学辨析。

本书应用公路交通流、铁路交通流和企业流等多种功能性城市流分析综合确定山东省城市间功能性联系的强弱、方向和空间格局，并辅以城市协同性分析，将山东半岛城市群的范围界定为：青岛市、烟台市、威海市、潍坊市、日照市、东营市、滨州市、济南市、淄博市、德州市、莱芜市、泰安市、济宁市等13个城市（区）的全域范围（详见附录2）。除特殊说明外，本书所指的山东半岛城市群范围即上述自行界定的地域范围。考虑到山东半岛城市群地域范围的历史延续性，以及学术意义上的山东半岛城市群地域范围与政策意义上的山东半岛城市群地域范围的契合性，可以将本书确定的13城市方案看作是官方确认的山东半岛城市群17城市方案的核心区。除部分研究内容因特殊需要加以调整外，本书统计数据截至2016年底。

---

① 2019年初，经国务院批准，莱芜市建制取消，原辖地域整体并入济南市，改为莱芜区和钢城区山东省地级及以上城市的数量缩减为16个。出于尊重历史传承和方便统计分析的需要，本书仍沿用山东省17城市的统计口径并保留莱芜市这一名称。

CONTENTS 目录

第一章　山东半岛城市群自然地理环境 / 1

　　第一节　山东半岛城市群气候状况 / 1
　　第二节　山东半岛城市群地貌特征 / 3
　　第三节　山东半岛城市群自然资源 / 4
　　第四节　山东半岛城市群水文状况 / 6

第二章　山东半岛城市群历史地理进程 / 9

　　第一节　先秦时期山东半岛城市群的发展 / 9
　　第二节　秦汉时期山东半岛城市群的发展 / 10
　　第三节　魏晋隋唐时期山东半岛城市群的发展 / 11
　　第四节　宋元明清时期山东半岛城市群的发展 / 12
　　第五节　中华人民共和国成立以来山东半岛城市群的发展 / 14

第三章　山东半岛城市群区域经济发展 / 16

　　第一节　山东半岛城市群人口发展特征 / 17
　　第二节　山东半岛城市群经济发展特征 / 17
　　第三节　山东半岛城市群城镇化发展特征 / 20

第四章　山东半岛城市群区域空间规划 / 27

　　第一节　山东省域城镇发展格局的演变 / 27
　　第二节　山东半岛城市群沿海地区的发展 / 30
　　第三节　山东半岛城市群区域空间政策演变 / 31

第五章　山东半岛城市群区域空间结构 / 35

　　第一节　山东半岛城市群概况 / 36
　　第二节　研究设计 / 40

第三节　山东半岛城市群空间结构与空间格局分析/45

　　第四节　山东半岛城市群多中心空间格局演变特征分析/53

第六章　山东半岛城市群城市职能互补性/60

　　第一节　研究设计/60

　　第二节　横向角度的城市职能互补性分析/62

　　第三节　纵向角度的城市职能互补性分析/72

第七章　山东半岛城市群城市流空间格局/75

　　第一节　研究设计/77

　　第二节　山东半岛城市群城市流分析/78

　　第三节　山东半岛城市群城市流强度变化趋势分析/82

　　第四节　山东半岛城市群与代表性城市群比较分析/86

　　第五节　山东半岛城市群空间结构和功能联系优化建议/96

第八章　山东半岛城市群公路交通空间联系格局/98

　　第一节　研究设计/99

　　第二节　山东半岛城市群城市尺度公路交通联系空间格局/101

　　第三节　山东半岛城市群县区尺度公路交通联系空间格局/106

　　第四节　山东半岛城市群公路交通空间结构和功能联系优化建议/113

第九章　山东半岛城市群铁路交通空间联系格局/115

　　第一节　研究设计/116

　　第二节　山东半岛城市群城市尺度铁路交通联系空间格局/119

　　第三节　山东半岛城市群县区尺度铁路交通联系空间格局/125

　　第四节　山东半岛城市群铁路交通空间结构与功能联系优化建议/131

第十章　山东半岛城市群企业关联空间联系格局/133

　　第一节　研究设计/135

　　第二节　山东半岛城市群城市网络的结构与特征/136

　　第三节　山东半岛城市群县区网络的结构与特征/144

　　第四节　山东半岛城市群城市网络与县区网络对比分析/148

　　第五节　政策与建议/153

第十一章　山东半岛城市群土地利用碳排放/155

　　第一节　研究设计/155

第二节　土地利用碳排放研究进展/161
　　第三节　土地利用结构及其变化/172
　　第四节　土地利用碳排放时空演变及其影响因素/175
　　第五节　结论与建议/180

第十二章　山东半岛城市群区域发展问题与对策/183

　　第一节　山东半岛城市群区域发展主要问题/183
　　第二节　山东半岛城市群区域发展主要制约因素/191
　　第三节　山东半岛城市群区域发展对策和建议/194

第十三章　山东半岛城市群区域空间治理/198

　　第一节　区域空间治理的理论基础/199
　　第二节　山东半岛城市群海岸带空间治理/202
　　第三节　山东半岛城市群区域空间治理策略/212

附录1　山东半岛城市群研究述评/220
附录2　山东半岛城市群区域空间范围划定技术方案/232
附录3　山东半岛城市群主要统计信息/243
主要参考文献/255
后记/269

第一章

山东半岛城市群自然地理环境

山东半岛城市群地区（简称"山东半岛"）伸入黄海，北隔渤海海峡与辽东半岛相对、拱卫京津，东隔黄海与朝鲜半岛相望，东南则临靠黄海、遥望日本列岛。山东半岛海岸线全长3024.4千米，大陆海岸线占全国海岸线的1/6。山东半岛海湾众多，2/3海湾为基岩港湾，形成较多优良港口；沿海滩涂丰富，为渔业、交通运输业、旅游业等海洋产业打下了良好基础。山东半岛城市群包括济南市、青岛市、烟台市、淄博市、潍坊市、威海市、东营市、日照市、德州市、泰安市、济宁市、莱芜市和滨州市13个地级以上城市①，土地面积11.55万平方公里，占全省的73%；2016年人口7044.84万人，占全省的70.83%；2017年地区生产总值为60387.64亿元，占全省的83.09%。山东半岛城市群既是全省的政治经济和文化中心，也是环渤海地区乃至全国重要的经济核心区。

第一节 山东半岛城市群气候状况

受所处位置大气环流、地形和海洋等因素的共同影响，山东半岛城市群地区属于暖温带季风气候，四季分明，雨热同季，降水比较集中，春秋短暂，冬夏较长。夏季受东南季风控制，盛行偏南风，高温多雨；冬季受大陆性季风控制，盛行偏北风，寒冷干燥。

一、气候温和，地区差异较小

山东半岛城市群地区各城市年平均气温差异不大，多数城市在13℃左右。济宁、济南等地可以达到14℃以上；山东半岛丘陵地区平均气温较低，一般为

---

① 2019年初，莱芜市建制取消，原辖地域整体并入济南市，改为莱芜区和钢城区。

11.4℃~11.9℃；鲁北和丘陵地区以外的山东半岛基本在12.0℃~12.9℃之间；海拔为1556米的泰山年平均气温只有5.6℃，为全省最低值。总体来看，山东半岛平均气温分布特点是：南部高于北部、内陆高于沿海、平原高于山地。山东半岛整体气温分布自西南向东北递减。冬季在蒙古高压控制下，由纬度造成的南北温差大于由于海陆差距造成的南北温差。冬季等温线基本呈纬向分布，南部气温高于北部、沿海气温高于内陆。除了部分地区，最冷的月份一般在1月。夏季受大陆热高压和西太平洋副高压的控制，天气炎热，湿润多雨。温度主要受海洋的影响，等温线呈经向分布，自西向东降低。气温除了部分沿海地区以外，以7月份的气温最高，沿海地区气温以8月份为最高[1]。

二、降水集中，时空分布不均匀

山东半岛城市群地区降水的季节分布不均匀。冬季受高压控制，降水较少，而且由东南向西北递减，山东半岛东北部因受海洋的显著影响，是冬季降水最为丰富的地区。春季气温升高，蒸发强烈，春旱严重，降水由东南向西北递减。夏季是全年中降水量最多最集中的季节，山东半岛东南沿海一带降水最丰富，雨量都在500毫米以上。秋季是降水不断减少的季节，鲁东丘陵东南部和鲁中南山地南部降水量最多，并且向西北递减，鲁北平原降水量最少。降水地区分布规律为由山东半岛东南地区向西北地区减少，黄河三角洲地区降水量最少，一般在600毫米以下。山东半岛城市群地区的年平均降水天数从西北向东南递增，年平均降水天数最少的是山东半岛西北部地区，一般在65~70天，年平均降水天数最多的是山东半岛东部和东南部地区，一般介于80~90天[2]。

三、暖温带季风性气候，四季分明

山东半岛城市群地区属暖温带季风性气候，四季分明。冬夏风向转换十分明显，多数地区季风指数均在30~50之间，东部沿海地区可达180，即无论从季风的稳定性（指数大小），还是从明显性（季风角大小）来看，均属典型的暖温带季风气候区。山东半岛城市群地区夏季盛行偏南风，高温多雨，受大陆低压以及西太平洋高压的影响，受海洋气团控制，以高温、晴朗、潮湿的天气为主。但在北方冷空气南下时，会形成冷锋，带来大范围降水甚至暴雨。冬季盛行偏北风，

---

[1] 山东省地方史志编纂委员会：《山东省志：自然地理志》，山东人民出版社1996年版，第133~148页。

[2] 山东省地方史志编纂委员会：《山东省志：自然地理志》，山东人民出版社1996年版，第148~160页。

寒冷干燥。冬季受内蒙古高压及阿留申低压控制，主要盛行偏北风，气候寒冷干燥。此外，冷风过境后，常出现强烈的降温和偏北大风天气①。

第二节 山东半岛城市群地貌特征

山东半岛城市群地区的地貌是在长期演变过程中形成的，呈现出几个基本特点：地貌类型较为复杂；中间高，四边低；山地丘陵切割破碎，地形起伏；海岸线曲折，海岸地貌丰富②。

一、地貌类型复杂多样

山东半岛城市群地区地势起伏不大，但是地形切割破碎，地貌较为复杂。总体可分为中山、低山、丘陵、山前倾斜地、山间谷地、山前平原、湖沼平原、滨海低地、滩涂、河滩高地、决口扇形地、微斜平原、洼地和现代黄河三角洲等14个地貌类型。该区域最高峰为泰山，海拔1532.7米；而黄河三角洲平原海拔最低，2~10米之间。在山东半岛海岸沿线，发育了丰富多样的海岸地貌。

二、地势隆起，中间高，四边低

山东半岛城市群地区中部山地隆起，泰山、鲁山、沂山等海拔千米以上的中山地势最高，共同组成鲁中山地的主体，大致都是东西走向。而山东半岛城市群地区的西部、北部都是平原，东部半岛北侧为低山，大部分为切割破碎的丘陵，并过渡为冲积平原和滨海平原。

三、地形起伏，山地丘陵切割破碎

断块山、断裂谷和断陷盆地构成了山东半岛城市群地区山地丘陵地貌的构造基础，流水侵蚀和切割使得山地、丘陵呈现出破碎状态。地貌破碎性导致地貌区域划分的复杂性和多级性③。经过长期的侵蚀后形成起伏的波状丘陵，山地丘陵区河谷数量多，密度较大，外形宽而浅。河谷平原和山间平原数量较多。

---

① 王有邦：《山东地理》，山东省地图出版社2000年版，第27~88页。
② 贺可强：《山东半岛城市群地区地质资源与环境及其承载力综合分析与评价》，山东大学出版社2009年版，第13页。
③ 毛敏康：《试论山东省地貌区域结构》，载于《地理科学》1993年第1期，第26~33、95页。

四、海岸线曲折、绵长，多优良港湾

山东半岛伸入黄海、渤海之中，北起莱州湾，南至海州湾，海岸线全长3024.4千米，是我国第一大半岛。山东半岛多基岩海岸，砂质海岸与之相间。海岸地貌发育，蜿蜒曲折，多深阔的优良港湾。青岛湾、日照港、威海港、龙口港、烟台港、岚山港等均为优质港湾。

五、地貌分区多样

可以将山东半岛城市群地区划分为三个地貌区：鲁中南山地丘陵区、鲁东丘陵区和鲁西北平原区。鲁中南山地丘陵区位于山东半岛西部和南部，四周被冲积平原所包围，该区域有着较为复杂的地貌类型，包括中山山地、低山山地、丘陵、山前平原、盆地等。鲁东丘陵区位于潍河—沭河谷地以东，北、东、南三面环海，由胶北丘陵、胶南丘陵以及胶莱平原组成，该区域除少数海拔高于700米的山峰以外，只有崂山达到中山标准。鲁西北平原区位于鲁中南山地丘陵以北，鲁东丘陵区以西，多为平原地形，少数地区有丘陵，地势低平，在黄河入海口地区，由于河床较高，形成较为典型的河口三角洲[①]。

第三节 山东半岛城市群自然资源

山东半岛城市群地区自然资源丰富，但每年不同的资源在数量上的表现丰歉不一，质量也有一定的差异。

一、人均土地资源较少，土地种类较多，开发利用程度高

山东半岛城市群地区土地类型复杂多样，地域差异明显，平原地区土地平坦、土层深厚，有利于农业耕作和其他生产活动；山地丘陵地区起伏较大，土地比较贫瘠，地形破碎，不太利于耕种；山前地带和山间盆地地势较为平坦，土壤肥沃，耕地较为集中，适合种植果树等经济作物；牧草地主要集中于鲁北平原滨海和黄河三角洲地区[②]。近年来，山东半岛城市群地区耕地面积持续下降，其首

[①] 侯春岭、黄绍鸣、徐本坚等：《山东地貌区划》，载于《山东师范大学学报（人文社会科学版）》1959年第4期，第1~31、33~34页。

[②] 张祖陆：《山东地理》，北京师范大学出版社2014年版，第45~48页。

要原因是建设占用，其次农业结构调整，灾害损毁、生态退耕等也导致一定数量的耕地减少。山东半岛城市群地区耕地资源数量变化在空间上存在明显的地域差异，经济发达地区比经济欠发达地区耕地资源流失更为严重[①]。

二、水资源总量不足，时空分布不均匀

水资源紧缺是制约山东半岛城市群地区国民经济和社会发展的重要因素，区域水资源总量不足。一方面，水资源年际和季节性变化大。该区域的地表水和地下水主要来源于大气降水补给，河川径流量具有明显的季节变化。地表径流80%集中在汛期的6~9月，春季和冬季降水较少，径流量较小，河流流量的年际变化较大。另一方面，水资源空间分布不均匀。该区域降水量有明显的经向和纬向分布规律，即同一经度线上自北向南降水量不断增加，同一纬度线上自东向西降水量不断减少，青岛市、烟台市等市降水较多，而东营市、莱芜市、德州市、滨州市等市降水偏少[②]。

三、能源与矿产资源种类丰富，储量丰富

山东半岛城市群地区矿产资源较为丰富。胶东地区重要矿产有金、铜、石墨、滑石、菱镁矿、透辉石、膨润土等[③]，鲁中地区重要矿产有铁、铝土矿、金刚石、玻璃用砂岩、耐火黏土、岩盐、自然硫、蓝宝石等，鲁西北地区重要矿产有石油、天然气、天然卤水等。矿产资源的地域分布特点，为山东半岛城市群地区形成各具特色的矿业布局奠定了物质基础，矿产资源分布的东西差异对工业分布、经济结构和经济联系等都产生了重要的影响[④]。

四、海洋资源种类丰富

山东半岛城市群地区海岸线漫长、曲折，多为基岩质海岸，岬湾相间、坡陡水深，建港条件良好，沿海海湾众多，潮汐能利用价值相当可观[⑤]。山东半岛城

[①] 袁顺全、刘殿成、赵烨：《山东省耕地资源安全问题研究》，载于《地理与地理信息科学》2007年第1期，第55~58页。
[②] 宋承新、邹连文：《山东省地表水资源特点及可持续开发分析》，载于《水文》2001年第4期，第38~41页。
[③] 陈玉成、刘伟、杨逸飞等：《基于资源02C卫星山东省典型岩矿解译标志的建立》，载于《山东国土资源》2015年第7期，第65~71页。
[④] 刘玉强、游文澄：《山东省矿产资源形势与对策》，载于《山东国土资源》2002年第4期，第65~71页。
[⑤] 张绪良：《山东省海洋资源开发与海洋经济发展》，载于《高师理科学刊》2003年第3期，第48~50页。

市群地区海洋水产资源条件得天独厚①，沿海有各种鱼类250多种，其中主要经济鱼类40多种；浅海滩涂有贝类100多种，其中经济价值较高的有20多种；有虾蟹类近100种，其中经济价值较高的有20多种；沿海藻类112种，其中经济价值较高的有10多种。山东半岛城市群地区海洋矿产较为丰富，黄河出海口、莱州湾、渤海盆地和黄海盆地等地拥有丰富的可采石油资源，龙口煤田海底储量高、油页岩资源前景可观。此外，莱州湾沿岸地下有丰富的卤水资源，近海海水中有80多种化学元素，目前已达到工业利用规模的海洋矿产资源主要有食盐、镁、钾、溴等。

五、旅游资源丰富

山东半岛城市群地区风景优美，文化积淀深厚，境内山川湖海俱全，海岸线绵长曲折，气候温和，自然旅游资源和文化旅游资源都较为丰富。自然旅游资源包括自然山水以及利用自然环境修建的各类公园，主要自然旅游资源中自然保护区有50余个、森林公园80余个。人文旅游资源包括名胜古迹、文物、博物馆、展览馆、艺术活动等，著名的文物古迹有孔府、孔庙、蓬莱阁、灵岩寺等古建筑，驼山、黄石崖、云门山、泰山等地的石窟和碑刻，大汶口、城子崖等古遗址，刘公岛、解放阁、英雄山革命烈士陵园等革命遗址和纪念建筑物等。山东半岛城市群地区有国家级重点文物保护单位27处，省级重点文物保护单位146处，国家级历史文化名城6个，省级文化名城10个②。滨海旅游资源在青岛市、烟台市、威海市、东营市等地形成了各具特色的滨海旅游项目③，青岛市在海滨度假旅游、海上观光游、海洋科技、海岛生态旅游的基础上，推出了青岛海洋节，开拓了帆船表演、海洋科研修学游等以海洋为主体的多种新型旅游项目；烟台市重点向海外推出"海滨历史和海洋生态旅游"等4条黄金线路；威海市以海滨自然风光、历史文化、民俗风情和人文景观为重点推出了多种大型旅游项目；东营市以黄河入海口为主体吸引物，发展以黄河口、胜利油田、湿地生态为主要特色的旅游项目。

第四节 山东半岛城市群水文状况

山东半岛城市群地区河网密布，除黄河横穿区域西部之外，其他中小河流密布。

---

① 王有邦：《山东地理》，山东省地图出版社2000年版，第260~271页。
② 王世旭：《山东省旅游资源可持续利用探讨》，载于《山东行政学院学报》2005年第3期，第83~85页。
③ 张绪良：《山东省海洋资源开发与海洋经济发展》，载于《高师理科学刊》2003年第3期，第48~50页。

一、四面分流辐射状水系

在鲁东南山地丘陵区，以泰沂山地为中心，形成向四面分流的辐射状水系。潍河、弥河向北注入渤海，汶河、泗河向西流入运河湖带，这些河流大部分都源短流急，属于山地性河流。在胶东半岛低山丘陵区，以昆嵛山、艾山、大泽山为分水岭，形成南北分流、汇入黄海的不对称水系，如大沽河向南注入黄海，界河、大沽夹河向北注入黄海和渤海，具有源短流急的特点[1]。鲁西北平原区，地势低平，发育了众多坡水性河道，黄河把鲁西北平原一分为二，黄河以北的河流注入渤海，黄河以南的河流主要注入南四湖。

二、五大水系，三大流域

山东半岛城市群地区覆盖黄河、淮河、海河、小清河以及山东半岛沿海等五大水系，黄河水系主要包括黄河干流山东段、大汶河、金堤河、浪溪河等河流。淮河水系主要包括山东省境内的沂河、沭河，以及汇入南四湖的各条河流以及汇入韩庄运河和中运河的各条河流[2]。海河水系主要由黄河以北的徒骇河、马颊河、德惠新河、潮河等河流组成。小清河水系主要由小清河及其支流组成，水源主要来自济南泉群，经过济南市、淄博市、滨州市、潍坊市、东营市等5个市，最终注入渤海。山东半岛沿海水系泛指自小清河入海口至苏鲁交界的绣针河口之间独流入海的河流，主要河流有弥河、潍河、胶莱河、大沽河等。

三、地表径流不大，但时空变化显著

山东半岛城市群地区河川径流在空间上的分布趋势与降水量基本一致，从东南向西北递减。此外，山东半岛城市群地区河流年径流量年内分配也不均匀，丰水年与枯水年的径流量差距悬殊。鲁东南以及半岛东部河流最大年径流量与最小年径流量之差较小，而平原地区年径流量的年际变化大于山地[3]。山东半岛城市群地区各河流年内径流量分配不均匀，胶东地区、鲁中南山地和鲁西地区，年径流量集中在6~9月，占全年径流量的80%以上；黄河以北平原和鲁中南山地以北的平原地区年径流量集中在7~10月，占全年径流总量的80%~90%。

---

[1] 李秀芬、候立群、张建锋等：《山东省的主要水文特征与森林资源培育区域的划分》，载于《山东林业科技》2003年第5期，第2页。
[2] 山东省地方史志编纂委员会：《山东省志：自然地理志》，山东人民出版社1996年版，第184~185页。
[3] 张祖陆：《山东地理》，北京师范大学出版社2014年版，第50~54页。

四、河流泥沙含量高

除黄河干流外,山东半岛城市群地区河流多年平均含沙量都在 1~3 千克/立方米范围内①。黄河以北平原区,多年平均含沙量为 0.3~1.2 千克/立方米;鲁中南山地和鲁东丘陵地区,河流上游含沙量较高,多年平均含沙量一般都在 2 千克/立方米以上,最大可达 4.6 千克/立方米,河流的下游平原区含沙量较小,一般不超过 1 千克/立方米;南四湖以西平原区,多年平均含沙量变动范围为 2~3.5 千克/立方米。

---

① 王有邦:《山东地理》,山东省地图出版社 2000 年版,第 29~35 页。

第二章

山东半岛城市群历史地理进程

山东半岛城市群所在区域历史悠久，是中华文明的发源地之一，早在大汶口文化时期（距今约6300年至4500年）就已经出现了城墙，这里是山东城市发展的摇篮。

第一节 先秦时期山东半岛城市群的发展

随着生产的专门化以及社会阶层的分化，山东半岛城市群地区在龙山文化时期（公元前2500年至公元前2000年）就出现了早期的城市[1]。目前考古发掘的重要遗址有兖州王因、曲阜西夏侯、邹城野店、日照东海峪、莒县凌阳河、安丘景芝镇、诸城呈子、胶州三里河、栖霞杨家圈、莱阳于家店、章丘城子崖、寿光边线王、潍坊姚官庄、泗水尹家城[2]等多达四五百处大汶口文化遗址以及数百处龙山文化遗址。史前时期，山东半岛城市群地区社会生产力初步发展，农业生产工具的数量和种类增多，先民掌握了石器穿孔技术、复合工具以及金属工具的制作并开始种植水稻，饲养牛、羊、鸡、猪、狗等家畜，陶器的制作以及纺织等脱离原始农业，开始走向专业化和独立化。受生产力水平较为低下的限制，山东半岛城市群地区在这一时期城市数量较少、分布零星、居民稀少，对农业的依存度较高，城市间互动与联系较为稀少，呈现出单体城市孤立发展的特点。

夏商时期，山东半岛城市群地区部落众多、列国林立。西周通过分封制而建立起一系列诸侯国，目的是"封建亲戚，以藩屏周"[3]，出现了中国古代第一次城市建设的高潮。注重等级秩序的宗法礼制思想被广泛应用于山东半岛城市群地区的城市规划与建设之中，城门营建、宫市布局、宗族祭祀等都有严格的等级限

---

[1] 卢东东：《先秦齐鲁地区城市发展的历史审视》，华中师范大学硕士学位论文2012年。
[2] 安作璋：《山东通史·先秦卷》，山东人民出版社1993年版，第27页。
[3] 《左传·僖公二十四年》。

制，是一个"礼乐征伐自天子出"①的时期，城市的政治色彩浓厚，经济职能尚不突出。

春秋战国时期，各国为掠夺土地、资源和人口而连年混战，其中以齐国最为发达，其首都临淄的户口规模在公元前680年为4.2万户、21.8万人，在公元前333年为7万户、44.8万人②。战国时期，山东半岛城市群地区城市数量多、规模大，齐国疆域广阔，"百二十城"③。日益发展的私营工商业者大多致力于城市之间的贸易，使各城市尤其是大中城市之间建立了较密切的经济联系。齐国"通商工之业，便鱼盐之利"④"冠带衣履天下"⑤，天下行商归齐若流水。

第二节　秦汉时期山东半岛城市群的发展

秦汉时期，我国实现了较长时期的统一，在地方政区上改分封制为郡县制，某一行政区域内的治所实质上即为该区域的中心城市。因此，一定区域内大量的政区治所实际上就构成了该区域的城市群体⑥。临淄是当时的"五都"之一，与洛阳、邯郸、宛、成都齐名，在山东半岛城市群地区的城镇网络中发挥着首位城市的作用⑦。

秦代建立了基于郡县制的城镇体系，各级国家官吏均由中央任免，实现了高度的中央集权，有利于国家保持较长时间的统一状态。郡治城市与县治城市既是当地的行政中心，也是传统的政治性城市，都被设置在一个组织严密、结构完整的封建专制的政权体系之内，成为封建时期中国城市的主要类型。

汉代山东半岛城市群地区已广泛使用牛耕，是当时最重要的农业区之一；制陶、漆器等手工业也十分发达，纺织业、盐铁业在全国首屈一指，临淄已成为全国性的大都市，人口近百万。山东半岛城市群地区城市数量不断增多，城市布局整体不平衡、西密东疏，鲁中城市相对密集，而胶东城市相对稀疏⑧。城市布局总体上以齐都临淄为核心，呈现边缘—核心分布特征。第一圈层以临淄为核心，大约以50千米（各郡国治所城市到临淄城的直线距离）为半径，由齐郡、北海、千乘郡等组成；第二圈层由平原、济南、泰山、琅琊、东莱、胶东、城阳等郡国

---

① 《论语·季氏》。
② 韩光辉：《齐都临淄户口考辨》，载于《管子学刊》1996年第4期，第6页。
③ 《邹忌讽齐王纳谏》。
④ 《史记·齐太公世家》。
⑤ 《史记·货殖列传》。
⑥⑧ 李嘎：《山东半岛城市地理研究》，复旦大学硕士学位论文2008年。
⑦ 陈延斌：《山东半岛城镇群体空间组合与优化研究》，山东师范大学硕士学位论文2009年。

组成①。单一中心的区域空间结构渐渐向多中心空间格局演变，为现代山东半岛城市群的基本空间格局奠定了基础。

第三节　魏晋隋唐时期山东半岛城市群的发展

一、魏晋南北朝时期

魏晋南北朝时期是一个战争频繁、政局动荡的时代，山东半岛城市群地区的城镇发展一度趋于停滞，以该区域为主体的山东地区人口在西汉时期有1700余万，西晋时期仅有225万，东晋时期仅有199万②。同时，人口的地域构成与民族构成也发生了较大的变化，山东地区原有人口为逃避战乱而纷纷外迁，世居塞北的匈奴、羯、氐、羌、鲜卑等部族先后进入山东地区并与当地居民融合③。这一时期，汉代形成的全国性城市体系格局被打破，取而代之的是区域性的城市体系，山东地区州、郡、县的数量都在不断增加，在原有青、兖二州的基础上分化出青、兖、光、胶、齐、济、南青、北徐和西兖等9个州④。

魏晋南北朝时期，受战乱破坏影响，山东半岛城市群地区的农业生产遭受严重破坏、田园荒芜。这一时期，该区域的手工业生产获得新的发展，丝织业、造船业以及制盐业规模较大，其中植桑养蚕技术及丝织业生产居全国之首⑤。城市西密东疏的布局态势获得延续，西汉城址在东汉、曹魏、西晋城市中所占比例分别高达97%、93%、95%⑥，山东半岛城市群地区的区域中心城市由临淄迁至青州。另外，大批汉族士民的南迁，向长江流域乃至珠江流域输送中原滨海的先进文化，从而丰富了整个中华民族的物质文明和精神文明。

二、隋唐时期

隋朝建立后，隋文帝改前代地方机构州、郡、县三级制为州、县两级制。隋炀帝时改州为郡，实行郡、县两级制，实则与州、县两级制无区别⑦。唐与五代

---

① 肖爱玲：《山东早期城市群及其与环境关系研究》，载于《西北大学学报·自然科学版》2006年第6期，第1013～1017页。
② 姜春云：《山东省情》，山东人民出版社1986年版，第60页。
③④ 赵凯球、马新：《山东通史·魏晋南北朝卷》，山东人民出版社1994年版。
⑤ 陈新岗、张秀娈：《山东经济史》，山东人民出版社2011年版，第145～147页。
⑥ 李嘎：《山东半岛城市地理研究》，复旦大学硕士学位论文2008年。
⑦ 高凤林：《山东通史·隋唐五代》，山东人民出版社1994年版，第119页。

时期实行州（郡）县二级制政区体系。安史之乱后，普遍设立节镇，在这种政区制度下，形成了道、州、县三级地方城市体系。隋唐时期，伴随着国家的统一和经济的复苏，山东半岛城市群地区的农业、手工业、商业和交通业也发展到一个新的阶段①。以青州为界，可以将山东半岛城市群地区划分为东、西两部分，东部的发展水平落后于西部。这一时期，坐落于山东半岛西部的历城城市地位发生了令人瞩目的变化，由郡城而为州城，山东半岛城市群地区由此形成了青州与历城双城并峙的"准二元中心"格局②。

总体而言，隋唐时期，山东半岛城市群地区的农田水利发展超过了以往任何一个朝代，纺织业、金属冶炼业以及制瓷业有了进一步的发展，带来区域商业经济的繁荣。隋唐时期各个州的治所城市之间都有道路相连通，并且开辟了通向海外的交通航线，沿海的登、莱、青、密诸州都设有出海港口，形成了当时北方最大的海上交通网络③。山东半岛城市群地区与日本、朝鲜的贸易往来比较密切，四通八达的交通体系将该区域的经济发展与外部世界联系起来，加强了各地区之间的联系、促进了经济文化的交流与发展。

第四节 宋元明清时期山东半岛城市群的发展

一、宋元时期

宋元时期在山东政区沿革史上具有重要意义，一方面是"山东"作为行政区域名称的确定期，同时也是山东政区最后定型的重要过渡期，山东地区行政区划多变。宋朝确立了中央政府领导下的路、府（州）、军（监）、县等地方行政区划④。金朝始以"山东"作为政区名称，其官制沿袭宋、辽旧制，实行地方领导下的路、府（州）、县地方政区制度，同时在某些方面保留了本民族的特色，地方行政体制比较复杂。元朝实行行省、路、府、州、县地方行政制度，山东地方政区设路、州、县三级⑤，山东半岛城市群地区大致是山东东西道宣慰司和肃政廉访司的辖区。元代在中国城市发展史上具有创举意义的事件是对城市进行专门管理的都市警巡院和路、府治所城市录事司的设置，这是与州县行政建制平行的

---

① 高风林：《山东通史·隋唐五代》，山东人民出版社 1994 年版，第 173 页。
② 李嘎：《山东半岛城市地理研究》，复旦大学硕士学位论文 2008 年。
③ 张光明、王赛时：《隋唐时期山东城市及商贸交通的发展》，载于《东岳论丛》1998 年第 4 期，第 4 页。
④ 张熙惟、赵文坦：《山东通史·宋金元卷》，人民出版社 2009 年版，第 132 页。
⑤ 张熙惟、赵文坦：《山东通史·宋金元卷》，人民出版社 2009 年版，第 134 页。

独立城市行政建制①，是城市管理制度的重大变革。

宋元时期，山东半岛城市群地区的社会进步、经济发展、文化创新以及民族融合皆在中华民族发展史上占有重要地位。由于政府移民、封建剥削压迫以及战争等原因，山东半岛城市群地区人口迁徙频繁，形成了东西部人口分布的基本格局，女真族、蒙古族入主中原，对该区域的民族构成产生了较大影响。山东半岛城市群地区出现了许多新兴城市和一大批商业市镇，有的甚至发展成为国际贸易市场，经济色彩浓厚的草市镇得到了突出的发展，构成了宋代城镇体系的基础。元代初步形成了以青州为中心、以鲁中山地北麓的东西大道和由胶州经高密和安丘到青州的交通干道为发展主轴的"T"形县级城镇网络②，海陆交通线的改善强化了山东半岛城市群地区城市间的联系，无论是在区域内部还是与其他地区，甚至海外都有了密切的经济联系，促进了州城—县城—镇的城镇等级体系的形成。宋元时期山东半岛城市群地区的城镇空间分布已经进入了极核发展阶段③，各城镇之间的联系以不同等级的纵向联系为主，高等级城市如益都、历城等进一步发展，新城镇沿主要交通线路不断兴起。山东半岛城市群地区的城市群体在经过复杂的历史变迁之后，其地域结构至元代之时已基本成型。

二、明清时期

明清时期是中国封建社会的晚期，封建专制制度达到了一个新的高度。明朝置山东行中书省，治青州；清代在山东地区的行政建制基本沿袭明代。明清时期，山东半岛城市群地区的社会生产力水平有了进一步的提高，一批手工业市镇和商业市镇兴起，小农经济开始向商品经济转化，出现了早期的资本主义萌芽。

明清时期山东半岛城市群地区的城市分布总体上呈现平原地区密集、丘陵山区稀疏的特征。明朝洪武九年（1376年），置山东布政使司④，山东半岛城市群地区的区域首位城市转移至济南，济南取代青州成为山东半岛城市群地区的"单中心"，并一直延续到清末。

19世纪后半叶，山东半岛城市群地区旧的市场结构逐渐解体，以口岸城市和中心城市为核心的新的市场结构开始形成。从1861年开始，山东半岛城市群地区的烟台、济南、潍坊、周村、龙口、济宁、青岛、威海等地相继设埠开放⑤，

---

① 李玉江：《城市群形成动力机制及综合竞争力提升研究：以山东半岛城市群为例》，科学出版社2009年版，第34页。
② 牟胜举、曹荣林、魏宗财：《山东半岛城镇空间演变研究》，载于《河南科学》2007年第3期，第503~508页。
③ 陈延斌：《山东半岛城镇群体空间组合与优化研究》，山东师范大学硕士学位论文2009年。
④ 李嘎：《从青州到济南：宋至明初山东半岛中心城市转移研究——一项城市比较视角的考察》，载于《中国历史地理论丛》2011年第4期。
⑤ 赵云：《山东半岛城市群动力机制与提升路径研究》，哈尔滨工业大学硕士学位论文2010年。

出口生丝、花生、纺织品等初级产品,以经济掠夺为主的对外贸易得到发展。

1904年胶济铁路的全线贯通,促进了济南、张店、博山、周村、青岛等沿线城镇的发展,青岛在山东半岛城市群地区的贸易中心地位逐步确立。交通方式的重大变革及交通体系的重建在很大程度上改变了山东半岛城市群地区传统的市场格局,对该区域的城镇体系结构产生了深远影响,经济核心区也从鲁西地区转移到了鲁东地区,沿海港口城市带在这一时期迅速崛起。近代化港口和铁路的兴建成为山东半岛城市群地区空间演变的主要动力,促使山东半岛形成了以济南和青岛为"双中心"的区域城镇空间格局。

第五节　中华人民共和国成立以来山东半岛城市群的发展

一、计划经济主导时期

中华人民共和国成立以后至改革开放前,山东半岛城市群地区新建和扩建了一批城市,城市的数量和规模有所增加,城市群内的人口稳步提升,济南、青岛、烟台、淄博等工业城市得到优先发展①,其城市供水、道路、桥梁、公共交通等基础设施建设取得较大成就,但城市仍集中在胶济铁路沿线及胶东半岛地区。

计划经济时期,山东半岛城市群地区的发展主要是由高度集中的计划经济体制下的政府投资主导的②。1956~1966年,"大跃进"和"人民公社化运动"兴起,山东半岛城市群地区工业经济急速发展,城市化冒进,甚至形成了一批有悖于自然和区划规律的区县③,影响了以后城市的发展。1966~1977年,山东半岛城市群地区的农业生产呈现出停滞发展甚至下降的局面,城市建设有所发展④,济南市、青岛市、烟台市、威海市、潍坊市、淄博市成为全省经济最发达的地区。

二、改革开放以来

改革开放以来,山东半岛城市群地区内城市的规模、功能和结构等各方面均

---

① 杨雪雅:《山东省城镇化发展实证分析与策略研究》,中国海洋大学硕士学位论文2013年。
② 姚士谋、周春山等:《中国城市群新论》,科学出版社2016年版,第350~351页。
③ 刘德军、刘芳:《山东通史·当代卷》,人民出版社2010年版,第371页。
④ 中共山东省委政策研究室:《山东省情》(1948~1984年),山东人民出版社1986年版,第257页。

发生了巨大变化，进入快速发展时期，城市数量尤其是小城镇的数量快速增加，城市化水平迅速提高，城镇体系更加完善，城市结构更加合理。得益于沿海区位优势以及改革开放政策，山东半岛城市群地区迅速发展。1984年，青岛市、烟台市成为首批沿海开放城市，1988年，威海市升格为地级市，并与潍坊市、淄博市、日照市一起被列为第二批对外开放城市。之后，整个山东半岛被列为经济开放区，东营市被国务院列为沿海经济开放区①。2009年、2011年国务院分别批复黄河三角洲高效生态经济区和山东半岛蓝色经济区两大战略，山东半岛城市群地区的发展进入新阶段。

改革开放以来，山东半岛城市群地区的经济发展进入快速成长阶段，发展外资经济成为推动区域经济发展和城市化的主要动力②，国有经济、个体私营经济、外商投资和乡镇企业均得到了较大发展，为城镇发展增添了新的活力。城乡之间的经济联系得到深入发展，城市群内部城市之间的合作和联系加强，形成城乡统一的新的市场体系和经济格局。

同时，发达的综合交通网络为山东半岛城市群地区空间合理布局以及区域经济发展提供了必要条件。城际轨道交通方面，2014年4月国家发改委批复的《环渤海地区山东省城际轨道交通网规划》，拉开了新一轮的"三纵三横"快速铁路网建设的序幕，济青高铁北线、鲁南高铁、青荣高铁、青连高铁、京沪高铁东线等省内外高铁线路的规划建设为山东半岛城市群地区区域经济的发展打下了坚实的基础；港口方面，山东半岛城市群内主要有青岛、烟台、日照、威海、东营、龙口、羊角沟等港口；航空方面，山东半岛城市群内共有济南遥墙国际机场、青岛流亭国际机场、烟台蓬莱国际机场、威海大水泊机场、潍坊南苑机场、东营永安机场、日照机场等7个机场。山东半岛城市群地区已经形成了以沿海港口群、区域枢纽机场及铁路、轻轨、公路交通干线构成的立体交通网络体系③。

---

① 姚士谋、周春山等：《中国城市群新论》，科学出版社2016年版，第350~351页。
② 刘德军、刘芳：《山东通史·当代卷》，人民出版社2010年版，第466页。
③ 王安、李媛媛：《山东半岛城市群发展研究》，载于《宏观经济管理》2016年第9期，第76~79页。

第三章

山东半岛城市群区域经济发展

中国科学院《中国城市群发展报告（2016）》将山东半岛城市群列为我国"5+9+6"城市群空间格局方案中"稳步建设"的9大区域性城市群之一①，该区域的人口、经济与城镇化协调发展具有重要的示范意义。2014~2016年山东半岛城市群各城市常住人口的变化如表3-1所示。

表3-1　　2014~2016年山东半岛城市群各城市常住人口的变化

区域	2014年年末		2015年年末		2016年年末	
	规模（万人）	比重（%）	规模（万人）	比重（%）	规模（万人）	比重（%）
济南市	621.61	6.38	706.79	7.22	723.31	7.27
青岛市	780.64	8.01	904.62	9.24	920.40	9.25
淄博市	428.02	4.39	461.50	4.71	468.69	4.71
东营市	189.10	1.94	209.91	2.14	391.56	3.94
烟台市	653.40	6.70	700.23	7.15	706.40	7.10
潍坊市	888.31	9.11	924.72	9.45	935.70	9.41
济宁市	860.12	8.82	824.00	8.42	835.44	8.40
泰安市	562.32	5.77	558.13	5.70	563.74	5.67
威海市	254.75	2.61	280.92	2.87	281.93	2.83
日照市	293.92	3.02	287.05	2.93	290.11	2.92
莱芜市	127.82	1.31	134.53	1.37	137.58	1.38
德州市	583.19	5.98	570.51	5.83	579.23	5.82

① 方创琳、鲍超、马海涛：《中国城市群发展报告（2016）》，科学出版社2016年版，第52~60页。

续表

区域	2014 年年末		2015 年年末		2016 年年末	
	规模（万人）	比重（%）	规模（万人）	比重（%）	规模（万人）	比重（%）
滨州市	386.66	3.97	383.96	3.92	389.10	3.91
山东半岛城市群	6629.86	68.01	6946.87	70.95	7223.19	72.61
山东省	9747.10	100.00	9789.43	100.00	9946.64	100.00

资料来源：《山东统计年鉴（2015）》《山东统计年鉴（2016）》《山东统计年鉴（2017）》。

第一节 山东半岛城市群人口发展特征

山东半岛城市群地区在人口规模分布上存在较大的差异，2014~2016年，潍坊市、青岛市、济宁市的人口数量始终处在前三位，而莱芜市、日照市、威海市始终处在后三位。其中，青岛市是人口增长最快的城市，增长率为1.24%；济宁市是人口减少最快的城市，增长率为-0.42%。除济宁市、泰安市、日照市、德州市、滨州市外，山东半岛城市群地区其余城市的人口数量都在增长。

第二节 山东半岛城市群经济发展特征

从人均地区生产总值来看，如表3-2所示，山东半岛城市群的人均地区生产总值（82313.85元/人）高出山东省平均水平（67706.24元/人）；东营市的人均地区生产总值最高，为164024.00元/人；威海和青岛次之；接下来是烟台市（98388.00元/人）、济南市（90999.00元/人）、淄博市（94587.00元/人）；超过60000.00元/人的还有日照市和滨州市；最少的是潍坊市、济宁市、泰安市、莱芜市和德州市；德州市最低，仅为50856.00元/人。从所有制结构来看，如表3-3所示，山东半岛城市群内资企业比重最高的是泰安市，为96.08%，最低的是日照市，为73.23%；港澳台投资企业比重最高的是烟台市，为5.42%；最低的是莱芜市，为0.74%；外商投资企业比重最高的是烟台市，为29.80%，最低的是莱芜市，为1.11%。

表3-2　　　　山东半岛城市群经济发展水平分析（2016年）

区域	人均地区生产总值（元/人）	第一产业比重（%）	第二产业比重（%）	第三产业比重（%）
济南市	90999.00	4.90	36.20	58.90
青岛市	109407.00	3.70	41.60	54.70
淄博市	94587.00	3.40	52.50	44.10
东营市	164024.00	3.50	62.20	34.30
烟台市	98388.00	6.70	50.00	43.30
潍坊市	59275.00	8.60	46.40	45.00
济宁市	51662.00	11.20	45.30	43.50
泰安市	59027.00	8.50	44.80	46.70
威海市	114220.00	7.10	45.60	47.30
日照市	62357.00	8.10	47.30	44.60
莱芜市	51533.00	7.80	50.20	42.00
德州市	50856.00	10.10	47.80	42.10
滨州市	63745.00	9.40	46.30	44.30
山东半岛城市群	82313.85	7.15	47.40	45.45
山东省	67706.24	7.30	45.40	47.30

资料来源：《山东统计年鉴（2017）》。

表3-3　　　　山东半岛城市群工业生产总值及所有制结构（2016年）

区域	工业生产总值（亿元）	所有制结构		
		内资企业比重（%）	港澳台商投资企业比重（%）	外商投资企业比重（%）
济南市	6536.12	93.58	1.65	4.76
青岛市	10011.29	74.41	5.22	20.37
淄博市	4412.01	88.72	2.59	8.69
东营市	3479.60	93.68	2.59	3.73
烟台市	6925.66	64.79	5.42	29.80
潍坊市	5522.68	91.93	3.87	4.20
济宁市	4301.82	94.95	1.84	3.21
泰安市	3316.79	96.08	1.26	2.66

续表

区域	工业生产总值（亿元）	所有制结构 内资企业比重（%）	港澳台商投资企业比重（%）	外商投资企业比重（%）
威海市	3212.20	74.46	2.29	23.25
日照市	1802.49	73.23	0.95	25.82
莱芜市	702.76	98.14	0.74	1.11
德州市	2932.99	94.92	0.84	4.24
滨州市	2470.10	97.27	0.86	1.87
山东半岛城市群	119392.43	85.37	2.98	11.65
山东省	150705.13	86.71	2.99	10.29

资料来源：《山东统计年鉴（2017）》。

产业结构能较好地反映一个地区在经济发展中所处的阶段。济南市、青岛市、淄博市和东营市第一产业比重较低，济宁市、德州市、滨州市第一产业比重较高；青岛市和济南市的第二产业比重较低，第三产业比重很高，表现出去工业化的趋势；泰安市、济宁市第三产业比重也超过了第二产业比重；东营市、淄博市、烟台市、莱芜市第二产业比重都超过了50%；其中，东营市第二产业比重最高而第三产业比重最低。在山东半岛城市群地区，工业总产值最高的城市是青岛市，远高于位于第二的烟台市（6925.66亿元）和位于第三的济南市（6536.12亿元）；超过4000亿元的城市是潍坊市、淄博市和济宁市；东营市、泰安市、威海市的工业总产值都在3000亿元以上；山东半岛城市群地区工业总产值较低的城市是日照市、莱芜市、德州市和滨州市。其中最低的是莱芜市，仅为702.76亿元。

从规模结构来看，如表3-4所示，山东半岛城市群地区所有的城市都是小型企业比重高于中型企业比重高于大型企业比重；其中，济宁市的小型企业比重最高，为90.88%，烟台市的最低，为80.85%；从中型企业来看，威海市的中型企业比重最高，为15.35%；济宁市的比重最低，为7.27%；从大型企业来看，东营市的比重最高，为5.66%；莱芜市的比重最低，为1.82%。

表3-4 山东半岛城市群各市规模以上工业按规模总产值的分布

区域	规模结构 大型企业比重（%）	中型企业比重（%）	小型企业比重（%）
济南市	2.44	8.99	88.57
青岛市	1.92	11.65	86.44

续表

区域	规模结构		
	大型企业比重（%）	中型企业比重（%）	小型企业比重（%）
淄博市	2.02	9.81	88.17
东营市	5.66	15.20	79.14
烟台市	3.84	15.30	80.85
潍坊市	2.57	10.28	87.15
济宁市	1.85	7.27	90.88
泰安市	2.56	10.55	86.89
威海市	4.89	15.35	79.77
日照市	2.28	13.39	84.32
莱芜市	1.82	8.58	89.60
德州市	1.71	8.59	89.70
滨州市	3.75	11.07	85.18
山东半岛城市群	2.87	11.23	85.90
山东省	2.31	13.00	84.69

资料来源：《山东统计年鉴（2017）》。

第三节　山东半岛城市群城镇化发展特征

表3-5展示了个山东半岛城市群地区各城市的城镇化率，可以看到青岛市的城镇化率是最高的，为71.53%；淄博市和济南市处于第二梯队；最低的是德州市，城镇化率仅为53.77%；山东半岛城市群的城镇化率高于山东省城镇化率平均水平。

表3-5　　山东半岛城市群各城市城镇化情况与山东省相比较

区域	城镇化率（%）	与山东省相比（%）
济南市	69.46	117.69
青岛市	71.53	121.20
淄博市	69.11	117.10
东营市	66.67	112.96

续表

区域	城镇化率（%）	与山东省相比（%）
烟台市	62.10	105.22
潍坊市	58.15	98.53
济宁市	55.25	93.61
泰安市	59.06	100.07
威海市	65.00	110.13
日照市	56.86	96.34
莱芜市	61.12	103.56
德州市	53.77	91.10
滨州市	56.83	96.29
山东半岛城市群	62.02	105.08
山东省	59.02	100.00

资料来源：《山东统计年鉴（2017）》。

随着信息技术的飞速发展，信息化水平成为衡量国家、地区和企业竞争力的决定因素之一。表3-6中，选取邮电业务量、移动电话、固定电话和互联网宽带接入用户数等指标来表征区域信息化水平。山东半岛城市群地区的邮电业务量只占全省的78.66%，而移动电话、固定电话、互联网宽带用户数分别占全省的75.95%、85.87%和78.09%。邮电业由邮政和电信两部分组成，山东半岛城市群的电信业务较为发达而邮政业务比重较小，表明该区域的信息化水平质量更高。从邮电业务量来分析，青岛市总量最大，这与该地区快递业的迅猛发展息息相关。青岛市的固定电话、移动电话和互联网用户数都最高，占全省12%以上，而莱芜市大致占0.9%~1.5%之间，信息化水平有待进步。

表3-6　　　　山东半岛城市群信息化水平比较（2016年）

区域	邮电业务 总量（亿元）	邮电业务 占全省（%）	移动电话 用户数（万户）	移动电话 占全省（%）	固定电话 用户数（万户）	固定电话 占全省（%）	互联网宽带接入 用户数（万户）	互联网宽带接入 占全省（%）
济南市	164.71	14.14	931.70	9.71	149.70	15.42	262.30	11.08
青岛市	194.04	16.66	1190.90	12.41	161.70	16.66	291.60	12.32
淄博市	54.30	4.66	497.80	5.19	69.60	7.17	119.20	5.04
东营市	28.83	2.47	256.80	2.68	38.50	3.97	72.30	3.05

续表

区域	邮电业务 总量（亿元）	占全省（%）	移动电话 用户数（万户）	占全省（%）	固定电话 用户数（万户）	占全省（%）	互联网宽带接入 用户数（万户）	占全省（%）
烟台市	91.23	7.83	776.80	8.10	67.60	6.96	186.20	7.87
潍坊市	102.53	8.80	894.50	9.32	94.60	9.75	206.20	8.71
济宁市	68.11	5.85	709.20	7.39	35.70	3.68	162.10	6.85
泰安市	48.27	4.14	476.30	4.96	54.20	5.59	120.70	5.10
威海市	42.35	3.64	343.00	3.58	48.00	4.95	91.10	3.85
日照市	28.95	2.48	278.80	2.91	24.00	2.47	72.30	3.06
莱芜市	10.97	0.94	115.60	1.20	16.60	1.71	35.70	1.51
德州市	45.67	3.92	445.50	4.64	35.90	3.70	117.10	4.95
滨州市	36.39	3.12	369.80	3.85	37.40	3.85	111.30	4.70
山东半岛城市群	916.32	78.66	7286.70	75.95	833.30	85.87	1848.09	78.09
山东省	1164.98	100.00	9594.50	100.00	970.40	100.00	2366.50	100.00

资料来源：《山东统计年鉴（2017）》。

科教文卫事业是较为基础性的公共服务行业，最能够体现一个地区的现代化程度和软实力程度。选取人均地方财政科学支出，人均地方财政教育支出，小学、中学、高等学校的师生比，百万人公共图书馆个数，万人图书藏量，万人卫生机构数，万人卫生机构人员数来表示科教文卫事业的发展情况，如表3-7所示。结果显示：山东半岛城市群地区的人均地方财政科学支出高于山东省水平，其中威海市支出最多，其次是烟台市和青岛市，最少的是德州市。山东半岛城市群地区人均地方财政教育支出低于山东省水平，最高的是威海市，最低的是德州市。

表3-7　　　　山东半岛城市群科教文卫事业比较（2016年）

区域	人均地方财政教育支出（元）	人均地方财政科学支出（元）	普通小学师生比（人/万人）	普通中学师生比（人/万人）	普通高等学校师生比（人/万人）	公共图书馆数（个）	公共图书馆书量（万册）	卫生机构数（个）	卫生机构人员数（人）
济南市	1809.20	164.02	623.99	887.05	696.26	11	455	5762	92060
青岛市	2749.03	262.31	649.47	944.63	965.81	12	646	7564	87733

续表

区域	人均地方财政教育支出（元）	人均地方财政科学支出（元）	普通小学师生比（人/万人）	普通中学师生比（人/万人）	普通高等学校师生比（人/万人）	公共图书馆数（个）	公共图书馆书量（万册）	卫生机构数（个）	卫生机构人员数（人）
淄博市	2002.05	224.69	758.94	857.33	751.31	9	261	4939	46311
东营市	2465.17	139.05	734.82	882.30	840.24	6	146	1634	20517
烟台市	1859.23	330.00	700.47	1021.67	969.97	14	592	5336	59907
潍坊市	1765.51	177.51	651.91	986.43	941.82	12	422	7706	81645
济宁市	1495.84	91.84	547.10	822.89	692.33	12	206	6721	76391
泰安市	1177.43	61.28	680.04	668.87	719.86	7	161	4213	49453
威海市	2664.63	453.97	693.45	1097.64	1199.95	5	209	2655	25999
日照市	1549.19	87.04	589.87	857.98	809.81	5	87	2284	21748
莱芜市	1488.78	150.89	809.86	810.25	623.85	2	52	1291	11045
德州市	1125.12	102.83	653.31	741.29	736.98	12	165	4864	42827
滨州市	1587.91	160.87	655.12	942.22	812.17	8	142	2870	32493
山东半岛城市群	1824.97	184.77	645.23	878.12	821.62	115	3544	57839	648129
山东省	1835.97	167.91	591.42	847.83	778.59	154	5065	77050	875768

资料来源：《山东统计年鉴（2017）》。

师生比方面，山东半岛城市群地区的师生比水平明显高于山东省平均水平，烟台市、东营市、淄博市、青岛市的师生比较高，最低的是济宁市。在公共图书馆数量方面，青岛、济南、烟台、潍坊、济宁等城市均超过10个；而在公共图书馆藏书量方面，青岛市和烟台市超过500万册，而济南市和潍坊市则超过400万册。

卫生事业方面，潍坊市和青岛市卫生机构数量超过7000个，济宁市超过6000个，济南市和烟台市也超过5000个；但就卫生机构人员数而言，济南市、青岛市和潍坊市则雄居全省前三名，均超过8万人。

在表3-8中，选取废水排放量、二氧化硫排放量、烟尘排放量等指标来表示环境污染情况。可以看到，经济总量越大、工业比重越高的城市排污量越多，淄博市各种废物排放量基本居首，威海市废物排放量综合最少。

表3-8　　　山东半岛城市群环境污染与环境治理比较（2016年）

区域	废水排放量（万吨）	二氧化硫排放量（吨）	烟尘排放量（吨）
济南市	34530	44403	64253
青岛市	51536	23320	24387
淄博市	35329	171735	90670
东营市	19139	44858	6513
烟台市	25915	69112	39644
潍坊市	53917	68452	56588
济宁市	42425	79865	56693
泰安市	19992	32895	25160
威海市	18280	35722	19207
日照市	14078	37796	97968
莱芜市	5837	36718	124639
德州市	28249	61708	39423
滨州市	32230	171392	60924
山东半岛城市群	381457	877976	706069
山东省	507591	1134524	873829

资料来源：《山东统计年鉴（2017）》。

采用人均生活用水、人均生活用电、万人公交车拥有量、万人出租车拥有量来表示城市基础设施水平，如表3-9所示。

表3-9　　　山东半岛城市群基础设施水平比较（2016年）

区域	人均日生活用水量（升）	人均城市道路面积（平方米）	人均公园绿地面积（平方米）	建成区绿化覆盖率（%）
济南市	145.7	27.0	11.3	40.3
青岛市	158.7	18.2	18.6	38.6
淄博市	131.1	24.0	18.7	45.1
东营市	159.0	32.1	22.5	43.5
烟台市	154.1	21.9	20.7	42.5
潍坊市	111.0	28.6	18.1	41.9
济宁市	123.6	29.5	14.7	42.5
泰安市	157.9	27.6	22.8	45.0

续表

区域	人均日生活用水量（升）	人均城市道路面积（平方米）	人均公园绿地面积（平方米）	建成区绿化覆盖率（％）
威海市	136.3	33.6	26.1	46.0
日照市	115.7	22.4	21.2	45.5
莱芜市	94.3	29.1	22.6	45.2
德州市	91.9	33.0	24.8	43.6
滨州市	103.8	22.4	19.5	44.8
山东半岛城市群	129.5	26.9	20.1	43.4
山东省	132.8	24.7	17.9	42.3

资料来源：《山东统计年鉴（2017）》。

生活用水人均消耗规模方面，青岛市、东营市和泰安市人均日生活用水量均超过150升，远超过山东省全省132.8升/日·人的平均水平，而莱芜市和德州市人均日生活用水量则远低于上述全省平均水平。

城市道路面积人均规模方面，威海市、德州市和东营市人均城市道路面积超过30平方米，而全省经济龙头城市青岛市人均城市道路面积仅18.2平方米，在山东半岛城市群中位列倒数第一。

此外，在城市绿化和生态化方面，威海市人均公园绿地面积在山东半岛城市群力拔头筹，而济南市人均公园绿地面积低于全省平均水平，青岛市人均公园绿地面积低于山东半岛城市群平均水平；在建成区绿化覆盖率方面，威海市再次以46.0%的规模登顶，淄博市、泰安市、日照市和莱芜市亦超过45%，而济南和青岛两市双双低于山东半岛城市群乃至山东省的平均水平。

在表3-10中，选取了进出口总额、进口额、出口额、外商直接投资实际使用额、接待入境旅游者人数、国际旅游外汇收入来表示各城市群国际化进程。

表3-10　　　　　山东半岛城市群国际化程度比较（2016年）

区域	进出口总额（亿美元）	进口额（亿美元）	出口额（亿美元）	外商直接投资实际使用额（亿美元）	接待入境旅游人数（万人次）	国际旅游外汇收入（万美元）
济南市	108.49	35.04	73.44	17.16	35.20	19609
青岛市	655.81	231.16	424.65	70.03	141.00	98055

续表

区域	进出口总额（亿美元）	进口额（亿美元）	出口额（亿美元）	外商直接投资实际使用额（亿美元）	接待入境旅游人数（万人次）	国际旅游外汇收入（万美元）
淄博市	79.08	26.71	52.37	6.35	20.30	9858
东营市	150.79	105.20	45.59	2.23	6.00	5277
烟台市	439.17	190.71	248.46	20.62	61.30	55260
潍坊市	188.24	64.75	123.49	10.64	34.80	22474
济宁市	54.17	20.51	33.66	5.07	34.60	15247
泰安市	20.06	3.91	16.16	5.16	38.50	24328
威海市	177.70	60.99	116.71	12.11	48.50	27207
日照市	124.21	81.98	42.23	5.79	28.30	12363
莱芜市	17.01	7.25	9.76	1.53	0.80	654
德州市	31.70	9.26	22.43	1.21	2.10	536
滨州市	87.12	49.50	37.62	3.86	4.90	1491
山东半岛城市群	2133.55	886.97	1246.57	161.76	456.30	292359
山东省	2342.07	1371.58	970.49	168.26	485.00	306345

资料来源：《山东统计年鉴（2017）》。

在进出口总额指标中，青岛市独占鳌头，占山东半岛城市群的30.72%，其余沿海城市也表现较佳，如潍坊市为188.24亿美元、烟台市为439.17亿美元、威海市为177.70亿美元；莱芜市、德州市、泰安市、滨州市很少，其中，莱芜市以17.01亿美元排列倒数第一。

从外商直接投资实际使用额、接待入境旅游人数、国际旅游外汇收入来看，山东半岛沿海城市表现得更好，其中青岛市表现得最好，均明显领先于其他城市，国际化水平最高；莱芜市等内陆城市或区表现稍微逊色，国际化程度较低。

第四章

山东半岛城市群区域空间规划

空间结构是区域城镇体系发展过程中由于区位特征、自然条件、经济基础、政策扶持力度等诸多因素所形成的空间差异的体现，是区域内人流、物流（经济流）、信息流分布特征和变化规律在地理空间上的反映。基于空间结构演变的特征和规律所制定的空间规划，对于科学指导山东半岛城市群地区空间合理布局和有序发展、完善基础设施建设保护生态环境、提升山东半岛城市群的综合竞争力、带动山东经济社会协调发展发挥着重要作用。因此，本章通过梳理山东半岛城市群地区历年来的相关规划，从政策层面理清山东半岛城市群的发展脉络、空间战略及其影响，从而为未来城市群空间政策的制定与实施提供一定的参考与借鉴。

第一节 山东省域城镇发展格局的演变

区域空间结构是一个逐步演变的过程，改革开放以来，山东省城镇空间结构大致经历了从济南—青岛双中心、到沿海轴带推进、再到城市区片综合发展、再到城市群网络化发展的一个过程。尤其是随着外向型经济逐渐成为主导，资源和要素开始向胶济带和沿海带加速聚集，省域城镇发展格局也随之发生了较大变化。地处沿海的青岛市、烟台市、威海市、潍坊市、日照市等城市率先发展，并成为省域发展的重要引擎。这种过程可以从山东省城镇战略规划中对不同城市功能定位及空间布局的方案看出来。

一、改革开放初期：非均衡战略与相对均衡战略

随着党的十一届三中全会的召开，国家实施改革开放新战略并将沿海地区作为对外开放的重点地区。其中，青岛市与烟台市也被确定为山东省对外开放的最

前沿，成了重要的沿海城市。山东省委、省政府积极应对国内外形势的转变，并将扩大出口贸易、吸引外资与引进先进技术作为沿海开放城市的重要战略导向，并以形成出口为导向的产业结构为目标。

改革开放以来，山东省各城市经济取得了迅速发展，但由于赋予沿海城市优先发展的政策与资源导致省内中西部地区发展较为落后，省内区域间发展差距在不断拉大。因此，20世纪80年代以后，山东省开始高度关注省内区域经济的协调发展，并提出了"东部开放，西部发展，东西结合，共同发展"的方针，通过以济南省会城市与东部沿海开放城市两个增长极带动区域经济共同发展。

具体措施包括四个方面：一是搞好点片开发，对沿海滩涂、海岛、渤海湾岸线、东平湖、南四湖、黄淮海平原和黄河三角洲等，有计划地组织开发建设。二是实行横向联合，1988年出台《关于进一步加强东西部地区横向经济联合促进全省经济协调发展的意见》，开始谋划全省经济协调发展，提出了"优势互补，平等互利，相互促进，共同发展"的工作思路。三是调整区域布局，1988年开发建设黄河三角洲，提出"油洲加绿洲，生态加发展"的目标要求；1991年，制定建设"海上山东"战略，致力于发展"蓝色产业聚集带"。四是加强省际合作，提出"四门大开"，"南联、北靠、西进"全方位联合，积极推动沿海地区搞"对外开放大合唱"和沿黄7省市经济协作带搞"黄河大合唱"。

二、20世纪90年代：东中西地区梯次发展

随着改革开放的逐渐深入，山东省区域发展逐渐关注铁路沿线地区，并希望铁路带动区域经济发展。尤其是1992年邓小平同志南方谈话后，山东省充分利用好优势地区以打造产业高地，形成产业聚集带，从而带动全省经济发展。通过对外向型经济的调整，山东省在新石铁路、津浦铁路、济青公路两侧设区布点，并青岛为龙头形成对外开放新格局。同时，基于位于沿海地区的独特优势，通过立足亚太，面向全世界的招商引资，带动区域经济水平提高。1995年，山东省人民政府还提出建设"海上山东"和"黄河三角洲"两大跨世纪工程。从政策导向看，山东省区域发展政策"全面开放，重点突破，梯度推进，东西结合，加快发展"，开始更加倾向于沿海地区，既强调对外开放深入拓展，也强调沿海地区重点发展，从而使得沿海城市经济与人口规模迅速扩展，从而为城市群的形成发展奠定了较好的基础。

具体措施包括三方面：一是优化区域布局，以青岛为龙头，以山东半岛为依托，沿青、烟、威环海公路和胶济线，自东向西，梯次推进，努力形成全省东中西互促互动的整体格局。二是实行分类指导，东中西各有侧重，东部用足用好政策，实现率先突破，增强辐射带动作用；中西部发挥资源优势，借助外力加快发

展；坚持改革、开放、开发"三位一体"，抓两头带中间，积极促进区域协调平衡。三是加快城镇化步伐，适应区域发展的新形势，"九五"计划明确提出建设大、中、小城市和乡镇四个层次的现代化城镇体系，形成胶济、新石、德东、京九四条产业聚集带，发展胶东沿海、鲁中南山区、鲁西北平原三个各具特色的现代化农业区，推进"黄河三角洲"和"海上山东"两大跨世纪工程。

三、21 世纪前 10 年：重点突破与协调发展

21 世纪以来，山东省区域经济格局发生了重大改变，通过实施协调发展战略推动东西地区的快速发展。尤其是 2003 年提出了"一个龙头，三个突破，东西发展"的工作思路，并在工作实践中进行充分落实。一是发挥青岛龙头作用，要求青岛站在高起点、瞄准大目标、实现新跨越，建设成为我国区域性经济中心、对外开放重要基地、世界知名城市，以青岛带半岛，以半岛带全省。二是推动"三个突破"，东部突破烟台、中部突破济南、西部突破菏泽，明确各自定位，加强跨地区协作，促进东中西联动。三是规划建设"一群一圈一带"。四是实施"双 30"工程，重点支持 30 个强县和帮扶 30 个欠发达县，抓两头带中间，加快县域经济发展。省八届十五次全委会议做出了打造山东半岛城市群、省会城市群经济圈、鲁南经济带、黄河三角洲高效生态经济区和海洋经济强省"五大板块"的形象概括。党代会对"五大板块"之间的关系做了进一步思考，提出了"一体两翼"区域发展和海洋经济战略，改变过去主要从"东中西"横向坐标考虑全省区域发展的思维框架，侧重于从"北中南"纵向坐标观察和思考问题，深刻地揭示了各区域之间的内在联系，在总体思路和工作布局上，把"五大板块"连成一个有机整体，从新的角度对指导和推动区域发展做出新的概括。

四、2009 年至今：区域带动与协调发展

随着经济全球化的深入发展，世界范围内城市与区域向沿海发展的趋向越来越明显，国家城市发展战略重点不断向沿海地区转移。尤其是 2009 年胡锦涛同志视察山东时提出建设山东半岛蓝色经济区，并通过提升胶东半岛高端海洋产业集聚区核心地位，壮大黄河三角洲高效生态海洋产业集聚区和鲁南临港产业集聚区两个增长极；优化海岸与海洋开发保护格局，构筑海岸、近海和远海三条开发保护带；优化沿海城镇布局，培育青岛—潍坊—日照、烟台—威海、东营—滨州三个城镇组团，形成"一核、两极、三带、三组团"的总体开发框架。

2009 年，国务院正式批复《黄河三角洲高效生态经济区发展规划》，从国家层面为山东省区域经济发展指明了方向。在该规划中，明确提出形成"四点"

"四区""一带"的布局框架。"四点"是指东营、滨州、潍坊港和莱州港区，"四区"是指东营、滨州、潍坊北部、莱州四大临港产业区，"一带"是指以四个港口为支撑，以四大临港产业区为核心，以经济技术开发区、特色工业园区和高效生态农业示范区为节点，形成环渤海南岸经济集聚带。"黄河三角洲经济区"规划按照生态建设和经济发展协调推进的要求，充分发挥区位和资源优势，推动产业结构优化升级，形成以高效生态农业为基础、环境友好型工业为重点、现代服务业为支撑。

2010年，山东省政府工作报告提出了"重点区域带动战略"，这是对山东半岛蓝色经济区和黄河三角洲高效生态经济区战略的进一步概括总结，有利于推进区域经济一体化。重点实施四大举措：一是着力打造山东半岛蓝色经济区；全力推进黄河三角洲高效生态经济区建设；扎实推进胶东半岛高端产业聚集区、省会济南和鲁南临港产业带建设；推动西部地区加快发展。在国家战略政策的指引下，山东省沿海突破迎来发展良机。

2017年初，山东省政府印发《山东半岛城市群发展规划（2016～2030年）》，提出2030年前要将山东半岛城市群打造成发展活力足、一体化程度高、核心竞争力强的现代化国家级城市群，其发展定位为"我国北方重要开放门户、京津冀和长三角重点联动区、国家蓝色经济示范区和高效生态经济区、环渤海地区重要增长极"。同时，规划还明确了山东半岛城市群"两圈四区、网络发展"的空间结构，即济南都市圈、青岛都市圈和烟威、东滨、济枣菏、临日四个都市区，以此来引导城市群人口、产业和设施等优势资源的有机集聚和集中。

总之，不断加深的经济全球化和区域一体化正在深刻地改变着传统的区域空间格局。近年来，山东省出台了一系列城镇空间发展的战略构想，对未来城镇化空间发展的方向进行了深入探索。这些探索主要包括"一群一圈一带（一区）""五大板块（山东半岛城市群、济南都市圈、鲁南经济带等）""一体两翼""山东半岛蓝色经济区""黄河三角洲高效生态经济区"等。这些空间战略力求引导人口、产业实现科学的空间布局，有助于城市阶段性目标的实现，使城市化空间结构朝向更加合理、有序的方向发展。

第二节　山东半岛城市群沿海地区的发展

一、经济重心向东部沿海地区转移

改革开放初期的1978～1989年，山东省形成了以济南、青岛双核心型城市为主的东西经济影响区格局；二级城市中的淄博与东营位于中部及东北部地区，且与济南联系密切，胶济沿线成为主要的经济发展的轴线；三级中心城市中的四个位于中部地区。尽管山东半岛东部沿海地区也存在青岛市一个一级中心城市，但全省经济重心明显偏向于中部地区。1992年以后，济南市的经济影响力降低，位于山东半岛东部沿海地区的青岛影响区范围扩大，同时烟台市也跃升为二级中心城市，威海市位居三级中心城市的首位。而到2005年，青岛市、烟台市、威海市作为一、二级中心城市，其经济地位凸显，省域城市经济中心呈现出偏向于山东半岛东部沿海地区的空间格局。

二、山东半岛城市群影响区逐渐增强

1989年，济南及其以东的山东半岛部分包含了一级、二级中心城市的全部及两个三级中心城市。其中，济南市、东营市、淄博市的影响区范围主要是中部和鲁西南地区，而山东半岛城市群的影响区范围较小，仅限于省域东部与北部地区。随着改革开放的不断深入发展，到2005年，山东半岛城市群地区城市经济实力迅速增强，青岛市、烟台市、威海市作为中心城市的经济影响区范围不断扩大，并出现向山东半岛中西部地区扩展的发展态势，其影响区范围可达泰安市、济宁市等地，形成了独特的山东半岛城市经济影响区。

第三节　山东半岛城市群区域空间政策演变

"七五"以来，山东省区域空间战略发生了多次变化。"七五"时期强调建设胶东沿海经济区和鲁西内陆经济区；"八五"时期强调东西结合、共同发展。到了20世纪90年代初，山东省在全国率先提出建设"海上山东"的发展战略，并把它与黄河三角洲开发并列为两大跨世纪工程。"十五"期间，为推进落后地区的开发，山东省又提出了建设京九沿线和鲁南大陆桥的战略构想。之后，山东省城镇化发展的空间战略开始关注一些重要节点的发展。例如，2004年提出"东部突破烟台、中部突破济南、西部突破菏泽"战略，取得了显著成效。"十一五"以来，山东省逐渐开始强调面上的空间战略，从"十一五"时期的"一群一圈一带"建设（山东半岛城市群、省会城市群经济圈、鲁南经济带），再到"十二五"期间，结合国家战略提出"二区一圈一带"发展新格局（山东半岛蓝色经济区、黄河三角洲高效生态经济区、省会城市群经济圈和鲁南经济带）。

一、坚定"东西联动"区域发展战略

20世纪80年代末到90年代初，山东省东部和西部的区域经济差异比较清晰，东西部地区共同发展是区域发展战略的主流思想。之后的20年（即1990～2010年），山东省区域空间战略则主要突出强调东部地区的率先发展，西部地区总体处于战略盲区或非重点区域，这背后有各方面的现实原因。一是改革开放至今，全国发展的重点都在沿海地区，这与外资推动和出口导向型的工业化战略密切相关，沿海地区优先发展成为山东省区域空间发展战略的核心要义。二是山东省区域经济明显长期处于集聚阶段，集中优势资源、开发特定地区，也是区域经济发展初期阶段的最佳选择，东西部共同发展的条件并不具备。三是城镇化与区域经济的发展具有明显的阶段性，只有具有一定工业化基础的地区才会进入经济腾飞阶段和城镇化快速发展的阶段。优先发展的山东半岛东部地区显然在过去的20年中正处于这种腾飞阶段，因此保持了长期快速的工业化和城镇化过程，而广大欠发达的西部地区显然并没有到达这样的阶段。

当前的时代背景和山东省发展现实都发生了巨大变化，"东西联动"不仅变得可能，而且是下一步发展的必然趋势，同时也是山东省继续工业化和城镇化的唯一选择。

（1）国际市场的持续疲软和巨大波动对我国沿海地区的外向型经济发展模式提出了重大挑战，而不断崛起的内陆市场则成为中国经济发展的持续动力。因此，中国城镇化和工业化的空间格局均出现了明显的内陆化趋势。

（2）山东省东部地区的长期快速发展积聚了大量的经济资源，消耗了大量的资源和空间，集聚不经济的情况已经有所显现，土地价格高企、空间资源不足、能源消耗过于集中、劳动力价格持续走高且供应不足等问题不断出现。因此，从山东省域的尺度来看，由集聚向扩散阶段的转变已经到来，也是必须选择的重大空间战略。

（3）经过多年的原始积累，山东省西部欠发达地区的政策环境、基础设施条件、人力资源和资本储备都与往日不可同日而语，东西部的禀赋条件逐步趋同，往日的欠发达地区已经到了腾飞的边缘，对西部地区的大规模开发不仅是推动区域均衡发展的要求，更是推动东部地区经济结构转变和山东省经济持续快速发展的核心动力，必须作为今后山东省城镇化的重中之重来着力推动。

二、实施战略性空间优化和重组

从总体开发的模糊概念到沿海地带的重点发展，从海上山东到半岛城市群再到蓝色经济区，这种不断转变的空间战略导致东部发达地区空间组织方式具有极大的随机性和不确定性。而当前的发展阶段、宏观政策和经济环境决定了经济结构调整和空间重组将是山东半岛沿海地区城镇化空间战略的重要方向。结合内外部环境来看，必须将东部发达地区作为一个整体区域进行空间再组织，同时也要将重点地区开发放在尤其重要的位置，将整体优化重组和龙头重点提升相结合才是当前战略的最佳选择。

（1）整体性的空间重组适逢其时。山东半岛城市群地区的城市之间已经形成了独具特色的功能网络，城市间经济联系紧密、空间交流通畅，且工业化和城镇化基础普遍比较雄厚，因此完全有能力做进一步的空间重组和优化提升。

（2）整体性的战略是实现空间重组的唯一路径。在经济发展水平较高的山东半岛城市群地区，持续性的产业和城镇化发展必须依靠城市间更紧密的经济、信息和人员联系，更合理的城际职能分工，更优化的城镇体系网络，各自为政、点对点的发展模式和联系方式已经无法为区域发展提供持续的动力，在更大区域中的一体化发展因此成为东部发达地区进一步发展的唯一模式；发动所有城市统一进行整体视角下的空间重组才是成功的必由之路。

（3）龙头城市的重点提升是半岛地区和山东省总体经济地位提升和持续性战略优势的根本保障。作为经济总体上较为发达的城市群，山东半岛应该摒弃粗放式的工业化和城镇化发展模式，而必须将经济结构调整和升级作为下一步发展的重点。理论和实践都雄辩地证明，每一次区域性的升级和跃迁都是由核心的龙头城市作为战略节点所推动的，因此必须将核心城市的进一步提升看作半岛地区发展的领导者，以更开阔、更长远的眼光看待青岛的发展，从全省、全国和国际视野看待青岛发展的独特地位，在半岛地区整体空间重组的同时，特别关注核心龙头城市的战略性地位。

三、强化济南对欠发达地区的核心引领作用

过去20年的空间发展战略中，山东省西部欠发达地区都没有受到实质性的重视。鲁西与鲁南的关系、西部与东部的关系、济南与半岛及鲁西的关系都没有得到比较明确的战略定位，这也是西部地区总体上发展迟缓的战略性原因。在未来的数十年中，正确处理以上三组关系将是西部隆起战略实现的根本保证。

（1）从半岛地区国家影响力拓展的高度看待西部隆起和东西关系。西部隆起绝不是简单的东部带动西部，也不是简单的东西联动、共同发展，而是具有更宏观、更深远的战略意义。山东半岛与长江三角洲、珠江三角洲、京津冀地区三大城市群的根本差距在于国家级和大区域级的影响力，这也是山东省与更发达的沿海省份差距的根本来源。要解决这个问题，实现半岛地区和全省的国家地位跃

升，必须扩大腹地，这也是其他三大城市群实现自身持续发展所正在集中力量攻坚的方向。山东半岛的腹地在广大的华北和西北地区，具体而言就是青银和陇海两大通道。而现实是，这两大通道分别受到长江三角洲和京津冀两大城市群的强大竞争。

因此，一方面，山东半岛和青岛要在这场竞争中取得胜利，必须通过省内近邻腹地的开发疏解发展空间、提升发展质量，才能真正提升自身的吸引力和影响力，因此东部的发展离不开西部隆起；另一方面，山东半岛城市群地区与华北和西北广大地区联系的加强，也为西部隆起提供了交通区位、中间机会的巨大便利，西部隆起也会因此面临较大的发展机遇。显然，从更宏观的视角看待东西联动，其必要性和重要意义都更为明显。

(2) 从东西联动的角度看待鲁南与鲁西的关系，组织西部城镇化发展空间。虽然鲁南和鲁西具有相似的发展基础和条件、面临着相似的战略任务和目标，也拥有相似的战略机遇，但两个区域的隆起和城镇化发展的根本动力都并不来源于自身，而是东部发达地区。因此必须跳出西部隆起看西部隆起，才能真正实现西部隆起的宏大战略目标，也才能实现山东省城镇化空间战略的宏大构想。在空间战略的组织上，必须通过重大交通和基础设施通道的建设，大力强化鲁南和鲁西地区与半岛地区的多通道、网络化的空间联系，这才是西部地区空间组织的核心和关键所在。

(3) 从省会城市、区域联动枢纽和增长极点的角度突出济南的特殊地位。济南的地位在过去的空间战略中或者被忽略，或者作为西部地区的重要城市，或者作为半岛地区的核心城市之一，或者单独对待，也是不确定性最强、最迷茫的城市之一。必须重视济南市的三个角色，从三个尺度进行空间组织，将其作为山东省城镇化空间发展战略的真正核心。一是作为省会城市，济南不仅拥有人力资源、资本积累等其他城市无可比拟的发展条件，更承担着全省城镇化发展和升级的领头重任，因此必须强化济南—青岛双核的绝对领导地位，以前瞻性的眼光促进其功能升级和空间影响力提升，才能带动全省的城镇化持续、高效、高质量发展。二是济南市特殊的空间和交通区位决定了其东西联动枢纽的地位，在东西联动作为全省城镇化发展空间战略核心的时代，这个枢纽城市的角色必须得到充分重视。三是济南市是鲁西地区的唯一增长极点，在带动鲁西地区城镇化发展过程中，省会城市经济区的作用同样需要得到充分重视。

第五章

山东半岛城市群区域空间结构

在全球化和信息化背景下,以多中心城市区域为代表的城市群体发展已经成为世界高度城市化地区的重要特征和普遍现象,目前关于多中心城市区域的研究也已成为城市和区域规划空间研究的一大热点。社会经济的发展推动着城市间跨界联系的不断强化,城市功能在城市边界地带、新兴交通站点和城市新区等地点集聚,从而带来城市功能的跨界重组,形成若隐若现的功能节点网络,重塑了各城市区域空间结构[1]。

随着交通和通信技术的发展,多中心城市区域内部城镇被高速公路、高速铁路和电信电缆所传输的密集的人流和信息流——"流动空间"——连接起来[2]。各类资源要素在全球和地区尺度上快速流动,推动着不同城市之间的人流、物流、信息流、资金流和技术流交互作用,进而形成城市网络。在城市网络中,主导的空间形式由之前的地方空间变为流动空间。流动空间是通过流动运作的社会架构、通信技术发展推动不相邻的节点间的物质流动,形成网络组织。城市区域则可以被看作是社会空间流动过程多中心城市区域最显著的特征是其形态与功能的多中心性,前者主要是指不同规模、相对独立的城镇或城市组团的区域分布状态,后者强调构成城市区域的各个节点之间显著存在的功能性联系[3]。

越来越多跨越区域界限、超越单一政府权限的跨域事务的产生迫使区域空间治理模式产生了变革,形成了"多中心—多层次"的区域治理格局[4]。国内对城

---

[1] 王钊、杨山、龚富华、刘帅宾:《基于城市流空间的城市群变形结构识别——以长江三角洲城市群为例》,载于《地理科学》2017年第9期,第1337~1344页。
[2] 肖泽磊、朱威鹏、范斐、魏伟:《城市群创新投入的空间格局与创新绩效研究——以长江经济带所辖城市群为例》,载于《人文地理》2017年第3期,第61~67、130页。
[3] 马学广、李鲁奇:《城际合作空间的生产与重构——基于领域、网络与尺度的视角》,载于《地理科学进展》2017年第12期,第1510~1520页。
[4] 范恒山、肖金成、方创琳等:《城市群发展:新特点新思路新方向》,载于《区域经济评论》2017年第5期,第1~25页。

市区域多中心结构的定量测度研究也包括形态多中心和功能多中心两个层面，前者的研究普遍基于人口、GDP 等社会经济指标的静态城市属性数据的分析比较；后者主要借鉴西方相关领域的分析模型和指标，包括连锁网络模型法和社会网络分析法。同时，城市间多中心和多层次的空间治理与空间政策研究也成为重要议题①。

第一节　山东半岛城市群概况

山东半岛城市群包括济南市、青岛市、烟台市、潍坊市、济宁市、淄博市、泰安市、威海市、德州市、滨州市、东营市、日照市和莱芜市 13 个城市。首先从人口情况和经济情况对山东半岛城市群进行初步介绍，以便了解其整体概况。

一、山东半岛城市群人口概况

自 2006 年起，山东半岛城市群的人口变化情况如表 5-1。总体来看，整个山东半岛城市群范围内人口数量自 2006~2015 年呈现总体上升趋势，每个年份均以五级标准划分，分别按数量多少由多至少划分为第一等级至第五等级。明显可见，一级城市的人口数量上限数值由 2006 年的 855.29 万人上升至 2010 年的 873.78 万人，后上升至 2015 年的 893.71 万人，上升幅度较大，说明一级城市的人口数量在 2006 年至 2015 年之间显著增加；二级城市的人口数量上限数值由 2006 年的 649.98 万人上升至 2010 年的 651.14 万人，后上升至 2015 年的 653.28 万人，整体上升幅度较小，说明二级城市的人口数量在 2006 年至 2015 年保持较为稳定的状态；三级城市的人口数量上限数值由 2006 年的 557.85 万人上升至 2010 年的 604.08 万人，后略有下降，下降至 2015 年的 587.27 万人，此处的上限数值下降并非人口数量的减少，而是在进行聚类分析时，由于人口数量相近的城市数量增多造成的分类差别；四级城市的人口数量上限数值由 2006 年的 418.13 万人上升至 2010 年的 422.36 万人，后上升至 2015 年的 429.6 万人；五级城市的人口数量上限数值由 2006 年的 282.40 万人上升至 2010 年的 287.92 万人，后上升至 2015 年的 295.95 万人。

---

① 卓蓉蓉、余斌、曾菊新、郭新伟、李瑞瑞：《湖北省经济空间格局演变与经济空间战略效应》，载于《经济地理》2018 年第 3 期，第 37~45 页。

表 5-1　　　　　　　　　　山东半岛城市群人口变化情况

等级	年份	上下限值（万人）	城市名称
一级	2015	653.28~893.71	济宁市、潍坊市、青岛市
	2010	651.14~873.78	济宁市、潍坊市、青岛市
	2006	649.98~855.29	济宁市、潍坊市、青岛市
二级	2015	587.27~653.28	济南市、烟台市
	2010	604.08~651.14	烟台市
	2006	557.85~649.98	济南市、烟台市
三级	2015	429.6~587.27	德州市、泰安市
	2010	422.36~604.08	德州市、泰安市、济南市
	2006	418.13~557.85	德州市、泰安市
四级	2015	295.95~429.6	滨州市、淄博市
	2010	287.92~422.36	滨州市、淄博市
	2006	282.4~418.13	滨州市、淄博市
五级	2015	0~295.95	莱芜市、东营市、日照市、威海市
	2010	0~287.92	莱芜市、东营市、日照市、威海市
	2006	0~282.40	莱芜市、东营市、日照市、威海市

二、山东半岛城市群国民经济生产总值概况

自2006年起，山东半岛城市群的国民经济生产总值变化情况如表5-2所示。总体来看，整个山东半岛城市群范围内国民经济生产总值自2006~2015年呈现总体上升趋势，每个年份均以五级标准划分，分别按国民经济生产总值数量由多至少划分为第一等级到第五等级。明显可见，一级城市的国民经济生产总值上限数值由2006年的3207亿元上升至2010年的5666亿元，后上升至2015年的9300亿元，上升幅度较大，说明一级城市的国民经济生产总值在2006~2015年之间显著增加，同样与人口数量的变化趋势吻合，青岛市在山东省的经济主体地位较为稳固；二级城市的国民经济生产总值上限数值由2006年的2406亿元上升至2010年的4358亿元，后上升至2015年的6446亿元，整体上升幅度相对其他等级城市的上升幅度较小，说明二级城市的国民经济生产总值在2006~2015年保持较为稳定的状态，同时这也与人口数量在这期间的变化趋势相吻合，二级城市主要是济南市和烟台市，且其位序在2006~2015年没有发生变动，说明济南市和烟台市的经济水平在山东省的地位较为稳定，仅次于青岛市；三级城市的国

民经济生产总值上限数值由 2006 年的 1721 亿元上升至 2010 年的 3091 亿元，后上升至 2015 年的 5171 亿元，且三级城市的数量最多；四级城市的国民经济生产总值上限数值由 2006 年的 1018 亿元上升至 2010 年的 2052 亿元，后上升至 2015 年的 3451 亿元；五级城市的国民经济生产总值上限数值由 2006 年的 506 亿元上升至 2010 年的 1025 亿元，后上升至 2015 年的 2355 亿元，其中滨州市的位序由 2010 年的四级城市变为五级城市，莱芜市、日照市发展趋势较为稳定。

表 5-2　　　　　　　　山东半岛城市群国民经济生产总值

等级	年份	上下限值（亿元）	城市名称
一级	2015	6446~9300	青岛市
一级	2010	4358~5666	青岛市
一级	2006	2406~3207	青岛市
二级	2015	5171~6446	济南市、烟台市
二级	2010	3091~4358	济南市、烟台市
二级	2006	1721~2406	济南市、烟台市
三级	2015	3451~5171	淄博市、潍坊市、济宁市
三级	2010	2052~3091	东营市、淄博市、潍坊市、济宁市
三级	2006	1018~1721	东营市、淄博市、潍坊市、威海市、济宁市
四级	2015	2355~3451	东营市、德州市、泰安市、威海市
四级	2010	1025~2052	滨州市、德州市、泰安市、威海市
四级	2006	506~1018	滨州市、德州市、泰安市
五级	2015	0~2355	莱芜市、日照市、滨州市
五级	2010	0~1025	莱芜市、日照市
五级	2006	0~506	莱芜市、日照市

三、山东半岛城市群国民经济生产总值增长率变化情况

自 2006 年起，山东半岛城市群的国民经济生产总值增长率变化情况如表 5-3 所示。总体来看，整个山东半岛城市群范围内国民经济生产总值增长率 2006~2015 年呈现总体下降趋势，这种趋势与经济稳中求进的发展策略相契合，不再仅仅追求高速发展，而是更加注重经济发展的高质量，实现绿色发展。每个年份

均以五级标准划分，分别按照增长率由大到小划分为第一等级到第五等级。明显可见，一级城市的国民经济生产总值增长率上限数值由2006年的17.50%下降至2010年的14.10%，后下降至2015年的8.50%，下降幅度较大，说明一级城市的国民经济生产总值增长率在2006年至2015年之间显著下降；二级城市的国民经济生产总值增长率上限数值由2006年的16.50%下降至2010年的13.71%，后下降至2015年的8.10%，整体下降幅度相对其他等级城市的下降幅度较小，说明二级城市的国民经济生产总值增长率在2006年至2015年保持较为稳定的状态，同时这也与人口数量、国民经济生产总值在这期间的变化趋势相吻合；三级城市的国民经济生产总值增长率上限数值由2006年的16.40%下降至2010年的13.49%，后下降至2015年的7.56%；四级城市的国民经济生产总值增长率上限数值由2006年的16.20%下降至2010年的12.90%，后下降至2015年的7.50%；五级城市的国民经济生产总值增长率上限数值由2006年的15.90%下降至2010年的12.00%，后下降至2015年的7.08%。国民经济生产总值增长率的逐年下降并非意味着山东半岛城市群的经济发展速度降低，而是由追求快速增长转向追求高质量的发展、绿色发展，稳中求进，实现山东半岛城市群的可持续发展。

表5-3　　　　山东半岛城市群国民经济生产总值增长率变化

等级	年份	上下限值（%）	城市名称
一级	2015	8.10~8.50	济宁市、潍坊市、烟台市、威海市
	2010	13.71~14.10	烟台市
	2006	16.50~17.50	滨州市、东营市、日照市、烟台市
二级	2015	7.56~8.10	泰安市、济南市、青岛市
	2010	13.49~13.71	泰安市、淄博市
	2006	16.40~16.50	潍坊市、泰安市、济宁市
三级	2015	7.50~7.56	德州市
	2010	12.90~13.49	滨州市、东营市、潍坊市
	2006	16.20~16.40	德州市
四级	2015	7.08~7.50	日照市
	2010	12.00~12.90	德州市、济南市、济宁市、日照市、威海市、青岛市
	2006	15.90~16.20	莱芜市

续表

等级	年份	上下限值（%）	城市名称
五级	2015	0~7.08	莱芜市、淄博市、滨州市、东营市
	2010	0~12.00	莱芜市
	2006	0~15.90	济南市、淄博市、青岛市、威海市

第二节 研究设计

随着全球经济的发展，多中心城市空间结构逐渐成为现代城市区域发展的主流形态，也是现代城市研究的新方面。通过多中心的城市空间结构反映出来的城市与城市之间的多样化联系对各行业的发展具有深远意义，本部分对山东半岛城市群的空间结构与空间格局展开分析。

一、研究对象

研究对象为山东半岛城市群，涵盖济南市、青岛市、烟台市、潍坊市、济宁市、淄博市、泰安市、威海市、德州市、滨州市、东营市、日照市、莱芜市。

二、研究方法

本章以山东半岛13个城市为研究对象，对该地区2006年、2010年、2015年的空间结构特征及演变进行分析和探讨。采用主成分分析法和聚类分析方法，具体测度山东省13个城市的空间组织格局状况[①]。研究中所采用的指标数据源于《山东统计年鉴》（2007年，2011年，2016年）。

本着科学性和可获取性的原则，本章从经济指标、社会指标、生态指标、空间指标方面选取了21个评价指标，如表5-4所示，以此分析山东半岛城市群2006年、2010年、2015年的空间结构特征及演变趋势。具体指标包括：人均地区生产总值、地区生产总值增长率、地方财政一般预算内收入、工业总产值（当年价）、社会消费品零售总额、固定资产投资（不含农户）、从业人员期末人数、职工平均工资、年末城镇登记失业人员数、每百人公共图书馆藏书量、医院、卫生院病床数、每万人拥有公共汽车数、建成区绿化覆盖率、工业废水排放量、一

---

① 彭颖、翁时秀、李立勋：《市场化背景下中国城市电视市场结构空间格局演变——以30个省会城市、直辖市为例》，载于《热带地理》2018年第1期，第504~515页。

般工业固体废物综合利用率、污水处理厂集中处理率、生活垃圾无害化处理率、人口密度、城市建设用地面积、城市建设用地面积占市区比重、人均城市道路面积等。

表5-4　　　　山东半岛城市群区域空间结构评价指标体系

目标层	准则层	指标层
		指标名称（单位）
山东半岛城市群区域空间结构评价指标	经济指标	人均地区生产总值（元）
		地区生产总值增长率（%）
		地方财政一般预算内收入（万元）
		工业总产值（当年价）（万元）
		社会消费品零售总额（万元）
		固定资产投资（不含农户）（万元）
	社会指标	从业人员期末人数（万人）
		职工平均工资（元/月）
		年末城镇登记失业人员数（人）
		每百人公共图书馆藏书量（件、册）
		医院、卫生院病床数（张）
		每万人拥有公共汽车数（辆）
	生态指标	建成区绿化覆盖率（%）
		工业废水排放量（万吨）
		一般工业固体废物综合利用率（%）
		污水处理厂集中处理率（%）
		生活垃圾无害化处理率（%）
	空间指标	人口密度（人/平方千米）
		城市建设用地面积（平方千米）
		城市建设用地面积占市区比重（%）
		人均城市道路面积（平方米）

具体分析过程是：在主成分分析中根据各主成分解释方差占原始指标变量方差的比重，运用式（5.1）计算各主成分的权重；同时结合各主成分的得分，运用式（5.2）算出各空间单元的综合得分。

$$F_i = C_i / \sum C_i \qquad (5.1)$$

$$S_j = I(S_{ij} \times F_i) \tag{5.2}$$

其中，F_i 为各主成分的权重系数，C_i 代表各主成分的贡献率，S_{ij} 代表空间单元 j 在主成分 F_i 上的得分，S_j 代表空间单元 j 的综合得分。

三、评价过程

以山东半岛城市群的社会经济统计数据为研究素材，在 2006 年、2010 年、2015 年 3 个时间点上，用 SPSS 统计软件对每个年份每个空间单元的 21 项指标进行标准化处理，接着计算标准化处理后的各指标的相关系数，得到相关系数矩阵，然后求出相关系数矩阵对应的特征方程的特征值及其特征向量，最后按特征值由大到小的顺序计算主成分的贡献率和累计贡献率，如表 5-5 所示（由于数值保留至小数点后两位，有些主成分的贡献率较小，因此在表格中显示为 0.00）。

表 5-5　　主成分提取及贡献率

主成分	2015 年 特征值	2015 年 贡献率（%）	2015 年 累计贡献率（%）	2010 年 特征值	2010 年 贡献率（%）	2010 年 累计贡献率（%）	2006 年 特征值	2006 年 贡献率（%）	2006 年 累计贡献率（%）
F1	10.51	50.04	50.04	9.24	44.02	44.02	8.83	42.06	42.06
F2	3.13	14.89	64.93	3.59	17.10	61.12	3.19	15.17	57.23
F3	2.89	13.78	78.70	2.77	13.20	74.32	2.56	12.17	69.40
F4	1.53	7.27	85.98	2.26	10.76	85.07	2.03	9.66	79.06
F5	1.01	4.80	90.77	1.35	6.43	91.51	1.39	6.63	85.69
F6	0.72	3.44	94.21	0.74	3.50	95.00	0.98	4.65	90.33
F7	0.48	2.31	96.52	0.55	2.63	97.63	0.71	3.38	93.71
F8	0.34	1.60	98.11	0.40	1.92	99.56	0.60	2.84	96.55
F9	0.24	1.15	99.26	0.09	0.44	100.00	0.31	1.46	98.01
F10	0.09	0.43	99.69	0.00	0.00	100.00	0.20	0.97	98.98
F11	0.07	0.31	100.00	0.00	0.00	100.00	0.14	0.65	99.62
F12	0.00	0.00	100.00	0.00	0.00	100.00	0.08	0.38	100.00
F13	0.00	0.00	100.00	0.00	0.00	100.00	0.00	0.00	100.00
F14	0.00	0.00	100.00	0.00	0.00	100.00	0.00	0.00	100.00

续表

主成分	2015 年 特征值	2015 年 贡献率（%）	2015 年 累计贡献率（%）	2010 年 特征值	2010 年 贡献率（%）	2010 年 累计贡献率（%）	2006 年 特征值	2006 年 贡献率（%）	2006 年 累计贡献率（%）
F15	0.00	0.00	100.00	0.00	0.00	100.00	0.00	0.00	100.00
F16	0.00	0.00	100.00	0.00	0.00	100.00	0.00	0.00	100.00
F17	0.00	0.00	100.00	0.00	0.00	100.00	0.00	0.00	100.00
F18	0.00	0.00	100.00	0.00	0.00	100.00	0.00	0.00	100.00
F19	0.00	0.00	100.00	0.00	0.00	100.00	0.00	0.00	100.00
F20	0.00	0.00	100.00	0.00	0.00	100.00	0.00	0.00	100.00
F21	0.00	0.00	100.00	0.00	0.00	100.00	0.00	0.00	100.00

分别对 2006 年、2010 年、2015 年的数据进行分析，2006 年选取前 5 个因子代替原始变量，而 2010 年、2015 年则提取前 4 个因子代替原始变量，这些因子的累计贡献率均超过 85%，能够较为准确地代替原始变量的主成分。各年份提取主成分的载荷矩阵，如表 5-6 所示，其中载荷系数代表各主成分解释指标变量方差的程度。

表 5-6　　　　　　　　　　　主成分载荷矩阵

指标名称	2015 年 F1	F2	F3	F4	2010 年 F1	F2	F3	F4	2006 年 F1	F2	F3	F4	F5
人均地区生产总值	0.34	-0.75	0.47	0.09	0.68	-0.58	0.00	-0.09	0.39	0.61	-0.19	-0.58	-0.17
地区生产总值增长率	0.60	0.22	-0.17	-0.38	0.45	0.16	0.27	0.65	-0.39	-0.30	0.59	-0.22	0.25
地方财政一般预算内收入	0.97	0.08	0.11	0.11	0.92	0.11	0.10	0.03	0.93	-0.07	-0.02	0.06	0.15
工业总产值（当年价）	0.68	-0.45	-0.09	0.34	0.80	-0.06	0.31	0.41	0.85	0.14	-0.03	-0.09	-0.16
社会消费品零售总额	0.97	0.21	0.06	-0.05	0.95	0.27	0.10	-0.06	0.97	-0.19	0.06	0.11	0.06
固定资产投资（不含农户）	0.95	-0.12	0.03	0.16	0.88	0.10	0.28	0.16	0.92	-0.02	0.00	-0.10	0.01

续表

指标名称	2015年 F1	F2	F3	F4	2010年 F1	F2	F3	F4	2006年 F1	F2	F3	F4	F5
从业人员期末人数	0.96	0.23	0.06	0.07	0.94	0.30	0.04	−0.10	0.97	−0.19	0.11	0.00	0.09
职工平均工资	0.74	−0.32	0.46	0.12	0.65	0.08	−0.72	−0.16	0.42	0.43	0.46	−0.35	0.13
年末城镇登记失业人员数	0.91	0.15	−0.20	0.13	−0.16	0.41	0.79	−0.16	0.90	−0.33	0.15	0.14	−0.01
每百人公共图书馆藏书量	0.52	−0.41	0.43	−0.42	0.72	0.10	−0.22	−0.47	0.44	0.19	0.44	−0.50	0.06
医院、卫生院病床数	0.88	0.37	−0.10	0.05	0.86	0.29	0.10	0.18	0.92	−0.14	0.09	0.18	−0.07
每万人拥有公共汽车数	0.72	−0.22	0.36	0.11	0.87	−0.39	−0.09	−0.11	0.76	0.10	−0.42	0.09	0.07
建成区绿化覆盖率	−0.86	0.08	0.32	0.22	−0.52	−0.58	0.42	0.10	−0.35	0.68	0.00	0.44	0.32
工业废水排放量	0.13	0.19	−0.33	0.82	−0.07	0.61	0.40	0.57	0.10	−0.35	−0.28	0.11	−0.86
一般工业固体废物综合利用率	−0.29	0.39	0.73	−0.27	−0.22	0.84	−0.06	−0.09	−0.29	−0.51	−0.53	−0.05	0.48
污水处理厂集中处理率	−0.38	0.42	0.75	0.30	0.12	−0.41	−0.54	0.68	0.05	0.72	0.42	0.45	−0.07
生活垃圾无害化处理率	−0.40	0.42	0.75	0.29	0.44	−0.46	−0.23	0.54	0.18	0.71	0.03	0.43	−0.17
人口密度	0.34	0.91	0.01	−0.12	0.36	0.56	−0.33	−0.07	0.38	−0.33	0.28	0.71	0.12
城市建设用地面积	0.93	0.16	0.21	−0.02	0.92	0.15	−0.10	−0.18	0.82	−0.07	0.29	−0.16	0.07
城市建设用地面积占市区比重	0.87	0.40	0.01	−0.14	0.64	−0.40	0.52	−0.19	0.69	0.11	−0.60	0.13	0.26
人均城市道路面积	0.32	−0.41	0.35	−0.04	0.40	−0.59	0.47	−0.39	0.26	0.52	−0.71	−0.16	0.13

利用 SPSS 统计软件中的主成分分析法,求出能概括各项指标的有效主成分,但在城市空间单元上,在对上述三个年份的数据分析中,2006 年能提取出 5 个有效主成分,它们的贡献率分别为 42.063%、15.165%、12.17%、9.661%、6.628%,5 个主成分的累积贡献率达到了 85% 以上;2010 年能提取出 4 个有效主成分,它们的贡献率分别为 44.019%、17.102%、13.196%、10.755%,4 个主成分的累积贡献率都达到了 85% 以上;2015 年能提取出 4 个有效主成分,它们的贡献率分别为 50.04%、14.886%、13.778%、7.272%,4 个主成分的累积贡献率也达到了 85% 以上。以上因子均能较好地概括出所有指标表达的含义,主成分可以表征为城市综合实力因子。

第三节 山东半岛城市群空间结构与空间格局分析

主成分的得分是相应的因子得分乘以相应的方差的算术平方根。将各指标的标准化数据代入各主成分解析表达式中,分别计算出主成分得分,再以各主成分的贡献率为权数对主成分得分进行加权平均,求得各个主成分综合得分如表 5-7 所示。

表 5-7 主成分得分系数矩阵

指标名称	2015 年 F1	F2	F3	F4	2010 年 F1	F2	F3	F4	2006 年 F1	F2	F3	F4	F5
人均地区生产总值	0.03	-0.24	0.16	0.06	0.07	-0.16	0.00	-0.04	0.04	0.19	-0.07	-0.28	-0.12
地区生产总值增长率	0.06	0.07	-0.06	-0.25	0.05	0.05	0.10	0.29	-0.05	-0.10	0.23	-0.11	0.18
地方财政一般预算内收入	0.09	0.03	0.04	0.07	0.10	0.03	0.04	0.01	0.11	-0.02	-0.01	0.03	0.11
工业总产值(当年价)	0.06	-0.14	-0.03	0.22	0.09	-0.02	0.11	0.18	0.10	0.04	-0.01	-0.05	-0.12
社会消费品零售总额	0.09	0.07	0.02	-0.03	0.10	0.07	0.04	-0.03	0.11	-0.06	0.02	0.06	0.05
固定资产投资(不含农户)	0.09	-0.04	0.01	0.11	0.10	0.03	0.10	0.07	0.10	-0.01	0.00	-0.05	0.01
从业人员期末人数	0.09	0.07	0.02	0.04	0.10	0.08	0.01	-0.04	0.11	-0.06	0.04	0.00	0.06

续表

指标名称	2015年 F1	F2	F3	F4	2010年 F1	F2	F3	F4	2006年 F1	F2	F3	F4	F5
职工平均工资	0.07	-0.10	0.16	0.08	0.07	0.02	-0.26	-0.07	0.05	0.14	0.18	-0.17	0.09
年末城镇登记失业人员数	0.09	0.05	-0.07	0.09	-0.02	0.11	0.29	-0.07	0.10	-0.10	0.06	0.07	-0.01
每百人公共图书馆藏书量	0.05	-0.13	0.15	-0.27	0.08	0.03	-0.08	-0.21	0.05	0.06	0.17	-0.25	0.04
医院、卫生院病床数	0.08	0.12	-0.04	0.03	0.09	0.08	0.03	0.08	0.10	-0.05	0.03	0.09	-0.05
每万人拥有公共汽车数	0.07	-0.07	0.13	0.07	0.09	-0.11	-0.03	-0.05	0.09	0.03	-0.16	0.04	0.05
建成区绿化覆盖率	-0.08	0.03	0.11	0.14	-0.06	-0.16	0.15	0.05	-0.04	0.21	0.00	0.22	0.23
工业废水排放量	0.01	0.06	-0.11	0.54	-0.01	0.17	0.14	0.25	0.01	-0.11	-0.11	0.05	-0.62
一般工业固体废物综合利用率	-0.03	0.13	0.25	-0.17	-0.02	0.23	-0.02	-0.04	-0.03	-0.16	-0.21	-0.02	0.34
污水处理厂集中处理率	-0.04	0.13	0.26	0.19	0.01	-0.11	-0.19	0.30	0.01	0.23	0.17	0.22	-0.05
生活垃圾无害化处理率	-0.04	0.14	0.26	0.19	0.05	-0.13	-0.08	0.24	0.02	0.22	0.01	0.21	-0.12
人口密度	0.03	0.29	0.00	-0.08	0.04	0.15	-0.12	-0.03	0.04	-0.10	0.11	0.35	0.09
城市建设用地面积	0.09	0.05	0.07	-0.02	0.10	0.04	-0.04	-0.08	0.09	0.00	0.11	-0.08	0.05
城市建设用地面积占市区比重	0.08	0.13	0.00	-0.09	0.07	-0.11	0.19	-0.09	0.08	0.03	-0.23	0.07	0.18
人均城市道路面积	0.03	-0.13	0.12	-0.03	0.04	-0.16	0.17	-0.17	0.03	0.17	-0.28	-0.08	0.09

一、2006年山东半岛城市群多中心空间格局特征

在城市空间单元上，根据表5－7所示的系数矩阵，将一个公因子表示为21

个指标的线性形式。因子得分函数为：

F1 = 0.04zx1 − 0.05zx2 + 0.11zx3 + 0.10zx4 + 0.11zx5 + 0.10zx6 + 0.11zx7 + 0.05zx8 + 0.10zx9 + 0.05zx10 + 0.10zx11 + 0.09zx12 − 0.04zx13 + 0.01zx14 − 0.03zx15 + 0.01zx16 + 0.02zx17 + 0.04zx18 + 0.09zx19 + 0.08zx20 + 0.03zx21

F2 = 0.19zx1 − 0.10zx2 − 0.02zx3 + 0.04zx4 − 0.06zx5 − 0.01zx6 − 0.06zx7 + 0.14zx8 − 0.10zx9 + 0.06zx10 − 0.05zx11 + 0.03zx12 + 0.21zx13 − 0.11zx14 − 0.16zx15 + 0.23zx16 + 0.22zx17 − 0.10zx18 − 0.02zx19 + 0.03zx20 + 0.17zx21

F3 = − 0.07zx1 + 0.23zx2 − 0.01zx3 − 0.01zx4 + 0.02zx5 + 0.00zx6 + 0.04zx7 + 0.18zx8 + 0.06zx9 + 0.17zx10 + 0.03zx11 − 0.16zx12 + 0.00zx13 − 0.11zx14 − 0.21zx15 + 0.17zx16 + 0.01zx17 + 0.11zx18 + 0.11zx19 − 0.23zx20 − 0.28zx21

F4 = − 0.28zx1 − 0.11zx2 + 0.03zx3 − 0.05zx4 + 0.06zx5 − 0.05zx6 + 0.00zx7 − 0.17zx8 + 0.07zx9 − 0.25zx10 + 0.09zx11 + 0.04zx12 + 0.22zx13 + 0.05zx14 − 0.02zx15 + 0.22zx16 + 0.21zx17 + 0.35zx18 − 0.08zx19 + 0.07zx20 − 0.08zx21

F5 = − 0.12zx1 + 0.18zx2 + 0.11zx3 − 0.12zx4 + 0.05zx5 + 0.01zx6 + 0.06zx7 + 0.09zx8 − 0.01zx9 + 0.04zx10 − 0.05zx11 + 0.05zx12 + 0.23zx13 − 0.62zx14 + 0.34zx15 − 0.05zx16 − 0.12zx17 + 0.09zx18 + 0.05zx19 + 0.18zx20 + 0.09zx21

但单独使用某一公因子并不能对各市在整个山东省的地位做出综合评价，因此，以各公因子对应的方差贡献率为权数，计算综合变量得分：

F = λ1/(λ1 + λ2 + λ3 + λ4 + λ5)·F1 + λ2/(λ1 + λ2 + λ3 + λ4 + λ5)·F2 + λ3/(λ1 + λ2 + λ3 + λ4 + λ5)·F3 + λ4/(λ1 + λ2 + λ3 + λ4 + λ5)·F4 + λ5/(λ1 + λ2 + λ3 + λ4 + λ5)·F5

其中：F1 代表经济发展综合实力因子，F2 代表人口发展影响因子，F3 代表生态影响因子，F4 代表空间发展影响因子，F5 代表社会发展影响因子。

根据主成分分析计算各城市综合得分，按由大到小的顺序排列如表 5 − 8 所示。

表 5 − 8　　　　　　　2006 年山东半岛城市群各城市综合得分

城市	F1	F2	F3	F4	F5	λ（%）	F	位序
青岛市	2.01	− 0.18	− 0.74	0.39	0.90	42.06	0.97	1
济南市	1.40	− 0.84	0.61	− 0.68	0.89	15.17	0.61	2
烟台市	0.90	− 0.03	1.06	− 0.80	0.12	12.17	0.51	3
威海市	− 0.01	2.03	− 1.71	0.29	0.99	9.66	0.22	4
淄博市	0.26	0.14	0.75	0.66	− 1.85	6.63	0.19	5
济宁市	− 0.03	0.14	0.49	1.32	− 0.49		0.19	6

续表

城市	F1	F2	F3	F4	F5	λ（%）	F	位序
潍坊市	0.34	-0.19	-0.13	0.73	-1.23		0.10	7
泰安市	-0.46	0.04	0.80	0.62	0.51		0.00	8
东营市	-0.32	1.70	0.26	-2.17	-1.03		-0.14	9
莱芜市	-1.42	0.24	1.11	0.45	1.22		-0.35	10
日照市	-1.25	-0.34	0.17	0.33	0.79		-0.55	11
德州市	-0.47	-0.90	-1.91	0.39	-0.86		-0.68	12
滨州市	-0.95	-1.79	-0.77	-1.52	0.05		-1.06	13

接下来进行系统聚类。聚类方法采用最近距离法（nearest neighbour），即合并最近的或最相似的两项，用两项最近点的距离代表两项间的距离，项间等间距距离选择欧式距离平方法（squared euclidean distance）。在得到的聚类结果中，得分较高的空间单元类别表现出更强的中心性，得分较低的空间聚类的中心性则相对较弱。采取最近距离法进行城市聚类，可以将山东半岛城市群空间单元划分为5个等级，青岛为一级中心，济南市、烟台市为二级中心，威海市、淄博市、济宁市、潍坊市、泰安市为三级中心，东营市、莱芜市、日照市、德州市为四级中心，滨州市为五级中心。聚类结果如表5-9所示。

表5-9　　　　　　　　2006年山东半岛城市群多中心空间格局

空间单元等级	城市名称
一级中心	青岛市
二级中心	济南市、烟台市
三级中心	济宁市、泰安市、淄博市、潍坊市、威海市
四级中心	德州市、东营市、莱芜市、日照市
五级中心	滨州市

总体上来看，2006年山东半岛城市群多中心空间格局具有如下特征：

（1）青岛市拥有山东省区域经济的核心地位。位于空间单元等级的一级中心，且整个山东半岛城市群范围内仅有青岛一个一级中心，处于核心地位。青岛与周边城市之间已经形成较为稳定的核心—边缘合作关系。

（2）"主—次"核心功能体系初步形成。空间单元的二级中心主要有济南市和烟台市，以青岛市为区域中心，济南、烟台为区域次中心，其他城市为区域功能节点的分工协作、互利共赢合作体系已经初步形成。

（3）五级中心城市数量较少，仅滨州市一个，三级中心城市和四级中心城市数量居多，分别占全省城市数量的 38.46% 和 30.77%。

二、2010 年山东半岛城市群多中心空间格局特征

在城市空间单元上，根据表 5-8 所示的系数矩阵，将一个公因子表示为 21 个指标的线性形式。因子得分函数为：

$F1 = 0.07zx1 + 0.05zx2 + 0.10zx3 + 0.09zx4 + 0.10zx5 + 0.10zx6 + 0.10zx7 + 0.07zx8 - 0.02zx9 + 0.08zx10 + 0.09zx11 + 0.09zx12 - 0.06zx13 - 0.01zx14 - 0.02zx15 + 0.01zx16 + 0.05zx17 + 0.04zx18 + 0.10zx19 + 0.07zx20 + 0.04zx21$

$F2 = -0.16zx1 + 0.05zx2 + 0.03zx3 - 0.02zx4 + 0.07zx5 + 0.03zx6 + 0.08zx7 + 0.02zx8 + 0.11zx9 + 0.03zx10 + 0.08zx11 - 0.11zx12 - 0.16zx13 + 0.17zx14 + 0.23zx15 - 0.11zx16 - 0.13zx17 - 0.15zx18 + 0.04zx19 - 0.11zx20 - 0.16zx21$

$F3 = 0.00zx1 + 0.10zx2 + 0.04zx3 + 0.11zx4 + 0.04zx5 + 0.10zx6 + 0.01zx7 - 0.26zx8 + 0.29zx9 - 0.08zx10 - 0.03zx11 - 0.03zx12 + 0.15zx13 + 0.14zx14 - 0.02zx15 - 0.19zx16 - 0.08zx17 - 0.12zx18 - 0.04zx19 + 0.19zx20 + 0.17zx21$

$F4 = -0.04zx1 + 0.29zx2 + 0.01zx3 + 0.18zx4 - 0.03zx5 + 0.07zx6 - 0.04zx7 - 0.07zx8 - 0.07zx9 - 0.21zx10 + 0.08zx11 - 0.05zx12 + 0.05zx13 + 0.25zx14 - 0.04zx15 + 0.30zx16 + 0.24zx17 - 0.03zx18 - 0.08zx19 - 0.09zx20 - 0.17zx21$

但单独使用某一公因子并不能对各市在整个山东省的地位做出综合评价，因此，以各公因子对应的方差贡献率为权数，计算综合变量得分：

$F = \lambda1/(\lambda1 + \lambda2 + \lambda3 + \lambda4 + \lambda5) \cdot F1 + \lambda2/(\lambda1 + \lambda2 + \lambda3 + \lambda4 + \lambda5) \cdot F2 + \lambda3/(\lambda1 + \lambda2 + \lambda3 + \lambda4 + \lambda5) \cdot F3 + \lambda4/(\lambda1 + \lambda2 + \lambda3 + \lambda4 + \lambda5) \cdot F4 + \lambda5/(\lambda1 + \lambda2 + \lambda3 + \lambda4 + \lambda5) \cdot F5$

F1 代表经济发展综合实力因子，F2 代表人口发展影响因子，F3 代表生态影响因子，F4 代表空间发展影响因子，F5 代表社会影响因子。

根据主成分分析计算各城市的综合得分，按由大到小的顺序排列如表 5-10 所示。

表 5-10　　　　　2010 年山东半岛城市群各城市综合得分

城市	F1	F2	F3	F4	λ（%）	F	位序
青岛市	1.69	0.01	0.76	-0.08	44.02	0.98	1
烟台市	0.98	-0.07	0.26	0.89	17.10	0.64	2

续表

城市	F1	F2	F3	F4	λ（%）	F	位序
济南市	1.30	0.87	-0.59	-1.94	13.20	0.51	3
潍坊市	0.19	0.68	0.08	1.15	10.76	0.39	4
淄博市	0.21	0.35	-0.36	1.29		0.29	5
济宁市	-0.10	0.28	-0.54	0.79		0.02	6
泰安市	-0.30	0.64	-0.54	0.27		-0.08	7
德州市	-1.07	0.81	2.25	-0.54		-0.11	8
滨州市	-0.48	-0.01	0.53	-0.40		-0.22	9
东营市	-0.08	-0.98	-0.52	0.03		-0.31	10
威海市	0.09	-2.33	0.48	-0.32		-0.39	11
日照市	-1.18	0.39	-0.32	-0.87		-0.69	12
莱芜市	-1.24	-0.63	-1.49	-0.26		-1.04	13

采取最近距离法进行城市聚类，可以将山东半岛城市群空间单元划分为5个等级，青岛市为一级中心，济南市、烟台市、潍坊市和淄博市为二级中心，济宁市、泰安市、德州市、滨州市、东营市、威海市为三级中心，日照市为四级中心，莱芜市为五级中心（见表5-11）。

表5-11　　　　　　2010年山东半岛城市群多中心空间格局

空间单元等级	城市名称
一级中心	青岛市
二级中心	济南市、烟台市、淄博市、潍坊市
三级中心	济宁市、泰安市、东营市、滨州市、威海市、德州市
四级中心	日照市
五级中心	莱芜市

总体上来看，2010年山东半岛城市群在空间单元上的多中心空间格局具有如下特征：

（1）青岛市在山东省的核心地位依然较为稳固。2010年山东半岛城市群中一级中心仍然只有青岛市一个，说明青岛市的核心优势仍然较为突出，青岛市与周边城市依然继续保持较为稳定的核心—边缘合作关系。

（2）次级中心城市由2006年的2个（济南市、烟台市）增长至2010年的4

个(济南市、烟台市、潍坊市、淄博市),说明潍坊市、淄博市在2006~2010年的发展势头较猛,跻身次级中心城市的位置,增大了次级中心城市的数量,壮大了次级中心城市的队伍。

(3)"主—次"核心功能体系有所变动。以青岛市为区域中心,济南市、烟台市仍然处于区域次中心位置,有所不同的是,潍坊市、淄博市也上升为区域次中心,说明山东半岛城市群在2006~2010年的城市发展等级有明显提升,三级中心、四级中心与五级中心的城市位序也有所变动,三级中心的城市数量最多,四级中心只有日照市一个城市,五级中心由2006年的滨州市变为莱芜市。

三、2015年山东半岛城市群多中心空间格局特征

在城市空间单元上,由系数矩阵将一个公因子表示为21个指标的线性形式。因子得分函数为:

$F1 = 0.03zx1 + 0.06zx2 + 0.09zx3 + 0.06zx4 + 0.09zx5 + 0.09zx6 + 0.09zx7 + 0.07zx8 + 0.09zx9 + 0.05zx10 + 0.08zx11 + 0.07zx12 - 0.08zx13 + 0.01zx14 - 0.03zx15 - 0.04zx16 - 0.04zx17 + 0.03zx18 + 0.09zx19 + 0.08zx20 + 0.03zx21$

$F2 = -0.24zx1 + 0.07zx2 + 0.03zx3 - 0.14zx4 + 0.07zx5 - 0.04zx6 + 0.07zx7 - 0.10zx8 + 0.05zx9 - 0.13zx10 + 0.12zx11 - 0.07zx12 + 0.03zx13 + 0.06zx14 + 0.13zx15 + 0.13zx16 + 0.14zx17 + 0.29zx18 + 0.05zx19 + 0.13zx20 - 0.13zx21$

$F3 = 0.16zx1 - 0.06zx2 + 0.04zx3 - 0.03zx4 + 0.02zx5 + 0.01zx6 + 0.02zx7 + 0.16zx8 - 0.07zx9 + 0.15zx10 - 0.04zx11 + 0.13zx12 + 0.11zx13 - 0.11zx14 + 0.25zx15 + 0.26zx16 + 0.26zx17 + 0.00zx18 + 0.07zx19 + 0.00zx20 + 0.12zx21$

$F4 = 0.06zx1 - 0.25zx2 + 0.07zx3 + 0.22zx4 - 0.03zx5 + 0.11zx6 + 0.04zx7 + 0.08zx8 + 0.09zx9 - 0.27zx10 + 0.03zx11 + 0.07zx12 + 0.14zx13 + 0.54zx14 - 0.17zx15 + 0.19zx16 + 0.19zx17 - 0.08zx18 - 0.02zx19 - 0.09zx20 - 0.03zx21$

F1代表经济发展综合实力因子,F2代表人口发展影响因子,F3代表生态影响因子,F4代表空间发展影响因子。

但单独使用某一公因子并不能对各市在整个山东省的地位做出综合评价,因此,以各公因子对应的方差贡献率为权数,计算综合变量得分:

$F = \lambda1/(\lambda1 + \lambda2 + \lambda3 + \lambda4) \cdot F1 + \lambda2/(\lambda1 + \lambda2 + \lambda3 + \lambda4) \cdot F2 + \lambda3/(\lambda1 + \lambda2 + \lambda3 + \lambda4) \cdot F3 + \lambda4/(\lambda1 + \lambda2 + \lambda3 + \lambda4) \cdot F4$

根据主成分分析计算各城市的综合得分,按由大到小的顺序排列如表5-12所示。

表 5-12　　　　　　　2015 年山东半岛城市群各城市综合得分

城市	F1	F2	F3	F4	λ（%）	F	位序
青岛市	1.97	0.41	0.79	0.92	50.04	1.43	1
济南市	1.10	0.71	1.19	-0.92	14.89	0.88	2
潍坊市	0.50	0.15	-0.13	0.62	13.78	0.35	3
济宁市	0.20	1.17	-0.49	0.00	7.27	0.24	4
淄博市	-0.08	0.58	0.09	0.83		0.13	5
烟台市	1.30	-1.39	-2.43	-0.91		0.05	6
泰安市	-0.44	0.98	-0.19	-0.23		-0.14	7
威海市	-0.35	-0.61	0.68	-1.02		-0.29	8
东营市	-0.41	-2.27	1.36	0.71		-0.35	9
德州市	-0.60	0.32	-0.25	-0.37		-0.36	10
滨州市	-0.77	-0.48	-0.56	1.68		-0.48	11
日照市	-1.09	0.34	0.04	-0.51		-0.61	12
莱芜市	-1.32	0.09	-0.10	-0.80		-0.84	13

采取最近距离法进行城市聚类，可以将 13 个城市空间单元划分为 5 个等级，青岛市为一级中心，济南市为二级中心，潍坊市、济宁市、淄博市、烟台市为三级中心，泰安市、威海市、东营市、德州市、滨州市、日照市为四级中心，莱芜市为五级中心。聚类结果如表 5-13 所示。

表 5-13　　　　　　2015 年山东半岛城市群多中心空间格局

空间单元等级	城市名称
一级中心	青岛市
二级中心	济南市
三级中心	济宁市、淄博市、潍坊市、烟台市
四级中心	德州市、滨州市、东营市、泰安市、威海市、日照市
五级中心	莱芜市

总体上来看，2015 年山东半岛城市群在城市空间单元上的多中心空间格局具有如下特征：

（1）青岛市在山东半岛城市群的核心地位依然较为稳固。青岛与周边城市依然保持较为稳定的核心—边缘合作关系。

(2)"主—次"核心功能体系有所变动。以青岛市为区域中心,济南为区域次中心,烟台、潍坊、济宁、淄博为三级中心,四级中心的城市位序也有所变动,莱芜市仍为五级中心。

第四节 山东半岛城市群多中心空间格局演变特征分析

根据前面章节所提到的空间格局评价过程得到的结果,进行城市综合得分增长率的总体分析和四个主因子的对比分析。

一、城市综合得分增长率分析

13 个城市的城市综合得分增长率如表 5-14 所示,可以看出:2006~2010年,潍坊市增长率最高,达到 1.97%~2.9%,而威海市增长率最低,增长率为 -2.77%,增长率为三级的城市数量最多,多达 6 个,其中青岛市、济南市、烟台市都位于三级,增长率在 -0.79%~-0.53%,说明这些城市的综合得分呈现负增长趋势,其他 11 个城市的综合得分增长率位于 -2.77% 至 0.53% 之间,这与城市的综合发展水平相关;2010~2015 年,13 个城市综合得分增长率情况显示济宁市增长率最高,达到 2.77%~11%,烟台市和淄博市增长率最低,增长率为 -0.92%~-0.55%,四级城市的数量最多,分别是东营市、莱芜市、潍坊市、日照市、威海市,从每个等级上下限数值来看,2010~2015 年的上下限数值比 2006~2010 年有所增大;2006~2015 年,综合 10 年情况来看,潍坊市、莱芜市和东营市的增长率最高,增长率为 -0.47%~2.5%,威海市最低,增长率为 -2.32%,其他 9 个城市综合得分增长率位于 -2.32% 至 0.47% 之间,四级城市的数量最多,分别是德州市、滨州市、淄博市、烟台市。

表 5-14 山东半岛城市群各城市综合得分增长率

等级	年份	上下限值(%)	城市名称
一级	2006~2015	0.47~2.5	莱芜市、东营市、潍坊市
	2010~2015	2.27~11	济宁市
	2006~2010	1.97~2.9	潍坊市
二级	2006~2015	0.11~0.47	济南市、济宁市、青岛市
	2010~2015	1.18~2.27	德州市
	2006~2010	-0.53~1.97	莱芜市、东营市

续表

等级	年份	上下限值（%）	城市名称
三级	2006~2015	-0.32~0.11	泰安市、日照市
	2010~2015	0.13~1.18	滨州市、济南市、泰安市、青岛市
	2006~2010	-0.79~-0.53	济南市、淄博市、泰安市、日照市、烟台市、青岛市
四级	2006~2015	-2.32~-0.32	德州市、滨州市、淄博市、烟台市
	2010~2015	-0.55~0.13	东营市、莱芜市、潍坊市、日照市、威海市
	2006~2010	-2.77~-0.79	滨州市、德州市、济宁市
五级	2006~2015	-2.32	威海市
	2010~2015	-0.92~-0.55	淄博市、烟台市
	2006~2010	-2.77	威海市

二、主因子分析

根据山东半岛城市群各城市2006年、2010年和2015年三个年份的不同情况，统一归纳为4个主因子进行分析。其中，F1代表经济发展综合实力因子，F2代表人口发展影响因子，F3代表生态发展影响因子，F4代表空间发展影响因子。以下内容将针对4个主因子分别进行因子得分的时序变化分析。

由表5-15可以清晰看出经济发展综合实力因子在2006年、2010年、2015年的变化情况：济南市、青岛市和烟台市始终位于全省前三位，始终位于第一等级，说明济南市、青岛市、烟台市的经济发展综合实力在山东半岛城市群内的地位较为稳固，经济实力较为突出。二级中心的城市数量有逐年减少的趋势，到2015年仅有济宁市和潍坊市，说明济宁市和潍坊市的经济发展综合实力在2006~2015年的发展势头较猛，与其他城市的距离逐步加大。莱芜市、日照市始终位于第五等级，说明莱芜市、日照市的经济发展综合实力在山东半岛城市群范围内的地位较为稳定，这种局势与其自然条件与人文条件都是分不开的。滨州市始终位于第四等级，其他城市的位序在研究年限内略有变动，变动幅度不大。从因子得分的上下限值角度来看，随着时间的推进，因子得分的上下限值有逐年增大趋势。且除去一级中心的上下限值为正值，其他等级的上下限值基本为负值。

表 5-15 山东半岛城市群各城市经济发展综合实力因子（F1）时序变化表

等级	年份	上下限值（%）	城市名称
一级	2015	0.5~1.97	济南市、青岛市、烟台市
	2010	0.21~1.69	济南市、青岛市、烟台市
	2006	0.34~2.01	济南市、青岛市、烟台市
二级	2015	-0.08~0.5	济宁市、潍坊市
	2010	-0.08~0.21	淄博市、潍坊市、威海市
	2006	-0.32~0.4	济宁市、淄博市、潍坊市、威海市
三级	2015	-0.6~-0.08	泰安市、淄博市、威海市、东营市
	2010	-0.3~-0.08	东营市、济宁市
	2006	-0.95~-0.32	东营市、德州市、泰安市
四级	2015	-1.09~-0.6	德州市、滨州市
	2010	-1.07~-0.3	泰安市、滨州市
	2006	-1.25~-0.95	滨州市
五级	2015	-1.32~-1.09	莱芜市、日照市
	2010	-1.24~-1.07	莱芜市、德州市、日照市
	2006	-1.42~-1.25	日照市、莱芜市

人口发展影响因子在2006年、2010年、2015年的变化情况除极少数城市的位序没有发生变动之外，其他城市的位序均发生较大变动，说明人口发展影响因子在全省整体情况中较为活跃，变动较为频繁，如表5-16所示。一级城市的数量在2006年有7个，分别是济南市、泰安市、济宁市、莱芜市、淄博市、东营市、烟台市，而2010年仅有3个，2015年仅有青岛市1个；二级城市的数量始终维持稳定，但是具体城市有所变化；三级城市的数量有逐年增多趋势，且总体来看在数量上占主体地位；四级城市始终为1个，具体城市各不相同；五级城市在2006年、2010年都为0个，到2015年仅2个，分别是烟台市和滨州市。

表5-16　山东半岛城市群各城市人口发展影响因子（F2）时序变化表

等级	年份	上下限值（%）	城市名称
一级	2015	0.71～1.17	青岛市
	2010	0.39～0.87	滨州市、青岛市、威海市
	2006	0.24～2.03	济南市、泰安市、济宁市、莱芜市、淄博市、东营市、烟台市
二级	2015	0.41～0.71	威海市、东营市
	2010	0.01～0.39	潍坊市、烟台市
	2006	-0.18～0.24	潍坊市、日照市
三级	2015	-0.48～0.41	德州市、泰安市、济宁市、莱芜市、淄博市、潍坊市、日照市
	2010	-0.63～0.01	济南市、泰安市、济宁市、淄博市、东营市、日照市
	2006	-0.84～-0.18	滨州市、青岛市
四级	2015	-1.39～-0.48	济南市
	2010	-2.33～-0.63	莱芜市
	2006	-1.79～-0.84	威海市
五级	2015	-2.27～-1.39	烟台市、滨州市
	2010	-2.33	—
	2006	-1.79	—

生态发展影响因子在2006年、2010年、2015年的变化情况，如表5-17所示，全部城市的位序均发生较大变动，说明生态发展影响因子整体较为活跃。一级城市的数量由2006年的2个变为2015年的4个，增长更明显；二级城市的数量相对较为稳定，由2006年的4个（分别是济南市、泰安市、淄博市、济宁市），到2010年的3个分别是滨州市、青岛市、威海市，再到2015年的3个（分别是济宁市、淄博市、日照市），重复出现的城市仅有济宁市、淄博市，变动情况明显；三级城市的数量较为稳定，且潍坊市的位序变动较小，说明潍坊市的生态发展影响因子较为稳定；四级城市的数量由2006年的2个（滨州市、青岛市）增加至2010年的6个（济南市、泰安市、济宁市、淄博市、东营市、日照市），再到2015年的2个（德州市、泰安市），无论是数量还是具体城市排名变化均十分明显，说明四级城市的流动性大，结构不稳定；五级城市数量最少，具体城市的位序也不是固定的。

表 5-17 山东半岛城市群各城市生态发展影响因子（F3）时序变化表

等级	年份	上下限值（%）	城市名称
一级	2015	0.09～1.36	济南市、东营市、青岛市、威海市
	2010	0.76～2.25	德州市
	2006	0.8～1.11	莱芜市、烟台市
二级	2015	-0.1～0.09	济宁市、淄博市、日照市
	2010	0.26～0.76	滨州市、青岛市、威海市
	2006	0.26～0.8	济南市、泰安市、淄博市、济宁市
三级	2015	-0.19～-0.1	莱芜市、潍坊市
	2010	-0.32～0.26	潍坊市、烟台市
	2006	-0.74～0.26	东营市、潍坊市、日照市
四级	2015	-0.56～-0.19	德州市、泰安市
	2010	-1.49～-0.32	济南市、泰安市、济宁市、淄博市、东营市、日照市
	2006	-1.71～-0.74	滨州市、青岛市
五级	2015	-0.91～-0.56	滨州市、烟台市
	2010	-1.49	莱芜市
	2006	-1.91～-1.71	德州市、威海市

空间发展影响因子在2006年、2010年、2015年的变化情况，如表5-18所示，所有城市的位序均发生较大变动，说明空间发展影响因子在全省整体情况中最为活跃，变动情况比人口发展影响因子、生态发展影响因子均更为频繁。一级城市的数量呈现逐年递增的趋势，由2006年的济宁市增加至2010年的济宁市、淄博市、潍坊市、烟台市，再到2015年的滨州市、东营市、淄博市、潍坊市、青岛市，说明受空间发展影响因子影响的城市数量增多，在一定程度上也反映出城市的综合发展与空间因子密切相关；二级城市的城市数量较为稳定，且泰安市一直位于二级城市等级，说明泰安市的综合发展对空间因子的要求一直较高；三级城市的城市数量呈现逐年递减趋势，由2006年的德州市、莱芜市、日照市、青岛市、威海市到2010年的莱芜市、青岛市、威海市、东营市，再到2015年的德州市、日照市；四级城市的城市数量最少，且具体城市不稳定，变动幅度较大；五级城市的城市数量也较为稳定，其中济南市在2010年和2015年均位于五级城市等级，说明济南市的城市综合发展与空间影响因子的联系最小。

表5-18　　山东半岛城市群各城市空间发展影响因子（F4）时序变化表

等级	年份	上下限值（%）	城市名称
一级	2015	0~1.68	滨州市、东营市、淄博市、潍坊市、青岛市
	2010	0.4~1.29	济宁市、淄博市、潍坊市、烟台市
	2006	0.73~1.32	济宁市
二级	2015	-0.37~0	泰安市、济宁市
	2010	0.03~0.4	泰安市、滨州市
	2006	0.45~0.73	泰安市、淄博市、潍坊市
三级	2015	-0.8~-0.37	德州市、日照市
	2010	-0.54~0.03	莱芜市、青岛市、威海市、东营市
	2006	-0.68~0.45	德州市、莱芜市、日照市、青岛市、威海市
四级	2015	-0.91~-0.8	莱芜市
	2010	-1.94~-0.54	德州市、日照市
	2006	-1.52~-0.68	济南市、烟台市
五级	2015	-1.02~-0.91	烟台市、威海市、济南市
	2010	-1.94	济南市
	2006	-2.17~-1.52	滨州市、东营市

三、综合分析

结合各空间单元的得分和聚类结果分析，可以发现山东半岛城市群的总体城市格局呈现出从"核心—边缘"结构特征显著到"多中心"结构特征的演变趋势。

（1）2006年山东半岛城市群地区经济空间格局特征。山东省以青岛市为一级中心，二级中心、三级中心、四级中心、五级中心分别有2个、5个、4个、1个，城市总体等级偏低，发展程度较低。因此，2006年整个山东半岛城市群范围内的城市"核心—边缘"特征明显，多中心特征不显著，高等级中心较少，多数城市还处于低水平的发展态势。

（2）2010年山东半岛城市群地区经济空间格局特征。山东省仍以青岛市为一级中心，二级中心增加至4个，三级中心增加至6个，多中心特征初显，高等级中心数量有所增加，城市发展水平略有提升。

（3）2015年山东半岛城市群地区经济空间格局特征。山东半岛城市群仍以青岛市为一级中心，二级中心仍为1个，三级中心则变动至4个，四级中心则为

6个，三级中心城市的区域核心地位下降，被大量相似等级的城市所包围，初步显现出多中心结构特征，大量城市崛起，形成新的增长极，地位也大幅提高，经济实力、商品市场活跃度和人口聚集度都有明显增长。整个山东省的格局已经初步形成了青岛市、济南市两大增长级，"多中心"结构特征明显。

第六章

山东半岛城市群城市职能互补性

城市职能是指城市对其以外区域所起的作用，研究城市职能的互补性可以更好地了解城市职能，为城市、城市群规划发展的定位及完善奠定基础。合理的城市群区域分工建立在互补性的基础上，能够使城市群整体产出效应大于各个城市之和，并且能够有效发挥集聚和专业化带来的效益，同时避免城市蔓延、城市扩张等问题[1]。良好的区域分工是区域经济一体化发展的基础，是区域获取竞争优势的关键[2]。对区域城市职能分工的研究一直是城市与区域研究的重点之一。从20世纪80年代开始，中国学者就对不同地域尺度的区域城市职能分工进行研究，早期研究主要集中在全国和跨省大区域范围等宏观尺度的研究。近年来，也有学者对省区、都市圈或城市群范围的城市职能分工进行研究[3]。

第一节 研究设计

本章的研究应用对应分析方法，对山东半岛城市群地区的城市进行研究，并定量测度区域核心城市的职能互补性。通过对2007~2016年山东半岛城市群城市职能分工及互补性的刻画，揭示出山东半岛城市群的城市职能分工体系特征、格局及其变动过程，并对比各核心城市职能互补性[4]。

---

[1] 闫曼娇、马学广、娄成武：《中国沿海城市带城市职能分工互补性比较研究》，载于《经济地理》2016年第1期，第69~74、88页。

[2] 卢明华、李国平、孙铁山：《东京大都市圈内各核心城市的职能分工及启示研究》，载于《地理科学》2003年第23期，第150~156页。

[3] 朱翔：《湖南省城市职能体系优化研究》，载于《湖南师范大学自然科学学报》1996年第2期，第6页。

[4] 郭倩倩：《长三角城市群城市职能分工及互补性研究》，载于《科技与管理》2017年第1期，第31~36页。

一、研究方法

本章对山东半岛城市群 13 个城市,基于 2007～2016 年的数据进行统一口径下的动态性城市职能互补性研究,采用对应分析法进行互补性分析。对应分析是一种降维分析,其原理是主成分分析。点聚图能够直观解释信息,具有相似分布方式的类别由在空间上相近的点进行代表,反之不同类别之间的点距离较远。城市职能点距离原点近则该职能点是城市的一般化职能;反之是城市化的专业化职能;职能点和城市点远近表示城市具有该职能特征[①]。同时,观察不同年份点聚图的变化,可以了解山东半岛城市群各城市职能特征的变动。比如,城市点向原点移动说明该城市职能特征由专业化向综合化发展,而城市点远离原点说明城市职能更趋于专业化[②]。

近年来,对应分析受到了广泛重视,很多统计软件都推出相关功能,本研究应用 SPSS 软件对数据进行处理,对山东半岛城市群各城市的职能分工进行对应分析,以找出各城市的职能分工的特点。对应分析还提供了一个能够反映城市职能互补性的统计量指标——总惯性,它通过测度原点周围职能点的分散程度衡量山东半岛城市群的职能差异度,进而反映城市群体潜在的职能互补性。从而定量测度城市职能专业化的程度,反映城市间潜在的职能互补性。总惯性是一个衡量概要点分布在一个重心的远近程度。距离质心越远,惯性越高。为了能够比较各个城市群之间的惯性,梅杰斯(Meijers)定义了一个互补比值,用最大的可能总惯性除以它再乘以 100 以使总惯性标准化,得到 0～100 之间的一个值,即:互补性比率 = 总惯性/(城市总数 N - 1) × 100。总惯性越小,互补性越强[③]。

二、研究区域与数据来源

选取 2007～2016 年《中国城市统计年鉴》各城市第二、第三产业分行业从业人员数作为统计原始数据;研究区域为山东半岛城市群 13 个城市,分别是:济南市、青岛市、烟台市、潍坊市、济宁市、淄博市、泰安市、威海市、德州市、滨州市、东营市、日照市、莱芜市。

[①] 李佳洺、孙铁山、李国平:《中国三大都市圈核心城市职能分工及互补性的比较研究》,载于《地理科学》2010 年第 4 期,第 503～509 页。

[②] 吴康:《京津冀城市群职能分工演进与产业网络的互补性分析》,载于《经济与管理研究》2015 年第 3 期,第 63～72 页。

[③] Meijers E, Polycentric Urban Regions and the Quest for Synergy: Is a Network of Cities More Than the Sum of the Parts. *Urban Studies*, 2005, Vol. 42, No. 4, pp. 765–781.

第二节 横向角度的城市职能互补性分析

从横向角度出发，对山东半岛城市群各城市 2007~2016 年每个年份的职能互补性进行分析，发现每年都存在一定程度的变化。

一、山东半岛城市群城市职能分工体系格局变化

运用 SPSS 软件对山东半岛城市群 13 个城市分行业从业人数作对应分析，得到能够直观反映 2007~2016 年城市职能分工体系特征的点聚图。

本章图中职能点数字 1~18 分别代表采矿业（1）、制造业（2）、电力燃气及水的生产和供应业（3）、建筑业（4）、交通运输仓储和邮政业（5）、信息传输计算机服务和软件业（6）、批发和零售业（7）、住宿餐饮业（8）、金融业（9）、房地产业（10）、租赁和商业服务业（11）、科学研究技术服务和地质勘查业（12）、水利环境和公共设施管理业（13）、居民服务修理和其他服务业（14）、教育（15）、卫生社会保障和社会福利业（16）、文化体育娱乐业（17）、公共管理和社会组织（18）。

三角形符号所表示的内容为 18 个行业的从业人口数量，十字形符号所表示的内容为山东半岛城市群各个城市。利用对应分析，可以得到以下结果图，分别对 2007~2016 年山东半岛城市群的各个城市的职能分工特征及其互补性的逐年变化进行分析。

二、山东半岛城市群各城市之间的城市职能互补性分析

2007 年，山东半岛城市群 13 个城市除济宁市外，总体表现为具有一般化城市职能的综合性城市。由图 6-1 可以看出，在 2007 年，日照市、威海市、淄博市、莱芜市、烟台市、济南市与青岛市 7 个城市属于拥有绝大部分城市职能的综合性城市，且这些城市在坐标系中的位置相对其他城市的位置来说较为紧凑。济宁市的科学研究技术服务和地质勘查业较为发达，考虑与其存在的矿产资源，且济宁市在坐标系中的位置最为偏远，说明济宁市在这两个行业中的优势相对其他城市最为突出；泰安市的交通运输仓储和邮政业也相对发达；潍坊市的房地产业、建筑业发展势头较猛，最接近的是表示房地产业的点，说明潍坊市在房地产业的职能优势比建筑业更为突出；青岛市与潍坊市具有一定相似性，但青岛市更接近坐标原点，说明青岛市比潍坊市更具有综合性城市职能；东营市的电力燃气

及水的生产和供应业与租赁和商业服务业占主导地位，且城市点距离表示这两个行业的点距离相当，说明东营市在电力燃气及水的生产和供应业与租赁和商业服务业的职能优势与山东半岛城市群范围内的其他城市相比较而言旗鼓相当；德州市和滨州市在坐标系位置中具有相似性，均在交通运输仓储和邮政业上体现出专业化职能优势，但滨州市更接近坐标原点，说明滨州市的城市职能综合性要优于德州市。

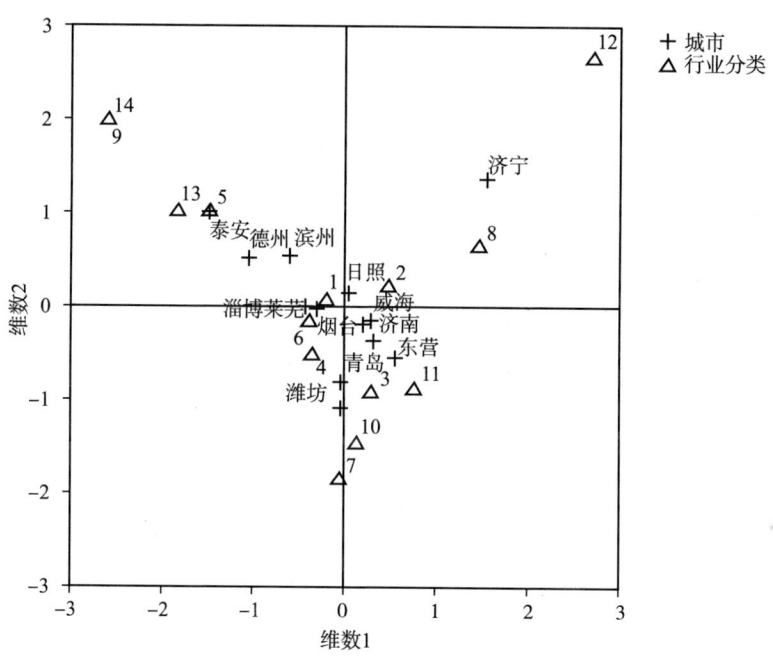

图 6-1　2007 年山东半岛城市群城市职能分工点聚图

2008 年，山东半岛城市群 13 个城市总体表现为具有一般化城市职能的综合性城市，变化较 2007 年差异不大。由图 6-2 可以看出，在 2008 年，烟台市、威海市、日照市、淄博市、潍坊市、济南市、青岛市、东营市、滨州市、泰安市 10 个城市已经拥有绝大部分的城市职能，向综合性城市不断发展。而济宁市仍在科学研究技术服务和地质勘查业上具有专业化职能，但济宁市在坐标系中的位置相对于 2007 年离坐标原点更近，说明济宁市在一定程度上由专业化城市职能向综合性城市职能有所靠近；德州市与莱芜市在信息传输计算机服务和软件业上呈现出猛烈的增长势头，且德州市在坐标系中的位置比莱芜市更为靠近表示专业化城市职能的坐标点，说明德州市比莱芜市在信息传输计算机服务和软件业上更具专业化发展优势；东营市与潍坊市的位置在 2008 年比 2007 年更为接近，说明东营市和潍坊市在 2008 年的专业化城市职能上极具相似性；

滨州市和泰安市在坐标系中的位置也十分接近，二者均在电力燃气及水的生产和供应业、建筑业上体现出突出的专业化城市职能，而泰安市比滨州市更接近坐标原点，说明滨州在这两个行业上的城市职能优势优于泰安市，而泰安市相对于滨州市更具综合性城市职能。总体而言，山东半岛城市群各城市的城市职能均向综合性城市职能靠拢，只是在变化幅度上有所差异，在坐标系中的表现为普遍更接近坐标原点。

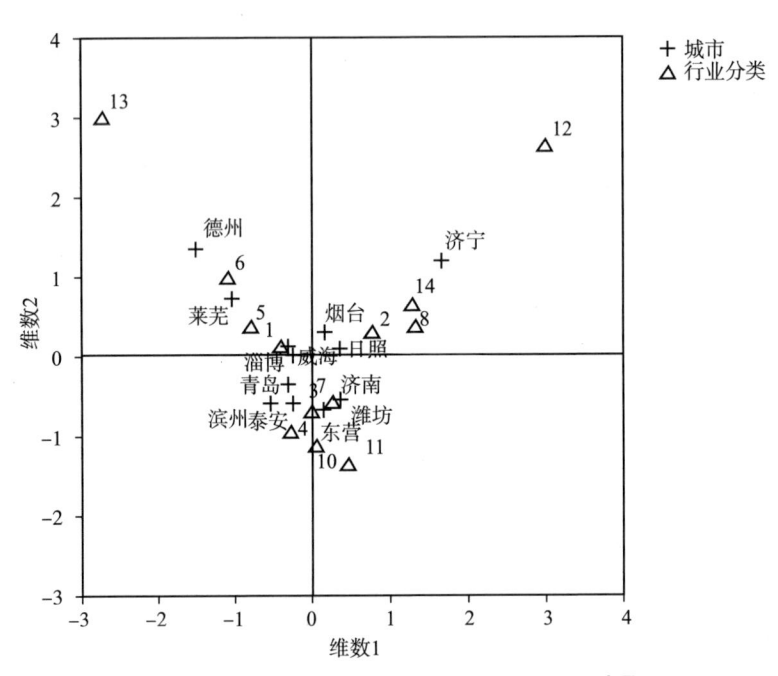

图 6-2　2008 年山东半岛城市群城市职能分工点聚图

2009 年，山东半岛城市群 13 个城市总体表现为向原点处移动，逐步演变为具有一般化城市职能的综合性城市，较 2008 年稍有变化。由图 6-3 可以看出，在 2009 年，烟台市、威海市、日照市、淄博市、潍坊市、济南市、青岛市、东营市、滨州市、泰安市、济宁市 11 个城市已经拥有绝大部分的城市职能，向综合性城市不断发展。尤其是济宁市由具有科学研究技术服务和地质勘查业的专业化职能向一般性城市职能转变的速度较快；德州市与莱芜市在信息传输计算机服务和软件业、水利环境和公共设施管理业上呈现出一定优势；东营市在租赁和商业服务业上仍表现出突出职能。

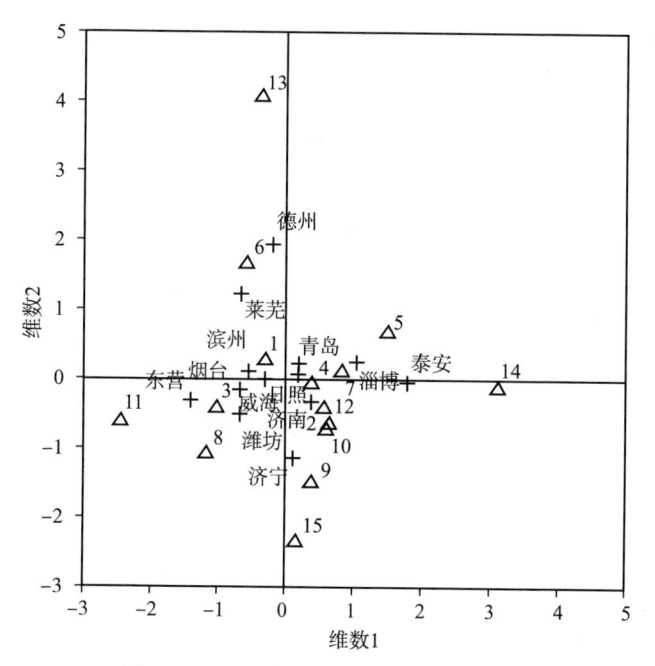

图 6-3　2009 年山东半岛城市群城市职能分工点聚图

2010年，山东半岛城市群各城市中，除济宁市、潍坊市外，其他11个城市总体表现为具有一般化城市职能的综合性城市，较2009年稍有变化。由图6-4可以看出，在2010年，烟台市、威海市、日照市、淄博市、济南市、青岛市、东营市、滨州市、泰安市、济宁市10个城市已经拥有绝大部分的城市职能，向综合性城市不断发展。济宁在卫生社会保障和社会福利业、金融业、租赁和商业服务业上的专业化职能较2009年有所增强，潍坊市在建筑业、房地产业上的专业化职能较去年有所增强。淄博市、泰安市在批发和零售业上的专业化职能有所增强。

2011年，山东半岛城市群各城市除泰安之外，其他12个城市均位于原点附近，总体表现为具有一般化城市职能的综合性城市，点聚图中的城市分布位置较2010年稍有变化。由图6-5可以看出，在2011年，烟台市、威海市、日照市、淄博市、青岛市、东营市、滨州市7个城市已经拥有绝大部分的城市职能，向综合性城市不断发展。济宁市在住宿餐饮业上的专业化职能较2010年有所增强；变化最为明显的是泰安市，泰安市在教育业上的专业化职能较去年有大幅度增强；济南市在交通运输仓储和邮政业、金融业、房地产业、科学研究技术服务和地质勘查业上的专业化职能较往年有一定程度的增强；济宁市则在住宿餐饮业、金融业以及科学研究技术服务和地质勘查业开始体现出一定优势，说明济宁市在专业化城市职能上有了转型。

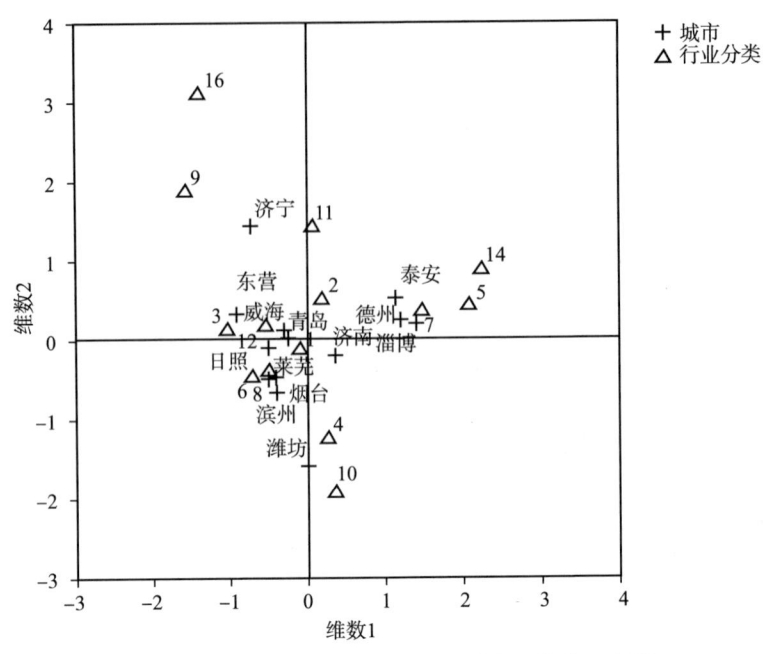

图 6-4 2010 年山东半岛城市群城市职能分工点聚

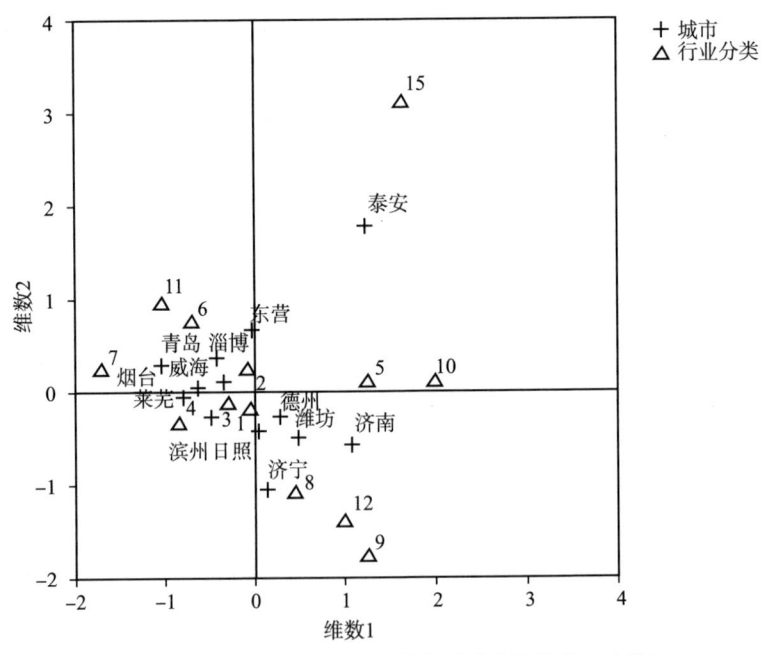

图 6-5 2011 年山东半岛城市群城市职能分工点聚

2012年，山东半岛城市群各城市除泰安市、潍坊市之外，其他11个城市均位于原点附近，总体表现为具有一般化城市职能的综合性城市，点聚图中的城市分布位置较2011年稍有变化。由图6-6可以看出，在2012年，烟台市、威海市、日照市、淄博市、青岛市、东营市、滨州市、济宁市、济南市、莱芜市、德州市11个城市已经拥有绝大部分的城市职能，向综合性城市不断发展。泰安市在科学研究技术服务和地质勘查业、居民服务修理和其他服务业、卫生社会保障和社会福利业上的城市专业化职能较2011年有所增强；潍坊市在建筑业、住宿餐饮业、房地产业上的城市专业化职能较往年有一定程度的增强。其他城市在坐标系中的位置较2011年更为紧凑，说明山东半岛城市群各城市的城市职能总体向综合性城市职能发展。尽管泰安市与潍坊市相对于其他城市在坐标系中的位置更加偏离坐标原点，但与2011年相比，偏离幅度也有缩小，说明泰安市和潍坊市虽然有较强的专业化城市职能，但是其综合性职能也在不断提高。从总体布局来看，山东半岛城市群的城市在点聚图中的分布位置由往年的团状向条带状转型，纵向上比横向上更为密集紧凑，表现为一条纵向的带状结构，在一定程度上也体现了山东半岛城市群各城市在城市职能上普遍向综合性城市职能靠近的发展趋势。

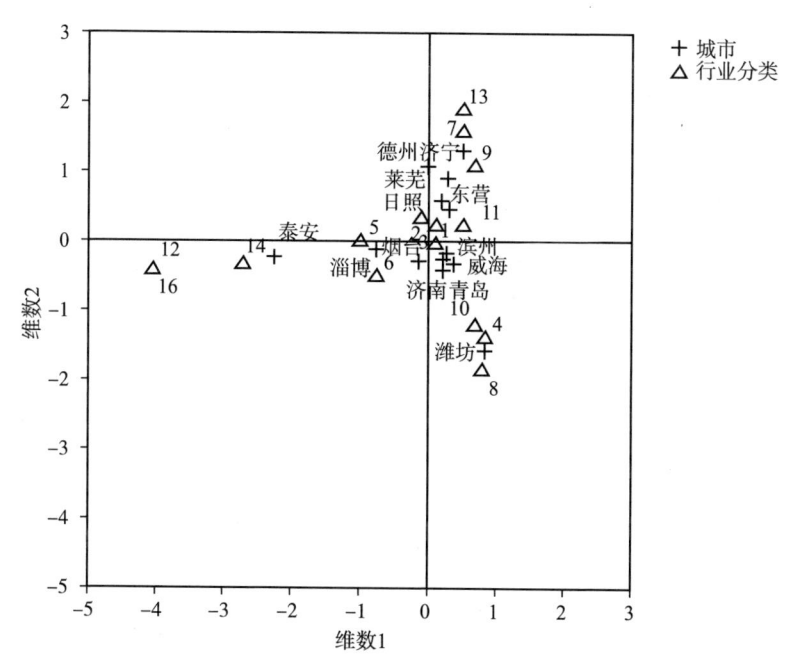

图6-6 2012年山东半岛城市群城市职能分工点聚图

2013年，山东半岛城市群各城市在点聚图中的位置变得较为稀疏、不紧凑，所有城市均由往年位于原点附近向四周扩散，总体表现为由具有一般化城市职能的综合性城市向专业化职能城市转型。由图6-7可以看出,在2013年,除莱芜市、威海市、德州市、淄博市、滨州市之外的8个城市拥有绝大部分的城市职能,其他城市均表现为具有一定的专业化城市职能。济宁市在批发和零售业和房地产业上的城市专业化职能较2012年有所增强。青岛市在制造业上的城市专业化职能较往年有一定程度的增强。日照市在制造业与科学研究技术服务和地质勘查业上的城市专业化职能较往年有一定程度的增强。烟台市在建筑业上的城市专业化职能较往年有一定程度的增强。东营市在租赁和商业服务业与水利环境和公共设施管理业上的城市专业化职能较往年有一定程度的增强。济南市在信息传输计算机服务和软件业上的城市专业化职能较往年有一定程度的增强。潍坊市在房地产业上的城市专业化职能较往年有一定程度的增强。泰安市在交通运输仓储和邮政业、教育业与公共管理和社会组织上的城市专业化职能较往年有一定程度的增强。

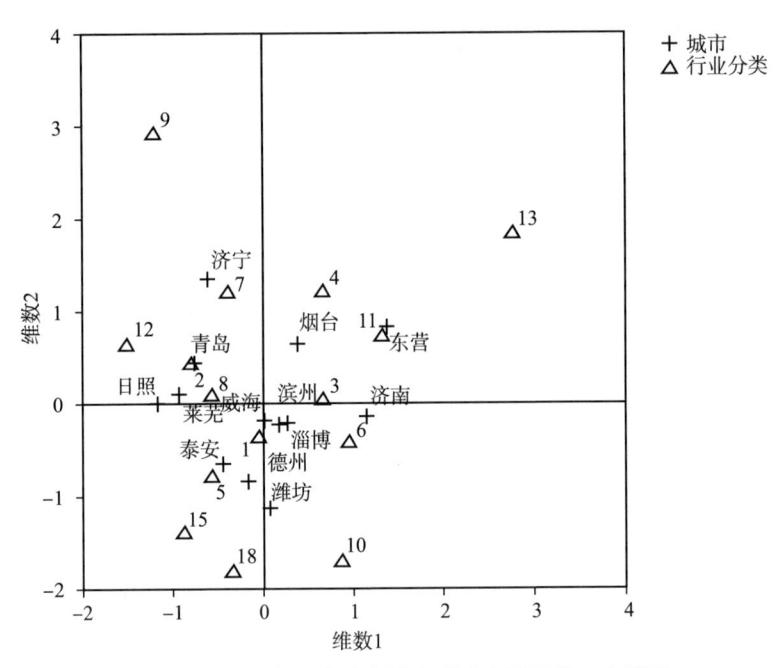

图6-7 2013年山东半岛城市群城市职能分工点聚图

2014年,山东半岛城市群各城市在点聚图中的位置较2013年相对较为紧凑,所有城市均向原点附近靠拢,总体表现为由专业化职能的城市向具有一般化城市职能的综合性城市转型。由图6-8可以看出,除青岛市、莱芜市、济宁市、东营市、泰安市之外的8个城市拥有绝大部分的城市职能,其他5个城市均表现为具有一定的专业化城市职能。青岛市在科学研究技术服务和地质勘查业上的城市专业化职能较2013年有所增强，说明青岛市仍然将专业化职能优势保持在科学研究技术服务和地质勘查业上；莱芜市在制造业与科学研究技术服务和地质勘查业上的城市专业化职能较往年有一定程度的增强；济宁市在坐标系中的位置较2013年有较大变化，在住宿餐饮业、金融业、水利环境和公共设施管理业和社会组织上的城市专业化职能有所加强；泰安市在教育业上的城市专业化职能较往年有一定程度的增强。从总体布局来看，整个山东半岛城市群范围内的各城市在坐标系中的位置与2013年相比，均更靠近坐标原点，即使存在城市具有较为突出的专业化职能优势，其偏离坐标原点的幅度也大大缩小，说明山东半岛城市群各城市的城市职能发展趋势均由专业化城市职能向综合性城市职能转型。

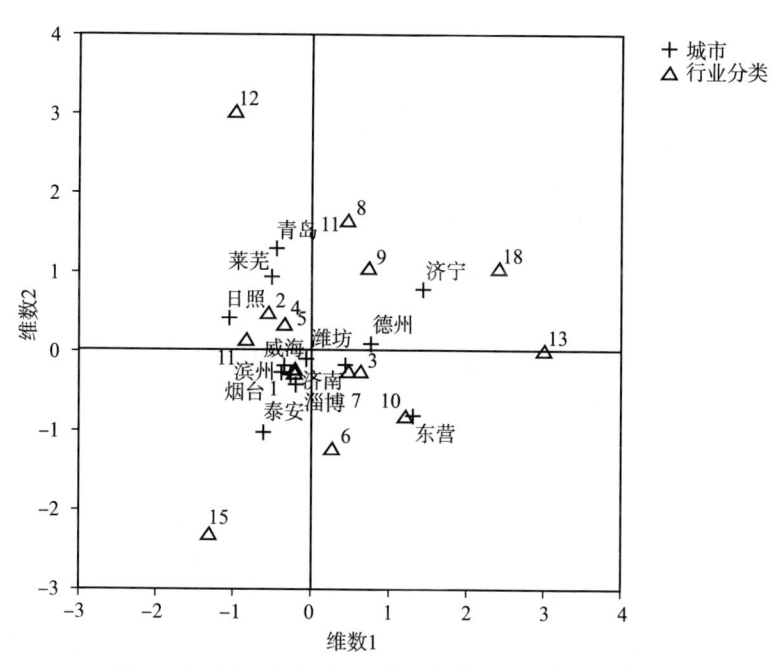

图6-8 2014年山东半岛城市群城市职能分工点聚图

2015年，山东半岛城市群各城市在点聚图中的位置较2014年进一步紧凑，所有城市均向原点附近靠拢，总体表现为由专业化职能的城市向具有一般化城市职能的综合性城市转型。由图6-9可以看出，在2015年，除青岛市、济宁市之外的11个城市拥有绝大部分的城市职能。青岛市在科学研究技术服务和地质勘查业上的城市专业化职能较往年有所增强。济宁市在金融业、水利环境和公共设施管理业以及文化体育娱乐业上的城市专业化职能较往年有一定程度的增强。

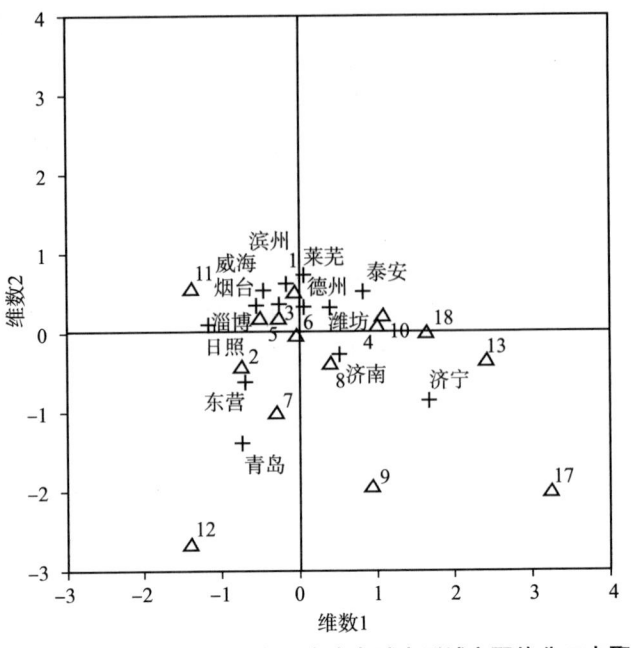

图 6-9　2015 年山东半岛城市群城市职能分工点聚图

2016 年，从山东半岛城市群各城市在点聚图中的位置分布来看，形状更为分散。其实不然，由于坐标轴的范围缩小，因此，实质上 2016 年的城市点在点聚图中的分布还是较 2015 年相对较为紧凑，所有城市均向原点附近靠拢，总体表现为由专业化职能的城市向具有一般化城市职能的综合性城市转型。由图 6-10 可以看出，在 2016 年，除青岛市、济宁市、日照市、泰安市之外的 9 个城市拥有绝大部分的城市职能，其他 4 个城市均表现为具有一定的专业化城市职能。青岛市在住宿餐饮业、房地产业与科学研究技术服务和地质勘查业上的城市专业化职能较 2015 年有所增强。日照市在制造业、房地产业上的城市专业化职能较往年有一定程度的增强。济宁市在建筑业、金融业和文化体育娱乐业上的城市专业化职能较往年有一定程度的增强。泰安市在建筑业、批发和零售业、金融业和水利环境和公共设施管理业上的城市专业化职能较往年有一定程度的增强。

综合 2007~2016 年各城市在点聚图上的表现来看，如图 6-11 所示，山东半岛城市群 13 个城市的点位置整体向靠近原点方向移动，尽管城市点在点聚图中的位置分布上呈现分散状态，实质由于坐标轴的范围缩小，城市之间的距离实际上是缩小状态，即说明其城市职能由单一化向综合性转变，城市本身由专业职能城市向综合性职能城市转变，城市职能的互补性大大降低。在这十年中，高端服务业（批发零售业、金融业、住宿餐饮业、房地产业、建筑业等）在山东半岛城市群各城市蓬勃发展，成为绝大部分城市的一般性产业；尽管各城市都注重公共社会服务职能的发展，但该职能仍为城市的一般化城市职能。

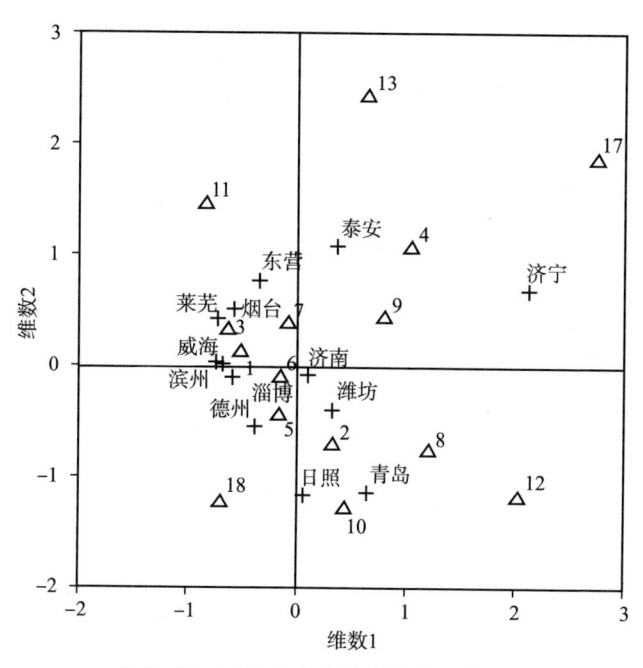

第六章 山东半岛城市群城市职能互补性 | 71

图 6-10 2016 年山东半岛城市群城市职能分工点聚图

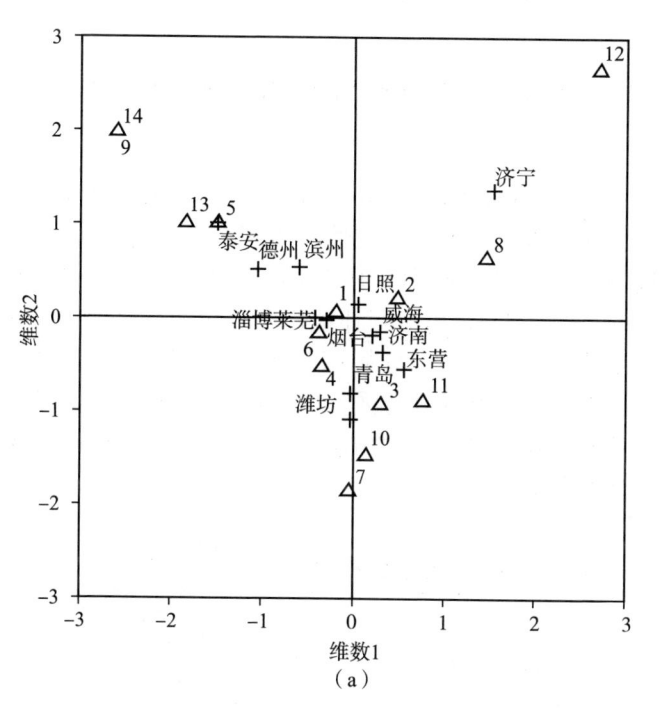

(a)

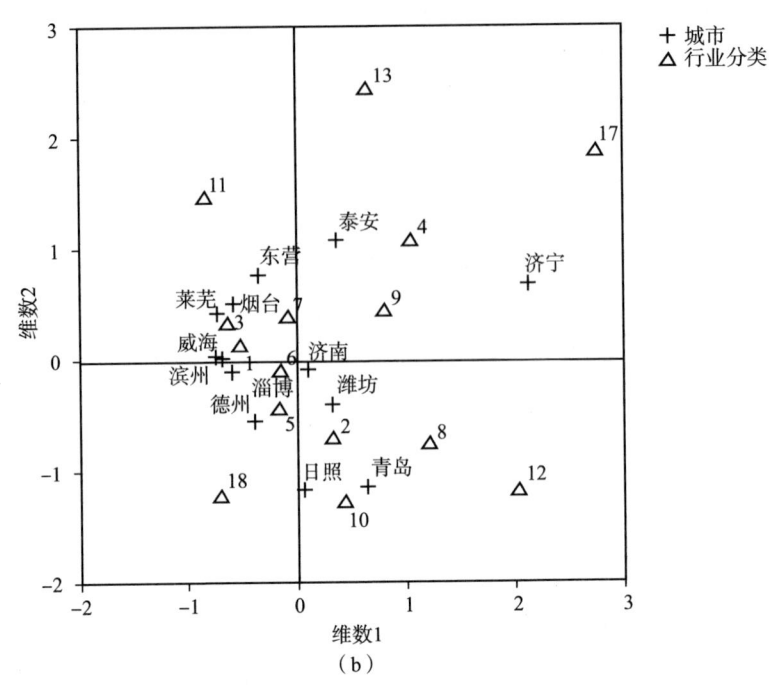

图 6-11　2007~2016 年山东半岛城市群城市职能分工点聚图对比

第三节　纵向角度的城市职能互补性分析

对山东半岛城市群 13 个城市 2007~2016 年的变化进行纵向分析：

从数值上来看，山东半岛城市群的总惯性在 2007~2016 年总体上呈现下降趋势，总惯性由 2007 年的 1.261 下降到 2016 年的 1.111，互补性比率由 2007 年的 10.508 下降到 2016 年的 9.258，由于互补性比率是根据总惯性算得的，因此其变化率与总惯性的变化率完全一致，均为 -11.895%，呈现负增长状态。由于互补性比率越大，城市职能的互补性则越强，如表 6-1 所示，山东半岛城市群的总惯性与互补性比率均有所下降，说明山东半岛城市群在 2007~2016 年的城市职能互补性呈现减弱趋势。

表 6-1　山东半岛城市群城市总惯性与互补性比率

总惯性		互补性比率		变化率	
2007 年	2016 年	2007 年	2016 年	总惯性增长率（%）	互补性标准值变化率（%）
1.261	1.111	10.508	9.258	-11.895	-11.895

由表 6-2 可以看出，2007~2016 年山东半岛城市群的总惯性标准差仅为 0.110，总体较为稳定，变化不明显，而互补性比率的标准差达到了 0.919，相对于总惯性较大。且总惯性的极差仅为 0.348，而互补性比率的极差为 2.900，说明总惯性相对于互补性比率来说更为稳定。

表 6-2　　　　山东半岛城市群 2007~2016 年城市互补性比率

指标	2007年	2008年	2009年	2010年	2011年	2012年	2013年	2014年	2015年	2016年	平均值	标准差	极差
总惯性	1.261	1.120	1.240	1.104	0.948	1.198	1.148	0.913	1.023	1.111	1.107	0.110	0.348
互补性比率	10.508	9.333	10.333	9.200	7.900	9.983	9.567	7.608	8.525	9.258	9.222	0.919	2.900

从图 6-12 来看，山东半岛城市群的互补性比率总体趋势呈现为在上升与下降交替中整体下降趋势。其折线图形状类似于 S 形曲线，随着时间的演进，趋势拟合图呈现出高低相间的峰值与低谷。上方曲线为表达互补性比率的曲线，2007~2011 年，互补性比率急剧下降，出现第一个低谷，2011~2012 年出现小幅度上升，在 2012 年达到一个极值点，之后再次出现下降，到 2014 年出现第二个低谷，自 2014 年到 2016 年，再次出现上升的趋势，直至 2016 年。总体上反映了山东半岛城市群在 2007~2016 年的城市职能互补性的整体减弱趋势，山东半岛城市群各城市普遍由专业化城市职能向综合性城市职能转型。

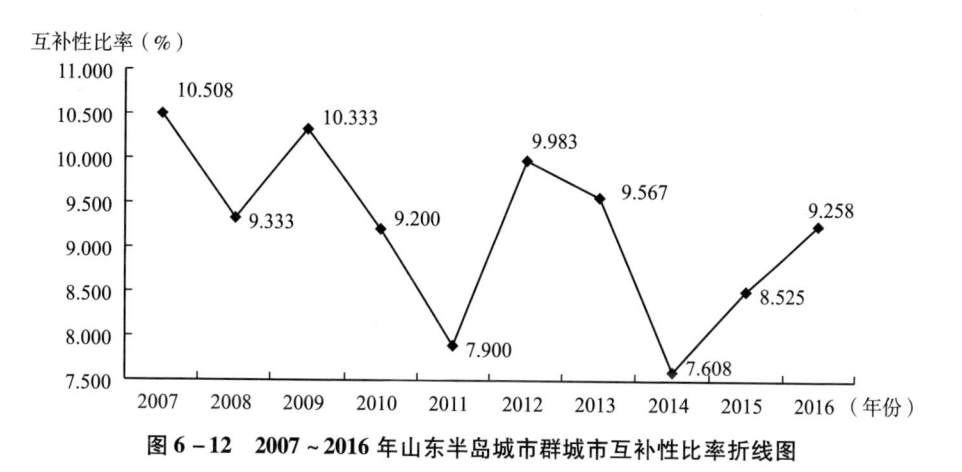

图 6-12　2007~2016 年山东半岛城市群城市互补性比率折线图

从图 6-13 来看，山东半岛城市群的总惯性的总体趋势为整体缓慢下降。其折线图形状类似于较为扁平的 S 形曲线，随着时间的演进，趋势拟合图呈现出高低相间的峰值与低谷。下方曲线为表达总惯性的曲线，2007~2011 年，总惯性保持下降趋势，于 2011 年出现第一个低谷，这种趋势与互补性比率相吻合，自

2011年到2012年出现小幅度上升，在2012年达到一个极值点，之后再次出现下降、上升交替的趋势，直至2016年。尽管在2007~2016年总惯性呈现上升与下降交替的趋势，但其整体的变化趋势仍为下降趋势。反映了山东半岛城市群在2007~2016年城市职能互补性的整体减弱趋势，其所反映出的深刻内涵亦为山东半岛城市群各城市均向综合性城市职能转型，在曲折迂回中逐步实现转型。

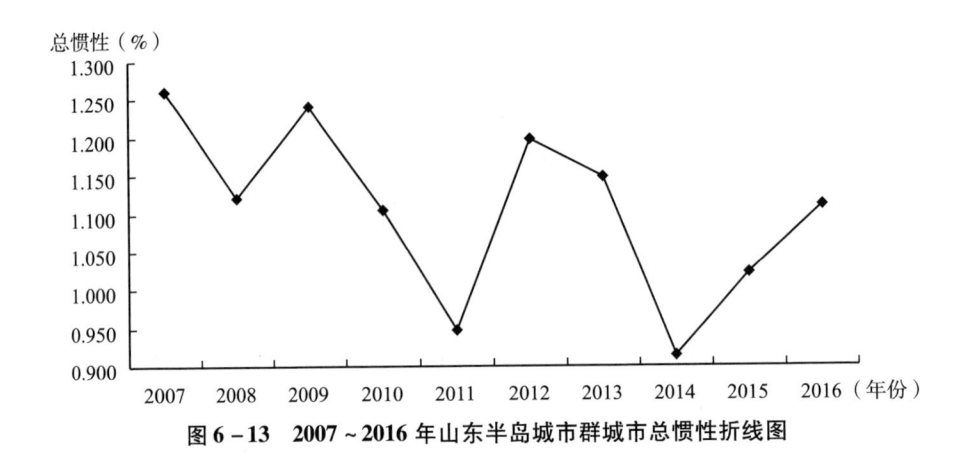

图6-13　2007~2016年山东半岛城市群城市总惯性折线图

第七章

山东半岛城市群城市流空间格局

随着信息化发展,全球的经济贸易联系日益密切,由于生产的分散化和管理的集中化,国家间的竞争逐步转变为骨干城市及其所依托的城镇群体之间的竞争,城市群成为我国新型城镇化的基本空间载体和全球治理体系中的重要行动者[1]。《中华人民共和国国民经济和社会发展第十三个五年规划纲要》也指出:优化提升东部地区城市群,建设京津冀、长三角、珠三角世界级城市群,提升山东半岛、海峡西岸城市群开放竞争水平。因此城市群区域空间联系与空间相互作用已成为地理学研究的核心和热点。

以单一城市群为研究对象,张虹鸥、叶玉瑶和罗晓云等人(2004)采用城市流强度的定量分析方法,对珠三角城市群城市流强度及其结构进行系统的分析,一定程度上揭示了珠三角城市间的相互作用与联系[2]。杜军、孙希华和高志强等人(2006)对山东半岛城市群城市流强度及其结构进行了系统的探讨,揭示了山东半岛城市间的相互作用与定量联系[3]。姜博、修春亮和陈才(2008)基于城市流理论,利用城市流强度的分析方法,对辽中南城市群各城市的区位商、外向功能量、城市流强度及其结构进行了分析与测算,并与国内部分城市群城市流相关指标进行了比较[4]。徐慧超、韩增林和赵林等人(2013)以中原经济区28个城市为研究对象,基于城市流强度模型,分别利用2000年、2003年、2006年和2009年4个时间截面的动态数据,对中原经济区城市流强度进

---

[1] 马学广:《全球城市区域的空间生产与跨界治理研究》,科学出版社2016年版,第1页。
[2] 张虹鸥、叶玉瑶、罗晓云、叶树宁:《珠江三角洲城市群城市流强度研究》,载于《地域研究与开发》2004年第6期,第53~56页。
[3] 杜军、孙希华、高志强、李玉江:《山东半岛城市群城市流强度研究》,载于《山东师范大学学报(自然科学版)》2006年第4期,第91~93页。
[4] 姜博、修春亮、陈才:《辽中南城市群城市流分析与模型阐释》,载于《经济地理》2008年第5期,第853~856、861页。

行了深入分析①。刘建朝和高素英（2013）综合采用经济联系强度与城市流两大模型，分别从区域和产业两大维度，对京津冀城市群空间联系进行实证研究②。马学广和孟颖燕（2015）运用城市流强度的定量分析方法，对山东沿海城市带9座城市10年的外向功能量、城市流强度和城市流倾向度及其结构进行了计算和分析，并与国内部分城市群城市流相关指标进行了比较③。基于两城市群城市流比较分析，王彬燕、王士君和田俊峰（2015）对东北地区哈长、辽中南城市群的城市流强度整体水平以及外向功能量、区位熵等表征值进行测算④，并基于此进行延伸比较，进而论证两城市群的发展进程、特征、问题和发展方向。李慧玲和戴宏伟（2016）基于城市流强度的分析方法⑤，对京津冀城市群和长江三角洲城市群2004~2013年经济联系进行动态变化对比分析。基于多个城市群城市流强度分析，卢万合和刘继生（2010）对中国十大城市群的城市流强度及相关指标进行测算、比较和分析，揭示城市群间的空间差异⑥。叶磊和欧向军（2012）通过对我国15个主要城市群城市流强度与结构的分析⑦，从城市流视角探讨我国城市群对外服务功能空间分布特征及其增长情况。

可是，上述研究多采用城市流强度模型进行静态分析，缺乏动态演进分析和区域比较分析。故在此次研究中将基于城市流强度模型，对山东半岛城市群各城市2006~2015年10年间城市流强度的动态演变进行分析。本章将基于城市流强度模型，对2006~2015年山东半岛城市群内13个城市在10年间城市流强度的动态演变进行分析，并在此基础上分析以上城市在山东半岛城市群内城市流空间结构中的地位及与各城市之间的差距。

---

① 徐慧超、韩增林、赵林、彭飞：《中原经济区城市经济联系时空变化分析——基于城市流强度的视角》，载于《经济地理》2013年第6期，第53~58页。

② 刘建朝、高素英：《基于城市联系强度与城市流的京津冀城市群空间联系研究》，载于《地域研究与开发》2013年第2期，第57~61页。

③ 马学广、孟颖燕：《山东沿海城市带城市流时空演变格局研究》，载于《中国名城》2015年第7期，第21~27页。

④ 王彬燕、王士君、田俊峰：《基于城市流强度的哈长与辽中南城市群比较研究》，载于《经济地理》2015年第11期，第94~100、116页。

⑤ 李慧玲、戴宏伟：《京津冀与长江三角洲城市群经济联系动态变化对比——基于城市流强度的视角》，载于《经济与管理》2016年第2期，第9~16页。

⑥ 卢万合、刘继生：《中国十大城市群城市流强度的比较分析》，载于《统计与信息论坛》2010年第2期，第60~64页。

⑦ 叶磊、欧向军：《我国主要城市群的城市流动态比较》，载于《城市发展研究》2012年第6期，第6~11页。

第一节 研 究 设 计

一、研究区域

以年度性社会经济属性数据为基础,应用城市流分析方法,在城市尺度上,揭示山东半岛城市群内 13 个城市对外联系强度的空间分异和时空演变,包括济南市、青岛市、烟台市、威海市、潍坊市、淄博市、日照市、滨州市、泰安市、莱芜市、东营市、济宁市和德州市;并在此基础上,分析以上城市在山东半岛城市群内城市流空间结构中的地位及各城市之间的差距。最后,通过选取我国代表性城市群与山东半岛城市群进行城市流比较分析,以发现山东半岛城市群的优势与劣势。

二、数据来源

利用《中国城市统计年鉴》(2007～2016 年)中市辖区统计资料,采集 2006～2015 年山东半岛城市群内 13 个城市第二产业中的制造业、电力燃气及水的生产和供应业、建筑业,第三产业中的交通运输、仓储和邮政业,信息传输、计算机服务和软件业,批发和零售业,住宿和餐饮业,金融业、房地产业、租赁和商业服务业,科学研究、技术服务和地质勘查业,水利环境和公共设施管理业,教育、文化体育和娱乐业,卫生、社会保障和社会福利业,公共管理和社会组织等,将上述行业的从业人员数据、总从业人数、各城市市辖区国内生产总值等指标作为分析对象。其中,2013 年全国所有租赁和商业服务业数据缺失,由于其是年份定距型的数据,因而以平均值来插补缺失的值,这种处理方式并不影响总体结果。选取第二产业是因为相较于第三产业,第二产业也能够从一定程度上体现城市的外向服务,一并计算能够使分析结果更加全面。

三、分析方法

运用城市流强度模型对山东半岛城市群内 13 个城市 2006～2015 年数据的主要外向部门的区位熵(LQ_{ij})、外向功能量(E_i)、外向功能效率(N_i)、城市流强度(F_i)及结构等指标进行测算,以揭示山东半岛城市群城市流变化的一般规律。城市流强度是指在城市群区域城市间的联系中城市外向功能(集聚与辐射)

所产生的影响量,是说明城市与外界联系的数量指标。公式为:

$$F = N \cdot E \tag{7.1}$$

式(7.1)中:F为城市流强度;N为城市功能效益,即各城市间单位外向功能量所产生的实际影响,E为城市外向功能量,反映了城市外向功能的大小。

根据指标的可获取性及代表性原则,采用城市从业人员数作为城市功能量的度量指标,而城市是否具备外向功能量E,主要取决于该城市某一部门从业人员的区位熵。i城市j部门从业人员区位熵LQ_{ij}为:

$$LQ_{ij} = \frac{G_{ij}/G_i}{G_j/G} \tag{7.2}$$

式(7.2)中:G_{ij}、G_i、G_j、G分别表示i城市j部门的从业人员数、i城市从业人员数、全国j部门从业人员数以及全国从业人员数。

若$LQ_{ij}<1$,i城市j部门不存在着外向功能量,即$LQ_{ij}=0$;若$LQ_{ij}>1$,则i城市j部门存在着外向功能量,因为i城市的总从业人员中分配给j部门的比例超过了全国的分配比例,即j部门在i城市中相对于全国是专业化部门,可以为城市外界区域提供服务。因此,i城市j部门的外向功能量E_{ij}为:

$$E_{ij} = G_{ij} - G_i(G_j/G) \tag{7.3}$$

i城市m个部门总的外向功能量E_i为:

$$E_i = \sum_{i=1}^{m} E_{ij} \tag{7.4}$$

i城市的功能效率N_i用人均从业人员的GDP表示,即

$$N_i = GDP_i/G_i \tag{7.5}$$

i城市的流强度F_i为

$$F_i = N_i \cdot E_i = (GDP_i/G_i)E_i = GDP_i(E_i/G_i) = GDP_i \cdot K_i \tag{7.6}$$

式(7.6)中,K_i为i城市外向功能量占总功能量的比例,反映了i城市总功能量的外向程度,称之为城市流倾向度。

第二节 山东半岛城市群城市流分析

城市流是指城市间人流、物流、信息流、资金流和技术流等空间流在城市群区域所发生的频繁的、双向和多向的流动现象,本质上是以城市作为区域网络节点,与外界发生交互作用的表现。查阅2007~2016年《中国城市统计年鉴》,对山东半岛城市群13个城市的外向功能量、外向功能效率、城市流强度进行测算,并通过对各项指标按照2006~2015年度这一连续时间序列的比较,分析各个城市对外服务能力的变化趋势。

一、山东半岛城市群外向功能量变化趋势分析

从图7-1可以看出：以2013年为界，2006~2013年济南市、烟台市城市外向功能量增长幅度较大，青岛市城市外向功能量略有下降趋势，其他城市外向功能量表现较为平稳。2013~2015年，威海市、东营市城市外向功能量呈现明显增长趋势，济南市、青岛市以及烟台市城市外向功能量呈现明显下降趋势，其他各城市外向功能量表现较为平稳。

依据2015年外向功能量数值大小，运用ArcGIS软件中的自然断点法进行分类，可将山东半岛城市群13个城市分为5类，如表7-1所示：15万~20万人的有济南市；10万~15万人的城市有青岛市、烟台市和威海市；4万~10万人的城市有淄博市、潍坊市和滨州市；3万~4万人的城市有莱芜市，0~3万人的城市分别是济宁市、泰安市、德州市、日照市和东营市。由此可见，济南外向功能量在山东半岛城市群中处于领先地位，且具有明显优势。此外，山东半岛城市群13个城市间外向功能量呈现明显阶梯分布，城市间外向功能量数值差距较大，这也表明了山东半岛城市群各城市外向服务能力有明显差异，特别是第四、五等级城市与第一、二等级城市外向服务能力存在较大差距。

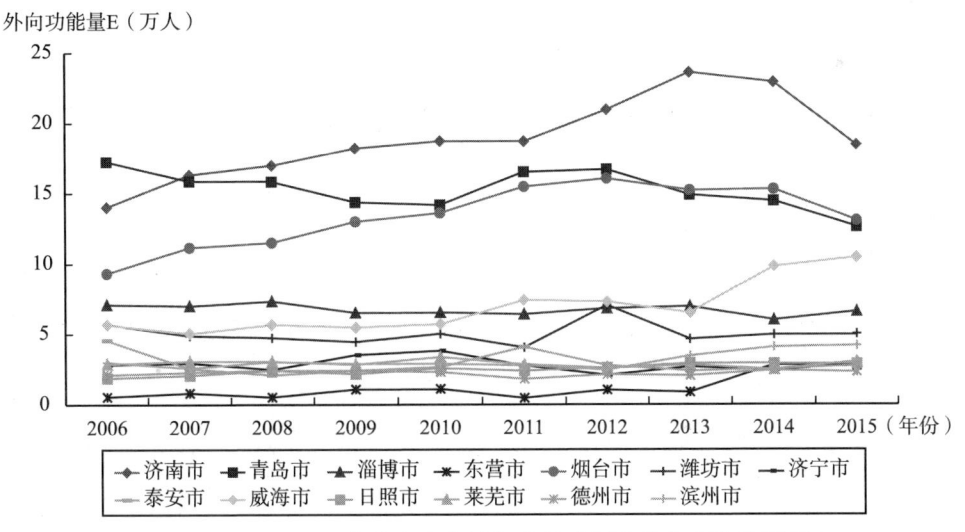

图7-1 2006~2015年山东半岛城市群13个城市外向功能量折线图

从山东半岛城市群外向功能量2006~2015年的变化来看，如表7-1所示，济南市一直处于山东半岛城市群外向功能量第一等级地位，且外向功能量总体呈上升态势。烟台市与青岛市则在2013年以后从第一等级滑落至第二等级，且外

向功能量总体呈下降态势。威海市外向功能量呈总体呈上升态势，且在2013年以后外向功能量上升较快，与济南市、青岛市、烟台市间差距逐步缩小。淄博市、潍坊市、滨州市、莱芜市、济宁市、泰安市、德州市、日照市和东营市外向功能量十年来一直处于较低层次，且总体处于平缓状态，这也表明以上城市在2006~2015年的10年间外向服务能力一直未得到发展。由此可以说明济南市是山东半岛城市群各地级市外向服务功能的中心城市，青岛市、烟台市以及威海市成为纵贯山东半岛城市群的三大副中心城市，淄博市和潍坊市是地方性中心城市，滨州市、莱芜市、济宁市、泰安市、德州市、日照市和东营市等外向服务的功能较低，主要表现为行政功能。

表7-1　　2006~2015年山东半岛城市群13个城市外向功能量变化

年份	第一等级城市	第二等级城市	第三等级城市	第四等级城市	第五等级城市
2006	青岛市、济南市	威海市、烟台市、潍坊市、淄博市	莱芜市、济宁市、泰安市、滨州市	德州市、日照市	东营市
2007	青岛市、济南市、烟台市	威海市、潍坊市、淄博市	莱芜市、济宁市	泰安市、滨州市、德州市、日照市	东营市
2008	青岛市、济南市、烟台市	威海市、潍坊市、淄博市	莱芜市、滨州市	济宁市、泰安市、德州市、日照市	东营市
2009	青岛市、济南市、烟台市	威海市、淄博市	潍坊市、济宁市	莱芜市、滨州市、泰安市、德州市、日照市	东营市
2010	青岛市、济南市、烟台市	威海市、潍坊市、淄博市	莱芜市、济宁市	泰安市、滨州市、德州市、日照市	东营市
2011	青岛市、济南市、烟台市	威海市、淄博市	潍坊市、泰安市	济宁市、莱芜市、滨州市、德州市、日照市	东营市
2012	青岛市、济南市、烟台市	威海市、潍坊市	淄博市	泰安市、济宁市、莱芜市、滨州市、德州市、日照市	东营市
2013	青岛市、济南市、烟台市	威海市、淄博市	潍坊市	泰安市、济宁市、莱芜市、滨州市、德州市、日照市	东营市

续表

年份	第一等级城市	第二等级城市	第三等级城市	第四等级城市	第五等级城市
2014	济南市	青岛市、烟台市、威海市	淄博市、潍坊市、滨州市	日照市、东营市	泰安市、济宁市、莱芜市、德州市
2015	济南市	青岛市、烟台市、威海市	淄博市、潍坊市、滨州市	莱芜市	日照市、东营市、泰安市、济宁市、德州市

二、山东半岛城市群城市外向功能量变化分析

济南市提供的外向服务功能在区域城市中最为重要和全面。在所研究的十年时间16个行业的范围中，平均每年有8~13个行业提供外向功能，是区域提供外向服务功能行业和数量最多的城市。截止到2015年，济南市仍是山东各地级市外向功能量最高的城市，为18.44万人，其次是烟台市13.08万人、青岛市12.63万人。

2006~2015年青岛市的外向功能量总体呈下降趋势，2015年外向功能量的数值为12.63万人，仍然低于2006年最高时的17.26万人。与之相对的是，烟台市的外向功能量总体呈现增长的态势，但2013年之后也呈现出了下降的趋势。烟台市制造业为一枝独秀，2012年占比达到了97.44%，其他行业的外向服务功能十分微弱，但2012年之后烟台市对此进行了大幅度调整，至2015年时，制造业占比已由97.44%降低到77.88%。因此其对外服务功能在逐年增强并逐渐成为山东各地级市对外服务的重要城市。烟台市2012年外向功能量数值为16.04万人，仅次于青岛，居于区域第三位，至2015年时外向功能量数值为13.08，相较2012年有所下降，但已超过青岛市，居于区域第二位。威海市在2013年之后有较大幅度的增长，而淄博市、潍坊市、滨州市、莱芜市、济宁市、泰安市、德州市、日照市和东营市的外向功能量曲线比较平缓，从数值上来看有小幅波动缓慢增长的特点。

三、山东半岛城市群行业外向功能量变化分析

济南市的交通运输、仓储和邮政业从2009年开始增长较快，截至2012年，山东省在这一行业有外向功能量的城市只有济南市为3.15万人，青岛市为1.88万人，日照市0.73万人，说明济南市快速成长为山东半岛城市群地区交通运输

的重要枢纽，青岛市和日照市依托港口，交通运输中转的作用比较稳定。但在2013年之后，济南市的交通运输、仓储和邮政业的发展大幅度下降，青岛市和日照市则相对有了较大的发展。到2015年时，济南市在此行业的外向功能量已变为0，而青岛市和日照市分别以1.6万人和1.2万人居于优势地位。同时，烟台市与泰安市两市的交通运输、仓储和邮政业也有了较大的发展。

制造业是提供对外服务最重要的行业，青岛市、威海市和烟台市是山东半岛城市群区域性制造业大市，2015年数据中提供的外向服务功能在8万~11万人之间，其次是淄博市、滨州市、莱芜市和潍坊市，2015年数据在2万~5万人之间。不同于济南市的多行业共同发展，青岛市、烟台市、淄博市、潍坊市、威海市、滨州市六市外向功能量中90%以上是由制造业提供的，在这些城市中，其他行业的外向服务功能较弱。在所计算的十年区间中，济南市建筑业的外向功能量一直处于全省领先的位置，在2014年时一度达到了11.3万人。但在2015年，济南市的建筑业外向功能量下降到了5.3万人，1万人以下有微弱外向功能量的城市有淄博市和德州市等。

第三节　山东半岛城市群城市流强度变化趋势分析

一个城市的城市流强度实质上反映了其集聚与辐射的能力。因此，可以通过对城市群城市流强度的分析与计算确定区域联系的中心。一般而言，城市流强度值越大，与外界的联系越紧密；城市流强度值越小，与外界的联系越松散。

一、山东半岛城市群城市流强度比较分析

随着综合交通运输能力和信息网络技术的高速发展，城市之间的联系也愈来愈紧密，区域中各城市的对外联系强度均有不同程度的增强。其中济南市的城市流强度值在2014年后超越青岛市，居于最高位置。总体上青岛市、济南市、烟台市高速发展，成为山东半岛城市群地区城市流强度最高、区域对外联系程度最强的三大城市，以及区域集聚与辐射的三个中心。

如图7-2所示，山东半岛城市群13个城市间城市流强度呈现明显阶梯分布，且无论城市流增长速度还是城市对外联系强度，淄博市、潍坊市、滨州市、莱芜市、济宁市、泰安市、德州市、日照市、威海市和东营市等城市均与青岛市、济南市、烟台市三市存在较大差距，特别是，潍坊市、滨州市、莱芜市、济宁市、泰安市、德州市、日照市以及东营市的城市流强度低，虽已形成地方性集聚和辐射中心，但其集聚和辐射功能较弱，主要为行政中心。

城市流强度F（亿元）

[图表：2006~2015年山东半岛城市群13个城市的城市流强度折线图，纵轴0-1000，横轴2006-2015年。图例：济南市、青岛市、淄博市、东营市、烟台市、潍坊市、济宁市、泰安市、威海市、日照市、莱芜市、德州市、滨州市]

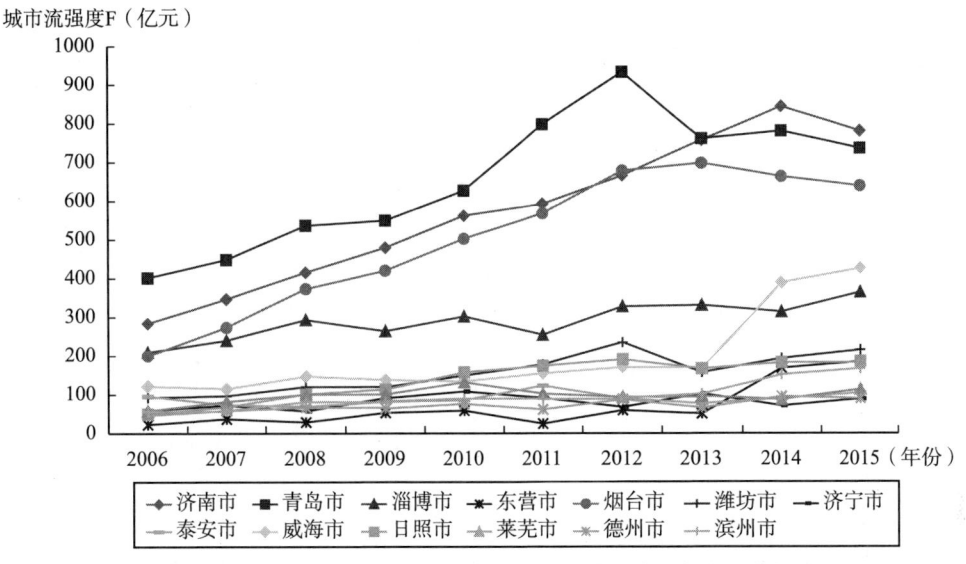

图7-2　2006~2015年山东半岛城市群13个城市的城市流强度折线图

以2006~2015年城市流强度值为依据，运用ArcGIS软件中的自然断点法进行分类，可将山东半岛城市群13个城市分为五类，如表7-2所示，从城市流强度的空间分布来看，自2007年以来，济南市、青岛市和烟台市一直属于第一等级，山东半岛城市群已经形成青岛市、济南市和烟台市三大中心城市鼎足而立的空间结构，其他城市流强度较小，处于城市群发育的中期阶段，同时呈现山东半岛城市群东部城市的城市流强度总体较高，西部城市总体较弱的"东优西弱"空间布局。从图7-2和表7-2可以看出：无论在增长速度还是对外联系强度大小上，淄博市、东营市、潍坊市、威海市、日照市、滨州市等城市与青岛市、济南市、烟台市三市相比还有比较大的差距。但是，2013年来，青岛市、济南市和烟台市三市的城市流强度值均呈现下降趋势，而省内其他城市则保持缓慢上升态势，导致山东半岛城市群的城市流强度的绝对差异正在逐步缩小，城市之间的发展差距在减少。

表7-2　2006~2015年山东半岛城市群13个城市的城市流强度变化

年份	第一等级城市	第二等级城市	第三等级城市	第四等级城市	第五等级城市
2006	青岛市	济南市、烟台市、淄博市	威海市、潍坊市、泰安市	滨州市、德州市、日照市、莱芜市、济宁市	东营市

续表

年份	第一等级城市	第二等级城市	第三等级城市	第四等级城市	第五等级城市
2007	青岛市、济南市、烟台市、淄博市	威海市、潍坊市	泰安市、日照市、莱芜市、济宁市	滨州市、德州市	东营市
2008	青岛市、济南市、烟台市、淄博市	威海市、潍坊市	日照市、莱芜市、滨州市	泰安市、济宁市、德州市	东营市
2009	青岛市、济南市、烟台市	淄博市	威海市、潍坊市、日照市	莱芜市、泰安市、济宁市、滨州市	德州市、东营市
2010	青岛市、济南市、烟台市	淄博市	威海市、潍坊市、日照市、莱芜市	滨州市、泰安市、济宁市	德州市、东营市
2011	青岛市、济南市、烟台市	淄博市	威海市、潍坊市、日照市、泰安市	莱芜市、滨州市、济宁市、德州市	东营市
2012	青岛市、济南市、烟台市	淄博市	威海市、潍坊市、日照市	泰安市、莱芜市、滨州市、德州市	济宁市、东营市
2013	青岛市、济南市、烟台市	淄博市	威海市、潍坊市、日照市	莱芜市、滨州市、济宁市	泰安市、德州市、东营市
2014	青岛市、济南市、烟台市	淄博市、威海市	潍坊市、日照市、东营市	滨州市	莱芜市、泰安市、济宁市、德州市
2015	青岛市、济南市、烟台市	淄博市、威海市	潍坊市、日照市、东营市	滨州市	莱芜市、泰安市、济宁市、德州市

依据2015年城市流强度值，山东半岛城市群13个城市可以分为三类，如图7-3所示，高城市流强度值城市（600亿~1000亿元）：济南市、青岛市、烟台市，是该区域的集聚辐射中心，为区域性中心城市；中等城市流强度值城市（300亿~500亿元）：淄博市和威海市，是区域次级集聚辐射中心，为次级区域性中心城市；低城市流强度值城市（50亿~300亿元）：潍坊市、日照市、东营市、滨州市、莱芜市、泰安市、德州市、济宁市等，城市的集聚与辐射功能微弱，初步形成地方集聚辐射中心，仅为行政区中心。

结合上文对外向功能量的分析发现，青岛市的外向功能量和城市流强度2012年之后均呈下降状态，只有外向功能效率在2013年降低之后逐渐呈增长趋势。而外向功能效率中，$N_i = GDP_i/G_i$，G_i为城市从业人员数，在2012~2013年增幅较大，由此导致青岛市城市流强度呈现出明显下降的走势。

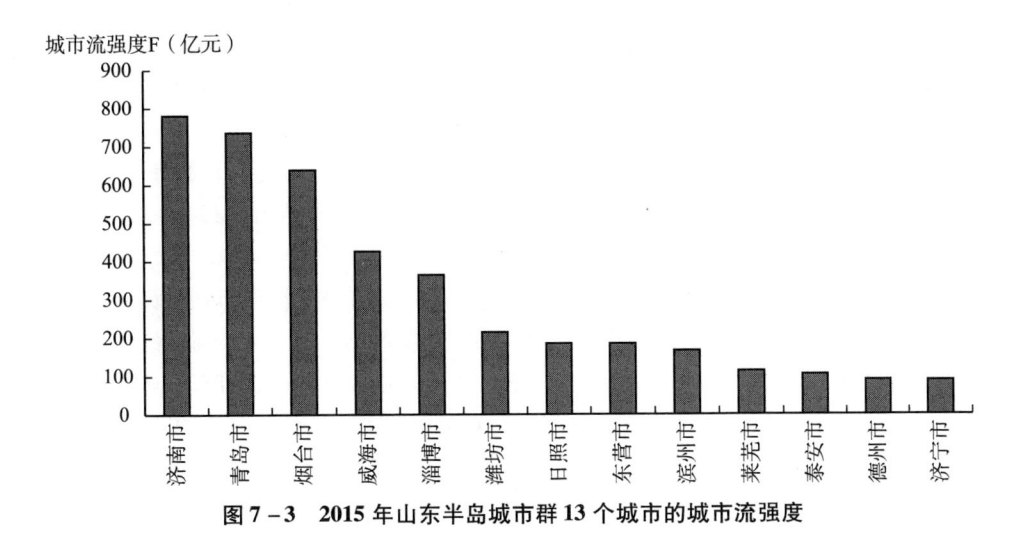

图 7-3　2015 年山东半岛城市群 13 个城市的城市流强度

二、山东半岛城市群城市流强度结构分析

城市流强度结构是指构成城市流强度的影响因素之间的相对数量比例关系。由公式 $F_i = GDP_i \cdot K_i$ 可知，构成城市流强度的因素可以概括为城市总体经济实力与城市流倾向度（表征城市综合服务能力），二者相对比例关系直接影响城市流强度的大小。其公式为：$GDP'_i = GDP_i/maxGDP_i$，$K'_i = K_i/maxK_i$。式中 GDP'_i 与 K'_i 分别为各市地方生产总值与城市流倾向度的标准化值，$maxGDP_i$ 与 $maxK_i$ 分别为各市地方生产总值与城市流倾向度的最大值。GDP'_i、K'_i 分别反映城市的总体实力和综合服务能力。利用上面的公式对山东省 13 个城市 2015 年的 GDP_i、K_i 值进行归一化处理，得到各个城市相对应的 GDP'_i、K'_i，如图 7-4 所示。

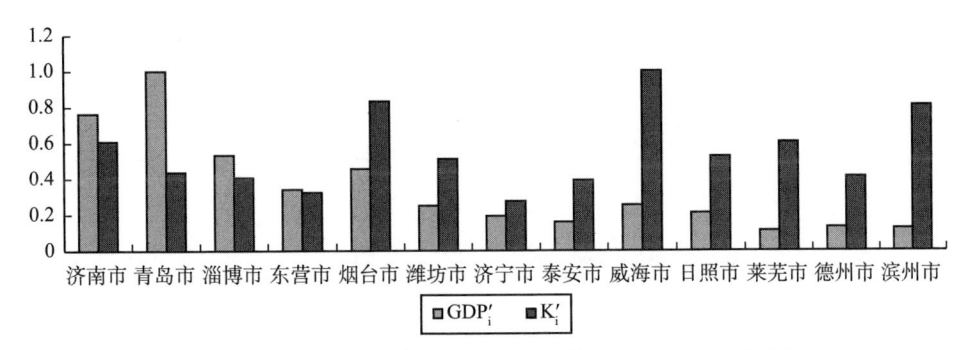

图 7-4　2015 年山东半岛城市群 13 个城市的城市流强度结构

从图 7-4 可以看出：K' 值最高的城市是威海市，GDP' 最高的城市是青岛市。

依据GDP′和K′的关系可划分为两种类型：即GDP′>K′型和K′>GDP′型。GDP′>K′型的主要城市包括济南市、青岛市、淄博市和东营市，它们的城市总体经济实力均高于城市流倾向度（表征城市综合服务能力）。济南市和青岛市从业人员数量较大，因而很大程度上降低了它的功能效率与城市流倾向度。青岛市和济南市的GDP′大于K′，且青岛市的GDP′在整个山东半岛城市群城市中最高，具有较高的城市总体实力是必然的，但是从青岛市和济南市在山东半岛城市群乃至全国各城市城市流中的地位来看，进一步提高其综合服务功能对城市的可持续发展更为必要。而烟台市、潍坊市、济宁市、泰安市、威海市、日照市、莱芜市、德州市、滨州市属于K′大于GDP′型城市，城市总体经济实力小于城市流倾向度，且城市流倾向度与其自身的总体经济实力很不协调，远远高于其自身的总体经济实力，今后的发展除了进一步加强城市综合服务能力和对外联系程度的建设以外，强化城市的总体实力更为迫切，这样才能真正提高城市的整体综合实力。

三、山东半岛城市群产业结构比较分析

选取五个代表年份（2007年、2009年、2011年、2013年和2015年），把山东半岛城市群第二、第三产业的外向功能量按照年份求和，得出表中的数据，如表7-3所示。可以看出，山东半岛城市群各地级市第二产业在2011年后呈下降趋势，而第三产业的外向功能量逐步增长，并逐渐缩小与第二产业之间的占比比例。可见山东半岛城市群产业结构正逐渐优化升级。

表7-3　　　　　山东半岛城市群第二、第三产业外向功能量

产业	项目	2007年	2009年	2011年	2013年	2015年
第二产业	总和（万人）	59.67	56.54	61.32	57.72	51.16
	占比（%）	77.94	71.23	71.54	65.50	58.85
第三产业	总和（万人）	16.89	22.83	24.39	30.40	35.78
	占比（%）	22.06	28.77	28.46	34.50	41.15

第四节　山东半岛城市群与代表性城市群比较分析

《中华人民共和国国民经济和社会发展第十三个五年规划纲要》指出：优化提升东部地区城市群，建设京津冀地区、长江三角洲地区、珠江三角洲地区为世界级城市群，提升山东半岛、海峡西岸城市群开放竞争水平。培育中西部地区城

市群，发展壮大东北地区、中原地区、长江中游、成渝地区、关中平原城市群，规划引导北部湾、山西中部、呼包鄂榆、黔中、滇中、兰州—西宁、宁夏沿黄、天山北坡城市群发展，形成更多支撑区域发展的增长极。其中，东北地区城市群包括哈长城市群与辽中南城市群。从以上 19 个城市群中，根据地理区位与经济发展程度等因素，共选取东部地区京津冀城市群、长江三角洲城市群、珠江三角洲城市群、东北地区辽中南城市群、中部地区长江中游城市群、西部地区成渝城市群与兰西城市群 7 个城市群[1]作为代表性城市群，与山东半岛城市群进行城市流比较，以探究山东半岛城市群在我国城市群中的优势与劣势。由于 2016 年《中国城市统计年鉴》中长江中游城市群的仙桃市、潜江市与天门市，兰西城市群中的临夏回族自治州、海南藏族自治州、黄南藏族自治州以及海北藏族自治州数据缺失，因而以上 7 个城市不纳入本部分城市流比较分析，此外，成渝城市群中成都市与重庆市只有全市数据，因而这 2 个城市的城市流强度以全市数据计算，其中 2015 年重庆市教育、文化体育和娱乐业、卫生社会保障和社会福利业、公共管理和社会组织的从业人员数据缺失，因而以 2016 年数据代替，其结果并不影响整体分析。

一、山东半岛城市群与代表性城市群城市流强度总体比较分析

对 2015 年山东半岛城市群、辽中南城市群、京津冀城市群、长江三角洲城市群、珠江三角洲城市群、长江中游城市群、成渝城市群以及兰西城市群的城市流强度值进行计算，并利用 ArcGIS 10.2 中的自然间断法进行分级显示，共分为五个等级，从而进行总体比较分析。

从表 7-4 中可以看出以上 8 个城市群所包含的城市中，仅有京津冀城市群、长江三角洲城市群以及珠江三角洲城市群的核心城市北京市、上海市、深圳市三个城市处于第一等级，第二等级城市则有长江三角洲城市群的苏州市，珠江三角洲城市群的广州市、佛山市与东莞市，这也表明以上三个城市群符合《中华人民共和国国民经济和社会发展第十三个五年规划纲要》中所指出的要建设京津冀、长三角、珠三角世界级城市群的定位。第三等级城市包括成渝城市群的重庆市与成都市，长江中游城市群的长沙市，长江三角洲城市群的南京市、无锡市、宁波市、杭州市与绍兴市，以及京津冀城市群的天津市，可以发现第三等级城市群主要集中在长江沿线，且成渝城市群与长江中游城市群的城市最高等级仅为第三等

---

[1] 城市群边界以地级以上城市为界，其中长江中游城市群、成渝城市群、长江三角洲城市群、兰西城市群范围以国家发改委印发的城市群发展规划为准，京津冀城市群、珠江三角洲城市群、辽中南城市群边界主要参考方创琳：《中国城市群研究取得的重要进展与未来发展方向》，载于《地理学报》2014 年第 8 期。本章所涉及内容以此为依据。

级,且处在该等级的城市数量较少,成渝城市群其他城市均处在第五等级,长江中游城市群也仅有武汉市与南昌市处在第四等级,其他城市均处于第五等级。辽中南城市群、山东半岛城市群以及兰西城市群所包含的城市均处在第四等级和第五等级,且处在第四等级的城市仅有沈阳市、大连市、济南市、青岛市、烟台市、威海市与兰州市,其他城市均处在第五等级。从这可以发现,成渝城市群、长江中游城市群、辽中南城市群、山东半岛城市群以及兰西城市群均需培育与发展增长极,不断提升城市群发育度。这也与《中华人民共和国国民经济和社会发展第十三个五年规划纲要》中所指出的"提升山东半岛开放竞争水平,发展壮大长江中游、成渝地区,规划引导兰州—西宁城市群发展,形成更多支撑区域发展的增长极"相吻合。

表7-4　　2015年山东半岛城市群与代表性城市群各城市的城市流强度等级

等级	城市
第一等级	北京市、深圳市、上海市
第二等级	佛山市、东莞市、广州市、苏州市
第三等级	成都市、重庆市、杭州市、南京市、天津市、中山市、无锡市、长沙市、宁波市、绍兴市
第四等级	常州市、武汉市、沈阳市、扬州市、惠州市、合肥市、济南市、南通市、青岛市、南昌市、烟台市、唐山市、大连市、珠海市、石家庄市、泰州市、威海市、兰州市、台州市
第五等级	淄博市、盐城市、江门市、常德市、襄阳市、肇庆市、芜湖市、潍坊市、湘潭市、嘉兴市、湖州市、新余市、西宁市、营口市、日照市、东营市、岳阳市、抚州市、鞍山市、镇江市、宜昌市、滨州市、秦皇岛市、九江市、株洲市、保定市、衡阳市、舟山市、上饶市、益阳市、鄂州市、铜陵市、沧州市、莱芜市、廊坊市、黄石市、张家口市、宣城市、泰安市、金华市、本溪市、孝感市、德州市、济宁市、辽阳市、娄底市、宜春市、马鞍山市、景德镇市、萍乡市、荆州市、荆门市、承德市、黄冈市、抚顺市、咸宁市、泸州市、海东市、铁岭市、池州市、丹东市、滁州市、安庆市、吉安市、白银市、鹰潭市、绵阳市、自贡市、定西市、盘锦市、广安市、雅安市、遂宁市、达州市、德阳市、乐山市、眉山市、南充市、内江市、宜宾市、资阳市
数据缺失	黄南藏族自治州、海南藏族自治州、海北藏族自治州、临夏回族自治州、潜江市、天门市、仙桃市

二、山东半岛城市群与代表性城市群城市流强度横向比较分析

对2015年山东半岛城市群、辽中南城市群、京津冀城市群、长江三角洲城市群、珠江三角洲城市群、长江中游城市群、成渝城市群以及兰西城市群的城市

流强度值进行计算，利用 ArcGIS 10.2 中的自然间断法分别将以上城市群划分为五个等级并实现空间可视化，从而进行横向比较。

依据 2015 年城市流强度值，利用 ArcGIS 10.2 中的自然间断法将山东半岛城市群 13 个城市可以分为五类，如表 7-5 所示，第一等级城市仅包括济南市，属于该区域的高城市流强度值城市（600 亿～800 亿元），是该区域的集聚辐射中心，为区域性中心城市；青岛市、烟台市和威海市处于第二等级，属于该区域的中等城市流强度值城市（300 亿～500 亿元），是区域次级集聚辐射中心，为次级区域性中心城市；第三等级城市包括淄博市、潍坊市和滨州市，该等级城市集中在山东半岛城市群中部偏北区域；第四等级城市仅有莱芜市，第五等级城市则包括日照市、东营市、泰安市、济宁市和德州市，以上两个等级城市主要集中在山东半岛城市群中部和西部内陆区域。第三、第四、第五等级城市均属于该区域的低城市流强度值城市（80 亿～200 亿元），城市的集聚与辐射功能微弱，初步形成地方集聚辐射中心，仅为行政区中心。总体来看，山东半岛城市群城市流强度呈现明显的梯次分布特征。

表 7-5　　　　　　　　　2015 年山东半岛城市群城市流强度等级

等级	城市
第一等级	济南市
第二等级	青岛市、烟台市、威海市
第三等级	淄博市、潍坊市、滨州市
第四等级	莱芜市
第五等级	日照市、东营市、泰安市、济宁市、德州市

依据 2015 年城市流强度值，利用 ArcGIS 10.2 中的自然间断法将辽中南城市群 10 个城市分为五类，如表 7-6 所示，第一等级城市包括沈阳市与大连市，这两个城市属于该区域的高城市流强度值城市（500 亿～900 亿元），是该区域的集聚辐射中心，为区域性中心城市；营口市、鞍山市处于第二等级，属于该区域的中等城市流强度值城市（150 亿～200 亿元），是区域次级集聚辐射中心，为次级区域性中心城市；第三等级城市包括本溪市和辽阳市，第四等级城市有抚顺市、铁岭市和丹东市，第五等级城市则仅有盘锦市，以上三个等级城市均属于该区域的低城市流强度值城市（15 亿～100 亿元），城市的集聚与辐射功能微弱，初步形成地方集聚辐射中心，仅为行政区中心。总体来看，辽中南城市群各城市间城市流强度差异较大，城市极化发展突出。与山东半岛城市群比较来看，高城市流强度值城市与山东半岛城市群城市大致相当，但中等城市流强度值城市和低城市流强度值城市与山东半岛城市群差距较大，辽中南城市群城市发展不如山东半岛

城市群发展均衡。

表7-6　　　　　　　　　　2015年辽中南城市群城市流强度等级

等级	城市
第一等级	沈阳市、大连市
第二等级	营口市、鞍山市
第三等级	本溪市、辽阳市
第四等级	抚顺市、铁岭市、丹东市
第五等级	盘锦市

依据2015年城市流强度值，利用ArcGIS 10.2中的自然间断法将京津冀城市群10个城市（参照2010年《京津冀都市圈区域规划》界定的地域范围）分为五类，如表7-7所示，第一等级城市仅有北京市，属于该区域的高城市流强度值城市（7000亿元以上），是该区域的集聚辐射中心，为区域性中心城市；天津市处于第二等级，属于该区域的中等城市流强度值城市（1000亿元以上），是区域次级集聚辐射中心，为次级区域性中心城市；第三等级城市包括唐山市和石家庄市（450亿~600亿元），第四等级城市有秦皇岛市、保定市、沧州市、廊坊市和张家口市（100亿~200亿元），第五等级城市则仅有承德市，以上三个等级城市均属于该区域的低城市流强度值城市（60亿~600亿元），城市的集聚与辐射功能较弱，已形成地方集聚辐射中心。总体来看，京津冀城市群城市间城市流强度差异大，北京市与天津市在该区域辐射影响能力极强，带动低城市流强度值城市发展。与山东半岛城市群比较来看，高城市流强度值城市与中等城市流强度值城市发展程度远高于山东半岛城市群高、中城市流强度值城市，主要原因为山东半岛城市群城市并无国家中心城市，城市等级较弱。但低城市流强度值城市与山东半岛城市群大致相当，总体而言，山东半岛城市群仍需培养与发展区域发展增长极，以此带动城市群整体发展。

表7-7　　　　　　　　　　2015年京津冀城市群城市流强度等级

等级	城市
第一等级	北京市
第二等级	天津市
第三等级	唐山市、石家庄市
第四等级	秦皇岛市、保定市、沧州市、廊坊市、张家口市
第五等级	承德市

依据2015年城市流强度值，利用ArcGIS 10.2中的自然间断法将长江三角洲城市群26个城市分为五类，如表7-8所示，第一等级城市仅有上海市，属于该区域的高城市流强度值城市（4500亿元以上），是该区域的集聚辐射中心，为区域性中心城市；苏州市处于第二等级（2500亿元以上），杭州市、南京市、无锡市、宁波市、绍兴市、常州市、扬州市、合肥市和南通市属于第三等级（750亿~1600亿元），以上两个等级城市属于该区域次级集聚辐射中心，为次级区域性中心城市；第四等级城市有泰州市、台州市、盐城市和芜湖市（250亿~500亿元），第五等级城市则有嘉兴市、湖州市、镇江市、舟山市、铜陵市、宣城市、金华市、马鞍山市、池州市、滁州市和安庆市，以上两个等级城市均属于该区域的低城市流强度值城市（40亿~210亿元），城市的集聚与辐射功能微弱，初步形成地方集聚辐射中心，仅为行政区中心。总体来看，长江三角洲城市群城市间城市流强度差异大，上海市在该区域辐射影响能力极强，辐射带动中、低城市流强度值城市发展。与山东半岛城市群比较来看，高城市流强度值城市与中城市流强度值城市发展程度远高于山东半岛城市群高、中城市流强度值城市，其中等城市流强度值城市中的末尾城市大致与山东半岛城市区高强度值城市相当，主要原因为山东半岛城市群城市等级较弱、经济发展程度较低、城市吸引力较差。但低城市流强度值城市与山东半岛城市群大致相当，总体而言，山东半岛城市群发育程度与长江三角洲城市群差距较大，仍需培养与发展区域发展增长极，提升经济实力与城市吸引力，从而带动城市群整体发展。

表7-8　　　　　　　　　2015年长江三角洲城市群城市流强度等级

等级	城市
第一等级	上海市
第二等级	苏州市
第三等级	杭州市、南京市、无锡市、宁波市、绍兴市、常州市、扬州市、合肥市、南通市
第四等级	泰州市、台州市、盐城市、芜湖市
第五等级	嘉兴市、湖州市、镇江市、舟山市、铜陵市、宣城市、金华市、马鞍山市、池州市、滁州市、安庆市

依据2015年城市流强度值，利用ArcGIS 10.2中的自然间断法将珠江三角洲城市群分为五类，如表7-9所示，第一等级城市仅有深圳市，属于该区域的高城市流强度值城市（5000亿元以上），是该区域的集聚辐射中心；佛山市、东莞市与广州市处于第二等级，属于该区域的中等城市流强度值城市（3000亿元以

上),是区域次级集聚辐射中心;第三等级城市仅有中山市(1200亿元左右),第四等级城市仅有惠州市(800亿元左右),第五等级城市则有珠海市、江门市和肇庆市(250亿~600亿元),以上三个等级城市均属于该区域低城市流强度值城市,城市的集聚与辐射功能较弱。总体来看,珠江三角洲城市群城市间城市流强度差异虽较大,但整体发展程度高,深圳市、佛山市、东莞市和广州市在该区域辐射影响能力极强,带动其他城市发展。与山东半岛城市群比较来看,高、中、低城市流强度值城市发展程度远均高于山东半岛城市群各城市。总体而言,山东半岛城市群与珠江三角洲城市群发展程度差距极大,无论是区域发展增长极,还是城市群整体发展程度均不如珠江三角洲城市群,因此山东半岛城市群各方面发展亟待提升。

表7-9　　　　　　　2015年珠江三角洲城市群城市流强度等级

等级	城市
第一等级	深圳市
第二等级	佛山市、东莞市、广州市
第三等级	中山市
第四等级	惠州市
第五等级	珠海市、江门市、肇庆市

依据2015年城市流强度值,利用ArcGIS 10.2中的自然间断法将长江中游城市群28个城市(潜江市、天门市与仙桃市因缺失数据不计入统计范围)分为五类,如表7-10所示,第一等级城市有长沙市与武汉市,属于该区域的高城市流强度值城市(900亿~1200亿元),是该区域的集聚辐射中心,为区域性中心城市;南昌市处于第二等级,属于该区域的中等城市流强度值城市(650亿元左右),是区域次级集聚辐射中心,为次级区域性中心城市;第三等级城市仅有常德市、襄阳市和湘潭市,第四等级城市有新余市、岳阳市、抚州市、宜昌市、九江市、株洲市、衡阳市、上饶市、益阳市、鄂州市,第五等级城市则有黄石市、孝感市、娄底市、宜春市、景德镇市、萍乡市、荆州市、荆门市、黄冈市、咸宁市、吉安市和鹰潭市(30亿~300亿元),以上三个等级城市均属于该区域的低城市流强度值城市,城市的集聚与辐射功能较弱,但初步形成地方集聚辐射中心,仅为行政区中心。总体来看,长江中游城市群城市间城市流强度差异较大,整体发展态势较弱,城市极化发展明显。长沙市和武汉市在该区域辐射影响能力极强,带动中、低城市流强度值城市发展。与山东半岛城市群比较来看,高城市

流强度值城市、中城市流强度值城市发展程度较高于山东半岛城市群高、中城市流强度值城市，低城市流强度值城市则与山东半岛城市群低城市流强度值城市发展相当，总体而言，山东半岛城市群与长江中游城市群发展相比，需培养区域发展增长极。

表 7-10　　　　　2015 年长江中游城市群城市流强度等级

等级	城市
第一等级	长沙市、武汉市
第二等级	南昌市
第三等级	常德市、襄阳市、湘潭市
第四等级	新余市、岳阳市、抚州市、宜昌市、九江市、株洲市、衡阳市、上饶市、益阳市、鄂州市
第五等级	黄石市、孝感市、娄底市、宜春市、景德镇市、萍乡市、荆州市、荆门市、黄冈市、咸宁市、吉安市、鹰潭市
数据缺失	仙桃市、潜江市、天门市

依据 2015 年城市流强度值，利用 ArcGIS 10.2 中的自然间断法将成渝城市群 16 个城市分为五类，如表 7-11 所示，第一等级城市有成都市与重庆市，属于该区域的高城市流强度值城市（1800 亿~2000 亿元），是该区域的集聚辐射中心，为区域性中心城市；泸州市处于第二等级，属于该区域的中等城市流强度值城市（50 亿元左右），初步形成地方集聚辐射中心；第三等级城市有绵阳市和自贡市，第四等级城市有广安市和雅安市，第五等级城市则有遂宁市、达州市、德阳市、乐山市、眉山市、南充市、内江市、宜宾市和资阳市（35 亿元以下），以上三个等级城市均属于该区域的低城市流强度值城市，城市的集聚与辐射功能微弱。总体来看，长江中游城市群城市间城市流强度差异较大，城市极化发展特征明显，整体发展态势较差。成都市和重庆市在该区域发展程度极强，但辐射带动中、低城市流强度值城市发展的能力有限。与山东半岛城市群比较来看，高城市流强度值城市远高于山东半岛城市群高城市流强度值城市，但中、低城市流强度值城市则远低于山东半岛城市群中、低城市流强度值城市，整体发展态势不如山东半岛城市群。总体而言，山东半岛城市群与成渝城市群发展相比，需培养区域发展增长极，注重城市群整体发展。

表 7-11　　　　　　　　2015 年成渝城市群城市流强度等级

等级	城市
第一等级	成都市、重庆市
第二等级	泸州市
第三等级	绵阳市、自贡市
第四等级	广安市、雅安市
第五等级	遂宁市、达州市、德阳市、内江市、乐山市、南充市、眉山市、宜宾市、资阳市

依据 2015 年城市流强度值，利用 ArcGIS 10.2 中的自然间断法将兰西城市群 5 个城市（临夏回族自治州、海南藏族自治州、黄南藏族自治州以及海北藏族自治州数据缺失不计入统计范围）可以分为五类，如表 7-12 所示，第一等级城市有兰州市，属于该区域的高城市流强度值城市（400 亿元左右），是该区域的集聚辐射中心，为区域性中心城市，辐射带动整个城市群发展；西宁市处于第二等级，属于该区域的中等城市流强度值城市（200 亿元左右），初步形成地方集聚辐射中心，为次级区域性中心城市；第三等级城市为海东市，第四等级城市为白银市，第五等级城市为定西市（25 亿~55 亿元），以上三个等级城市均属于该区域的低城市流强度值城市，城市的集聚与辐射功能微弱，仅为行政区中心。总体来看，兰西城市群整体发展态势较弱。兰州市在该区域发展程度较优，辐射带动中、低城市流强度值城市发展。与山东半岛城市群比较来看，高、中、低城市流强度值城市发展程度均低于山东半岛城市群高、中、低城市流强度值城市，整体发展态势也不如山东半岛城市群。

表 7-12　　　　　　　　2015 年兰西城市群城市流强度等级

等级	城市
第一等级	兰州市
第二等级	西宁市
第三等级	海东市
第四等级	白银市
第五等级	定西市
数据缺失	临夏回族自治州、海北藏族自治州、海南藏族自治州、黄南藏族自治州

三、山东半岛城市群与代表性城市群产业结构比较分析

分别将山东半岛城市群、辽中南城市群、京津冀城市群、长江三角洲城市群、珠江三角洲城市群、长江中游城市群、成渝城市群以及兰西城市群2015年的第二、第三产业的外向功能量求和,得出表7-13中的数据。可以看出,山东半岛城市群第二与第三产业的外向功能量虽均优于辽中南城市群、兰西城市群,但与长江三角洲城市群、珠江三角洲城市群、长江中游城市群相比,总量上均有很大差距,第二产业的外向功能量虽优于京津冀城市群与成渝城市群,但第三产业外向功能量与京津冀城市群和成渝城市群相比,也存在较大差距。具体来看,2015年山东半岛城市群第二产业外向功能还不及长江三角洲城市群、珠江三角洲城市群的1/6,第三产业外向功能还不及长江三角洲城市群、珠江三角洲城市群、京津冀城市群和成渝城市群的1/2。从第三产业占的比重来看,仍然比京津冀城市群、成渝城市群低了40个百分点左右。综上所述,山东半岛城市群提供的外向服务功能无论在总量上还是质量上都与发达城市群存在很大差距,山东半岛城市群产业结构仍以第二产业为主,但前面已经发现第二、第三产业占比差距缩小,产业结构正在优化升级,但与发达城市群相比第二产业、第三产业均相对较弱。

表7-13　　　　　2015年八大城市群第二、第三产业外向功能量

产业		山东半岛城市群	辽中南城市群	京津冀城市群	长江三角洲城市群	珠江三角洲城市群	长江中游城市群	成渝城市群	兰西城市群
第二产业	总和（万人）	51.16	22.92	32.34	327.35	386.82	80.92	45.83	10.63
	占比（%）	58.85	39.53	10.47	62.61	83.16	53.84	18.64	43.46
第三产业	总和（万人）	35.77	35.06	276.53	195.47	78.31	69.37	200.08	13.83
	占比（%）	41.15	60.47	89.53	37.39	16.84	46.16	81.36	56.54

综上所述,山东半岛城市群各城市外向功能量和城市流强度总体呈现增长趋势,但近年来略有下降。济南市是提供对外服务总量最多和行业最全面的城市,青岛市对外联系的强度最高。济南市、烟台市和青岛市在增长速率和强度上都位于区域前三位,成为城市群区域提供外向功能量最多和区域积聚与辐射的中心。山东半岛城市群已经形成青岛市、济南市和烟台市三大中心鼎足而立的空间结构,而其他城市的城市流强度较小,处于城市群发育的中期阶段,同时呈现山东半岛城市群东部城市的城市流强度总体较高,西部城市总体较弱的"东优西弱"

空间布局。但是，近年来，山东半岛城市群地区内其他城市与中心城市相比发展差距逐渐缩小，尤其是威海市有较好的发展。今后对于山东半岛城市群的发展而言，济南市、青岛市、淄博市和东营市应进一步提高综合服务功能，其他城市则需进一步加强城市综合服务能力和对外联系程度的建设以外，强化城市的总体实力更为迫切，这样才能真正提高城市的整体综合实力。

第五节　山东半岛城市群空间结构和功能联系优化建议

基于前面对山东半岛城市群内各城市的城市流强度的比较，山东半岛城市群已经形成青岛市、济南市和烟台市三大中心城市鼎足而立的空间结构，同时山东半岛城市群呈现东部城市的城市流强度较高，西部城市的城市流强度较弱的"东优西弱"空间布局。

一、进一步增强山东半岛城市区内城市联系的广度与密度

山东半岛城市群内低城市流强度值城市占城市群内城市数量的 1/2 以上，且城市流强度值仅是省内高城市流强度值城市的 1/3 左右，是中等城市流强度值城市的 1/2 左右，甚至更低，城市的集聚与辐射功能微弱，初步形成地方集聚辐射中心，仅为行政区中心。因而山东半岛城市群内各城市需从自身的优势和资源出发，走差异化发展的道路，中、低城市流强度值城市应加强自身的综合实力，又要增强与其他城市联系的广度和密度，高城市流强度值城市的发展应辐射带动山东半岛城市群整体发展。

二、推动产业升级与增强经济增长质量

当前山东半岛城市群总体上仍以第二产业发展为主，制造业发展较好，成为经济增长的重要支柱。因而，山东半岛城市群应在转变制造业经济发展方式的同时，大力发展现代服务业，充分发挥第三产业在经济发展中的作用，逐步扩大第三产业在经济增长中的比重，在经济增长质量方面，逐步实现服务业的比重超过制造业。总体而言，山东半岛城市群各城市应把城镇化、服务业、环保产业作为经济增长推动力，把创新驱动作为新的经济增长点。

三、培育城市群发展增长极以推动城市群整体发展

经过山东半岛城市群与选取的代表性城市群城市流强度比较而言，高城市流强度值城市远低于其他城市群高城市流强度值城市，总体而言，并无能起到辐射带动整个城市群的中心城市，且整体发展态势也不如城市群发育程度较高的城市群，因而山东半岛城市群亟待培育与发展城市群增长极，提升经济实力与城市吸引力，从而推动整个山东半岛城市群的发展。

第八章

山东半岛城市群公路交通空间联系格局

在全球化和信息化背景下,交通和通信技术快速发展,各类资源要素得以在全球和地区尺度上快速流动,城市之间功能性联系的网络化模式(或称"城市网络",city network)已成为一种客观存在的空间现象[1]。在城市网络中,主导性的空间形式不再是地方空间(space of places)而是流动空间(space of flows)[2]。随着"流动空间"的显现与网络社会的发展,城市网络成为更加有效的空间组织观念[3]。流动空间控制着当代的全球经济系统,组成了一种具有网络化逻辑的社会空间系统,城市的价值在于它所包含着高级服务功能的生产和消费过程,与具有附属性的地方空间一起融入全球网络中,城市一方面通过成为流动空间的节点而能够积累和保持财富、产生控制力与影响力,另一方面被穿行其中的流所生产和再生产[4]。交通流、信息流、企业流以及文化流等逐渐成为城市网络与城市联系的研究视野[5]。

在世界城市等级体系(world city hierarchy)[6]、全球城市(global city)[7] 和世界城市网络(world city network)[8] 等研究的基础上,"欧洲多中心巨型城市区域的可持续管理"(POLYNET)项目通过获取通勤、交通和通信等流数据以及商务服务网络数据分析了欧洲8个巨型城市区域的空间组织特征[9]。在此影响下,国

---

[1] 路旭、马学广、李贵才:《基于国际高级生产者服务业布局的珠江三角洲城市网络空间格局研究》,载于《经济地理》2012年第4期,第50~54页。

[2] 马学广、李贵才:《西方城市网络研究进展和应用实践》,载于《国际城市规划》2012年第4期,第65~70、101页。

[3] 马学广:《全球城市区域的空间生产与跨界治理研究》,科学出版社2016年版,第169页。

[4] M. Castells, Grassrooting the Space of Flows. *Urban Geography*, 1999, Vol. 20, No. 4, pp. 294–302.

[5] 马学广、李贵才:《世界城市网络研究方法论》,载于《地理科学进展》2012年第2期,第255~263页。

[6] J. Friedmann, The World City Hypothesis. *Development and Change*, 1986, Vol. 17, No. 1, pp. 69–83.

[7] S. Sassen, *The Global City: New York, London, Tokyo*. Princeton, N. J. : Princeton University Press, 2001.

[8] P. J. Taylor, G. Catalano and D. R. F. Walker, Measurement of the World City Network. *Urban Studies*, 2002, Vol. 39, No. 39, pp. 2367–2376.

[9] 陈伟劲、马学广、蔡莉丽、栾晓帆、李贵才:《珠三角城市联系的空间格局特征研究——基于城际客运交通流的分析》,载于《经济地理》2013年第4期,第48~55页。

内学者逐渐开始基于公路客运交通流进行城市联系的实践研究，以考察不同研究尺度下的城市网络功能结构。在国家尺度上，王海江、苗长虹和牛海鹏等人（2016）依托中国地级以上中心城市间公路长途客运联系的巨量交互式数据，对全国尺度内的公路客运联系网络结构及其分布总体格局进行详细的空间分析与结构研究[1]。在省域尺度上，罗震东、何鹤鸣和韦江绿（2012）运用公路客运班次在省域单元层面对城市间关系和区域空间结构特征进行了解析[2]。在城市群尺度上，刘正兵、丁志伟和卜书朋等人（2015）基于城镇间相互作用的间接量和客运联系的直接量进行对比与融合，以县、市、区为研究单元，通过客运联系网络与复杂网络模型透视中原城市群的网络结构[3]。在次省级尺度上，马学广和窦鹏（2017）以山东沿海城市带为研究对象，选取公路客运班次数据表征城市客运功能联系，分析山东沿海城市带的城市联系格局，并研究其多中心性特征[4]。在城市尺度上，温惠英、尹宏宾和苏奎（2000）基于广州市公路客运交通客流与站场调查情况，提出了当前城市公路客运交通发展的新趋势[5]。在综合以往研究的基础上，为进一步探讨新形势下山东半岛城市群地区的功能结构特征，本章采用城际公路客运交通流数据，通过 O-D 数据对、首位联系以及联系与集聚强度在城市尺度与县区级尺度上量化研究山东半岛城市群城市联系的空间联系格局。

第一节 研究设计

参考欧洲 POLYNET 项目的分析思路，功能性城市区的空间分布和联系具有尺度敏感性，在某一尺度上的多中心可能是另一尺度上的单中心。因此，选择合适的研究尺度、数据样本和研究方法来测度城市交通流，是研究城市区域功能联系空间格局的前提。为进一步探讨新形势下山东半岛城市群区域的功能结构特征，本章采用城际公路客运交通流数据，通过 O-D 数据对分析、首位联系分析以及联系强度与集聚强度分析等在城市和县区两个空间尺度上揭示山东半岛城市群城市联系的空间格局。

---

[1] 王海江、苗长虹、牛海鹏、袁占良：《中国中心城市公路客运联系及其空间格局》，载于《地理研究》2016 年第 4 期，第 745～756 页。
[2] 罗震东、何鹤鸣、韦江绿：《基于公路客流趋势的省域城市间关系与结构研究——以安徽省为例》，载于《地理科学》2012 年第 10 期，第 1193～1199 页。
[3] 刘正兵、丁志伟、卜书朋、王发曾：《中原城市群城镇网络结构特征分析：基于空间引力与客运联系》，载于《人文地理》2015 年第 4 期，第 79～86 页。
[4] 马学广、窦鹏：《基于客运交通流的山东沿海城市带多中心结构特征研究》，载于《现代城市研究》2017 年第 10 期，第 101～109、116 页。
[5] 温惠英、尹宏宾、苏奎：《广州市公路客运交通发展新趋势》，载于《华南理工大学学报（自然科学版）》2000 年第 9 期，第 127～130 页。

一、研究区域与空间分析单元

本章以山东半岛城市群为研究区域，包括 13 个城市，即济南市、青岛市、烟台市、威海市、潍坊市、淄博市、日照市、滨州市、泰安市、莱芜市、东营市、济宁市和德州市。为考察功能联系空间格局的尺度变异特征，选择城市尺度和县区尺度两个尺度的空间分析单元。综合所查询到的城市与区县公路交通联系数据，山东半岛城市群可以划分为 13 个城市尺度的空间分析单元以及 102 个县区尺度的空间分析单元。根据所搜集的数据，将 13 个地级以上城市的市辖区统一归为市区，并在绘图中以城市政府所在地的市辖区替代。

二、数据来源及其获取方式

跨界跨境基础设施网络数据分析是当前城市网络定量研究的主导方法之一。客运交通流是物流、资金流、信息流、技术流等流数据的主要载体，其中点到点直达的城际客运交通具有高效、快捷的特征，反映了区域内部城镇节点之间的商务交流和通勤状况。

考虑到精准的客运数量难以获取，所以本章以山东半岛城市群 13 个城市之间的公路直达客车班次来替代（假设每班次客运量一致），而且城际客车运营公司会根据客运量来调整班次，因此在流数据获取受限的情况下以班次较好地替代客运流。通过山东汽车时刻表网，以大数据的数据获取方法得到山东半岛城市群 13 个城市（以及 102 个县、区以及县级市）间的全部 O－D 数据，首先查询所有客运站的客运班次，其次将所有客运站点转化为对应的城市（或县区），最后将任意两个城市间的客运班次进行排列组合，从而获得山东半岛城市群任意两个城市（或县区）之间的客运班次信息。经转换和排列组合，共获取县区级研究单元 14392 次发车班次城际客运交通流；去除城市内部区县间城际客运交通流，形成 13 个城市间共 6719 次发车班次城际客运交通流。[①]

三、分析方法

研究的主要目的在于利用城际客运交通流从"点"和"线"两个角度分析山东半岛城市群城市网络的功能联系特征，主要采用以下分析方法：

（1）将空间分析单元之间双向城际客运交通流数据表征为联系强度，根据数

[①] 山东汽车时刻表，http://qiche.15tianqi.cn/shandongshikebiao/，搜索时间：2017 年 8 月 29 日。

值大小利用 ArcGIS 10.2 自然间断点法进行分级、图示，根据各级联系的空间布局归纳山东半岛城市群客运联系流强度的空间特征；

（2）根据各空间分析单元的首位联系方向生成引力连接线分布图以及弓弦图，从而总结山东半岛城市群客运联系流的空间组织特征；

利用首位联系，可以计算得出与目标城市关联最为密切的首位联系城市，通过计算每个城市的首位联系城市，可以判断出一个城市群网络的核心城市[1]，其公式为：

$$L_i = \max(T_{ij}) \quad (j = 1, 2, 3, \cdots, n) \tag{8.1}$$

式（8.1）中，L_i 指 i 城市的首位联系城市，T_{ij} 指 i 城市流向 j 城市的公路客运流，n 代表城市数量。

（3）从联系强度和集聚强度两方面分析山东半岛城市群客运联系节点的空间结构特征。其中，联系强度指同该城市有客运联系的城市数量之和，集聚强度反映某一个城市在区域联系网络中的流集聚能力，即该城市与其他有公路客运往来城市的所有班次之和。

联系强度（C_i）指同该城市有客运联系的城市数量之和，其公式为：

$$C_i = \sum_j C_{ij} \tag{8.2}$$

式（8.2）中，C_{ij} 取值 1 或 0，表示城市 i 与城市 j 之间是否存在联系。

集聚强度（S_m）反映某一个城市在区域联系网络中的流集聚能力[2]，即该城市与其他有公路客运往来城市的所有班次之和，其公式为：

$$S_m = \sum_{i=1}^{n} (S_{mi} + S_{im}) \quad (i = 1, 2, 3, \cdots, n, i \neq n) \tag{8.3}$$

式（8.3）中，S_{mi} 为城市 m 与其他城市的航班之和；S_{im} 为城市 i 与其他城市的航班之和。

第二节　山东半岛城市群城市尺度公路交通联系空间格局

本部分在山东半岛城市群公路交通空间联系的基础上，综合考察山东半岛城市群城市尺度公路交通功能联系的空间格局特征，包括联系强度的空间特征、联系方向的空间组织特征以及联系节点的空间结构特征。

---

[1] 傅毅明、赵彦云：《基于公路交通流的城市群关联网络研究——以京津冀城市群为例》，载于《河北大学学报（哲学社会科学版）》2016 年第 4 期，第 91～100 页。

[2] 孙阳、姚士谋、张落成：《长江三角洲城市群"空间流"层级功能结构——基于高铁客运数据的分析》，载于《地理科学进展》2016 年第 11 期，第 1381～1387 页。

一、山东半岛城市群城市尺度联系强度的空间特征

城市发展水平决定了城市之间经济社会互动交流程度，发展水平越高，城市联系越紧密。受到地理区位、交通条件、发展基础和行政建制等影响，山东半岛城市群呈现以青岛—潍坊—淄博—济南一线为中心的中心集聚特征，且以青岛—潍坊—淄博—济南一线为南北分界，呈现"北强南弱"的不平衡发展特征。

（一）中心集聚的空间特征

将山东半岛城市群城市研究单元之间客运交通流根据山东半岛城市群城市间客运往来车次数，如图8-1所示，划分为5个等级，如图8-2所示，发现以青岛—潍坊—淄博—济南一线为中心的研究单元之间的联系紧密程度远远高于其他地区。从城市尺度来看，德州—济南之间存在400次以上的强联系流，淄博—滨州、潍坊—青岛之间存在300次以上以及烟台—青岛、淄博—潍坊之间存在200次以上的较强联系流，这体现出在以青岛—潍坊—淄博—济南为中心的区域内的集聚特征明显。上述中心集聚特征反映了山东半岛城市群中部地区公路交通设施完善，交通枢纽程度高。

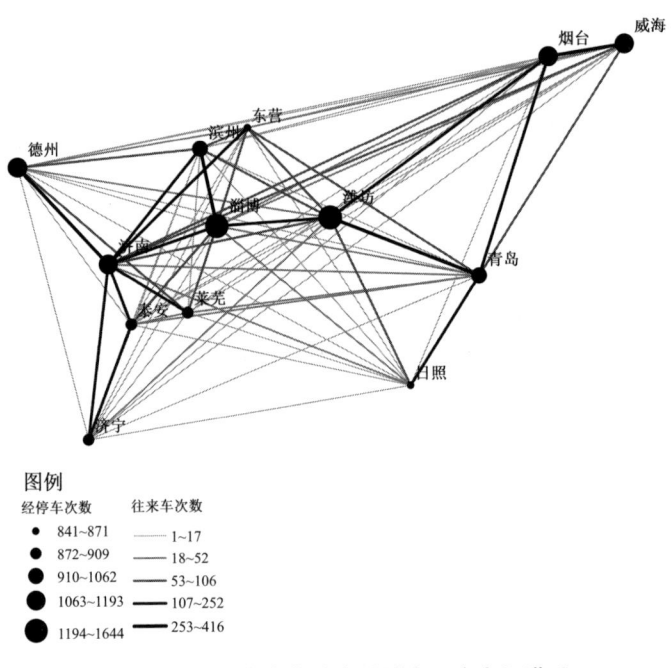

图8-1 山东半岛城市群城市尺度客运联系

（二）南北两侧的空间分异特征

以青岛—潍坊—淄博—济南为南北分界，山东半岛城市群城市间城市联系强度呈现北强南弱的特征，如图8-1、图8-2所示。从城市尺度来看，北部德州—济南、淄博—滨州、威海—烟台、潍坊—青岛之间联系强度达到了第一等级，当天往来车次达到250车次以上；而南部城市之间除了泰安—济宁的联系强度为第二等级或与青岛市、潍坊市、淄博市、济南市四个城市有较强联系外，其他均处于较低等级，当天往来车次大都在50车次以下。南北两侧分异特征表明，由于位于山东半岛城市群中部位置的济南市、青岛市在经济政治文化方面存在较大影响力，淄博市、潍坊市作为山东半岛城市群的交通枢纽与交通中转站，与以上四个城市地理距离较近的北侧城市形成了内部空间联系比较紧密的区域，而山东半岛城市群南部的莱芜市、泰安市、济宁市等城市则由于与日照市在地缘上隔市相望，因而区域内部空间联系相对更加松散。

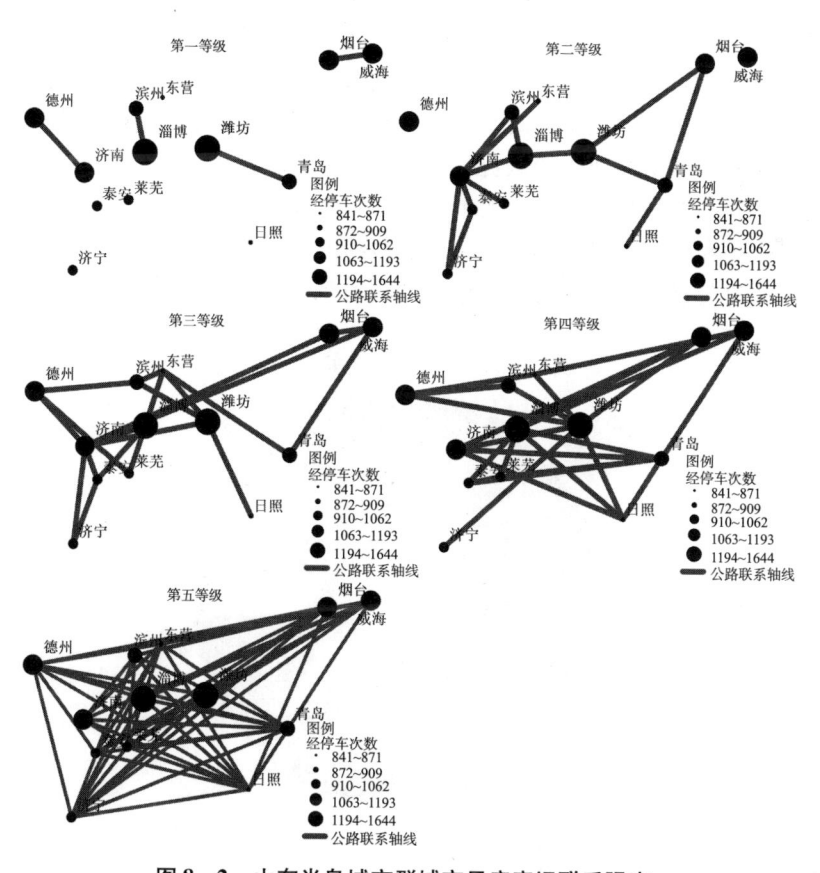

图8-2 山东半岛城市群城市尺度客运联系强度

二、山东半岛城市群城市尺度联系方向的空间组织特征

在城市网络的空间组织逻辑中,交通和通信技术的发展使得距离因素对经济联系的影响力大为减弱,城市间联系主要基于功能的差异性和互补性。在山东半岛城市群中,济南和青岛是区域核心城市和高端功能载体,对其他城市具有明显的吸引力,且由于城市内部的发展不平衡和城市之间的行政分割,促使城市联系方向同时呈现向心性和邻接性空间组织特征。

(一)连接核心城市的向心性联系特征

根据城市尺度客运首位联系弦图,如图8-3所示,山东半岛城市群西部城市间城市联系方向具有显著的指向济南(5条首位联系轴线)的向心性、集聚性特征,滨州市、德州市、东营市、莱芜市以及泰安市等由于在地理上邻接或邻近济南,因而以上五个城市的首位联系城市均为济南。而东部沿海区域呈现指向青岛市(3条首位联系轴线)的向心性特征,日照市、潍坊市和烟台市由于在地理上邻接青岛市,因而以上三个城市的首位联系城市均为青岛市。除此之外,济南市、济宁市的首位联系城市为两个城市均邻接的泰安市,青岛市、威海市的首位联系城市为两个城市均邻接的烟台市。以上特征也体现出山东省东西两侧发展分异的现象。向心性特征一方面反映了济南市、青岛市分别作为西部区域的政治中心、经济中心和全省经济中心,公路交通枢纽的战略地位显著,山东半岛城市群其他城市通过与济南市和青岛市构建紧密联系来参与区域发展进程。

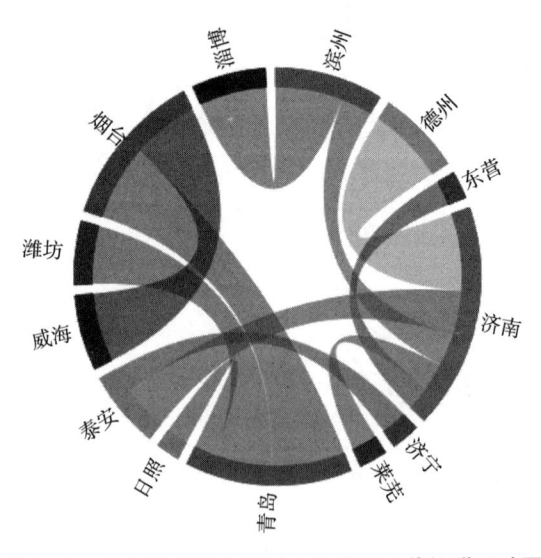

图8-3 山东半岛城市群城市尺度客运首位联系弦图

(二) 邻接性联系特征

山东半岛城市群内表现出邻接性联系特征,如图8-4所示,只存在一条跨界长距离的连接线,即济南市与东营市。邻接性联系特征表明山东半岛城市群的资源要素流动仍然具有局限性,产业链条布局难以拓展到其他城市导致城市发展不平衡,行政区分割导致各城市在产业分布的领域和层次都缺乏有效的匹配和整合。因此,下阶段的区域协调思路应当是通过交通基础设施的合理布局和区域管治优化积极培养新"增长极",促进中心区域对非中心区域的辐射带动作用,打破行政分割的限制,从而实现区域的整体发展。

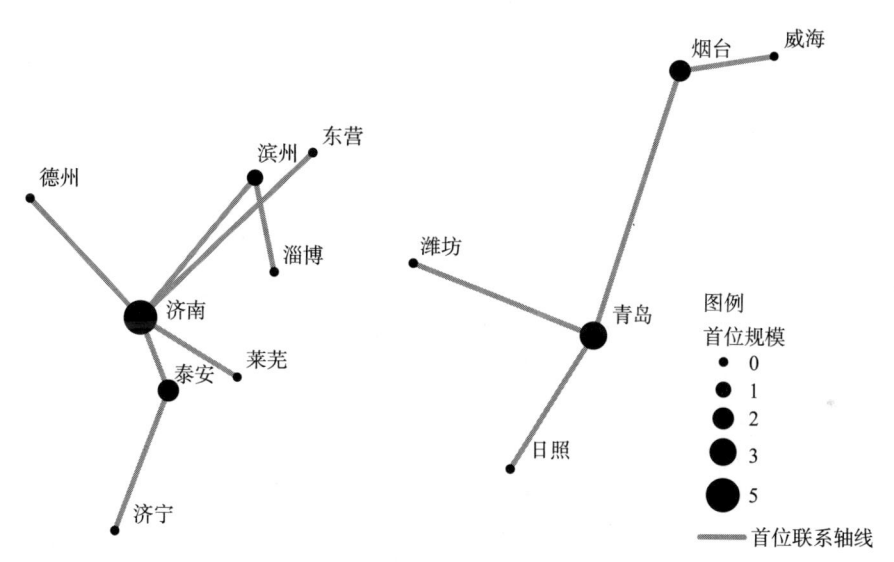

图8-4 山东半岛城市群城市尺度客运首位联系

三、山东半岛城市群城市尺度联系节点的空间结构特征

在城市网络中,各个城市具有差异化的职能属性和规模等级,通过与网络中的其他城市建立资源流动通道,实现资源共享和功能互补。山东半岛城市群呈现出基于公路中转站布局的核心—边缘分布层级结构特征,即淄博市、潍坊市作为山东省中部区域的城市,在联系南北两侧城市中发挥着中心枢纽作用,山东半岛城市群域内城市多样化发展、全面竞争,呈现多中心发展空间格局。

（一）核心—边缘分布的层级结构特征

通过分析城市尺度客运交通流联系强度和聚集强度可得，山东半岛城市群城市尺度城市联系节点呈现核心—边缘分布的层级结构特征。联系强度指同该城市有客运联系的城市数量之和，集聚强度反映某一个城市在区域联系网络中的流集聚能力，即该城市与其他有公路客运往来城市的所有班次之和。从联系强度来看，济南市和烟台市是山东半岛城市群东西两侧区域交通联系的枢纽城市，因此联系强度最高。同时包括济南市、淄博市在内的城市构成了山东半岛城市群西部城市区域功能联系的核心范围，烟台市则成为山东半岛城市群东部区域功能联系的核心城市，其他城市则处在边缘范围，与其他城市联系相对较弱。从集聚强度来看，淄博市、潍坊市作为山东省中部区域的城市，在联系南北两侧城市中发挥着中心枢纽作用，东营市、日照市、莱芜市、泰安市、济宁市集聚强度相较偏低，受核心城市辐射作用弱，体现出一定的核心—边缘分布的层级结构特征。

（二）多中心结构特征

虽然山东半岛城市群内联系、集聚节点呈现核心—边缘的层级结构特征，但整个区域总体上还是呈现出了全面竞争的多中心布局特征。从客运联系强度来看，山东半岛城市群各城市之间往来联系紧密，联系强度相差无几，处于全面整体发展的态势；从客运集聚强度来看，客运班次总量形成了淄博市、潍坊市这两个核心的聚集强度区域。由此可见，山东省内城市客运发展各有特色，已经进入了多中心全面竞争的客运交通发展阶段。

通过分析城市尺度客运交通流联系强度来看，山东半岛城市群呈现以济南市、淄博市、滨州市、泰安市和德州市汇聚而成的山东半岛城市群西部核心区，以及从烟台市为核心的山东半岛城市群东部核心区。从聚集强度可得，山东半岛城市群13个城市之间的城市联系节点呈现由内（淄博—潍坊）向外的核心—边缘分布的层级结构特征。

第三节　山东半岛城市群县区尺度公路交通联系空间格局

本部分在山东半岛城市群公路交通空间联系的基础上，综合考察山东半岛城市群县区尺度研究单元公路交通功能联系的空间格局特征，包括联系强度的空间特征、联系方向的空间组织特征以及联系节点的空间结构特征。

一、山东半岛城市群县区尺度联系强度的空间特征

受到地理区位、交通条件、发展基础和行政建制等影响,从山东半岛城市群县区级单元尺度上来看,总体上呈现以市区为中心向外辐射且较少跨界的网络结构。同时,山东半岛城市群西侧呈现以济南市区为中心的单中心发展模式,中部呈现以淄博市区、潍坊市区为山东半岛城市群东西两侧的联系轴线的发展模式,东侧则呈现出以青岛市区、烟台市区为中心的双中心发展模式。

(一) 中心集聚的空间分异特征

将山东半岛城市群县区级研究单元之间客运交通流根据山东半岛城市群县区级单元间客运往来车次数,如图8-5所示划分为5个等级,如图8-6所示,发现山东半岛城市群形成以13个城市市区为中心向外辐射且较少跨界的网络结构。山东半岛城市群县区级单元客运交通联系强度在3级或以上联系发生在同一城市内部的比例较大,如青岛市区—黄岛、烟台市区—栖霞、章丘—济南市区、平度—青岛市区、安丘—潍坊市区、寿光—潍坊市区、济宁市区—梁山、济宁市区—

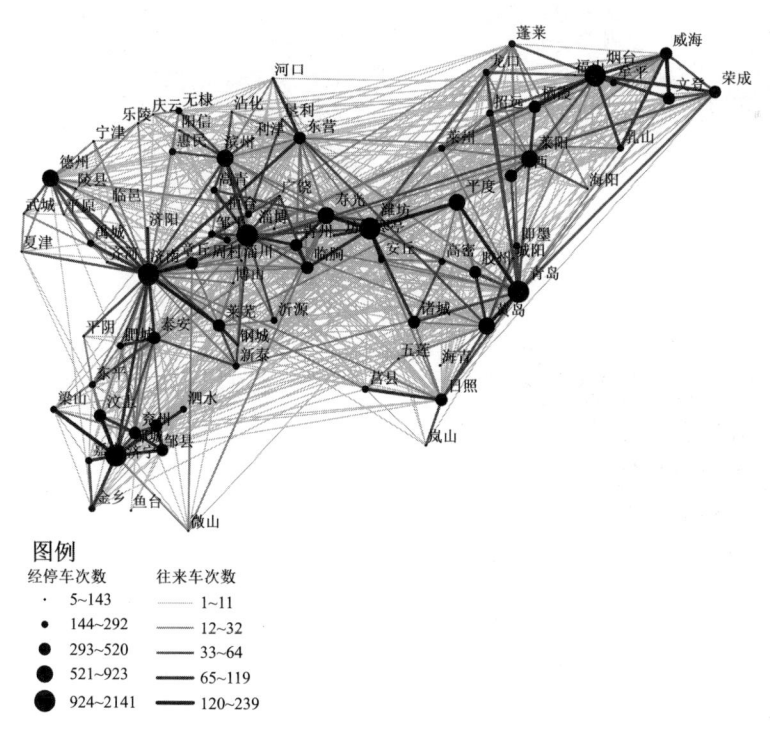

图8-5 山东半岛城市群县区尺度客运联系

汶上这些城市内部联系均处于第一等级；而联系等级越低，山东半岛城市群县区级研究单元之间联系越多。从经停车次数上来看，济南市区、潍坊市区、济宁市区、青岛市区、淄博市区、烟台市区经停车次数均处在第一等级，当日经停车次达到 1000 车次以上，济南市区更是达到 2000 车次以上，这表明山东半岛城市群客运联系主要集中在城市市区。上述特征反映了山东半岛城市群城市市区城市化水平远高于郊区，具有中心集聚的特征，联系强度呈现一定距离衰减特征。

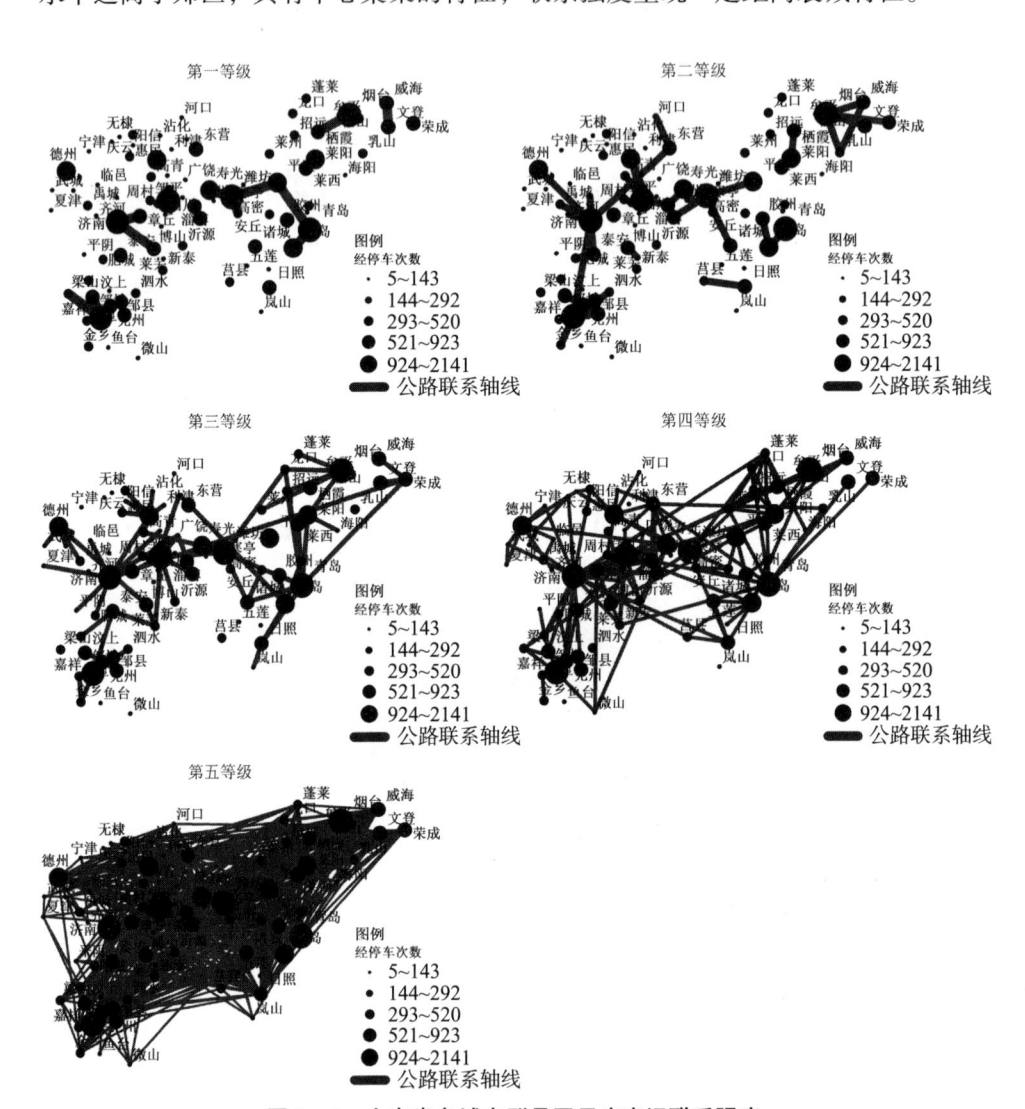

图 8-6 山东半岛城市群县区尺度客运联系强度

(二) 东西两侧的空间分异特征

以潍坊市区为东西分界，山东半岛城市群县区级单元间交通联系强度呈现东西两侧各自组团发展的特征，如图 8-6 所示。在山东半岛城市群县区级尺度上来看，西部空间分析单元之间高等级联系的密度明显多于东部；西部城市中济南市区、淄博市区、济宁市区、德州市区以及滨州市区都出现了二级以上的较为明显的联系节点，其中西部县区级单元章丘—济南市区、济宁市区—梁山、莱芜市区—济南市区、济宁市区—汶上之间联系强度达到了第一等级，而东部各空间分析单元主要与青岛市区、烟台市区和威海市区形成较强联系。东西两侧分异特征表明，由于位于山东半岛城市群西部位置的济南市区在经济政治文化方面存在较大影响力，与地理距离较近的山东半岛城市群西侧城市形成了内部空间联系比较紧密的区域，而山东半岛城市群潍坊市以东的县区级单元则以青岛市区与烟台市区为主要联系点构成山东半岛城市群东侧联系较为密集的区域。

二、山东半岛城市群县区尺度联系方向的空间组织特征

在山东半岛城市群县区级单元研究尺度中，济南市区是山东半岛城市群西侧核心城区和高端功能载体，对山东半岛城市群西侧其他县区级单元具有明显的吸引力，而南部地区、中部地区与东部沿海地区县区级单元主要指向各自所属城市市区。由于县区级研究单元之间发展不平衡且存在行政分割，促使县区级研究单元联系方向同时呈现向心性和跳跃性空间组织特征。

(一) 连接核心市区的向心性联系特征

根据山东半岛城市群县区尺度客运首位联系，如图 8-7 所示，山东半岛城市群县区级单元间客运联系方向具有显著的指向各自所属城市市区向心性特征。根据首位联系图，我们把山东省县区级地方的首位联系规模强度划分为 5 个等级。可以观察到，山东省客运枢纽为济南市区，拥有 14 条首位联系轴线，是唯一的首位联系第一等级地区，包括德州市区、东营市区、莱芜市区、济阳、淄川、章丘、夏津、禹城、齐河、平阴、临邑、乐陵、博山、博兴在内的 14 个县区级单元首位联系均指向济南市区。滨州市区、济宁市区、烟台市区和潍坊市区属于第二等级，拥有 6 条以上的首位联系轴线，但相比于济南市区的 17 条首位联系线还是存在一定差距。总体上来看，呈现指向济南市区的向心性特征。这种向心性特征主要体现在山东半岛城市群西部地区多指向济南市区，而南部地区、中部地区与东部沿海地区县区级单元主要指向各自所属城市市区，这些地区间联系则较为分散。一方面，济南市区向心性特征反映了济南市区作为山东半岛城市

群西部区域的政治中心，交通枢纽的战略地位显著，山东半岛城市群西部其他县区级单元通过与济南市区构建紧密联系来组团发展，另一方面也体现了山东半岛城市群东西两侧发展不紧密、南北两侧联系较弱的现象。

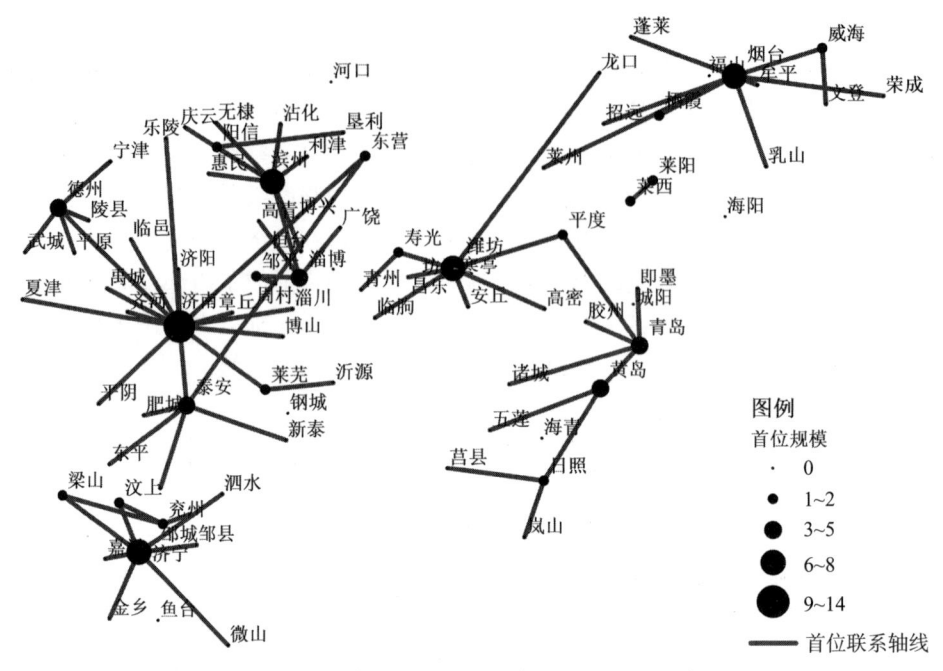

图8-7 山东半岛城市群县区尺度客运首位联系

（二）非连续化的跳跃性联系特征

山东半岛城市群县区级单元功能联系方向表现出非连续化的跳跃性联系特征，如图8-7所示，即县区级单元之间存在较多的跨界长距离的连接线。县区级单元之间的跨界功能比地市级城市之间的跨界功能更加明显。可以发现，县区级首位联系线主要发生在两两城市之间的中心区域，或城市郊区与城市市区之间。在县区级单元之间，德州市区和东营市区都跨越了4个以上的其他县区级单元，与济南市区形成了首位联系轴线，其他首位联系规模级别较高的单元也分别拥有多条跨越县区级单元的首位联系线。

非连续化的跳跃性联系特征说明了山东半岛城市群高端功能主要集中于核心城市市区的特征，同时也印证了山东半岛城市群城市内部极化发展仍占主导地位，产业链条布局难以拓展到城市非中心区域导致城市内部发展不平衡，城市非中心区域一方面与相邻城市的非中心区域缺乏联系成为发展孤岛，另一方面积极与承载高端功能的核心区域构建联系。因此，下阶段的区域协调思路是应当通过交通基础设施的合理布局和区域管治优化积极培养新"增长极",促进中心区域对非中心区域的辐射带动作用,打破行政分割的限制,从而实现区域的整体发展。

三、山东半岛城市群县区尺度联系节点的空间结构特征

在山东半岛城市群县区级研究单元网络中,各个县区级单元具有差异化的职能属性和规模等级,通过与网络中的其他县区级单元建立资源流动通道,实现资源共享和功能互补[①]。山东半岛城市群各个县区级空间单元总体呈现出基于高端功能布局的核心—边缘分布层级结构特征,即济南市区为山东半岛城市群的核心区,其他市区为各自所属城市的核心枢纽,山东半岛城市群各城市形成以城市市区为主要功能节点的多中心空间格局。

(一)核心—边缘分布的层级结构特征

通过分析县区尺度客运交通流联系强度和聚集强度可得,山东半岛城市群城市内部县区联系节点呈现核心—边缘分布的层级结构特征。从联系强度来看,山东半岛城市群内的县区可以划分为 5 个层级,而济南市区、青岛市区、东营市区、淄博市区、滨州市区、日照市区、潍坊市区、威海市区以及烟台市区,这 13 个市区的联系强度都在 41 以上,属于第二层级以上联系强度的联系中心枢纽。我们看到,以这些第二层级以上联系强度的城市市区往外辐射的区域逐渐可以划分出第三层级、第四层级和第五层级的联系强度;从集聚强度来看,济南市区是山东半岛城市群县区级尺度区域功能聚集的主中心枢纽,其他城市主要呈现朝向市区集聚,且影响辐射局限在本市内的特征。这表明县区级地方联系强度以及集聚强度呈现出从各城市内市区为核心枢纽,分别向城市内边缘城市辐射的层级结构特征。

(二)多中心结构特征

在县区级单元尺度上,山东半岛城市群形成多个区域联系中心。从联系强度来看,包括济南市区、青岛市区、东营市区、淄博市区、滨州市区、日照市区、潍坊市区、威海市区、烟台市区在内的 9 个城市的市区都属于第二层级以上,都成为区域联系的重要支点,联系中心的增加对更大范围的县区级单元都会起到较好的辐射带动联系的作用;从集聚强度来看,即使济南市区作为山东半岛城市群核心地区仍然具有最为强大的支配力,但潍坊市区、济宁市区、青岛市区、淄博市区、烟台市区 5 个城市市区联系节点都已颇具规模,区域的功能联系通过集聚

---

① 陈伟劲、马学广、蔡莉丽、栾晓帆、李贵才:《珠三角城市联系的空间格局特征研究——基于城际客运交通流的分析》,载于《经济地理》2013 年第 4 期,第 48~55 页。

在县区级单元的多个中心而产生效应。由此可以说明，山东半岛城市群县区联系节点呈现以济南市区、青岛城区、东营市区以及淄博市区为中心的多中心分布的结构特征，此外，在县区级单元尺度上，区域的功能联系和集聚主要体现在各市区，这也表明山东半岛城市群呈现以点带面、多中心全面发展的模式。

通过本章的研究，我们可以得到以下关于山东半岛城市群公路交通流的结论：

（1）在山东半岛城市群城市研究单元尺度上，一是受到地理区位、交通条件、发展基础和行政建制等影响，山东半岛城市群呈现以青岛—潍坊—淄博—济南一线为中心的中心集聚的特征，且以青岛—潍坊—淄博—济南一线为南北分界，呈现北强南弱的不平衡发展特征。二是济南市和青岛市是山东半岛城市群核心城市和高端功能载体，对其他城市具有明显的吸引力，且由于城市群各城市内部的发展不平衡和城市之间的行政分割，促使城市联系方向同时呈现向心性和邻接性空间组织特征。三是山东半岛城市群各个城市整体发展较快但各具特点，一方面呈现出基于公路中转站布局的核心—边缘分布层级结构特征，即淄博市、潍坊市作为山东省中部区域的城市，在联系南北两侧城市中发挥着中心枢纽作用；另一方面整个山东半岛城市群处于全面整体发展的态势，形成了全面竞争的多中心结构特征。

（2）与城市尺度相类似的是，在山东半岛城市群县区级研究单元尺度上，一是总体上呈现以市区为中心向外辐射且较少跨界的网络结构。同时，山东半岛城市群西侧呈现以济南市区为中心的单中心发展模式，中部呈现以淄博市区、潍坊市区为山东半岛城市群东西两侧的联系轴线的发展模式，东侧则呈现出以青岛市区、烟台市区为中心的双中心发展模式。二是济南市区是山东半岛城市群西侧核心城区和高端功能载体，对山东半岛城市群西侧其他县区级单元具有明显的吸引力，而南部地区、中部地区与东部沿海地区县区级单元主要指向各自所属城市市区。三是山东半岛城市群的公路交通联系整体呈现出基于公路中转站布局的核心—边缘分布特征，淄博市和潍坊市作为山东省中部区域的中心城市，在连通南北两侧城市交通中发挥着中心枢纽作用，促成了山东半岛城市群全面竞争的多中心空间格局。

总体而言，山东半岛城市群城市之间客运联系发展不平衡，城市联系强度存在显著的中心集聚、南北两侧分异的空间分异特征；而由于城市内部的发展不平衡和城市之间的行政分割，山东半岛城市群城市之间联系方向呈现向心性和邻接性空间组织特征；同时，山东半岛城市群城市联系节点的空间结构一方面呈现出基于公路中转站布局的核心—边缘分布层级结构特征，另一方面也形成全面竞争的多中心结构特征。山东半岛城市群县区级客运交通联系强度也存在显著的中心集聚、东西两侧分异的空间分异特征；联系方向则同时呈现向心性和跳跃性空间组织特征；县区级单元联系节点的空间结构也呈现出城市内部核心—边缘分布层级结构特征和全面竞争的多中心结构特征。

第四节 山东半岛城市群公路交通空间结构和功能联系优化建议

基于前面对山东半岛城市群城市尺度与县区尺度公路交通联系格局的分析，发现山东半岛城市群内部存在着中心极化、发展分异、联系不够紧密等问题。因而，基于强化跨界客运联系能力、发展与平衡区域内客运联系强度、建设网络化交通基础设施以及培育城市群增长极等方面提出以下优化建议。

一、打破行政边界，进一步强化跨市的客运联系

山东半岛城市群内部各城市以及县区级单元的公路客运往来联系受到距离的较大限制，主要与中心城市或城市市区存在联系，但联系程度不高，易形成相对封闭的发展孤岛以及出现中心极化的问题。其中，在城市尺度上，山东半岛城市群可加强南北两侧的客运联系，尤其是加强南部地区的公路交通基础设施建设，增强南部地区客运联系能力。县区尺度上，山东半岛城市群可加强东西两侧的客运联系，加强东西两侧互通互联的能力，尤其是加强东西两侧跨界长距离客运交通联系的能力。总体而言，山东半岛城市群需要加强跨越城市与远端区域的城市建立客运往来的能力，从而实现区域的更深层次的整体联系与整体发展。

二、进一步发展与平衡城市内部客运联系

山东半岛城市群县区间研究单元联系主要指向各自所属城市市区，但各县区之间的客运联系强度是高低不齐的，且总体上的联系强度处于较弱水平，这就需进一步发展山东半岛城市群各城市下辖县区之间的交通往来基础设施建设，尤其是要增强县与县之间的客运联系数量与发车班次，以平衡各县区间的客运联系，从而加强山东半岛城市群各城市内县区级之间资源、人口流动，从而实现整体协调发展。

三、进一步扩展山东半岛城市群内部客运联系

山东半岛城市群各城市之间的客运联系主要体现在市区间，其他县区间的联

系是不够充分的，同时无论是城市尺度还是县区尺度上，客运发车班次数量偏少，难以加强整个城市群的联系紧密性。因而，应在充分发挥山东半岛城市群各城市市区作为区域核心交运枢纽的影响力的基础上，加强各城市县区级单元间的联系频率，建立起更多城市间客运联系线，加强城市之间的城市交流，促进山东半岛城市群各城市的均衡、高效发展。

四、建设星罗棋布的交通基础设施网络

山东半岛城市群的交通基础设施网络化是实现经济区协同发展、区域一体化战略的必要条件。但基于公路交通流的山东半岛城市群城际联系表明，区域内部的城际联系在城市尺度上有较大南北两侧差异，县区尺度上有较大的东西两侧地域差异，北部、东部城市之间的联系较为频繁，而西部城市与东部城市、北部城市与南部城市之间的交通联系薄弱，城市之间的交通联系呈现显著的距离衰减效应。因此，要进一步完善城际交通基础设施的建设，建设成星罗棋布的城际交通基础设施网络，进一步增强地域内部不同地级市之间的联系，促进区域一体化的实现[1]。

五、培育与发展山东半岛城市群增长极

济南市和青岛市是山东半岛城市群核心城市和高端功能载体，对其他城市具有明显的吸引力。但由于两个城市在地理区位上分别位于山东半岛城市群东西两侧，因而各自吸引所在地区的城市联系，这也导致山东半岛城市群东西两侧发展不紧密，这就需要一方面深化区域增长极辐射全区域的作用，另一方面培育新的增长极，以紧密联系与辐射带动山东半岛城市群东西两侧的发展。

---

[1] 马学广、窦鹏：《基于客运交通流的山东沿海城市带多中心结构特征研究》，载于《现代城市研究》2017年第10期，第101~109、116页。

第九章

山东半岛城市群铁路交通空间联系格局

自从经济地理学的"关系转向"以来[1]，网络成为城市和区域研究的一个重要视角[2]。而伴随着流动空间的日益显现[3]，铁路流作为多种流数据的一种，开始被重视并运用到城市网络的研究中。在全国尺度上，吴威、曹有挥和梁双等学者（2009）基于铁路客运的基本特点，采用空间距离、时间距离、连接性、可选择性等多项指标对我国铁路客运网络可达性空间格局进行了分析[4]。焦敬娟、王姣娥和金凤君等学者（2016）基于2003~2013年8个横截面的中国铁路客运班列数据，采用加权度中心性和社区结构模型，探讨高速铁路建设对城市等级和集聚性空间格局及演化的影响[5]。刘果和叶堃晖（2017）基于复杂网络对我国2003~2015年高铁网络演化特征进行分析[6]。在区域尺度上，陈建军、郑广建和刘月（2014）基于交通流视角运用首位度、功能多中心指数、交通流量重心和集中化指数等分析方法，通过ArcGIS等软件分析了具有"同城效应"的高速铁路网络对长江三角洲空间联系格局演化的影响[7]。冯长春、谢旦杏和马学广等学者（2014）以珠江三角洲城市区域为研究对象，以城际轨道流为功能联系的数据基

---

[1] 苗长虹：《变革中的西方经济地理学：制度、文化、关系与尺度转向》，载于《人文地理》2004年第4期，第68~76页。

[2] 马学广：《全球城市区域的空间生产与跨界治理研究》，科学出版社2016年版，第172页。

[3] M. Castells, Grassrooting the Space of Flows. *Urban Geography*, 1999, Vol. 20, No. 4, pp. 294–302.

[4] 吴威、曹有挥、梁双波、曹卫东：《中国铁路客运网络可达性空间格局》，载于《地理研究》2009年第5期，第1389~1400页。

[5] 焦敬娟、王姣娥、金凤君、王涵：《高速铁路对城市网络结构的影响研究——基于铁路客运班列分析》，载于《地理学报》2016年第2期，第265~280页。

[6] 刘果、叶堃晖：《基于复杂网络的我国高铁演化特征研究》，载于《交通运输研究》2017年第3期，第6~13、19页。

[7] 陈建军、郑广建、刘月：《高速铁路对长江三角洲空间联系格局演化的影响》，载于《经济地理》2014年第8期，第54~60、67页。

础，对珠江三角洲城市区域的功能多中心进行探讨[1]。马学广和李鲁奇（2017）基于环渤海地区 44 个城市的铁路客运数据，运用社会网络分析、可达性分析、GIS 空间分析等多种研究方法，初步揭示了该地区城市网络的空间形态、整体联系和局部联系特征[2]。在城市群尺度上，赵丹和张京祥（2012）以长江三角洲城市群为例，引入可达性的概念，以 2010 年与规划中的 2020 年的长江三角洲综合交通设施网络为基础，选取长江三角洲各城市之间加权平均最短旅行时间为度量指标，分析了高速铁路系统的发展对长江三角洲区域空间格局未来演化的影响，揭示了高速铁路将全面提升长江三角洲区域可达性水平[3]。杨金华（2014）以现阶段与预期 2030 年的湖南城市群综合铁路网数据为基础，选取加权平均旅行时间、经济潜力和日常可达性 3 个度量指标，比较分析了高速铁路的发展对湖南城市群城际间 8 城市可达性的影响[4]。程利莎、王士君和杨冉（2017）基于哈长城市群 11 个地级市间的公路、铁路客运与百度指数数据，采用 ArcGIS 空间分析可视化方法和社会网络分析方法，研究城市空间联系格局和网络结构特征及其影响因素[5]。以往铁路流研究多偏重于国家与区域尺度，较少开展城市群尺度的研究，尤其是缺乏基于铁路流对山东半岛城市群的研究，因此本章在综合以往研究的基础上，采用铁路客运交通流数据，通过 O-D 数据、首位联系、联系与集聚强度以及可达性在城市尺度与县区尺度上量化研究山东半岛城市群城市联系的空间格局。

第一节 研究设计

本部分将通过大数据方法抓取铁路客运数据，从联系强度、联系方向、集聚强度与可达性系数分别研究山东半岛城市群城市尺度和县区尺度的空间特征、空间组织特征和空间结构特征。

---

[1] 冯长春、谢旦杏、马学广、蔡莉丽：《基于城际轨道交通流的珠三角城市区域功能多中心研究》，载于《地理科学》2014 年第 6 期，第 648~655 页。
[2] 马学广、李鲁奇：《基于铁路客运流的环渤海城市空间联系及其网络结构》，载于《经济地理》2017 年第 5 期，第 66~73 页。
[3] 赵丹、张京祥：《高速铁路影响下的长江三角洲城市群可达性空间格局演变》，载于《长江流域资源与环境》2012 年第 4 期，第 391~398 页。
[4] 杨金华：《高速铁路对湖南城市群可达性的影响》，载于《人文地理》2014 年第 2 期，第 108~112 页。
[5] 程利莎、王士君、杨冉：《基于交通与信息流的哈长城市群空间网络结构》，载于《经济地理》2017 年第 5 期，第 74~80 页。

一、研究区域与空间分析单元

本章以山东半岛城市群为研究区域，包含 13 个城市，即济南市、青岛市、烟台市、威海市、潍坊市、淄博市、日照市、滨州市、泰安市、莱芜市、东营市、济宁市和德州市，为考察功能联系空间格局的尺度变异特征，选择城市尺度和县区尺度两个尺度的空间分析单元。综合所查询到的城市与县区铁路交通联系数据，山东半岛城市群可以划分为 13 个城市尺度的空间分析单元以及 102 个县区尺度的空间分析单元。在县区尺度分析中，根据所搜集的数据，将 13 个地级以上城市的市辖区统一归为市区，并以城市政府所在地的市辖区替代。

二、数据来源及其获取方式

铁路客运数据主要通过大数据的获取方法检索查询[①]，并使用 12306 旅客列车时刻表进行补充、验证。为获得山东半岛城市群 13 个城市之间的全部 O - D 数据，首先查询山东地区所有列车车站的经停车次信息，转换得到这些车次所经车站的列表。随后将车站转换为对应的城市，并剔除非研究区域范围内的城市。最后将同一车次内余下的城市进行排列组合，进而获得该地区任意两城市间的列车车次信息，包括起点、终点、车次名、客运类型、发车时间和到达时间等。经转换和排列组合，共获取县区级研究单元 4102 次铁路客运班次；去除城市内部县区间铁路客运交通流，形成 13 个城市间共 3511 次铁路客运班次。

三、分析方法

研究的主要目的在于利用城际铁路客运交通流从"点"和"线"两个角度分析山东半岛城市群城市网络的功能联系特征，主要采用以下分析方法：

（1）将空间分析单元之间双向城际铁路客运交通流表征为联系强度，根据数值大小利用 ArcGIS 10.2 自然间断点法进行分级、图示，根据各级联系的空间布局归纳山东半岛城市群铁路客运联系流强度的空间特征。

---

① IP 查询，www.ip138.com，搜索时间：2017 年 9 月 10 日。

(2) 根据各空间分析单元的首位联系方向生成引力连接线分布图以及弓弦图,从而总结山东半岛城市群铁路客运联系流的空间组织特征。

利用首位联系,可以计算得出与目标城市关联最为密切的首位联系城市,通过计算每个城市的首位联系城市,可以判断出一个城市群网络的核心城市[1],其公式为:

$$L_i = \max(T_{ij}) \quad (j = 1, 2, 3, \cdots, n) \tag{9.1}$$

式(9.1)中,L_i指i城市的首位联系城市,T_{ij}指i城市流向j城市的铁路客运流,n代表城市数量。

(3) 从联系强度和集聚强度两方面分析山东半岛城市群铁路客运联系节点的空间结构特征。其中,联系强度指同该城市有铁路客运联系的城市数量之和,集聚强度反映某一个城市在区域联系网络中的流集聚能力,即该城市与其他有铁路客运往来城市的所有班次之和。

联系强度(C_i)指同该城市有铁路客运联系的城市数量之和,其公式为:

$$C_i = \sum_j C_{ij} \tag{9.2}$$

式(9.2)中,C_{ij}取值1或0,表示城市i与城市j之间是否存在联系。

集聚强度(S_m)反映某一个城市在区域联系网络中的流集聚能力[2],即该城市与其他有铁路客运往来城市的所有班次之和,其公式为:

$$S_m = \sum_{i=1}^{n} (S_{mi} + S_{im}) \quad (i = 1, 2, 3, \cdots, n, i \neq n) \tag{9.3}$$

式(9.3)中,S_{mi}为城市m与其他城市的铁路班次之和;S_{im}为城市i与其他城市的铁路班次之和。

(4) 可达性系数指该城市某一可达性指标同网络中全部城市该指标平均值的比值,可达性系数越小表明城市间经济联系越便捷。其公式为:

$$A'_i = \frac{A_i}{\sum_{i=1}^{n} A_i / n} \tag{9.4}$$

式(9.4)中,A_i为加权平均旅行时间,在考虑经济发展水平的基础上计算城市间的最短时间距离,其公式为:

$$A_i = \frac{\sum_{j=1}^{n} (T_{ij} \cdot M_j)}{\sum_{j=1}^{n} M_j} \tag{9.5}$$

---

[1] 傅毅明、赵彦云:《基于公路交通流的城市群关联网络研究——以京津冀城市群为例》,载于《河北大学学报》(哲学社会科学版) 2016年第4期,第91~100页。

[2] 孙阳、姚士谋、张落成:《长江三角洲城市群"空间流"层级功能结构——基于高铁客运数据的分析》,载于《地理科学进展》2016年第11期,第1381~1387页。

式 (9.5) 中，M_j 为城市 j 对周边城市辐射力，本研究中城市尺度运用全市的 GDP (G_j) 和常住人口数 (P_j) 来计算权重，既 $M_j = \sqrt{G_j \cdot P_j}$，$T_{ij}$ 为城市 i 与城市 j 之间的最短旅行时间。其公式为：

$$T_{ij} = \min\{T_{ij}^0, (T_{ik} + T_{kj})\} \tag{9.6}$$

式 (9.6) 中，T_{ij}^0 为城市 i 与城市 j 之间有直达车次的最短时间，若无直达车次则 $T_{ij}^0 = \infty$；T_{ik} 和 T_{kj} 分别为城市 i 和城市 j 到城市 k 的最短时间，即进行一次中转的最短旅行时间。

第二节　山东半岛城市群城市尺度铁路交通联系空间格局

本部分在山东半岛城市群铁路交通流空间联系的基础上，综合考察山东半岛城市群城市尺度铁路交通功能联系的空间格局特征，包括联系强度的空间特征、联系方向的空间组织特征以及联系节点的空间结构特征。

一、山东半岛城市群城市联系强度的空间特征

城市发展的生产要素因铁路站点而集聚，因此铁路站点的布局对于城市的发展水平具有重要影响。而城市发展水平决定了城市之间经济社会互动交流程度，发展水平越高，城市间联系越紧密。因此铁路流能够反映城市间联系紧密程度。

（一）山东半岛城市群城市尺度铁路流总体空间联系特征

基于铁路客运班次数据，计算不同城市间铁路往来频次与经停车次数量，并利用 ArcGIS 10.2 软件自然间断点分级法进行分级与空间表征，如图 9-1 所示，发现网络受铁路干线影响显著并呈现出"三角形"的空间结构，以及呈现距离衰减特征。

在铁路客流网络中，山东半岛城市群城市间联系差异明显且形成了"一横一纵"两条客流带。"一横"是沿胶济线的济南—青岛客流带，"一纵"是沿青烟威荣城际铁路客流带。它们处于强连接状态，并主导城市群内部人流、物流等流动方向与强度。同时，济南等在青岛换乘后可直接到达烟台市和威海市，为山东半岛城市群内陆与沿海城市间经济联系奠定了良好基础。此外，该网络也呈现出

显著的核心边缘特征，济南市与青岛市经停班次均超过了 1300 次而成为整个山东半岛城市群铁路流联系网络的核心。

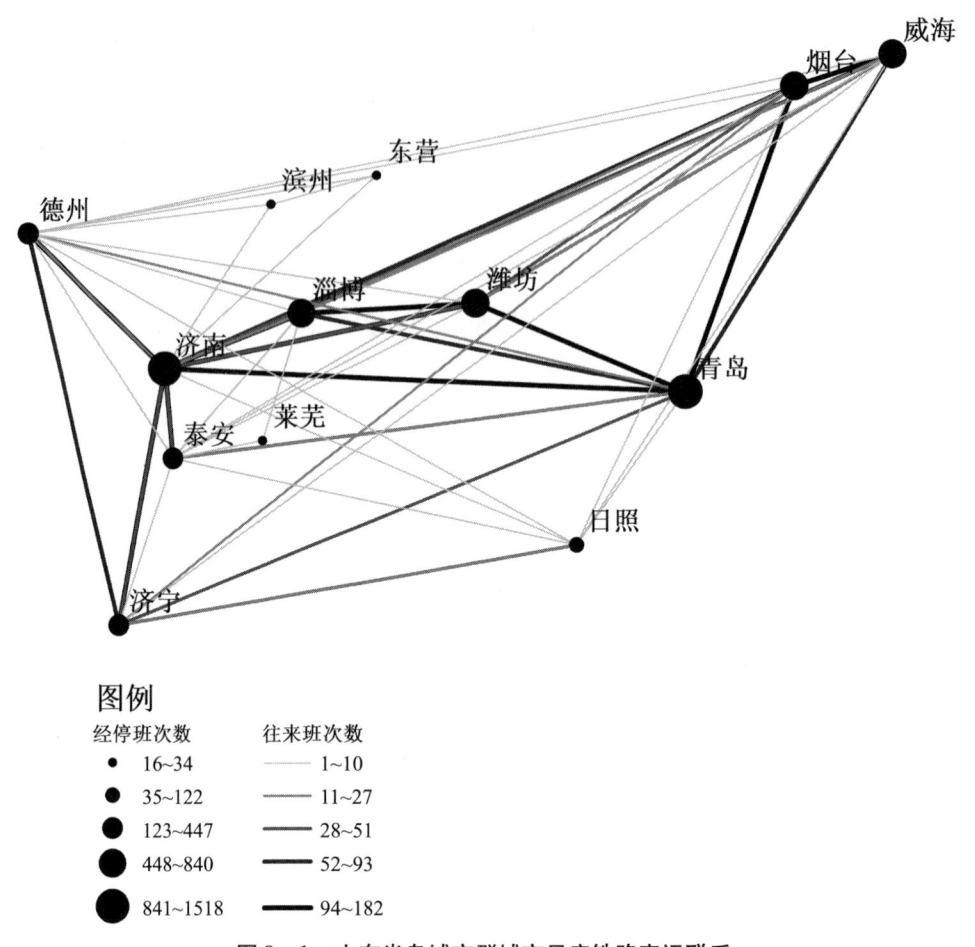

图 9-1　山东半岛城市群城市尺度铁路客运联系

（二）不同网络层级下山东半岛城市群城市尺度铁路客运的空间形态

将山东半岛城市群城市尺度研究单元之间铁路客运交通流根据山东半岛城市群城市间客运往来车次数以自然间断点法划分为 5 个等级，如图 9-2 所示。

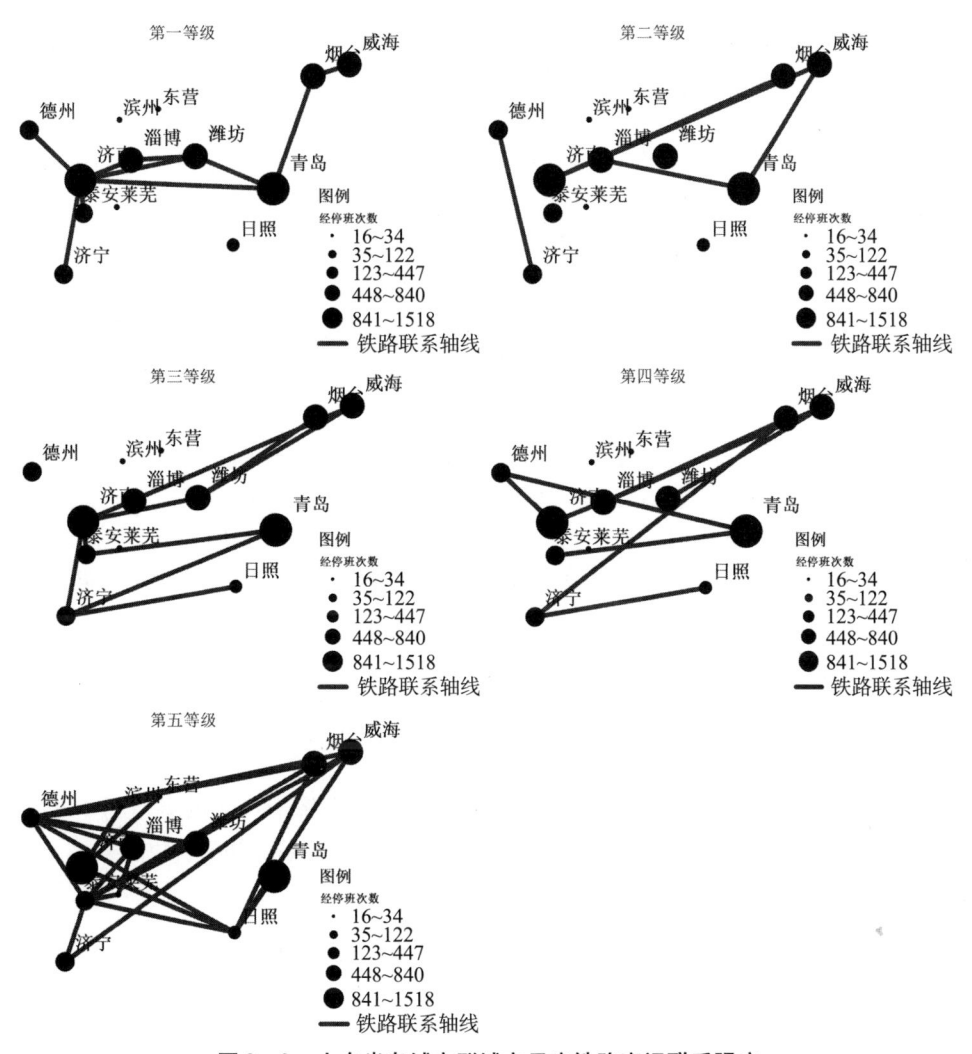

图 9-2 山东半岛城市群城市尺度铁路客运联系强度

第一等级主要以山东半岛城市群的"双核"城市济南市、青岛市与山东半岛城市群内其他城市进行联系,包括德州市、济宁市、泰安市、淄博市、潍坊市等城市加强紧密联系,往来班次均在 100 车次以上;青岛市与济南市、烟台市、潍坊市等城市加强紧密联系,往来班次在 90 车次以上。从第一等级铁路流联系来看,济南市与青岛市分别辐射山东半岛城市群东西两侧城市,这是因为济南市作为京沪铁路沿线主要节点城市,辐射范围为山东半岛城市群西部,青岛市作为青烟威荣城际铁路线主要节点城市,辐射范围主要为山东半岛城市群东部,同时,济南市与青岛市均为胶济线两端节点城市,主要辐射山东半岛城市群中部。

第二等级铁路流联系网络中和主要以济南市到烟台市、济南市到威海市、德州市到济宁市、淄博市和青岛市以及青岛市和威海市之间的较强联系。在该等级中主要体现为跨市之间的联系，即济南市跨越淄博市、潍坊市等城市分别与烟台市和威海市进行联系，德州市跨越济南市与泰安市和济宁市相联系，青岛市分别跨越潍坊市与烟台市与淄博市和威海市进行联系。

第三等级与第四等级铁路流联系网络主要以山东半岛城市群东西两端城市长距离联系为主，包括威海市与济南市、青岛市与泰安市、青岛市与济宁市、济宁市与日照市、威海市与济宁市之间的联系，也包括以济南市为中心的小范围辐射圈，即济南市与济宁市、德州市、泰安市、淄博市、潍坊市之间的联系。

第五等级则是青岛市、德州市、威海市、烟台市四点构成的长远距离"三角形"联系网络，同时也包含了以济南市、泰安市两地构成的小范围圈层辐射联系，包括济南市与东营市、滨州市、日照市之间的联系以及泰安市与淄博市、莱芜市、日照市、济宁市之间的联系。该等级网络涵盖了整个山东半岛城市群，这也暴露出山东半岛城市群铁路联系整体薄弱的问题。

二、山东半岛城市群城市联系方向的空间组织特征

在城市网络的空间组织逻辑中，城市间联系主要基于功能的差异性和互补性。在山东半岛城市群中，济南市和青岛市是区域核心城市和高端功能载体，对其他城市具有明显的吸引力。

（一）连接核心城市的向心性联系特征

根据城市尺度客运首位联系，如图9-3所示，山东半岛城市群具有显著地指向济南市与青岛市两城市的特征，即山东半岛城市群西部城市主要指向济南市（3条首位联系轴线），德州市、济宁市以及泰安市由于在地理上邻近济南市，因而以上3个城市的首位联系城市均为济南市。而山东半岛城市群中东部城市呈现指向青岛市（3条首位联系轴线）的向心性特征，济南市、淄博市和烟台市由于处于与青岛市相连的主要铁路干线位置，首位联系城市均为青岛市。向心性特征一方面反映了济南市、青岛市分别作为山东半岛城市群的政治中心和经济中心，铁路交通枢纽的战略地位显著，山东半岛城市群其他城市通过与济南市和青岛市构建紧密联系来参与区域发展进程。

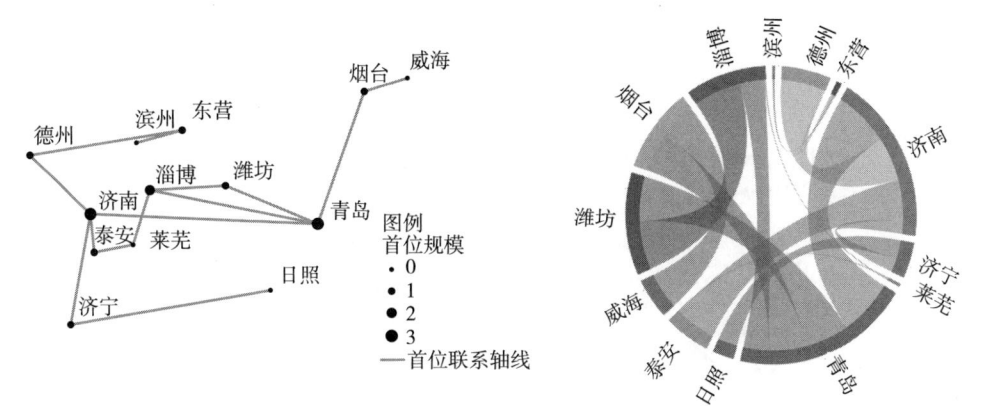

图 9-3　山东半岛城市群城市尺度铁路客运首位联系

（二）邻接性联系特征

山东半岛城市群铁路流联系也表现出邻接性特征，如图 9-3 所示，即滨州的首位联系城市为东营市、德州市的首位联系城市为济南市、莱芜市的首位联系城市为泰安市和淄博市、青岛市的首位联系城市为潍坊市、泰安市的首位联系城市为济南市、威海市的首位联系城市为烟台市、潍坊市的首位联系城市为淄博市、烟台市的首位联系城市为青岛市，以上首位联系均为在行政区划上接壤的城市。这种邻接性联系特征表明山东半岛城市群，长距离运输能力较弱，资源要素流动仍然具有局限性。因此，下阶段的区域协调思路应当是通过交通基础设施的合理布局和区域管治优化积极培养新"增长极"，促进中心区域对非中心区域的辐射带动作用，从而实现区域的整体发展。

三、山东半岛城市群城市联系节点的空间结构特征

在城市网络中，各个城市具有差异化的职能属性和规模等级，通过与网络中的其他城市建立资源流动通道，实现资源共享和功能互补。

（一）山东半岛城市群城市尺度铁路流可达性分析

作为体现区域交通便捷程度的重要指标，可达性系数越小表明城市实际通达性越好，城市群内部经济联系也越强。基于铁路时刻表数据，计算山东半岛城市群城市尺度可达性系数，以及计算城市间铁路通勤时间绘制通勤时间联系图，如图 9-4 所示。

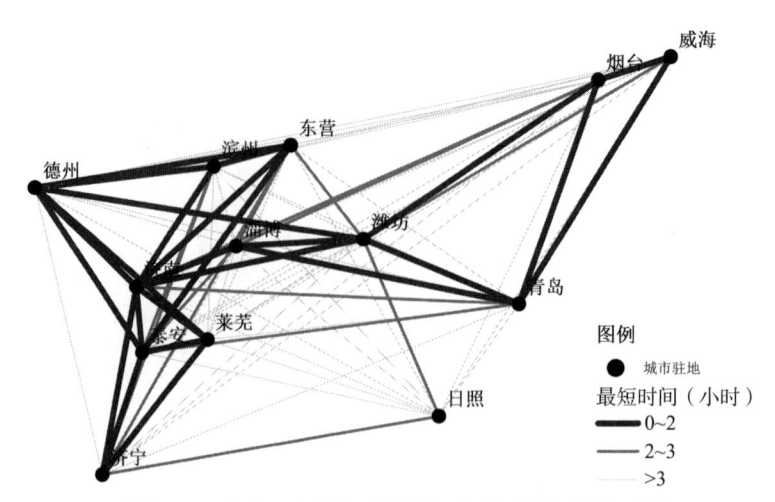

图 9-4　山东半岛城市群城市尺度铁路客运通勤时间

就山东半岛城市群城市尺度可达性系数而言，可达性系数较低区域主要集中在已开通高速铁路的胶济沿线，表明高速铁路的建设极大缩短了沿线地区时空距离。在空间分布上，可达性呈现出一定的核心—外围特征，即胶济铁路沿线城市可达性系数较低，而山东半岛城市群南北两侧城市可达性系数较高，这表明山东半岛城市群城市间实际通达性较好与内部经济联系较强的地带主要为胶济铁路带。

就山东半岛城市群城市间铁路客运交通联系通勤时间来看，如图 9-4 所示，济南市与青岛市作为山东半岛城市群的中心城市，两小时通勤圈主要以济南市与青岛市为核心展开。济南市两小时通勤范围包括滨州市、莱芜市、泰安市、德州市、济宁市、淄博市、东营市与潍坊市等山东半岛城市群西侧城市，青岛市两小时通勤范围主要为潍坊市、威海市与烟台市等山东半岛城市群东侧城市，这也可以看出山东半岛城市群东西两侧分异的特征。同时由于地理位置的邻近性与铁路交通的便捷性，滨州市与东营市、威海市与烟台市、淄博市与潍坊市、泰安市与德州市、泰安市与莱芜市、德州市与滨州市、泰安市与济宁市、莱芜市与德州市、烟台市与潍坊市、东营市与德州市之间的通勤时间均在两小时以内。在三小时通勤范围中，济南市与青岛市、东营市与济宁市、潍坊市与德州市、威海市与潍坊市、滨州市与济宁市、淄博市与烟台市、烟台市与济南市、泰安市与青岛市等跨市长距离铁路客运联系被包含在其中。但东营市、济宁市、日照市与青岛市，日照市、威海市与济南市，威海市与淄博市等由于相距较远或缺乏高速列车往来而脱离了三小时通勤圈。

(二) 核心—边缘分布的层级结构特征

通过分析城市尺度铁路客运交通流联系强度可得，山东半岛城市群城市尺度联系节点呈现核心—边缘分布的层级结构特征。联系强度指同该城市有铁路客运联系的城市数量之和，集聚强度反映某一个城市在区域联系网络中的流集聚能力，即该城市与其他有铁路客运往来城市的所有班次之和。从联系强度来看，济南市、德州市和泰安市以及青岛市、烟台市和威海市构成了山东半岛城市群东西两侧铁路客运交通联系的核心区域，其他城市则处在山东半岛城市群铁路客运联系的边缘范围，与其他城市联系相对较弱；从集聚强度来看，青岛市、济南市作为山东省东西两侧的中心城市以及胶济铁路线两端城市，在联系东西两侧城市中发挥着中心枢纽作用，其他城市集聚强度则相较偏低，这体现出一定的核心—边缘分布的层级结构特征，以及山东半岛城市群双中心发展模式。

第三节　山东半岛城市群县区尺度铁路交通联系空间格局

本部分在山东半岛城市群铁路交通流空间联系的基础上，综合考察山东半岛城市群县区级尺度研究单元功能联系的空间格局特征，包括联系强度的空间特征、联系方向的空间组织特征以及联系节点的空间结构特征。

一、山东半岛城市群县区尺度联系强度的空间特征

山东半岛城市群县区尺度单元间铁路流联系网络受铁路干线影响显著，并呈现出"T"字形的空间结构。在铁路客流网络中，县区尺度单元间联系明显形成了"一横一纵"两条客流带。"一横"是沿胶济线的济南—青岛客流带，"一纵"是沿京沪线的德州—济宁客流带。

(一) 山东半岛城市群县区尺度铁路流总体空间联系特征

基于铁路客运班次数据，计算不同县区尺度单元间铁路往来频次与经停车次数量，并利用 ArcGIS 10.2 软件自然间断点分级法进行分级与空间表征，如图 9-5 所示，发现在山东半岛城市群县域铁路流联系网络中，高等级客运流联系主要分布在胶济线与京沪线山东段的县域间，并呈现"T"字形空间架构。说明这两条铁路干线，对于山东半岛城市群发展与空间结构发育具有重要作用。同时，也能发现山东半岛城市群铁路流强联系主要集中在各城市市区之间，这也反映出各城市市区主导山东半岛城市群内部物流等流动方向与强度。

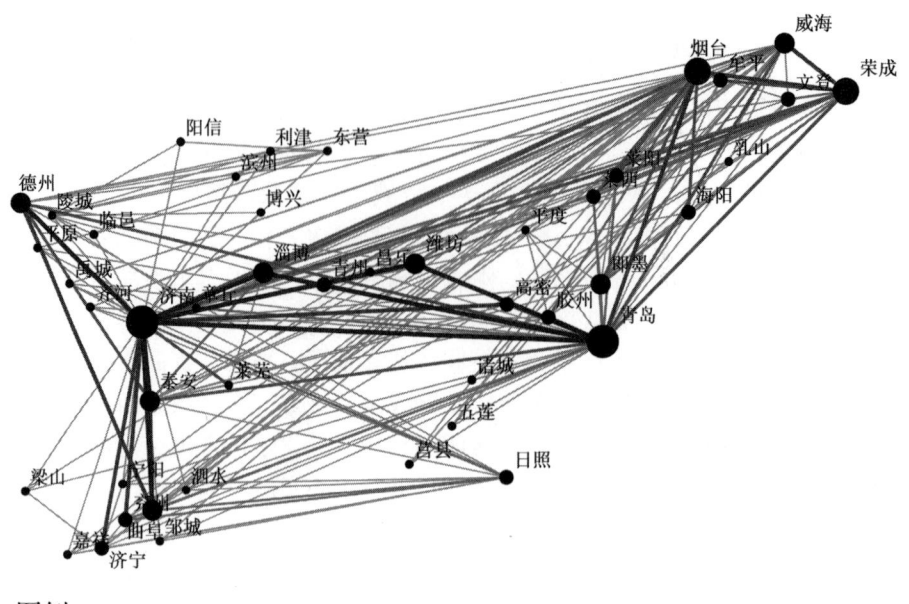

图 9-5　山东半岛城市群县区尺度铁路客运联系

(二) 不同网络层级下山东半岛城市群县区尺度铁路客运的空间形态

将山东半岛城市群城市尺度研究单元之间铁路客运交通流根据山东半岛城市群城市间客运往来车次数以自然间断点法划分为5个等级，如图9-6所示。

第一等级主要以山东半岛城市群"双核"城市济南市区与青岛市区与山东半岛城市群内其他城市市区进行联系，这也与前面城市尺度第一等级铁路流联系相一致。同时呈现出明显的"T"字形的空间结构。在与济南市区与青岛市区的铁路联系中，济南市区到青岛市区、潍坊市区、淄博市区、泰安市区，以及潍坊市区到青岛市区，德州市区到济南市区，淄博市区到青岛市区，青岛市区到济南市区的铁路联系紧密，往来班次均在100车次以上，同时，由于京沪线在曲阜市设置站点，使其与济南市区形成第一等级客流联系。在第一等级县区尺度铁路流联系来看，济南市区与青岛市区共同辐射山东半岛城市群其他城市，并呈现联系明显的"一横一纵"两条铁路客流带。

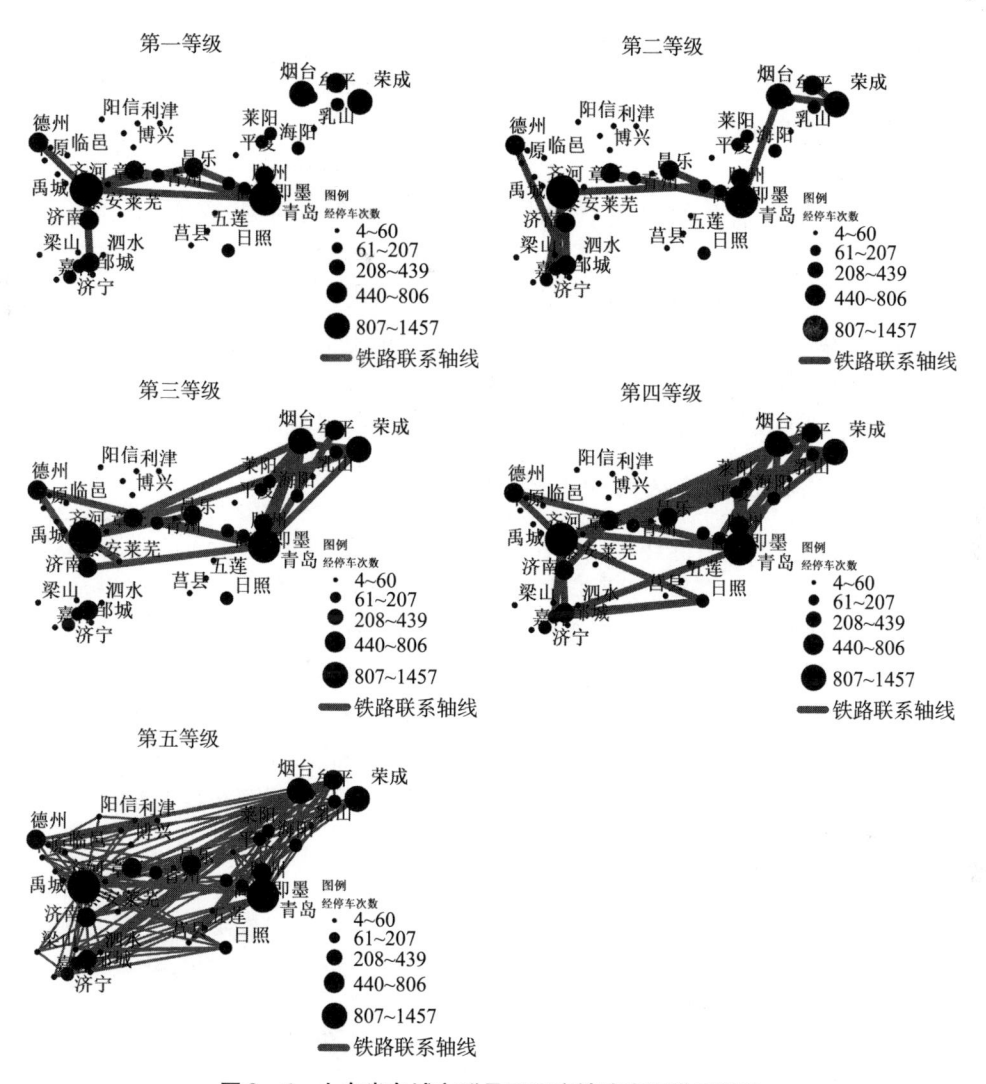

图 9-6　山东半岛城市群县区尺度铁路客运联系强度

　　第二等级县区尺度铁路流联系网络中除呈现沿胶济线的济南—青岛客流带与沿京沪线的德州—济宁客流带外，还呈现出沿青烟威荣城际铁路的客流带，主要表现为青岛市区到潍坊市区、淄博市区、烟台市区，泰安市区到曲阜市区，曲阜市区到德州市区，兖州到济南市区，威海市区与荣成，胶州到青岛市区、济南市区到高密，烟台市区与荣成，济南市区到济宁市区的较强联系。在该等级中主要体现沿铁路带联系的特征。

　　第三等级铁路流联系网络主要以山东半岛城市群东西两端县区尺度单元长距离联系以及青烟威荣县域间相互联系为主，第四等级在以上等级联系的基础上，加入了济宁与日照县域联系,以整合山东半岛城市群南部城市,第五等级则又融入了滨州与东营的县域,在此基础上,整个山东半岛城市群县域单元构成了铁路流联系较为密切的整体网络。

二、山东半岛城市群县区尺度联系方向的空间组织特征

在山东半岛城市群县域铁路流联系研究中,济南市区、青岛市区与烟台市区是山东半岛城市群核心城区和高端功能载体,对山东半岛城市群其他县区级单元具有明显的吸引力。同时,由于县区尺度研究单元之间发展不平衡且存在行政分割,促使县区尺度研究单元联系方向呈现跳跃性空间组织特征。

(一) 连接核心市区的向心性联系特征

根据山东半岛城市群县区尺度客运首位联系,如图9-7所示,山东半岛城市群县区尺度单元间客运联系方向具有显著的指向济南市区、青岛市区以及烟台市区的向心性特征。根据首位联系图,我们把山东省县区尺度研究单元的首位联系规模强度划分为5个等级。可以观察到,山东省客运枢纽为济南市区、青岛市区以及烟台市区,分别拥有13条、13条以及11条首位联系轴线。陵城、荣成和威海市区属于第二等级,各自拥有3条以上首位联系轴线,但均没有超过5条,相比于济南市区、青岛市区和烟台市区的10条以上首位联系线存在较大差距。总体

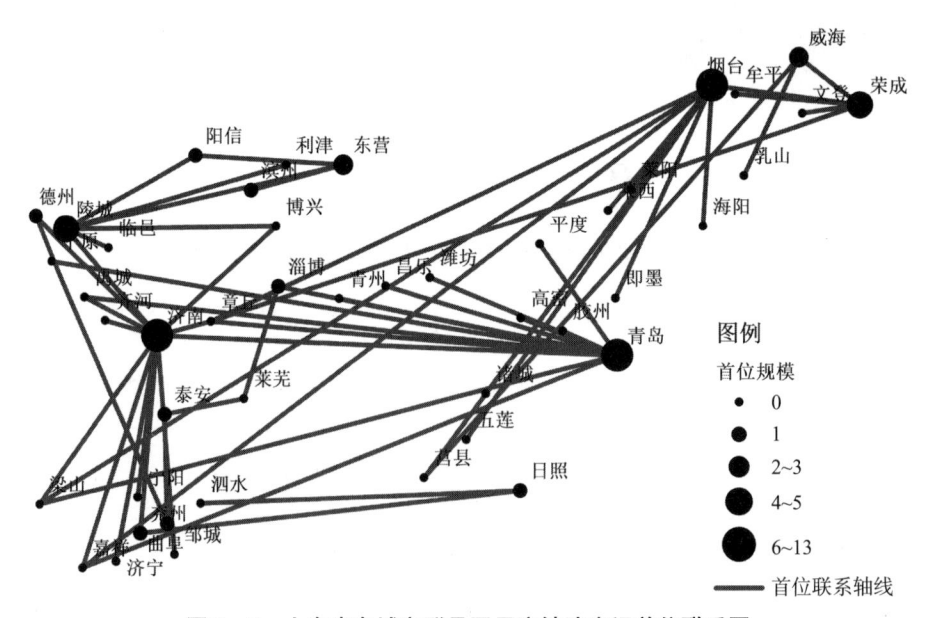

图9-7 山东半岛城市群县区尺度铁路客运首位联系图

上来看，呈现指向济南市区、青岛市区以及烟台市区的向心性特征。这种向心性特征主要体现在山东半岛城市群西部地区多指向济南市区，而南部与东部地区多指向烟台市区与青岛市区。一方面，山东半岛城市群县区尺度铁路流联系网络呈现指向济南市区、青岛市区与烟台市区向心性特征，反映了山东半岛城市群呈现出三中心发展态势，山东半岛城市群其他县区尺度单元通过与以上三个市区构建紧密联系来组团发展；另一方面，这种三中心发展态势也使得山东半岛城市群县区尺度研究单元紧密联系在一起，从而促进整个山东半岛城市群的发展。

（二）非连续化的跳跃性联系特征

山东半岛城市群县区尺度研究单元功能联系方向表现出非连续化的跳跃性联系特征（见图9-7），即县区尺度研究单元之间存在较多的跨界长距离的连接线。县区尺度研究单元之间的跨界功能明显比地级市城市之间的跨界功能显著。可以发现，县域尺度首位联系线主要发生在两两城市之间的中心区域，或城市郊区与城市市区之间。在县域尺度上，青岛市区与济南市区、淄博市区与青岛市区、章丘与烟台市区、五莲与烟台市区、曲阜与德州市区等县域尺度首位联系线都跨市相连，其他首位联系规模级别较高的单元也分别拥有多条跨越县区尺度研究单元的首位联系线，包括陵城与济南市区、高密与青岛市区、即墨与烟台市区、莱芜市区与淄博市区等。

非连续化的跳跃性联系特征说明了山东半岛城市群高端功能主要集中于济南市区、青岛市区与烟台市区的特征，同时也印证了山东半岛城市群城市内部极化发展仍占主导地位，城市非中心区域积极与承载高端功能的核心区域构建联系。因此，下阶段的区域协调思路应当通过交通基础设施的合理布局和区域管治优化促进中心区域对非中心区域的辐射带动作用，打破行政分割的限制，从而实现区域的整体发展。

三、山东半岛城市群县区尺度联系节点的空间结构特征

在山东半岛城市群县区尺度网络中，各个县区一方面呈现出基于高端功能布局的核心—边缘分布层级结构特征，即以济南市区、青岛市区与烟台市区为山东半岛城市群的核心区，其他市区为各自所属城市的核心枢纽；另一方面也形成以济南市区、青岛市区、烟台市区以及威海市区为主要参与者的多中心结构特征。

（一）核心—边缘分布的层级结构特征

通过分析县区尺度研究单元铁路客运交通流联系强度可得，山东半岛城市群铁路联系节点呈现以济南市区、青岛市区与烟台市区为核心的核心—边缘分布的

层级结构特征。从联系强度来看，山东半岛城市群内的县区尺度研究单元可以划分为5个层级，而济南市区、青岛市区以及烟台市区，这3个市区的联系强度都在30以上，属于第一层级联系强度的联系中心枢纽，联系强度远高于其他县区尺度研究单元，能够向外辐射到其他城市；从集聚强度来看，济南市区与青岛市区是山东半岛城市群县域尺度区域功能聚集的主中心枢纽，烟台市区集聚强度紧随青岛市区之后。这表明县区级地方联系强度以及集聚强度呈现出以济南市区、青岛市区与烟台市区为核心枢纽，分别向其他城市县域辐射的层级结构特征。

（二）多中心结构特征

在山东半岛城市群县区尺度研究单元上，山东半岛城市群形成多个区域联系中心。从联系强度来看，包括济南市区、青岛市区、烟台市区、威海市区以及荣成市在内的5个县区尺度研究单元都属于第二层级以上，都成为区域联系的重要支点，联系中心的增加对更大范围的县区级单元都会起到较好的辐射带动联系的作用；从集聚强度来看，济南市区和青岛市区作为山东半岛城市群核心地区仍然具有最为强大的支配力，但烟台市区、威海市区、荣成、淄博、潍坊等五个县区尺度研究单元联系节点都已颇具规模，区域的功能联系通过集聚在县区级单元的多个中心而产生效应。由此可以说明，山东半岛城市群县区联系节点呈现以济南市区、青岛市区、烟台市区、威海市区、淄博市区、潍坊市区为中心的多中心分布的结构特征，此外，在县区尺度研究单位上，区域的功能联系和集聚主要体现在各城市内部，这也表明山东半岛城市群县域尺度尚无法以点带面。

通过本章的研究，我们可以得到以下关于山东半岛城市群铁路交通流的结论：

（1）在山东半岛城市群城市研究单元尺度上，一是铁路客流网络受铁路干线影响显著并呈现出"三角形"的空间结构，呈现距离衰减特征，城市间联系差异明显且形成了"一横一纵"两条客流带，即"一横"是沿胶济线的济南—青岛客流带，"一纵"是沿青烟威荣城际铁路的客流带，也暴露出山东半岛城市群铁路联系整体薄弱的问题。二是山东半岛城市群铁路客运联系网络具有显著地指向济南与青岛两城市的特征以及由于地理位置邻近而呈现的邻接性特征。三是山东半岛城市群城市间实际通达性较好与内部经济联系较强的地带主要为胶济铁路带，且呈现以济南与青岛为核心的两小时通勤圈，同时这体现出一定的核心—边缘分布的层级结构特征以及山东半岛城市群青岛市、济南市双中心发展模式。

（2）与城市尺度相类似的是，在山东半岛城市群县区级研究单元尺度上，一是山东半岛城市群县区尺度单元间铁路流联系网络呈现出"一横一纵"的"T"字形的空间结构，即"一横"是沿胶济线的济南—青岛客流带，"一纵"是沿京沪线的德州—济宁客流带，各县区尺度单元通过这两条铁路客运线相互联系。二是济南市区、青岛市区与烟台市区是山东半岛城市群核心城区和高端功能载体，对山东半岛城市群其他县区级单元具有明显的吸引力。同时，由于县区尺度研究单元之间发展不平衡且存在行政分割，促使县区尺度研究单元联系方向呈现跳跃性空间组织特征。三是山东半岛城市群县区尺度单元铁路流联系网络一方面呈现出以济南市区、青岛市区与烟台市区为山东半岛城市群的核心区的核心—边缘层级结构特征，另一方面也形成以济南市区、青岛市区、烟台市区以及威海市区为主要参与者的多中心结构特征。

总体而言，山东半岛城市群城市之间铁路联系发展不平衡，整体联系薄弱；而由于城市内部的发展不平衡和城市之间的行政分割，山东半岛城市群城市之间联系方向呈现向心性和邻接性空间组织特征；同时，山东半岛城市群城市联系节点的空间结构呈现出基于济南与青岛的核心—边缘分布层级结构特征与双中心结构特征。山东半岛城市群县区尺度研究单元铁路客运交通联系强度也存在整体联系薄弱的空间分布特征；联系方向则同时呈现向心性和跳跃性空间组织特征，联系节点呈现出一定的核心—边缘分布层级结构特征和全面竞争的多中心结构特征。

第四节 山东半岛城市群铁路交通空间结构与功能联系优化建议

基于前面城市尺度与县区尺度的分析，发现山东半岛城市群内部存在中心极化、联系不够紧密等问题。因而，基于强化铁路客运联系能力、发展与平衡区域内客运联系强度、增强核心地区枢纽作用等方面提出以下优化建议。

一、强化铁路客运整体联系

山东半岛城市群城市尺度与县区尺度均存在整体联系薄弱的问题，主要表现为铁路流联系等级低，城市群南北两侧城市联系薄弱。因此，一方面要增加城市间或县区间发车班次，尤其是跨界远距离联系的铁路发车班次；另一方面，可构建纵贯山东半岛城市群中部南北两侧以及横贯山东半岛城市群南部东西两侧的铁路路线，从而实现山东半岛城市群地区内纵横交错的铁路网，提高山东半岛城市群内部整体联系，推动山东半岛城市群更深层次的整体联系与发展。

二、进一步发展与平衡城市内部客运联系

由于受铁路主干线的影响，山东半岛城市群铁路客运网络呈现明显的相对孤

立的中心极化发展问题，除济南市、青岛市、烟台市等少数几个核心枢纽外，其他城市或县区之间的客运联系强度是整体偏低的，处于较弱水平，这就需进一步发展山东半岛城市群铁路交通往来基础设施建设，尤其是要增强县区尺度之间的客运联系数量与发车班次，以平衡各县区间的客运联系，从而加强山东半岛城市群县区尺度研究单元之间资源、人口流动，从而实现整体协调发展。

三、进一步增强核心地区枢纽作用

虽然当前山东半岛城市群铁路客运网络呈现中心极化发展问题，但其发展相对孤立，辐射影响主要在本市或相邻城市内，尚没有辐射大半乃至整个山东半岛城市群的核心枢纽，因此，山东半岛城市群亟须继续加强核心城市的铁路联系枢纽作用，借此辐射与增强边缘地区之间的联系，进而提高山东半岛城市群发展的整体凝聚力。

第十章

山东半岛城市群企业关联空间联系格局

　　网络作为社会空间关系的一个维度,同地域、地方相比具有明显的流动性和灵活性,它能够穿越边界和尺度,将不同位置、不同性质的节点连接起来,实现并推动资本、信息、权力等要素的流动[1]。作为要素流动与运作的空间载体,基础设施、企业组织和社会文化等途径形成的城市网络成了近年来国内外地理学关注的焦点。国外学者对城市间经济联系的研究起步较早,研究的层面也较为广泛。比弗斯托克、史密斯和泰勒(Beaverstock, Smith and Taylor, 2000)采用高级生产性服务业企业的区位布局来分析世界城市之间的经济联系,并着重研究了伦敦与其他世界城市之间的联系强度状况[2]。如奥尔特(Oort, 2009)等基于荷兰兰斯塔德地区企业间的承包、采购等关系对该地区城市间经济互补性和整体性的研究[3]。泰勒(Taylor, 2003)及其领导的 GaWC(全球化与世界城市)研究小组把世界城市看作是彼此连接的网络体系中的"全球服务中心",以保险、金融和会计等跨国 APS 企业研究最具代表性[4]。萨森(Sassen, 2012)认为,"经济活动的控制活力已经从生产地区转到集金融与其他高级专业化部门为一体的服务业地区",服务业经济的流动性大大增强,城市之间的连接距离明显扩大[5]。信息技术和面对面交流对于多中心地区(城市)的联系与信息交换同等重要。哈利斯(Harris, 1943)根据人均批发销售和人均零售销售额来对城市中心性进行度量,划分美国的城市等级[6]。狄金森(Dickinson, 2014)利用人均销售额、通过分公司实现的销售和联邦储备银行的位置等几个标准来揭示

---

[1] 马学广、李鲁奇:《中国城市网络化空间联系结构:基于银行网点数据的研究》,载于《地理科学进展》2017 年第 4 期,第 393~403 页。
[2] Beaverstock J V, Smith R G, Taylor P J. World-city Network: A New Metageography. *Annals of the Association of American Geographers*, 2000, Vol. 90, No. 1, pp. 123–134.
[3] van Oort F G, Burger M J, Raspe O. On the Economic Foundation of the Urban Network Paradigm: Spatial Integration, Functional Integration and Economic Complementarities within the Dutch Randstad. *Urban Studies*, 2009, Vol. 47. No. 1, pp. 725–748.
[4] Taylor P J. World City Network: A Global Urban Analysis. London: Routledge, 2003.
[5] Sassen S. Cities in a World Economy. London: Pine Forge Press, 2012.
[6] Harris C D. A Functional Classification of Cities in the United States. *Geographical Review*, 1943, Vol. 33, No. 2, pp. 86–99.

城市的中心性[1]。

我国城市间的经济联系正被越来越多的学者关注和研究，从最初的定性描述发展到大量定量测度模型[2]。目前，该领域的大多数研究都侧重于分析城市间的经济联系现状。尽管方法各异，但大多采用引力模型、客货流量、城市流强度来测度不同城市间的经济联系现状，选择的研究指标主要有城市总人口数（非农业人口数）、城市 GDP、城市之间的空间距离、客流量、货运量、客运班线条数和班次数量等，对资金流、信息流等指标涉及较少。雷菁等（2006）利用城市流强度把江西省的中心城市划分为一级中心城市、二级中心城市、三级中心城市和四级中心城市四个等级[3]。孟德友（2012）从可达性和空间经济联系两方面探讨徐兰、京广客运专线建设前后河南省 12 个沿线地市的省内可达性和空间经济联系的变化状况[4]。刘建朝等（2013）采用经济联系强度与城市流两个模型对京津冀地区经济联系进行了研究[5]。冷炳荣等（2014）在文献回顾的基础上，对城市网络研究的转变模式、网络结构特征、单个城市与城市网络的关系等方面进行了探讨[6]。赵渺希等（2014）基于跨年度总部—分支机构企业数据，从生产性服务业、一般服务业、制造业等三个产业部类度量城市间的功能联系变化，并运用复杂网络方法分析了京津冀城市群空间网络的连接效率、出入点度、规模匹配性[7]。刘涛（2015）以城市功能的演进历程为城市联系研究的新视角，以珠江三角洲城市功能网络为实例，演示了该地区城市联系的演化历程和空间特征，探索了城市联系的城市功能网络分析视角[8]。经历了几十年的发展，我国对城市间经济联系的研究已经取得了较为丰硕的成果，尤其是对长江三角洲、珠江三角洲、山东半岛、京津冀等东部发达地区的研究，占了相当大的比例。虽然成果众多，但从整体水平来看，既有研究的深度和力度还不够。

本章将借鉴 GaWC 的世界城市网络分析方法，基于互锁网络（Interlocking Network）模型，通过五大高端生产者服务业（Advanced Producer Service，APS）

---

[1] Dickinson A. Polynucleate Metropolitan Regions in Northwest Europe: Theme of the Special Issue. *European Planning Studies*, 2014. Vol. 6, No. 4, pp. 365 – 377.

[2] 马学广、贾朝祥、张瑞敏：《城市群体区域空间联系格局的多尺度研究——以山东沿海城市带为例》，载于《青岛科技大学》（社会科学版）2015 年第 4 期，第 1～6、36 页。

[3] 雷菁、郑林、陈晨：《利用城市流强度划分中心城市规模等级体系——江西省为例》，载于《城市问题》2006 年第 1 期，第 11～15 页。

[4] 孟德友：《基于铁路客运网络的省际可达性及经济联系格局》，载于《地理研究》2012 年第 1 期，第 107～122 页。

[5] 刘建朝、高素英：《基于城市联系强度与城市流的京津冀城市群空间联系研究》，载于《地域研究与开发》2013 年第 2 期，第 57～61 页。

[6] 冷炳荣、杨永春、谭一洺：《城市网络研究：由等级到网络》，载于《国际城市规划》2014 年第 2 期，第 1～7 页。

[7] 赵渺希、魏冀明、吴康：《京津冀城市群的功能联系及其复杂网络演化》，载于《城市规划学刊》2014 年第 1 期，第 46～52 页。

[8] 刘涛：《基于功能网络的珠三角区域城市联系研究》，载于《经济地理》2015 年第 12 期，第 57～62 页。

企业网点数据对山东半岛城市群 13 个城市和 106 个县区的空间联系与地域关联模式进行深入分析，探讨城市群发展与内部网络之间的关系，发现存在的问题进而为城市群未来的发展提供一定的借鉴与参考。

第一节 研 究 设 计

通过测度 APS 公司在山东半岛城市群各城市中的分支机构等级规模，建立其在各城市的等级联系网络，反映该城市在此 APS 公司联系网络中的地位。将多个 APS 公司耦合起来统一考虑，以得出基于 APS 公司的山东半岛城市区域空间联系格局，以此来反映城市与城市之间的功能分工、信息传递等空间联系。这种通过将城市作为网络中节点来研究的方法的优势是易于获取数据，用办公机构的地理分布来印证城市之间是否存在持续性的功能互动，即使在不能准确获得公司业务量数据的情况下，也可以揭示出城市之间功能联系的强度和基本格局。该方法的关键在于将 APS 公司的空间分布信息转化为城市间的连通关系。

一、研究区域与研究单元

本章研究区域为山东半岛城市群，主要包括 13 个城市，即济南市、泰安市、潍坊市、德州市、滨州市、莱芜市、青岛市、烟台市、日照市、东营市、济宁市、淄博市、威海市以及该区域范围内 106 个县（市、区）的空间单元（本研究将这一尺度的空间单元视为功能性城市区，即 Functional Urban Region，FUR）。

二、研究对象选择

本章通过测量 APS 公司的地址信息及业务联系来分析城市网络空间结构。APS 是广义中介经济的一部分，主要组成部分包括保险、银行、金融服务、房地产、法律服务、会计和专业协会等。本章选择在山东半岛城市群各城市设有总部或分支机构的银行、保险公司、证券公司、会计师事务所、律师事务所等五个行业的 APS 公司作为研究对象。通过访问 APS 公司的网站获取其分支机构的分布地点和规模信息，并基于此种信息收集方式进行企业选择。在所研究各城市中设有两个以上（含两个）分支机构的，纳入研究对象名单中。选取了 6 所国有银行、6 家大型保险公司、46 家证券公司、9 家会计师事务所、8 家律师事务所，共计 75 家 APS 公司。在对公司进行择取后，进一步对已选取公司在各个城市的分支机构等级和规模进行量化，获取服务值信息。最终，全部 FUR 中的 APS 公司服务值数据可以量化为 13 个 FUR×74 家公司的矩阵。借鉴 GaWC 的世界城市网络分析方法,将企业地址信息转化为 m 个 APS 公司在 n 个城市分布的数据库,然后将世界城市网络量化定义为一个关于 V 的矩阵 X,V_{ij}是这个矩阵 X 的初始数据,表示公司 j 在城市 i 提供的"业务量"。在本研究中,采用公司 j 在城市 i 的办公室数量和规模(包括总部与分公司)来衡量 V_{ij}。主要包括以下 4 个指标:

公司 j 在城市 a 与城市 b 之间的连通值 Rab,j:

$$Rab, j = V_{aj} \cdot V_{bj}(j = 1, 2, \cdots, m) \tag{10.1}$$

城市 a 与城市 b 之间的总体连通值 Rab:

$$Rab = \sum Rab, j(j = 1, 2, \cdots, m) \tag{10.2}$$

城市 a 在网络中的总体连通值 Na(每个城市都连接 n-1 个城市):

$$Na = \sum Rai(i = 1, 2, \cdots, n;且 i \neq a) \tag{10.3}$$

城市 a 在网络中的连通度 La:

$$La = (N_a / \sum N_i)(i = 1, 2, \cdots, n) \tag{10.4}$$

参考国内外相关文献,将各空间分析单元分支机构的等级规模量化赋值为 0~4 之间的整数,即服务值。其中,0 表示该 APS 公司未在此 FUR 设立分支机构;1 表示分支机构规模明显偏小或需要依赖其他 FUR 分支机构才能实现其功能;2 表示一般分支机构的功能;3 表示分支机构为区域性总部或规模数倍于其他一般分支机构;4 表示该公司的总部设在此地。这样的量化方法只需在取值 1 和 2 之间、2 和 3 之间进行判别,可以最大限度避免主观判断的误差。

第二节　山东半岛城市群城市网络的结构与特征

整体来看,山东半岛城市群主要围绕青岛市与济南市形成了城市间联系,大部分城市被两大中心城市吸引并呈现显著的向心性。同时,临沂市与日照市、烟台市、东营市以及淄博市也形成一定的经济联系,并在一定程度上突破了地理因素的束缚,但二者对外联系数量与等级相比于青岛市与济南市仍有较大的差距,有待进一步完善城市交通与服务等基础设施建设以便于更多 APS 企业布局。

一、山东半岛城市群城市联系的空间形态

从宏观尺度上看,山东半岛城市群城市网络节点在东部沿海地区比较集中,其他地区较为分散,主要围绕着济南市和青岛市两个节点扩散,如图 10-1 所

示。同时,交通和通信技术的发展使得距离因素对经济联系的影响力大为减弱,城市间联系主要基于功能的差异和互补性。在山东半岛城市群中,济南市、青岛市是区域核心城市和高端功能载体,对其他城市有明显的吸引力,且由于城市内部的发展不平衡和城市之间的行政分割,促使城市联系方向同时呈现向心性和跳跃性的特征。

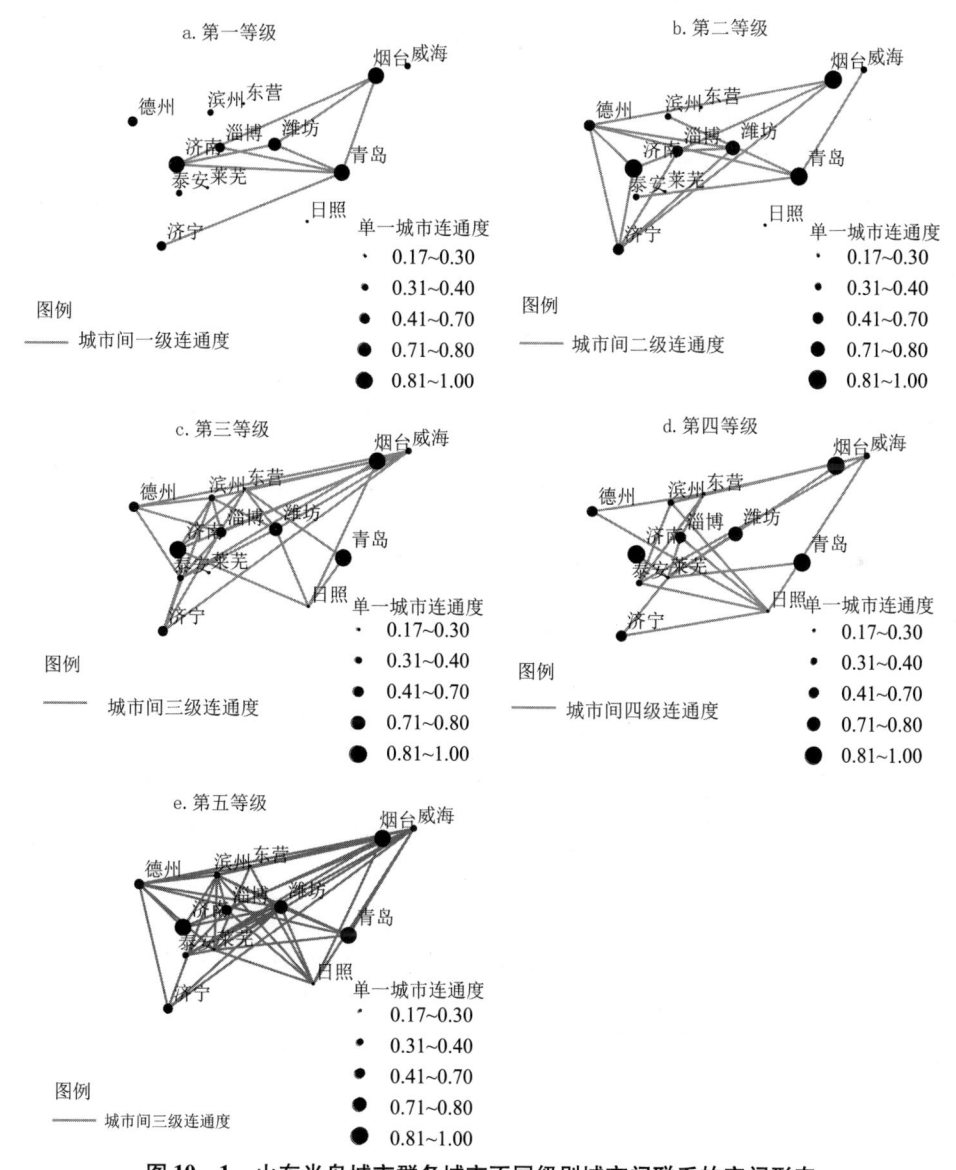

图10-1 山东半岛城市群各城市不同级别城市间联系的空间形态

(1) 第一层级城市间联系具有多中心特征并呈现出菱形结构。山东半岛城市群 APS 网络城市间联系主要分布在青岛市、济南市、烟台市以及潍坊市等多个城市之间，其中济南市作为省会城市凭借政策与信息优势成为众多 APS 企业集中地，而青岛市作为山东半岛城市群经济实力最强劲的城市也拥着大量的 APS 企业。近年来，潍坊市和烟台市经济发展十分迅速并逐渐缩小与济南市、青岛市之间的差距而进入了第一等级，同时这四大城市两两之间形成了高强度关联带并奠定了省域尺度的城市网络基础。受经济中心城市的吸引，济宁市和临沂市分别与青岛市形成较强的城市间联系，随着临沂市对外经济不断发展也与烟台市形成了较强联系，而日照市、东营市等城市由于经济总量和发展速度较为有限并未进入第一等级。

(2) 第二等级城市联系涵盖了大部分地区并具有明显的向心性。城市网络在第二等级中基本成型，除了日照市、莱芜市和东营市三个城市外，其他城市均成了网络中的一部分，城市间联系也更为密切。山东半岛城市群东部城市中烟台市和青岛市面向中西部地区形成了放射状的城市间关联带，尤其青岛市与其他六个城市形成了联系而具有最强的向心性。相比于第一等级，第二等级中形成了青岛—滨州、烟台—济宁等较多长距离跨越行政边界的城市间联系，进一步说明在市场经济迅速发展下，行政界线与地理距离对城市间联系的限制作用在逐渐下降。此外，威海市也与青岛市形成较强的城市间联系。

(3) 第三、第四等级城市间联系基本包括了城市群内的所有城市并形成区域尺度的城市网络。在第三等级中，与青岛市、潍坊市、烟台市等中心城市联系数逐渐减少而与日照市等中小城市联系数逐渐增多，即城市综合实力越低联系等级也越低，这在一定程度上反映了城市体系的等级分布特征。总体来看，由于区位条件的影响城市间联系呈现出德州市等边缘中小城市包围济南市、潍坊市等区域中心城市的形状，东部沿海城市基本上以内陆城市为腹地开展拓展城市间联系。

(4) 在第五等级中，城市间联系虽较为密切但联系强度较低并形成了多个中心。由于经济总量和发展速度有限，莱芜市与其他城市经济联系仅在最低等级表现出与其他城市较多的联系，而与青岛市、济南市以及潍坊市等城市联系基本上不处于这一等级，进一步表现为区域经济内部的不平衡。同时，日照市等也在这一等级与其他城市形成了较弱联系，表明这些城市位于区域发展的边缘地位，在区域统筹发展中不仅要强化中心城市带动作用也应注重边缘城市发展公平。

(5) 从单一城市连通度来看，山东半岛城市群城市网络逐渐具备了多中心特征且呈现出城市等级体系分布。随着潍坊市和烟台市迅速发展，传统的济南市、青岛市双中心格局逐渐被打破并且区域协调发展格局更加明显。同时，济南市、青岛市、潍坊市以及烟台市处于城市体系的最高级，而济宁市、淄博市以及德州市则处于城市等级体系的第二等级，日照市等其他城市则处于第三等级，进一步反映出城市经济实力与发展水平的差距。

二、行业视角下山东半岛城市群城市联系空间格局

在不同行业中，山东半岛城市群城市间的经济联系存在显著差别，其中银行、保险和金融因网络规模较大基本上两两城市间都形成了联系，而法律与会计业网络规模较小尚未形成密切的城市间联系。同时，对于不同行业的城市网络而言，其地位与影响力存在重大差别，比如说，银行业和保险业存在最高等级的空间联系、具备较高的关联影响力，从而促进城市群内外资金、信息和管理经验等资源要素的流通与集聚，在其他行业中与省内其他城市联系较少且等级较低，日照市在法律和会计业中甚至成为区域空间联系的孤岛，缺乏 APS 网点布局进而影响了高等级生产性服务业的发展。

为了进一步探讨城市网络的形成机理，分别对高端生产者服务公司的布局以及在城市区域空间联系格局中的作用进行分析，发现五个行业的服务公司在办公地分布、城市联系网络和城市联系优先性等方面，有着明显差异。山东半岛城市群各行业办公地点的空间布局通过 APS 各个行业得分与最大值的比值来表示 APS 在各地的布局，发现五个行业的服务业公司分为两种类型："大网络型"包括银行业、保险业，证券业；"小网络型"包括会计业和法律业。城市空间联系呈现"大网络型"和"小网络型"分异特征，其网络规模、组织结构和空间布局也存在明显差异：

（1）从城市网络规模上看，银行、证券和保险业办公机构数量较多，几乎各个 FUR 均有分布，而且每个 FUR 办事处不止一处；而会计、法律业办事机构较少，仅分布在少数的 FUR。

（2）从城市组织结构上看，银行、证券和保险业倾向于建立一个大而全的服务网络，在各地区分布有"省级总部—地市级总部—县市区分支"的三层次结构，而律师和会计网络相对简单，除了区域总部，几乎都是同级别的分所，呈扁平状分布状态，等级层次不明显。法律和会计的网络则更加简单，只在主要城市市区和部分区县设有办事处。

（3）从城市网络空间布局来看，银行、证券和保险公司分布广泛，遍布各地，呈现出均衡的散点状分布。会计师事务所和律师事务所大多集中于济南市和青岛市的中心城区，在其他地区分布数量较少且分散，为重点集聚分布。山东各城市的不同行业连通度差异较大。在会计行业中，青岛市与潍坊市的连通度处于第一等级，青岛市与临淄区、历城区、福山区的连通度处于第二层级，因此，青岛市会计行业空间联系格局呈现出单中心特征。

（4）在法律行业中，山东半岛城市群城市连通度的空间分布随着网络节点行政等级和空间单元破碎程度的变化而改变，这使得律师行业空间联系格局的多中心变化具有一定的方向性，如图 10-2 所示。在城市尺度中，济南与青岛的连通度处于第一等级，两地在网络中趋于同级，呈现较强的双中心结构特征。

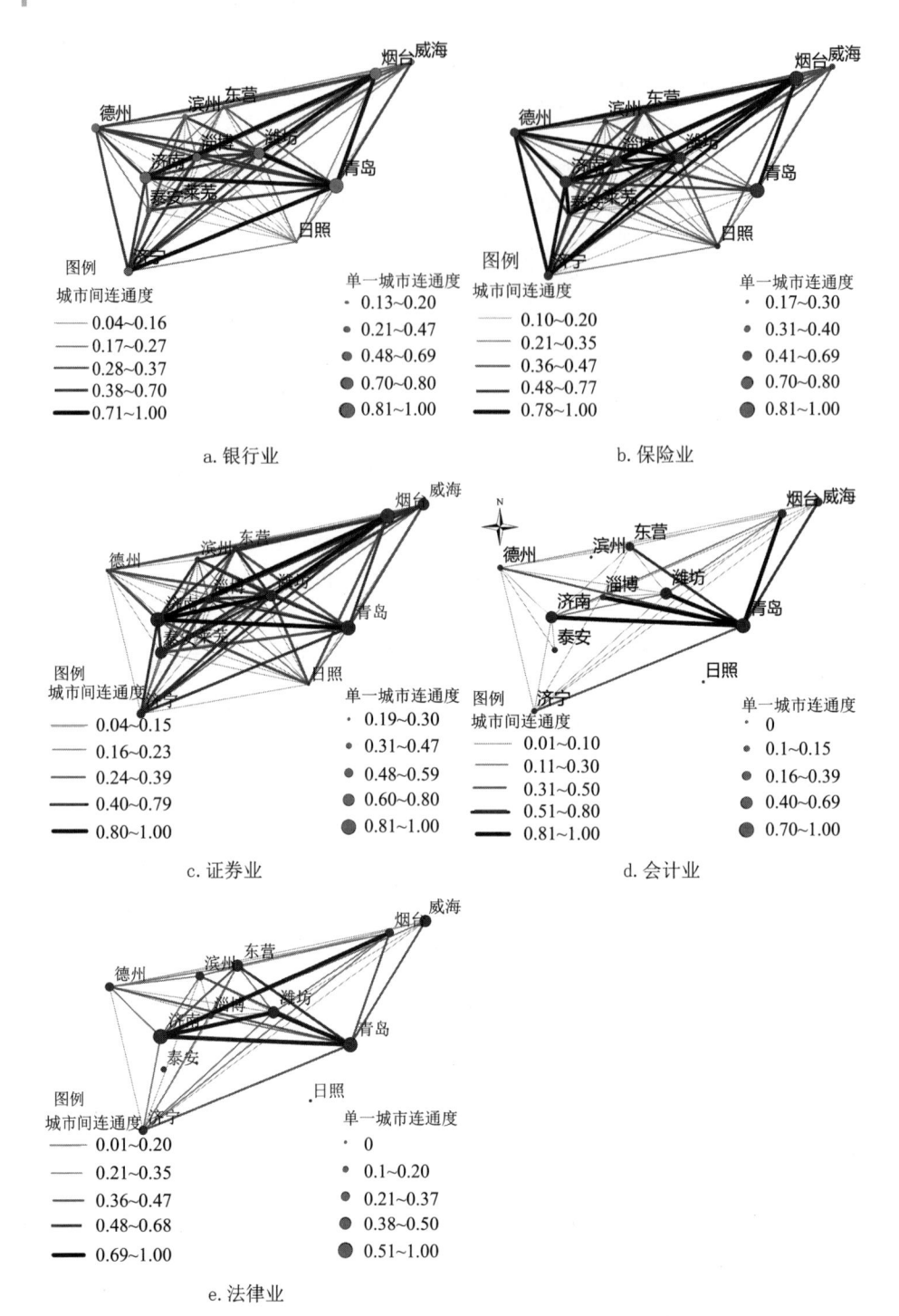

图 10-2 山东半岛城市群主要行业城市尺度的空间联系形态

三、不同行业下山东半岛城市群内部网络对比分析

通过行业网络与整体网络对比分析,进一步探讨了不同行业下山东半岛城市群网络影响因素与演变机制,发现银行、保险业的城市网络中城市间对外联系与现实情况较为一致,且更多取决于城市自身经济实力,其中青岛市经济规模高于济南市,进而在网络中形成的城市间联系等级与数量也高于济南市,反映出济南市整体经济实力有待进一步提高且青岛市需加强与济南市产业协同发展。

作为整体网络的重要组成部分,各主要行业形成的城市间联系受到行业特色的影响并通过办公网点布局影响资源与要素的流动集聚(见图 10-2)。通过整体网络与局部网络的对比分析,可分析城市间联系的行业特征与网络形成的影响因素。

(1)银行业网络与全部网点网络对比分析。银行业第一等级行业网络与全部行业网络形态相似,都是沿海区域高于内陆区域,以青岛市为中心呈扇状向山东半岛城市群内部辐射,与全部行业网点连通度对比分析,济南市和潍坊市之间的连通度较低。在第二等级中,银行业行业网络的分布形态与全部行业的行业网络形态高度相似,都以烟台市、济宁市、潍坊市等为重要节点,向外部辐射扩散。烟台市、济宁市、潍坊市、淄博市、济南市的连通度与第一等级相比明显增强。在第三等级中呈现出以济南市为中心的轮状辐射,其他地区之间的连通度也随着连通度等级的降低而迅速变化。

(2)保险业行业网络与全部网点网络对比分析。保险业第一等级网点行业网络与全部行业网络差异大,保险业第一等级行业网络密集度高,菱形结构明显,以临沂市、烟台市、济宁市、潍坊市、济南市、德州市为主要节点,而在第五等级中,以青岛市为中心的轮轴状雏形业已形成。保险业与会计业、银行业,以及法律业相比,分布较为广泛,没有明显的密度差异但主要东南部沿海地区如青岛市连通度密度高但等级较低,形成明显差异

(3)证券业行业网络与全部网点网络对比分析。证券业连通度第一等级与全国行业网络连通度差异较大,呈明显的三角形结构,主要以青岛市、烟台市、潍坊市和济南市为节点,集中于鲁中、鲁东北和鲁东,而全部行业网络分布则偏重于鲁东北和鲁东。同时,各地市证券业行业网络在第二等级和第三等级网络连通度上都以本市为中心呈扇状外向辐射,第五等级网络连通度较之全部行业网络密度更高,且各城市均以本市为中心呈扇状向周边辐射,而不同于全部行业网络仅以济南为中心的轮轴状辐射形态特征。

(4)会计业行业网络与全部网点网络对比分析。会计业等级连通度密度低,

在第一、第二、第三等级中，主要以青岛市为中心向西部、东北部辐射，重心集中在青岛市，第五等级连通度较之全行业网络更为密集。

（5）法律业行业网络与全部网点网络对比分析。法律业等级连通度密度较低，在第一、第二、第三等级中，主要形成了以青岛市为中心的扇状辐射，但辐射范围较之会计业更大，覆盖鲁南、鲁东、鲁中。在第一等级中，青岛市与济南市的连通度最高超过 0.51，第四、第五等级连通度密度大于全行业网络。

四、山东半岛城市群内首位/次位联系格局比较

在首位/次位联系格局中，大部分城市的首位联系城市是青岛市，次位联系城市是烟台市，这反映出城市群内部城市受到区域经济中心青岛市较大的影响。同时，在首位/次位联系规模中，济南市处于较低等级，对其他城市吸引力有限，尚未形成较强的经济辐射力，有待于进一步通过济南市与其他城市之间的资源互补与共享，以提升各自综合实力并强化产业转型升级。

基于城市间联系最大与第二大连通度，通过对山东半岛城市群 13 个城市五大主要行业首位/次位联系与规模进行可视化表达并进行对比以分析不同行业的首次联系差异，具体结果如图 10-3 所示。

（1）山东半岛城市群 13 个城市五个行业的首位联系和次位联系是有明显差异的。其中五大行业的综合网络首位联系城市是青岛市，而次位联系城市则是烟台市，这很大程度上与城市经济实力具有较高的耦合性。

（2）银行业首位/次位联系格局与五大行业综合首位/次位联系格局大致相似，这也反映了银行作为资金流动主要机构成为城市间网络构建的重要力量并为城市间经济实力共同发展做出了重要贡献。

（3）保险业与证券业首位/次位联系格局具有一定的类似，其中次位联系城市是济南市，而首位联系城市却是烟台市，但烟台市首位联系城市却是青岛市，这可能由于青岛市汇集了大量银行网点而保险和证券公司相对欠缺，而烟台市和济南市成了这两个行业的首位/次位联系城市。

（4）会计业首位联系城市是青岛市，次位联系城市则为济南市，这跟城市的政治资源和经济资源的占有情况有关，与青岛市和济南市的经济发展水平是相符合的。

（5）由于山东高级人民法院、大型律师事务所以及许多仲裁机构也位于济南市，所以对于律师行业各城市的首位联系与次位联系基本上都是济南市。

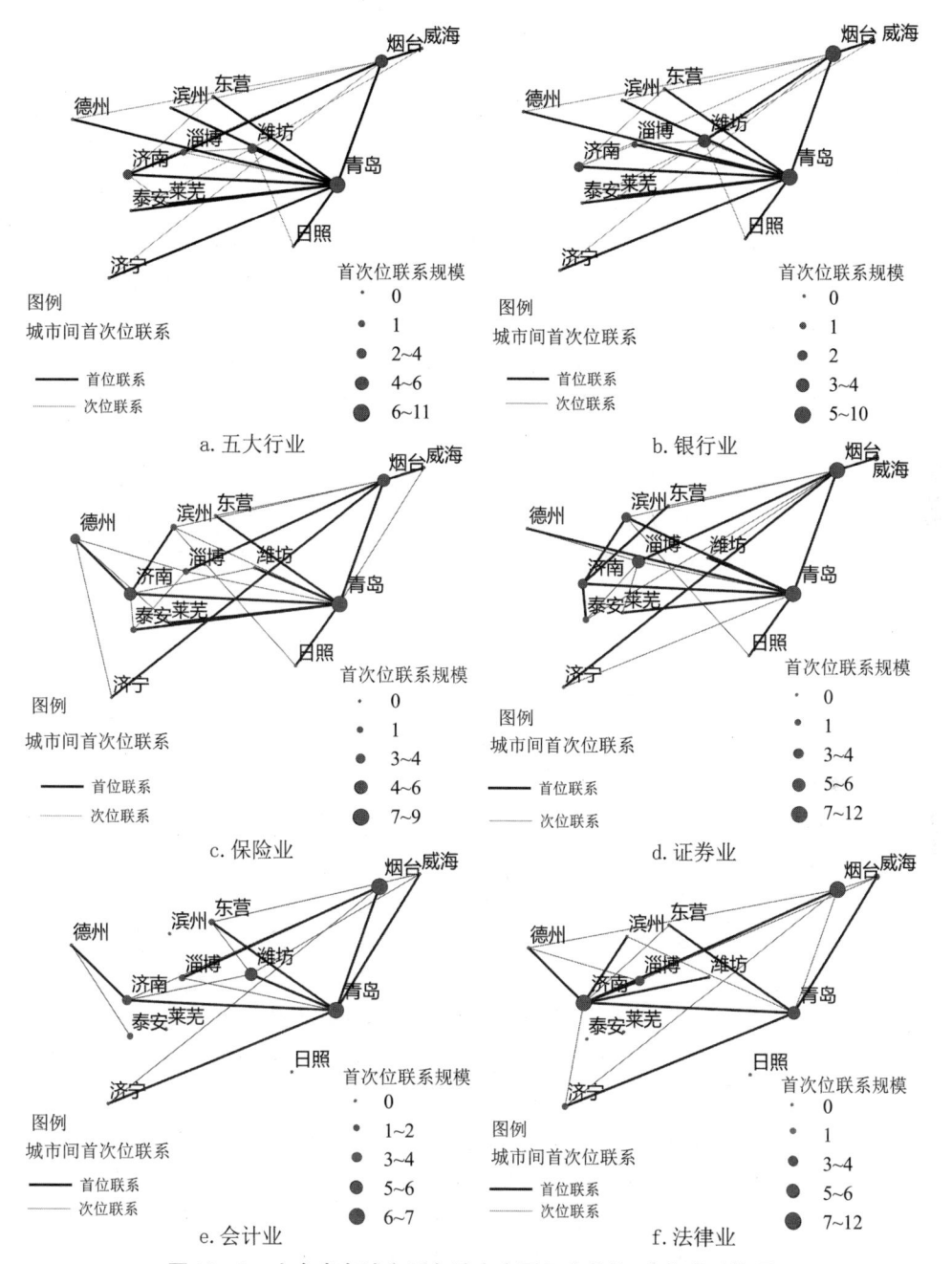

第十章 山东半岛城市群企业关联空间联系格局 143

图 10-3 山东半岛城市群各城市主要行业首位/次位联系格局

第三节　山东半岛城市群县区网络的结构与特征

在山东半岛城市群县区尺度城市网络中，县区间联系总体呈现出东、中、西递减的地带性趋势，青岛市、济南市等城市中心区控制着县区间资源流动与集聚的方向与强度，进而对其他县区经济联系产生较大的影响。在县区尺度中，城市中心区间形成较多经济联系，尤其是青岛市市南区、威海市环翠区以及济南市中区等已成为网络联系核心。日照市东港区、东营市东营区等也处于第一等级连通度且对外联系数量较多，由于县区数量较多网络规模与密度也较高，在城市中心区层面二者与青岛市、烟台市等经济发达城市差距正逐渐缩小，这也反映了地域经济活动高度分离同时又在局部范围高度整合而表现出开放而统一的拓扑特征。县区网络与城市网络区别在于，日照市东港区等城市中心区在高等级也形成密切对外联系，其城市中心区经济实力在不断增长。

一、山东半岛城市群县区网络空间联系的形态

基于企业流的山东半岛城市群县区之间的空间联系呈现由中东部向西部，由中部向边缘连通度逐渐弱化的趋势，如图 10-4 所示，说明山东半岛城市群东部受对外经济影响发展速度较快，中部受济南省会城市带动经济也逐渐增长，呈现区域发展不平衡的特点。

（1）第一等级县区间联系呈明显的多中心结构。山东半岛城市群 APS 网络主要分布在青岛市市南区、济南市历下区以及威海市环翠区等城市中心区之间，这些中心区经济发展迅速且经济规模较大，吸引了众多 APS 企业入驻。济南市邻近区县则由于政治优势集中了众多 APS 企业。威海市环翠区、日照市东港区以及东营市东营区则由于位于沿海地区对外联系便利从而吸引众多 APS 企业入驻。德州市德城区则由于受到济南市这一山东省政治经济中心城市的吸引从而经济发展速度较快，淄博市周村区、淄博市高青县等则是由于位于青岛和济南市连线上，两城市间联络较为发达，带动了该区域经济发展。菏泽市定陶区等则由于位于边缘位置，虽与其他县区建有较强联系，但连通度远远低于其他县区。

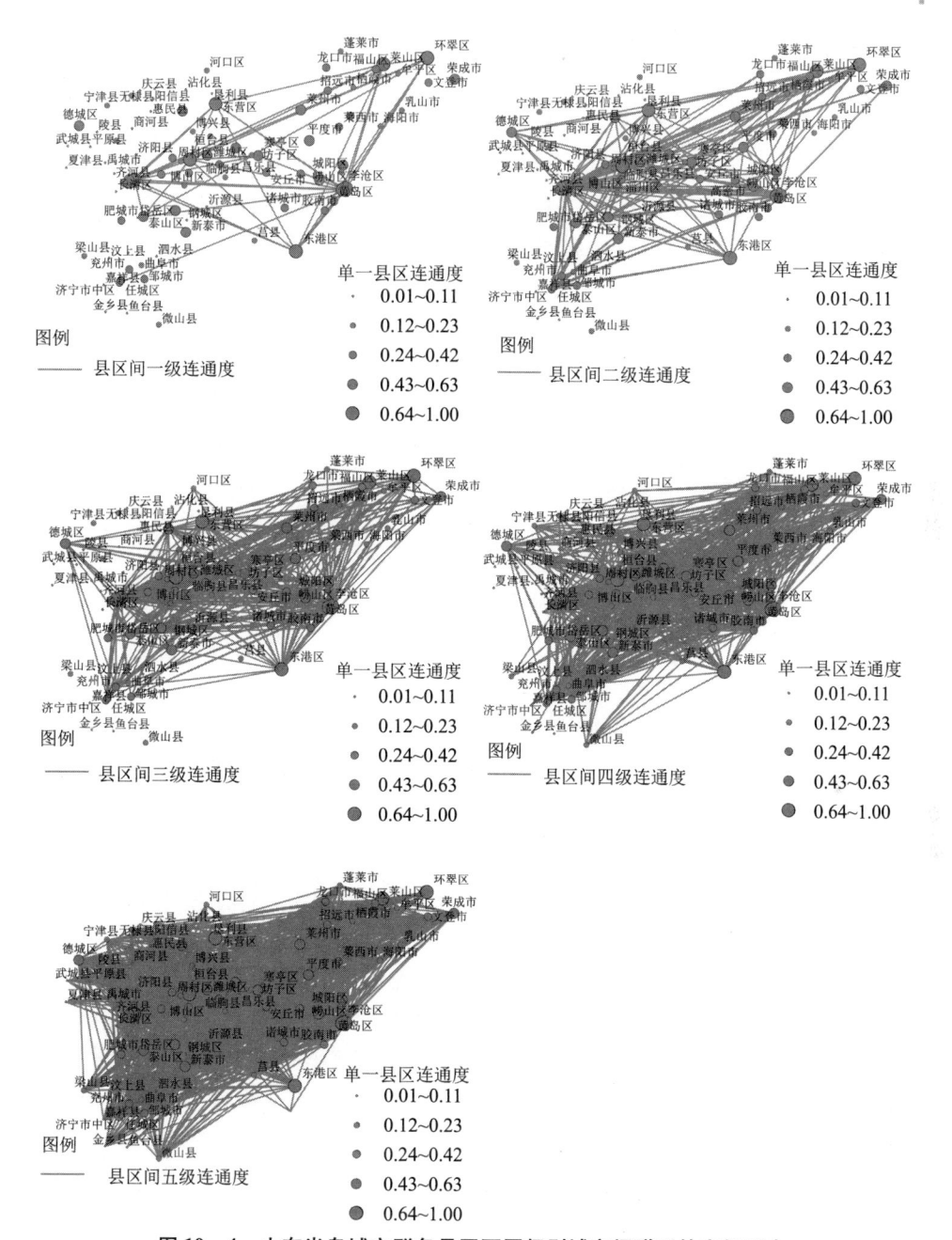

图 10-4　山东半岛城市群各县区不同级别城市间联系的空间形态

（2）第二等级县区间联系涵盖山东半岛城市群大多数地区，县区网络基本定型。县区尺度的城市网络主要中心城市与第一等级基本一致，同时，密集度较高的县区主要集中在沿海及济南附近，说明山东半岛城市群经济发展受对外经济开放和行政力量双重影响。此外,菏泽市定陶区、德州市德城区等与其他地区连通度增加。

(3) 第三等级连通度中在全省的覆盖面积更广,边缘城市中心区的连通度获得增强。东营市河口区、烟台市乳山市等对外联系明显增加,但前两者主要由于地处沿海地区而获得较好发展,省外城市及其中心区影响带动县区经济发展,吸引了一定数量APS企业,进而形成较多中等规模的县区间联系。

(4) 第四、第五等级连通度中省内边缘地区的一些地区也呈现出较强的联系。但依旧以青岛市市南区、青岛市崂山区以及威海市环翠区等城市中心区为主,这些县区与山东半岛城市群其他县区之间既存在着较强程度的联系,又存在着较弱程度的联系,而较弱程度的联系主要来自区域边缘城市,说明这些区域经济较为发达。

(5) 从单一县区连通度来看,山东半岛城市群县区网络逐渐具备了多中心特征且呈现出城市等级体系分布。随着烟台市迅速发展,传统的济南市、青岛市双中心格局逐渐被打破并且区域协调发展格局更加明显。同时,青岛市市南区、济南市历下区以及威海市环翠区等位于县区网络体系的最高级,而日照市五莲县等县位于网络的最低级。

二、行业视角下山东半岛城市群县区网络空间联系形态

通过APS各行业的连通度的数值大小观察APS在山东半岛城市群各县区分布特征,发现县区网络与城市网络具有较大相似性,如图10-5所示,三大金融行业形成"大网络"而法律与会计为"小网络",但网络总体规模小于城市尺度网络。同时,县区呈现出明显的多中心特征,县区间联系受市场与行政力量双重影响分别以青岛市和济南市城市中心区形成网络核心。

(1) 银行业县区连通度中,第一等级连通度呈明显的多中心结构,主要以青岛市市南区、济南市历下区以及威海市环翠区等各城市的中心区为主,如图10-5所示。其中青岛市市南区和烟台市芝罘区由于经济总体实力较强且位于沿海地区而吸引了较多银行网点布局,济南市市中区与历下区则位于省会城市并凭借政策与信息资源也集聚了较多银行网点。同时,临沂市兰山区发展速度较快,经济较为发达,从而进入了第一等级。而泰安市新泰市、青岛市莱西市以及青岛市平度市则属于第二等级,这些县级市由于位于城市中心区的边缘且基础设施较为完善也成为APS网点布局的次中心。第二等级连通度网络基本实现省域尺度全覆盖。在较低等级联系中,山东半岛城市群边缘县区如日照市五莲县由于经济规模有限而连通度较低。进一步体现出县区间发展不平衡。

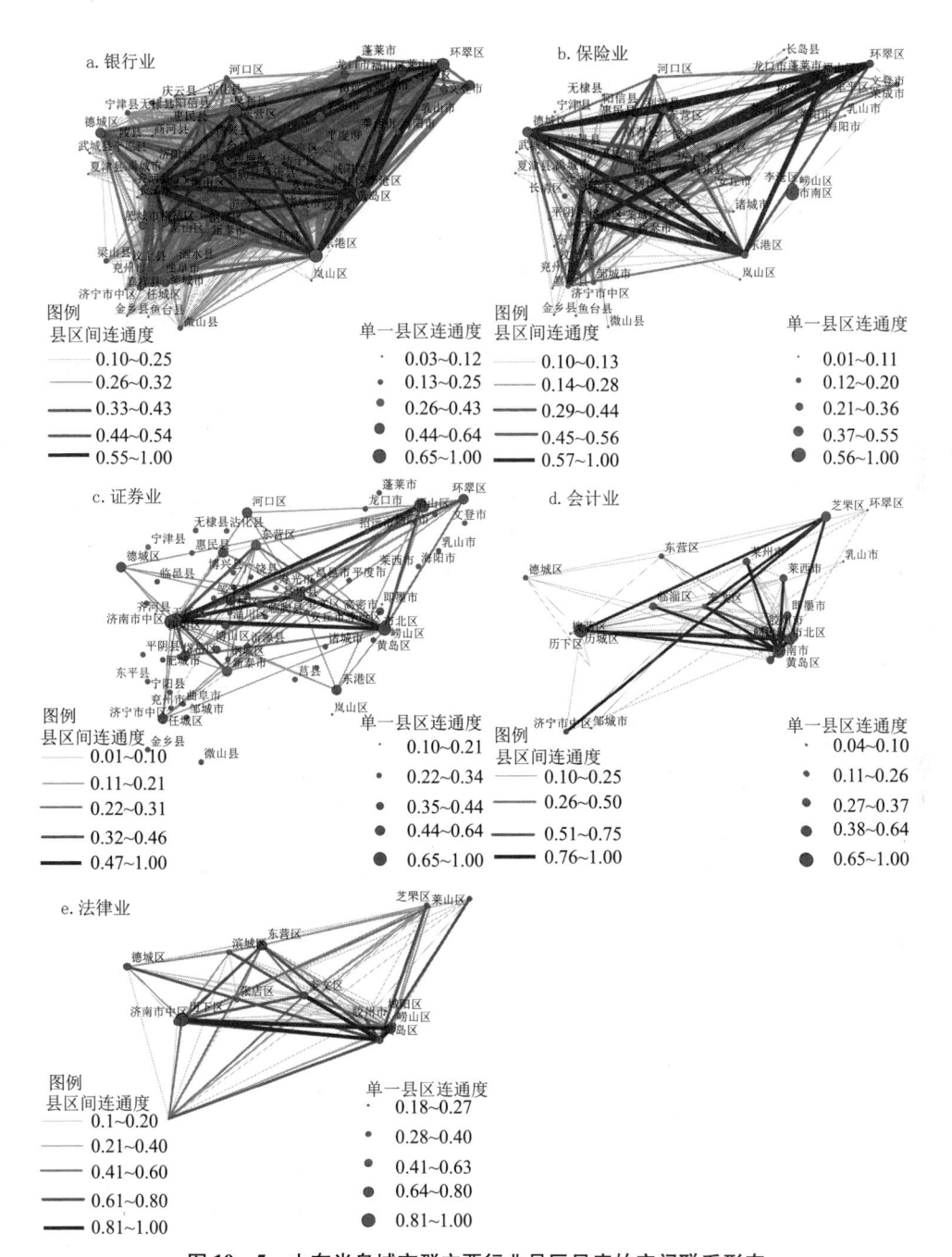

第十章 山东半岛城市群企业关联空间联系格局 147

图 10-5 山东半岛城市群主要行业县区尺度的空间联系形态

（2）在保险业与证券业也呈现了一定的多中心特征且沿海城市中心区间联系普遍较高。青岛市市南区、青岛市市北区以及济南市中区等位于县区间联系的第一等级，但青岛市市南区、烟台市芝罘区等沿海城市区县更多在市场力量影响下而形成密集经济联系，而济南中心区及其邻近区县则由更多优惠政策与信息资源吸引形成。第二等级与第一等级重合度较高，在第一等级的基础上，第二等级县区间联系主要增加了滨州市博兴县与潍坊市昌邑市等城市中心区。从整体来看，东中部较为密集，山东半岛城市群边缘地区与省内中心县区连通度较低，与其特殊地理位置有关。而会计业与律师业在全省分布较为稀疏，其中会计业仅在青岛市市南区、济南市历下区与淄博市临淄区等中心区分布，而律师业则呈现出传统的济南—青岛双中心的特征，山东各县区连通度的空间分布随着网络节点行政等级和空间单元破碎程度的变化而改变。

第四节　山东半岛城市群城市网络与县区网络对比分析

通过城市网络和县区网络对比分析，发现山东半岛城市群县区空间联系存在较高一致性且主要与青岛市、济南市及其中心区形成较多高等级的经济联系，进而表现出显著的向心性。城市间联系以城市整体进行测度而县区间联系以县区进行衡量，由于经济规模有限，日照市在城市网络联系等级较低且数量较少，而县区网络对外联系强度与规模大幅提高。

通过城市与县区空间联系对比分析，发现城市间与县区间存在较大相似性，连通度等级与城市以及区县区位条件与经济规模存在较强的相关性。但由于城市整体实力与县区实力之间的巨大差距，二者仍存在较大的差别。城市间联系以城市整体进行测度未明确区分城市下辖县区之间的经济联系差异，通过县区间进一步计算细分可进一步识别经济联系在不同尺度地域单元分布差异，因此通过城市间以及县区连通度对比分析可精细说明经济联系的分布不均衡性。

一、城市与县区不同网络连通度对比分析

通过城市与县区连通度对比，可进一步分析基于功能性联系的网络分布特征与形成机制。作为省内经济中心，青岛市成了 APS 企业布局首选城市并形成最高的连通度，并对其周边城市产生强烈的经济辐射作用。在青岛市影响下，潍坊市、烟台市通过产业协作与转移自身连通度获得了较大提高并形成了不连续城市间关联脊带，从而为山东半岛城市群发展奠定了较好的基础。作为省会城市，济

南市近年来经济发展速度与规模有较大提升，进而形成中部地区的高地并影响着德州市以及泰安市等邻近城市，但连通度影响范围相比青岛市更小，有待于进一步提升省会城市综合实力并带动邻近城市协调发展。在第三等级中，鲁西南经济带分别形成临沂市和济宁市两个高地并对周边地区产生一定的经济辐射作用，说明二者在省内城市网络具有较高的连通度而具有一定的发展潜力，可作为省内南部地区区域与城市发展的次核心以促进邻近地区经济联系水平的提高。山东其他城市连通度较多处于第四等级，说明大部分城市间联系强度仍有待提升，尤其是泰安市、莱芜市等城市由于经济规模与发展速度有限而对APS企业缺乏足够吸引力，进一步强化了区域联系中弱势地位，拉大了与其他城市发展的差距并使得区域发展更加极化。由此得出，山东半岛城市群城市网络中等级差异明显，城市间存在经济发展不平衡的现象。

在县区尺度连通度中，地域单元间经济联系不均衡且破碎化也更为严重，连通度较高区域主要集中于城市中心区。地级市中心区相比于县以及县级市仍具有更好的交通和基础服务设施，成了银行与保险等金融机构主要选择区域进而形成了市级行政区划内的高地并对周边县区产生一定的经济影响力。县区间联系围绕青岛市与济南市中心县区形成了两大片区，这些县区经济发展水平较高且拥有良好的基础设施，成为APS网点选址的重要考虑地区并为城市群的发展提供了较好的联系基础。此外，莱芜市钢城区、济南市历下区等一方面由于邻近城市中心区且受济南市良好政策资源优势吸引了众多APS企业进驻而进入第二等级。济南市鱼台县、临沂市蒙阴县等地域单元由于位于省内城市网络的边缘地带且经济总体规模较为有限而连通度较小，烟台市莱山区以及日照市岚山区虽然作为城市中心区但城市发展水平较为不足而未与其他县区产生密切的联系。

从城市尺度与县区尺度的对比来看，不同地域单元间具有较大相似性但也具有明显的尺度变异特征。青岛市与济南市及其中心区作为APS企业布局首选区域，与其他县区形成紧密的经济联系并成为省内城市网络的核心。在城市尺度中，青岛市、济南市、烟台市、潍坊市、济宁市以及临沂连通度形成明显高地而其他城市连通度较低，东营市、日照市以及莱芜市等城市甚至成为区域联系的孤岛，但在县区尺度中这些城市的中心城区基本上形成区域联系密集的连通高地，这说明不同尺度下地域单元间空间联系格局存在较大差距，将县区作为城市一部分进行分析难以全面与准确反映现实地区间联系的格局。同时，城市尺度连通度布局形成了青岛—济南、济南—济宁低连通度关联脊带而县区尺度地域间联系较为分散且破碎化严重，也反映了县区间联系较为缺乏以及需要通过加大对县以及县级市的资源支持力度以提升其综合实力。

二、城市与县区首位/次位联系对比分析

在首次联系规模中,其他城市总体水平较低且与青岛市、济南市差距较大,基本上被中心城市主导并成为其资源流通与集聚主要来源地,有待于进一步提高城市自身要素集聚水平。但部分县区却具有一定首位/次位联系规模并带动着周边县区的经济发展,反映出部分城市中心区经济实力也较强但需进一步提高县级市以及县经济发展水平。

从企业联系下山东半岛城市群城市尺度首位/次位联系规模来看,如表10-1所示,青岛市首位规模、首位/次位联系规模均为最大值,充分体现了青岛市在山东半岛城市群尺度中的经济中心地位;烟台市首位联系规模为6,略低于青岛市,而次位联系规模最大值出现在青岛市,从首位/次位联系规模可以看出青岛市经济发展速度较快,经济规模较大,并主导着山东半岛城市群的资源流动方向与强度。而潍坊市与淄博市受经济中心带动,经济发展速度也较快,首位/次位联系规模较大。济南市由于政策优势的影响吸引一定APS进驻,但由于经济发展速度较慢而与其他城市次位联系不强。由于受政治中心的影响,泰安市集中了部分APS,但由于经济规模较小与其他城市间未出现首位联系,次位联系规模也较小。由此观之,城市次位联系规模随着烟台市、潍坊市、淄博市等新兴城市的发展,山东半岛城市群传统的济南—青岛双中心格局逐渐被打破,呈现出一定的多中心格局。

表10-1　企业联系下山东半岛城市群城市尺度首位/次位联系规模

城市	首位联系规模	次位联系规模	首位/次位联系规模
青岛市	9	2	11
烟台市	2	4	6
潍坊市	0	4	4
淄博市	1	1	2
济南市	1	2	3

在城市间首次位联系拓扑网络中,青岛市由于汇聚了APS网点成为山东半岛城市群城市间联系的影响源并在拓扑网络中表现出拥有最长的圆弧,并且与潍坊市、日照市以及烟台市等城市形成了首次位联系,如图10-6所示。同时,从圆弧长短来看,烟台市与潍坊市、济南市的圆弧长度依次递减,说明众多APS企业主要分布在山东半岛城市群的东部地区,而济南相对较少且与其他城市的首次位

联系相对不足,有待于进一步强化济南市在城市群网络中与其他城市的经济联系以增强其对周边城市的辐射力。同时,山东半岛城市群内部的首次位联系呈现出一定的核心—边缘结构,青岛市、潍坊市与烟台市成了中心,而日照市与滨州市等城市首次位联系相对不足,处于较为边缘的位置,亟待通过基础设施的完善等方式吸引更多的 APS 集聚,进而增强与城市群其他城市的联系。

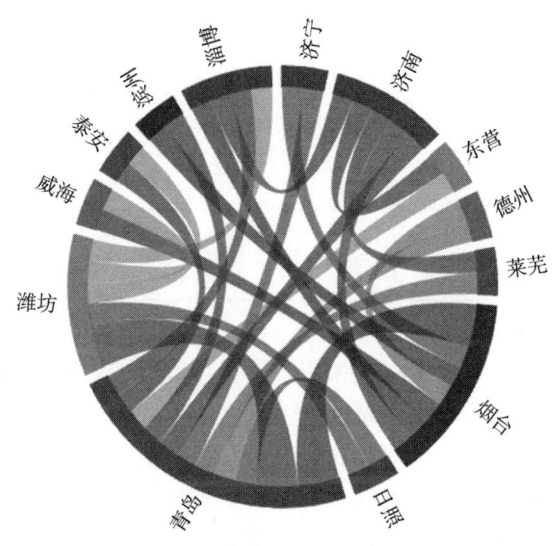

图 10-6 山东半岛城市群城市间首次位联系拓扑网络

从企业联系下山东半岛城市群县区尺度首位/次位联系规模来看,如表10-2 所示,青岛市市南区由于经济发展较早,经济规模较大,经济活力较强而首位/次位联系规模均居山东半岛城市群第一位,青岛市平度市与青岛市胶州市以及烟台市芝罘区、潍坊市寿光市虽然经济发展速度较快但起步较晚,经济规模较小,故其首位/次位联系规模虽位于前列,但与青岛市市南区仍有一定差距;济南市历下区则受政治因素影响,凭借政治优势吸引众多 APS 进驻,但由于经济发展速度较慢,次位联系规模较小。

表 10-2 企业联系下山东半岛城市群县区尺度首位/次位联系规模

县区	首位联系规模	次位联系规模	首位/次位联系规模
青岛市市南区	41	4	45
青岛市市北区	18	25	43
威海市环翠区	23	19	42

续表

县区	首位联系规模	次位联系规模	首位/次位联系规模
济南市历下区	32	10	42
滨州市滨城区	15	11	26
日照市东港区	15	10	25
莱芜市莱城区	8	10	18
德州市德城区	5	8	13
烟台市芝罘区	2	11	13
潍坊市寿光市	5	7	12
淄博市张店区	0	6	6
青岛市胶州市	2	3	5
济宁市任城区	1	4	5

通过城市尺度与县区尺度对比来看，县区尺度连通度与城市尺度连通度有一定相似性，市南区作为青岛市经济实力最强的县区对周边县区如青岛市胶州市、平度市，以及烟台市芝罘区、潍坊市寿光市、威海市环翠区有较强的带动作用。历下区作为济南市政治中心核心区对 APS 企业吸引力较大，但其经济规模与发展速度有限，对周边区县的经济带动作用低于青岛市市南区，而烟台市芝罘区和潍坊市寿光市经济发展迅速成为后起之秀，从而有力带动周边地区经济发展。临沂市兰山区、滨州市滨城区、泰安市泰山区等城市中心区在区县尺度中连通度较高，但由于其周边县区经济发展速度较慢而导致临沂、滨州等城市的连通规模较低。这反映了山东半岛城市群 APS 网点分布的空间不均衡性，具体体现为在部分经济发达地区呈片状分布并与经济发展水平有着较强的联系，而在经济较弱地区则数量较少、分布零散。

通过高端生产者服务业公司业务联系的方法，研究城市网络体系具有一定作用，虽然在经济规模、产业结构、发展背景等方面山东城市网络与珠江三角洲与长江三角洲等城市有较大差距，但伴随着经济高速发展城市间资源流动与集聚速度与规模不断提升并促进区域间一体化的迅速发展。基于 APS 企业流的分析，发现山东半岛城市群的市域网络与县域网络主要存在以下一些特征：

（1）在城市尺度中，发现山东半岛城市群城市网络分析具有双中心和非均衡性的结构特征。青岛市和济南市成为双核的服务中心而烟台市和潍坊市为次中心，其余城市为一般节点的体系网络。高级生产者服务业的连通度呈等级分布且东中西部地区服务值差异明显，并在不同行业表现出"大网络型"和"小网络型"模式。基于高端生产者服务业的山东城市网络体系的发育还处于初级阶段，与珠江三角洲地区及长江三角洲地区的城市网络体系存在较大差距。

（2）在县区尺度中，县区间联系总体较为缺乏且由城市中心区逐渐向城郊再到农村地区递减。济南市历下区、青岛市市南区以及威海市环翠区等城市中心区服务值最高，青岛市四方区和淄博市周村区、济南市长清区等服务值更低，其余县区为一般节点且服务值较低。高级生产者服务业的连通度呈等级分布，沿海城市中心区服务值位于最高等级而青岛市即墨区与烟台市莱州等县级市位于次一级，东营市利津县、临沂市蒙阴县以及济宁市鱼台县等经济规模有限的县级单元服务值处于最低等级。

（3）在APS企业的组织下，山东半岛城市群城市网络正在逐步被市场力量重构，青岛市、济南市等城市成为引导城镇群经济空间发展的影响源，其他城市和县区主要与这些中心城市及其中心区发生密切的经济社会联系。同时，城市间联系逐渐突破行政区划与地理因素的束缚，烟台市与临沂市等城市也与青岛市形成高等级的联系，未来区域协调发展中应当增强跨行政边界的区域协调活动以适应城市网络的"跳跃式"发展。

（4）城市与县区连通度主要与各自区位条件和综合实力相关。山东沿海地区城市与县区连通度普遍高于内陆地区，但济南市作为省会城市拥有着众多信息与政策资源而成为众多APS企业集聚地，进而与周边地区形成较密切的联系。相比于城市间联系，县区间联系碎片化更为严重且存在较多脱离网络的边缘县区，有待于进一步强化边缘县区与城市中心区的经济联系。

第五节　政策与建议

山东半岛城市群区位条件优越且城市化和工业化基础较好，但由于区域核心城市集聚与辐射能力有限、产业结构有待优化调整以及环境污染严重等问题，使得城市群发展后劲不足且阻碍其内部一体化水平的提升。因此，为解决上述问题，结合2017年颁布的《山东半岛城市群发展规划（2016~2030年）》以及中央2018年批复的《山东新旧动能转换综合试验区建设总体方案》对山东半岛城市群发展模式、空间格局以及区域合作模式等诸多领域提出相应的建议。

（1）转变山东半岛城市群经济发展模式，加快构建现代产业体系。第一，优化高级生产者服务业的城市间分工，促进不同城市在高级生产者服务业领域的深度合作，重点发展金融、会展以及物流等现代服务业，全面提升服务业的发展水平；第二，可充分利用现有基础和优良的港口条件，重点发展资金技术密集、关联度高、带动性强的现代装备、新能源、生物制药以及船舶制造等产业以进一步增强山东半岛城市群的整体实力；第三，提升区域分工水平与生产效率。过去山东半岛城市群相对封闭的专业化生产体系并不适应建设城市群的发展要求，未来依托沿海地区的优势进一步引进韩国和日本的先进企业与技术，积极构建山东半岛城市群与其他国家的经济联系，提升山东半岛城市群整体经济实力与科技水平。

（2）塑造多中心的空间结构。在全球城市群中，多中心被认为是一种极其重要的空间发展模式，城市在形态与功能上都超越传统的单中心格局而在区域尺度上蔓延和扩散。第一，山东半岛城市群既要注重发挥青岛市与济南市等传统中心城市实力提升，议强化和容纳城镇密集区的社会经济的可持续增长。第二，注重培养烟台市等新的城市增长空间，明确发展政策并在具体实施中给予一定的优先权。第三，高度重视国际化门户区域、基础设施的网络化以及通达能力的介绍，使特定城市获得相对平等的基础设施建设项目，从而为城市群的发展提供条件。

（3）全球化和信息化是影响世界经济空间重构的两个最重要因素，在二者的作用下生产要素的自由流动是城市群形成与发展的重要动力。如果拥有完善的市场体制、充分公平的市场竞争，那么完全可以依靠市场的力量实现地区之间资源的优化与配置，促进城市群竞争力的提高。然而，由于行政区划、政府职能和地方政府行为对城市群经济的刚性约束，山东半岛城市群各种生产要素难以实现空间优化组合，甚至在行政区边界地带形成了"行政区边缘经济现象"。因此，在城市群发展中可通过实行差异化的功能定位，实现各城市资源共享与互补，并通过产业合作、市场同体以及交通统管等具体措施，促进生产要素在城市群内部的自由流动。同时，推进城市邻接地区的规划和建设衔接，尤其需要加强跨界轨道、高速公路等交通设施的无缝衔接。

（4）加强城际合作与建立城市群一体化协调机制。第一，建立良好的城际合作制度环境。由于缺乏良好的制度环境、合理的组织工作以及完善的合作规则。因此，城市群的治理应该从全方位入手，在政治层面建立开放的地方政府合作章程，在管理层面建立协商谈判、财政补贴与平衡等协调联动制度，在法治层面上建立冲突协调机制，从而使城际合作更为有序与合理。第二，建立城市政府间利益共享与利益补偿机制。利益共享机制是要建立一种平等、互利、协作条件下的新型城市利益关系，并通过城市间利益的共享来实现地区的共同发展，而利益补偿机制则主要表现在建立规范的财政转移支付制度，通过规范的利益转移来实现，强调公平，它的建立有利于促进城市间协调发展并推动整个社会的全面进步。第三，完善城市间政府网络组织。网络组织相对于市场和层级组织治理机制而言，具有降低交易费用、减少市场风险等优势，尤其适用于协调基于相互依赖关系而形成的长期合作关系的地方政府间横向联系。

第十一章

山东半岛城市群土地利用碳排放

　　土地不仅是陆地生态系统碳源和碳汇的自然载体，更是社会经济系统碳源的空间载体[①]，一系列的人类活动如农业生产、能源消耗和产业布局等都与土地利用密切相关。快速发展的经济社会对建设用地有着大量的需求，由此引发的土地利用冲突也日益升级，存在土地利用结构不合理、建设用地膨胀、湿地林地过度开发等问题。土地利用过程中表现出的问题和状态蕴含着碳排放时序与规模特征，从土地利用视角展开对碳排放的研究，可以合理评估人类活动对环境的影响程度，这一诉求对于推动经济社会低碳转型意义重大[②]。本章以山东半岛城市群为例，从土地利用碳排放时间演变和空间格局两方面着手，对不同土地利用方式的碳储量和碳通量进行核算，探究土地利用碳排放影响因素，以期能深入了解土地利用碳排放的演变与效应，提出如何通过调整土地利用结构与布局等优化配置和综合整治方案，为土地利用管理相关政策和土地利用规划的制定提供借鉴。

第一节　研究设计

　　山东半岛城市群常住人口城镇化率远低于我国发达地区平均水平，将新型城镇化作为转变经济发展方式的重要支撑，城市建设所引起的能源消费的增长、建设用地的扩张以及各种土地利用类型的变化，都会导致碳排放的增加。因此，在全球气候变暖和我国低碳经济大力发展的大背景下，探究山东半岛城市群在快速城市化和工业化过程中，如何通过优化土地利用结构减缓温室气体排放。在碳核算的基础之上，研究土地利用变化及碳排放量的时空特征，分析影响山东半岛城市群土地利用碳排放的驱动因素，以求优化土地利用结构，减少土地利用过程中

[①] 赵荣钦：《城市系统碳循环及土地调控研究》，南京大学出版社2012年版，第4页。
[②] 赵荣钦、黄贤金、揣小伟：《中国土地利用碳排放的研究误区和未来趋向》，载于《中国土地科学》2016年第12期，第83~92页。

所产生的外部效应，最终实现土地绿色、低碳和可持续发展。

一、研究背景

在经济发展和人口增长驱动下，人类活动所引起的土地利用变化是大气中温室气体增加的重要因素，国际社会对于全球变暖的问题越来越关注，中国正处于快速城镇化和工业化的过程中，对土地资源以及能源的需求不断上涨，结合土地利用与能源消费进行碳排放研究，对土地增汇减排、温室气体排放、低碳土地利用模式的探究均起到积极的推动作用。

（一）全球气候变暖

全球气候变暖这一巨大的环境问题已经成为全世界共同面临及关注的议题，而温室气体的排放则是全球气候变暖背后的最大推手。联合国政府间气候变化专门委员会（Intergovernmental Panel on Climate Change，IPCC）于2013年发布的第五次评估报告指出，从1880～2012年全球地表平均温度升高了0.86℃，近100年全球平均海平面上升了0.19米，到21世纪末期全球地表温度变化可能超过1.5℃，全球变暖趋势毋庸置疑[1]。目前人为温室气体的排放已经达到了工业化时代最高水平，近50年全球气候系统的快速暖化，受二氧化碳排放影响最大，二氧化碳产生的增温效应占所有温室气体总增温效应的63%，二氧化碳的累计排放量很大程度上决定了21世纪末及以后平均地表变暖幅度。造成二氧化碳浓度上升最核心的两个要素是化石能源燃烧以及土地利用变化，1970～2010年工业过程及化石能源燃烧导致的二氧化碳排放量占温室气体总排放增量的约78%，根据世界自然基金会统计，由于土地利用方式变化所导致的碳排放量每年高达10亿吨[2]。在工业化与城市化快速发展的新状态下，借助于科学有效的管理规划实践展开面向土地利用方式的变革，可以重新固定大约60%～70%已经损耗的碳[3]。因此，结合土地利用现状及区域能耗情况研究碳排放总量，通过优化土地利用方式及结构，实现区域增汇减排，不仅有助于土地资源可持续发展，还可以为国际社会解决气候变暖提供一定的思路。

---

[1] Pachauri R K, Allen M R, Barros V R, et al. Climate Change 2014：Synthesis Report. Contribution of Working Groups Ⅰ, Ⅱ and Ⅲ to the Fifth Assessment Report of the Intergovernmental Panel on Climate Change. IPCC, 2014：151.

[2] 赵先超、朱翔、周跃云：《湖南省不同土地利用方式的碳排放效应及时空格局分析》，载于《环境科学学报》2013年第3期，第941～949页。

[3] LAL R. Carbon Emission from Farm Operations. *Environment International*, 2004, No. 7, pp. 981－990.

(二) 低碳理论的提出与发展

为了控制和减少温室气体的排放，降低全球气候变暖对于人类的影响，国际上应对气候变化的合作也越来越多，同时提出了低碳经济的理念。1992年世界各国共同签署了《联合国气候变化框架公约》，这是第一个关于控制温室气体排放、遏制全球变暖的国际性公约。1997年《京都议定书》被全球140多个国家与地区广泛签署接受，这是人类历史上第一次以法律法规的形式在温室气体定量减排方面规定指标。低碳经济的概念于2003年第一次被提出，旨在形成低能耗、低污染、低排放的经济发展体系。尽管目前学术界对于低碳经济的内涵有多种多样的理解，但其发展模式的理论是受到普遍认可的，低碳经济是以低能耗、低排放、低污染为基础的经济模式，是人类社会继原始文明、农业文明、工业文明之后的又一大进步[1]。越来越多的国家和地区开始在本国发展条件和社会经济水平的基础上，探索既要发展又要低碳的发展方式，走低碳经济发展道路已经成为全球大趋势。

(三) 我国所面临的巨大挑战

自改革开放以来，中国经济迅速发展，能源消耗量日益增大，城市化进程使土地利用发生巨大变化，碳排放量已居于全球各国前列，我国面临着经济发展与气候变化双重压力。低碳经济成为中国社会发展的必然趋势，中国也已经将节能减排、发展低碳经济纳入国家的长期规划中，从2007年APEC会议上首次明确提出"发展低碳经济，研发低碳能源技术，促进碳吸收技术发展"的战略主张，到2009年，我国政府提出到"2020年单位国内生产总值二氧化碳排放比2005年下降40%~45%"的目标，"十二五"规划纲要中提出"单位国内生产总值二氧化碳排放降低17%"的目标，"十三五"规划中提出"坚持减缓与适应并重，主动控制碳排放"，"强化土地节约集约利用"，"深入推进能源革命，着力推动能源生产利用方式变革"，同时颁布了《"十三五"控制温室气体排放工作方案》《国家应对气候变化规划（2014~2020年）》，成立专门的节能减排工作小组，扩大低碳试点城市名单，鼓励更多的城市探索和总结低碳发展经验。我国低碳经济建设面临着巨大的减排压力，需要我们将减排任务切实地分摊到各个城市，根据各地域不同情况制定相应的碳减排战略和政策，才能更有针对性地做好增汇减排工作，促进低碳社会的健康发展。

---

[1] 张坤民、潘家华、崔大鹏：《低碳经济论》，中国环境科学出版社2008年版，第31页。

二、分析方法

(一) 土地利用直接碳排放核算测算方法

采用直接碳排放系数法进行测算的土地类型包括：耕地、园地、林地、牧草地、水域及水利设施用地和其他土地。计算公式如下：

$$E_x = \sum A_i = \sum S_i \cdot T_i \tag{11.1}$$

式 (11.1) 中，E_x 为直接碳排放量，单位为吨 (t)；A_i 为第 i 种土地利用类型所产生的碳排放量，单位为吨 (t)；S_i 为第 i 种土地利用类型面积，单位为公顷 (hm^2)；T_i 为第 i 种土地利用方式的碳排放系数，单位为 t/hm^2。借鉴前人研究成果，确定本研究中各类土地利用类型的碳排放系数。土地利用直接碳排放系数，如表 11-1 所示。

表 11-1　　　　　　　　土地利用直接碳排放系数

土地利用类型	碳排放系数 ($t \cdot hm^{-2} \cdot a^{-1}$)	数据来源
耕地	0.4970	蔡祖聪、何勇等
园地	-0.3980	方精云等
林地	-0.6440	谢鸿宇等
牧草地	-0.0210	方精云、谢鸿宇等
水域及水利设施用地	-0.4100	赖力等
其他土地	-0.0050	赖力等

(1) 耕地碳排放系数。耕地在碳循环过程中具有碳排放和碳吸收的双重功能。耕地碳排放和碳吸收过程是农田生态系统中各种物质和能量输入和输出的循环过程。在碳吸收方面，耕地上的作物通过光合作用吸收大气中的二氧化碳并储存在作物中，而另一部分则以有机碳的形式储存在土壤中；就碳排放而言，化肥、农药、农膜等农业投入，电力灌溉、农业机械使用、水稻种植等农业活动，以及秸秆燃烧、有机废弃物处理等都在碳排放中发挥作用。在估算耕地碳排放量时，利用耕地使用过程中产生的温室气体排放因子，通过光合作用和土壤碳保护，农作物间二氧化碳吸收系数的差异，确定耕地碳排放因子。通过总结蔡祖聪、何勇等人的研究成果，本章采用的耕地碳排放系数为农作物碳排放系数 $0.5040 t \cdot hm^{-2} \cdot a^{-1}$，耕地的碳吸收水平为农田生态系统碳排放系数 $-0.0070 t \cdot hm^{-2} \cdot a^{-1}$，由此可以得出耕地的碳排放系数为 $0.4970 t \cdot hm^{-2} \cdot a^{-1}$。

(2) 园地主要指种植以采集果、叶、根茎等为主，集约经营多年生木本和草本作物（含其苗圃），覆盖度大于50%或每亩有收益的株数达到合理株数70%的土地。根据方精云等人的相关研究成果，确定园地的平均碳排放系数为 $-0.3980t \cdot hm^{-2} \cdot a^{-1}$。

(3) 林地碳吸收系数。林地因其在固碳效果的优秀表现，所以在陆地生态系统碳总量收支不平衡的过程中扮演着十分重要的角色。分为植被固碳和土壤固碳两种固碳方式，其中植被固碳主要借助依靠光合作用，以大气中的二氧化碳为自己成长的养分，同时排出氧气合成有机碳，并将这些有机碳存储在植被的各个部分中，完成整个植被固碳的过程。虽然树木在生长过程中，也会进行呼吸作用，但大量学者研究表明：树木成长过程中光合作用大于呼吸作用，也就是说林地吸收的二氧化碳远大于其呼吸排出的二氧化碳。森林生态系统具有较高的植物量和生长量，对于大气中二氧化碳截存有着重要的意义，是最重要的碳汇。因此，林地表现为碳汇功能。方精云、谢鸿宇、管东生等均对林地碳排放系数进行了研究，本章采用谢鸿宇等的研究成果，取林地碳排放系数为 $-0.6440t \cdot hm^{-2} \cdot a^{-1}$。

(4) 草地碳排放系数。草地碳库主要包含土壤、植被和凋落物三方面，是陆地生态系统中最为重要的碳库之一。草地一方面是特性类似于耕地，借助于光合作用，吸收大气中的二氧化碳，并固定到植物体中，另一方面是凋零物在草地表面分解在土壤中形成碳库。陆地生态系统中草地贮存的碳总量为12.7%，土壤碳储量中草地占90%，剩余10%土壤碳储量在生物量中存储。根据方精云等对草地生态系统的研究，本章采用 $-0.0210t \cdot hm^{-2} \cdot a^{-1}$ 作为牧草地平均碳排放系数。

(5) 水域及水利设施用地碳排放系数。陆地水体对于二氧化碳具有溶解吸收的作用，因此水循环起到的是碳汇的作用。根据赖力对中国土地利用碳排放效应研究中所列出的土地利用类型碳排放清单，本章采用 $-0.4100t \cdot hm^{-2} \cdot a^{-1}$ 作为水域的平均排放系数。

(6) 其他土地碳排放系数。未利用土地的碳源和碳汇功能都比较弱，本章参考赖力土地利用碳排放效应研究的成果，认定未利用地具有微弱的碳汇功能，并选取 $-0.0050t \cdot hm^{-2} \cdot a^{-1}$ 作为未利用土地碳排放系数。

(二) 土地利用直接碳排放核算测算方法

建设用地是一种基本没有碳汇功能、主要起碳源作用的土地利用类型，建设用地的碳排放主要是由于燃烧化石燃料。人类生活生产活动中的能源消耗类型包括：原煤、原油、天然气、洁净煤、柴油、汽油、煤油、液化石油气和其他石油产品。在能源消耗过程中，大部分碳以二氧化碳的形式排放，非二氧化碳形式的碳排放量相对较小，大部分碳在大气中被氧化成二氧化碳，因此本章主要使用能耗数据来计算山东半岛城市群的碳排放量。

综合来看，本章对于山东半岛城市群的碳排放核算可选用IPCC清单法作为基础方法，但在实际搜集数据的过程中，发现山东半岛城市群的能源消费数据不完整，无法完全采用IPCC在2006年的《国家温室气体排放清单指南》中介绍的方法，因此对该方法作出改动。在能源消费中各类能源的消费量都可以根据标准煤折算系数折算成标准煤的消费量，因此，公式可变为：

$$C = K \times E \tag{11.2}$$

式（11.2）中，C为二氧化碳排放量；K为标准煤的二氧化碳排放系数，根据国家发改委推荐值，取值为 2.4567 tCO_2/tce，即一吨标准煤的消费能够排放 2.4567 吨二氧化碳；E为能源消费总量，以标准煤计，该值可以用GDP总量和单位GDP能耗相乘得出，即 E = GDP × 单位GDP能耗；所以式（11.2）可变为：

$$C = K \times GDP \times 单位GDP能耗 \tag{11.3}$$

（三）STIRPAT 扩展模型

STIRPAT（Stochastic Impacts by Regression on Population, Affluence and Technology）模型是由迪亚兹和罗莎（Dietz and Rosa）于IPAT恒等式中加入随机项改进而成。欧利希和霍尔德伦（Ehrlich and Holdren）提出的IPAT恒等式揭示了环境影响人口、经济水平和技术水平的关系，即 I = PAT，其中，I 表示环境影响（如碳排放），P、A、T 分别表示人口规模、人均财富和技术水平，IPAT可用于分析影响碳排放的驱动因素，也便于预测碳排放总量、峰值等。

迪亚兹和罗莎提出的STIRPAT模型的基本形式如下：

$$I = aP^b A^c T^d e \tag{11.4}$$

求对数后可得：

$$\ln I = \ln a + b \ln P + c \ln A + d \ln T + \ln e \tag{11.5}$$

其中，I表示碳排放，P、A、T 分别表示人口规模、人均GDP、单位GDP生产的碳排放量（可以拆分为能源强度和排放强度，由于排放强度的变化可以忽略不计，因此该项主要取决于能源强度），a 为模型常数项，b、c、d 为碳排放各驱动因素的弹性系数，e 为随机误差项。当 a = b = c = d = 1 时，STIRPAT模型即退化为IPAT模型。

将能源消费结构、产业结构因素引入STIRPAT模型中，并将碳排放总量分析改为人均碳排放分析的STIRPAT模型为：

$$\ln PC = \ln a + b \ln A + c \ln T + d \ln S_e + e \ln S_i + \ln e \tag{11.6}$$

其中，PC 表示人均碳排放，A 表示人均GDP，T 表示能源强度，S_e 和 S_i 分别表示能源消费结构和产业结构，能源消费结构用煤炭在能源消费总量中的占比表示，产业结构用二次产业占GDP的比重表示。

三、数据来源

2009~2016年土地利用数据来源于土地调查成果共享应用服务平台，经济与能源数据来源于2009~2016年《山东统计年鉴》及各地市《2016年国民经济和社会发展统计年报》。关于土地利用数据的选取进行两点说明：一是为何选2009年作为研究起点？第二次土地调查数据自2007年后逐渐公开，但2008年统一第二次调查口径下土地利用数据尚在过渡期，经查存在统计条目不一致的问题，因此综合土地利用数据的可得性和口径一致性，选取2009~2016年这一研究区间。二是为何选择土地调查成果应用服务平台这一口径下的数据？相比于《山东统计年鉴》中土地利用的数据，土地调查成果共享应用服务平台口径一致、分类细致、数据较新，且与《山东统计年鉴》中可得的土地利用数据进行比较，一致性较高，有个别条目统计口径的变化都将在数据处理中进行说明。

选取样本区间为2009~2016年，相关数据中I（环境影响）与P（人口规模）合并变为PC，表示人均碳排放量，单位为吨/万人；A为财富因素，用人均GDP表示，单位为万元/人；T为技术因素，用碳排放强度表示，即单位GDP碳排放量，单位为吨/万元；S_e表示能源消费结构，用煤炭在能源消费总量中的占比表示，S_i表示产业结构，用第二产业与GDP的比重表示。碳排放数据及碳排放强度数据来源于前面的计算结果，人口规模、GDP数据、能源消费量、产业数据来自历年《山东统计年鉴》《中国能源统计年鉴》及利用相关数据计算而得。人均GDP采用2009年不变价，并采用购买力平价折算而成。所有数据均取对数处理，使用Stata 11完成以下计量数据处理过程。为了降低数据的波动幅度，对以上所有指标取自然对数，对因变量和自变量进行单位根检验，发现求对数后的所有序列均不平稳，存在序列自相关，做一阶差分后序列变为平稳序列，可能存在一阶协整关系。

第二节 土地利用碳排放研究进展

20世纪90年代起至今，国外学者经历了从"自然碳循环过程"研究到"区域碳循环过程"研究两大阶段。"自然碳循环过程"的研究主要面向自然生态系统，展开对森林[①]、农田[②]、草地[③]、土壤[④]在内的土地利用类型碳源碳汇进行测度，建立碳循环模拟模型，构建土地利用碳排放机理[⑤]。随着城市化和工业化的推进，人类活动、能源消费及土地利用覆被变化所引起的全球碳循环演变，使得国际社会开始转向对于区域及城市系统碳循环的关注。2005年"低碳经济"和"低碳城市"概念的提出，城市与区域碳管理（Urban and Regional Carbon Management，URCM）研究计划的发起，众多国外学者开展了不同层面的城市碳收支调查[⑥]，这些前期研究对过去单一关注自然碳循环研究是一种完善，同时为区域层面上碳循环及碳减排研究提供了思路与方法。"区域碳循环过程"主要包含温室气体清单标准指南[⑦]、土地利用碳排放核算方法演进、土地利用碳排放效应分析等方面。土地利用碳排放研究关键词分析图谱如图11-1所示。

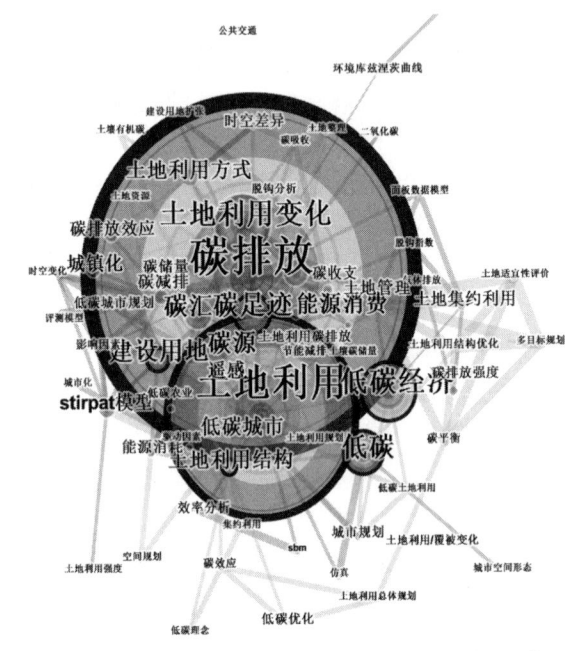

图11-1　土地利用碳排放研究关键词分析图谱

[①] Potter C, Klooster S, Steinbach M, et al. Understanding Global Teleconnections of Climate to Regional Model Estimates of Amazon Ecosystem Carbon Fluxes. *Global Change Biology*, 2004, No. 5, pp. 693–703.

[②] West T O, Marland G. A Synthesis of Carbon Sequestration, Carbon Emissions, and Net Carbon Flux in Agriculture: Comparing Tillage Practices in the United States. *Agriculture, Ecosystems & Environment*, 2002, No. 3, pp. 217–232.

[③] Bramryd T. Fluxes and Accumulation of Organic Carbon in Urban Ecosystems on a Global Scale. In: Bornkamn R, Lee J A, Seaward MRD. *Urban Ecology*, 1980, No. 6, pp. 3–12.

[④] Lai R. Carbon Emission from Farm Operations. Environment International, 2004, Vol. 30, No. 7, pp. 981–990.

[⑤] Churkina G. Modeling the Carbon Cycle of Urban Systems. *Ecological Modeling*, 2008, No. 2, pp. 107–113.

[⑥] Lebel L, Garden P, Banaticla M R N, et al. Integrating Carbon Management into the Development Strategies of Urbanizing Regions in Asia. *Journal of Industrial Ecology*, 2007, No. 2, pp. 61–81.

[⑦] IPCC EF database, http://www.ipcc-nggip.iges.or.jp/EFDB/main.php.

基于国外碳排放研究进展及本章研究内容，结合 Citespace 可视化软件分析国内土地利用碳排放研究进展。在中国学术期刊出版总库（CNKI 总库）中以"土地利用"及"碳排放"分别为篇名、主题、关键词进行文献精准搜索，选取时间截止到 2017 年 5 月 31 日，共得到 712 条检索结果，排除不相关内容，选取 410 篇文献进行可视化分析。

利用 Citespace 软件对上述文献数据信息进行可视化分析，结合相关研究文献发表时间、数量及具体内容，对我国土地利用碳排放研究进展进行描述说明。与国外研究一致，2008 年以前相关文献主要实现的是对自然碳循环过程的分析，包含对我国土地利用和土壤覆盖变化进行统计，量化分析不同土壤覆盖类型对土壤碳储量及碳通量的影响；从图 11-2 可以清晰地看到，2008 年住房和城乡建设部与世界自然资金会联合推出"低碳城市"试点，相关文献研究尺度下移，开始关注城市微观主体的碳循环过程，低碳城市的空间规划策略研究文献数量在这一时期增多；自 2010 年开始，不同尺度土地利用碳排放核算研究得到重点关注，

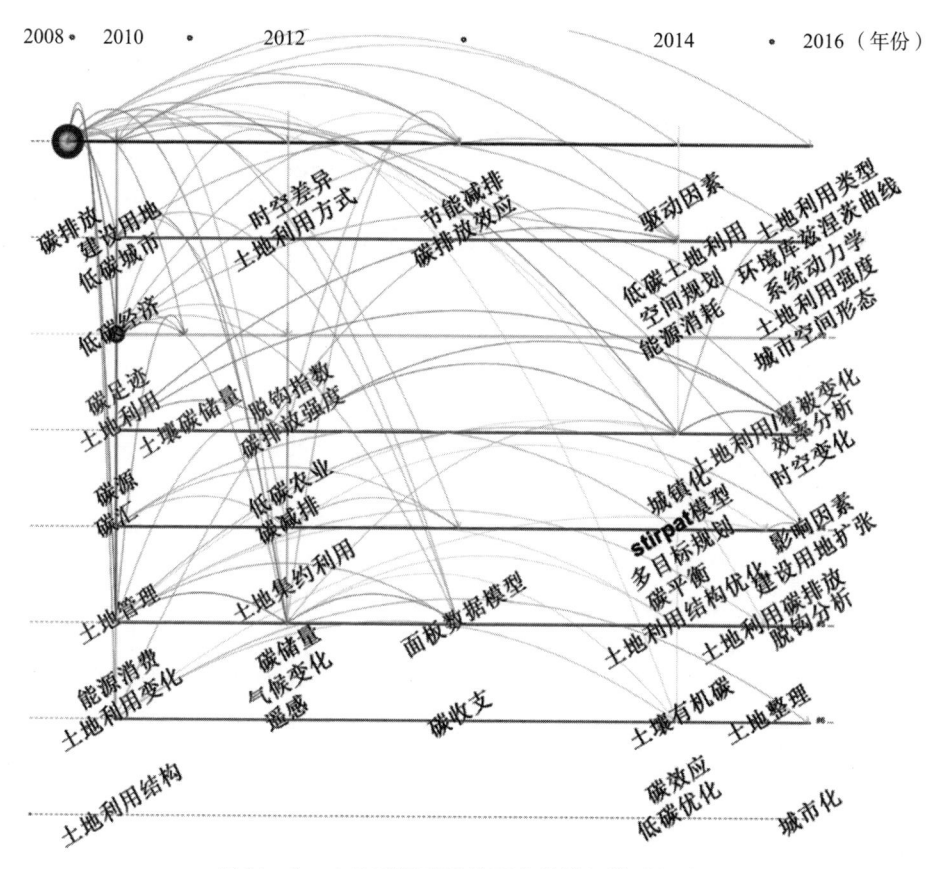

图 11-2　土地利用碳排放研究关键词的时间演进

基于IPCC温室气体清单方法及碳排放系数的核算，众多学者对国家、省级、城市、县域及工业园区等不同尺度土地利用的碳收支进行了核算分析，脱钩指数、面板数据模型、遥感技术及STIRPAT模型等的运用，反映出了对于土地利用结构及效率的优化提升。综合来看，2010年以前国内土地利用碳排放研究处于不同尺度土地利用碳核算及低碳城市规划阶段，2011年以后表现为土地利用碳排放效应分析及规划实践阶段。

土地利用碳排放效应及规划实践阶段包括：从能源消费、产业活动、碳足迹核算等方面核算不同土地利用变化的碳排放效应，对影响因素及驱动机制进行细化分析；开展土地利用碳排放强度和效率评价，分析土地利用碳排放空间布局；分析区域土地利用结构与能源消耗碳排放的关联程度；基于低碳优化目标构建土地利用结构优化模型，并将土地利用碳排放核算及碳排放效应评估方法应用于土地利用规划实践，进行土地利用规划方案的碳效应评估。土地利用碳排放研究发文机构的分析图谱，如图11-3所示。

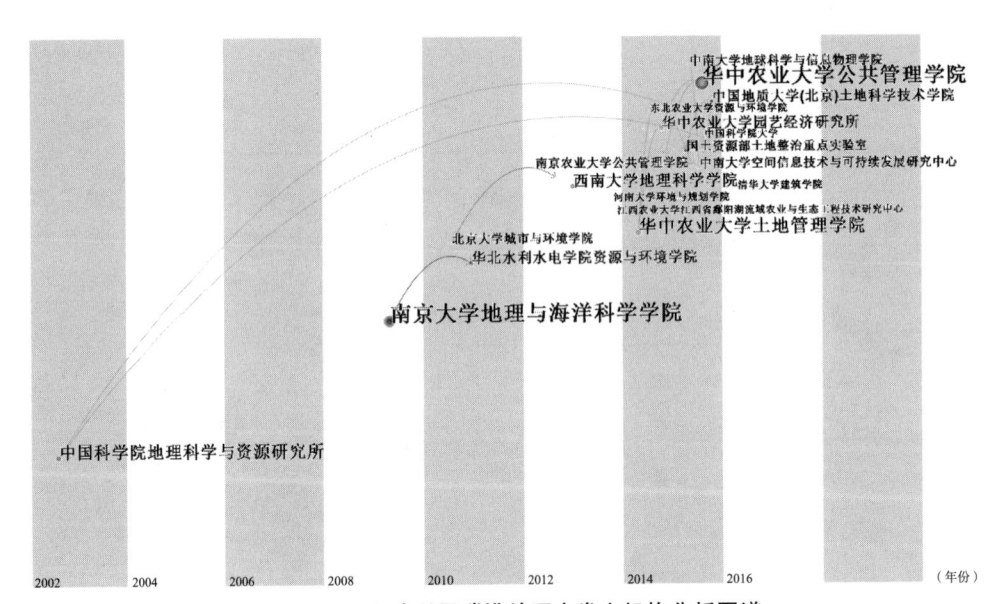

图11-3 土地利用碳排放研究发文机构分析图谱

通过Citespace对发文作者和发文机构进行分析，南京大学以黄贤金、赵荣钦、揣小伟、赖力等为核心的研究团队的论文发表数量及论文影响力都居于首位，先后承担了国土资源部[①]"土地利用规划的碳减排效应及调控研究"和国家社科基金重大项目"建设以低碳排放为特征的土地调控体系研究"等以碳减排的

---

① 2018年3月，国土资源部职能整合，改组为中华人民共和国自然资源部。

土地利用调控为研究目标的科研项目。华中农业大学陈银蓉、余光英、员开奇等以及中国科学院地理科学与资源研究所、中国科学院大学、中国地质大学土地科学技术学院、西南大学地理科学学院等依托高等院校或政府科研单位的科研平台，结合地域优势，对土地利用碳排放研究作出了相应的贡献。土地利用碳排放研究主要作者的分析图谱，如图11-4所示。

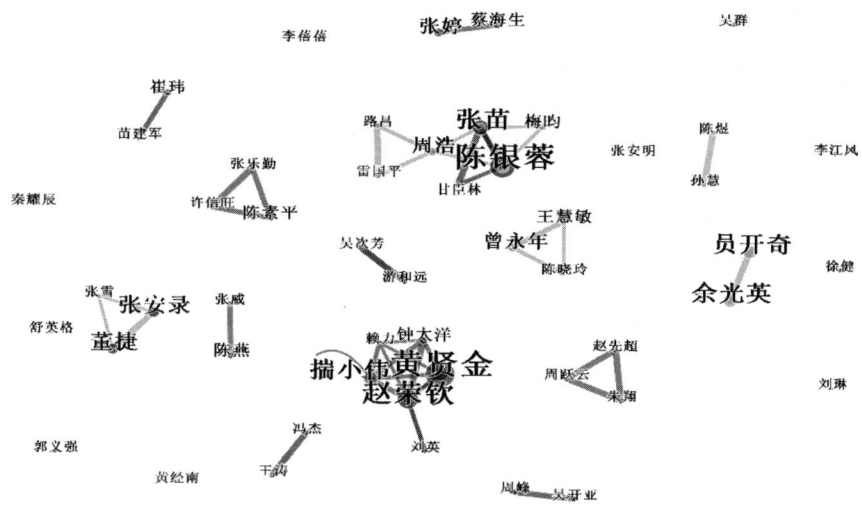

图11-4　土地利用碳排放研究主要作者的分析图谱

一、土地利用碳排放核算研究

由于作用机理不同，按照IPCC的分类，碳排放可以细分为直接和间接两类。直接碳排放是指土地利用类型保持和土地利用类型转换所引起的碳排放，侧重于自然地类变化改变生态系统分布格局、土壤理化性质等，由此影响生态系统碳存量。间接碳排放是指由于土地所承载的人类活动，如能源消费、经济建设、工业生产及交通用地尾气排放等所引起的碳排放[1]。

（一）直接碳排放核算研究

对土地利用直接碳排放量的核算是评估土地利用自身的碳排放效应、理解其内在机理并开展相应低碳优化调控的基础性工作，早前研究主要关注陆地生态系统，包含对森林、农田、草地、林地等碳储量和碳密度进行原理分析和实证测

---

[1] 韩骥、周翔、象伟宁：《土地利用碳排放效应及其低碳管理研究进展》，载于《生态学报》2016年第4期，第1152~1161页。

度，后期在全国、区域、城市甚至县域尺度上进行系统的碳排放核算及比较，主要核算方法包括经验参数模型、样地清查法和遥感估测法。其主要研究包括：一是结合样地清查法对全国森林碳储量[1]、森林碳库时空演变及布局进行测算和分析，对林地[2]、牧草地[3]、园地[4]、耕地及农作物碳排放系数[5]进行估算；二是结合IPCC温室气体清单方法，开展对全国[6]、东中西三大区域[7]、我国30个省（市、自治区）碳排放量、人均碳排放量、碳排放强度进行核算与差异对比，建立了中国碳排放清单[8]；三是利用遥感技术（RS）和地理信息系统技术（GIS）获得各种植被参数，结合地面调查，完成植被的空间分类和时间序列分析。全国尺度上方精云等（2007）利用卫星遥感数据、森林资源清查资料以及地面观测资料，估算1981~2000年我国包含森林、草地及农作物等在内的陆地植被的碳汇[9]。区域尺度上刘红耀等（2014）基于2000年、2008年遥感影像，加上能源消费及社会经济统计数据，借助土地利用变化指数，构建能源消耗的碳排放模型，分析了太行山区土地利用方式转变所带来的碳排放量的变化[10]。揣小伟等（2011）基于GIS分析了江苏省1985~2005年土壤碳库中有机碳的密度变化，同时剖析了土地利用变化对于表层土壤有机碳密度的影响[11]。

（二）间接碳排放核算研究

间接碳排放探讨的是由于土地利用变化导致的人类经济社会的碳排放，是土地利用方式变化的另一种响应形式，但是对于这其中土地利用是如何受人类经济社会活动驱使的机理性研究还很缺乏。从现实来看，能源消费及工业过程中产品

---

[1] 李海奎、雷渊才、曾伟生：《基于森林清查资料的中国森林植被碳储量》，载于《林业科学》2011年第7期，第7~12页。

[2] 方精云、郭兆迪、朴世龙等：《1981~2000年中国陆地植被碳汇的估算》，载于《中国科学》2007年第6期，第804~812页。

[3] 管东生：《广州市森林生态系统的特征及其对碳、氧平衡作用的研究》，载于《全球变化区域影响研究》2000年，第453~460页。

[4] 谢鸿宇、陈贤生、林凯荣、胡安焱：《基于碳循环的化石能源及电力生态足迹》，载于《生态学报》2008年第4期，第1729~1735页。

[5] 何勇、姜允迪、丹利：《中国气候、陆地生态系统碳循环研究》，气象出版社2006年版，第35页。

[6] 孙建卫、赵荣钦、黄贤金等：《1995—2005年中国碳排放核算及其因素分解研究》，载于《自然资源学报》2010年第8期，第1284~1295页。

[7] 岳超、胡雪洋、贺灿飞等：《1995—2007年我国省区碳排放及碳强度的分析——碳排放与社会发展Ⅲ》，载于《北京大学学报（自然科学版）》2010年第4期，第510~516页。

[8] 熊永兰、张志强、曲建升等：《2005—2009年我国省域CO_2排放特征研究》，载于《自然资源学报》2012年第10期，第1766~1777页。

[9] 方精云、郭兆迪、朴世龙等：《1981—2000年中国陆地植被碳汇的估算》，载于《中国科学》2007年第6期，第804~812页。

[10] 刘红耀、温利华、宋继革：《河北省太行山区土地利用方式转变下的碳排放研究》，载于《环境工程》2014年第12期，第133~135、142页。

[11] 揣小伟、黄贤金、赖力等：《基于GIS的土壤有机碳储量核算及其对土地利用变化的响应》，载于《农业工程学报》2011年第9期，第1~6页。

使用碳排放占人为碳排放总量的70%~90%，因此可以通过产业活动、能源消费及碳足迹方法进行间接碳排放核算研究。研究包括：

(1) 对区域产业活动的碳排放进行核算，分析产业结构变动引发的碳排放效应。产业碳排放是碳排放的重要来源之一，产业结构与领域、用地类型与碳排放强度之间存在密切的联系。依据产业活动类型，建立农业、生活与工商业、交通、其他产业这四大产业空间所对应的能源消费、碳排放情况，借此剖析产业用地下，碳排放量与碳排放强度的效应[1]。

(2) 从能源消耗的角度理解碳排放量计算、碳排放时空演变、影响因素等关键问题，主要方法包括：对煤炭、石油、天然气等化石燃料碳排放系数的使用，间接测度建设用地碳排放量[2]；运用对数平均权重分解法分析了能源结构、能源效率及经济发展等因素的变化对人均碳排放的影响[3]；基于扩展的Kaya恒等式建立因素分解模型来考量经济产出规模、人口规模、产业结构、能源结构等对碳排放的影响[4]；利用LMDI方法对中国工业燃烧能源导致碳排放的因素进行了分解；匹配不同能源消费项目与用地类型用以衡量土地利用碳排放总量[5]。

(3) 进行碳足迹定量核算，通过构建能源与产业之间的碳足迹模型，来分析我国各个省区碳排放量的情况，继续深入研究区域碳足迹重心的变化状态，提出碳足迹压力指数和碳排放公平性评价的模型，以此来衡量各个省区之间碳排放生态压力及公平性。区域层面上对江苏省研究比较全面，通过核算江苏省化石能源、农村能源和电力消费等社会经济指标，构建土地利用类型与能源消费平衡表之间的关系，对不同土地利用方式下碳足迹进行测算与分析[6]；计算了苏锡常地区1991~2008年能源消费碳足迹，方法上创新性地使用岭回归函数和STIRPAT模型，借助脱钩指数来衡量经济发展与能源消费碳足迹之间的关系[7]。

综合来看，碳排放核算主要在全国和省级尺度上进行，全国碳排放核算体系主要包括农林地等陆地自然生态系统、产业活动、能源消费三部分，地方碳排放体系中主要包括东中西三大区域及各省区的碳排放量核算研究。

---

[1] 王磊、李慧明：《产业用地空间碳排放效应研究》，载于《城市发展研究》2013年第10期，第8~13页。
[2] 冯杰、王涛：《中国土地利用碳排放演变与影响因素分析》，载于《软科学》2016年第5期，第87~90页。
[3] 徐国泉、刘则渊、姜照华：《中国碳排放的因素分解模型及实证分析：1995-2004年》，载于《中国人口·资源与环境》2006年第6期，第158~161页。
[4] 朱勤、彭希哲、陆志明等：《中国能源消费碳排放变化的因素分解及实证分析》，载于《资源科学》2009年第12期，第2072~2079页。
[5] 刘红光、刘卫东：《中国工业燃烧能源导致碳排放的因素分解》，载于《地理科学进展》2009年第2期，第285~292页。
[6] 赵荣钦、黄贤金：《基于能源消费的江苏省土地利用碳排放与碳足迹》，载于《地理研究》2010年第9期，第1639~1649页。
[7] 卢娜、曲福田、冯淑怡等：《基于STIRPAT模型的能源消费碳足迹变化及影响因素——以江苏省苏锡常地区为例》，载于《自然资源学报》2011年第5期，第814~824页。

二、土地利用碳排放效应研究

（一）土地利用碳排放强度评价及影响因素分析

土地利用强度对环境影响的研究源于"精明增长""紧凑式发展"等思想为代表的可持续发展思想，一方面高容积率及高密度的城市环境减少了能源传递分配过程中的损耗，在能源效率的提供上表现更好；另一方面高密度城市建设对于城市绿地、开敞空间以及生态环境都会造成很大的影响[1]。赵荣钦等（2010）分别对中国产业空间进行碳排放量及碳排放强度的核算，包含农业、交通、渔业、水利等产业空间，结论发现生活及工商业、交通用地空间的碳排放强度较高[2]。汪晗等（2016）定量分析了南宁市1994~2012年土地利用强度与碳排放之间的关系，主要方法采用 STIRPAT 扩展模型及主成分分析方法，用人口、富裕度、土地利用结构、土地利用强度、产业结构等衡量能源消费碳排放[3]。郗凤明等（2016）改进土地利用碳排放核算体系，生成辽宁省土地利用变化的碳排放强度矩阵，估算1997~2010年辽宁中部城镇密集区土地利用变化的碳排放量[4]。

在碳排放核算的基础上，对碳排放因素分解研究也逐渐活跃，发现人口、经济提升、产业规模、能源效率与结构等是碳排放变化的主要驱动力。主要研究方法包括基于对数平均权重 Divisia 分解法[5]、LMDI 分解模型[6]、STIRPAT 模型[7]、环境库兹涅茨曲线[8]、TAPIO 脱钩模型[9]，结果表明经济规模总量扩张、人口规模增加、人均 GDP 的增加是中国碳排放持续高速增长的主要因素，能源利用效率和能源结构改变与人均碳排放量减少呈现倒 U 形，说明传统能源的结构对碳排放的影响有限。

---

[1][3] 汪晗、吴静兰、张安录等：《土地利用强度碳排放效应分析——以广西南宁为例》，载于《生态经济》2016年第9期，第42~46、99页。

[2] 赵荣钦、黄贤金、钟太洋：《中国不同产业空间的碳排放强度与碳足迹分析》，载于《地理学报》2010年第9期，第1048~1057页。

[4] 郗凤明、梁文涓、牛明芬等：《辽宁中部城镇密集区土地利用变化的碳排放及低碳调控对策》，载于《应用生态学报》2016年第2期，第577~584页。

[5] 张俊峰、张安录、董捷：《土地集约利用与土地利用碳排放的关系研究——以武汉城市圈为例》，载于《农业现代化研究》2013年第6期，第717~721页。

[6] 宋德勇、徐安：《中国城镇碳排放的区域差异和影响因素》，载于《中国人口·资源与环境》2011年第11期，第8~14页。

[7] 张勇、张乐勤、汪应宏等：《安徽省池州市土地利用碳排放演变及其影响因素》，载于《中国农业大学学报》2014年第2期，第216~223页。

[8] 唐洪松、马惠兰、苏洋等：《新疆不同土地利用类型的碳排放与碳吸收》，载于《干旱区研究》2016年第3期，第486~492页。

[9] 程子腾、严金明、高峰：《土地利用碳排放与经济增长研究——以柳州市为例》，载于《生态经济》2016年第8期，第87~89页。

（二）土地利用效率评估及土地利用结构优化

土地利用结构反映出的是各土地利用类型之间的比例关系，对土地利用结构的研究对于因地制宜发挥土地利用效率，实现低碳土地利用意义重大。对于不同土地利用方式下土地利用效率的评判，给出了能够最大程度实现碳减排的土地利用结构优化方案。土地利用结构的主要研究内容包括：一是土地利用结构效率评价。宋吉涛等（2009）、郑新奇等（2004）采用数据包络分析方法（DEA模型）将土地利用类型面积作为输入变量，定量评价土地利用结构的效益[1][2]。朱巧娴等（2015）选取湖北省16个城市作为典型研究对象，在 DEA 模型基础上，加入带有环境非期望产出的扩展方面，从净碳排放量、生态系统服务价值、产业产值探讨土地利用结构效率及空间演变的规律[3]。二是土地利用结构与能源消费碳排放关联度分析。主要研究方法为灰色关联理论，建立土地变更情况与能源消耗碳排放量之间的关联度模型，分析区域土地利用结构空间差异及碳减排路径。

从全国、省区和城市三个尺度开展相关研究。全国层面上，赖力（2011）对全国土地利用总规划的碳排放效应进行了评估，结果发现若实现中国"2020年单位 GDP 碳排放强度比2005年下降40%~45%"的目标，节能减排、产业结构调整等的减排量可达2005年基数的27.6%，土地利用结构优化方案则可实现相当于2005年基数9.6%的减排量[4]。李颖等（2009）将全国国土空间按照碳排放效率进行主体分区，设立碳汇功能区、收支平衡区、总量排放控制区、单位产出排放控制区四类功能区[5]。李涛和傅强（2011）对1998~2008年我国29个省级地区进行效率评价，研究发现我国碳排放效率逐步提高，经济的迅速扩张并未对碳排放效率构成较大负面影响。但区域分化明显，效率改善主要依赖前沿结构性改善，技术进步效应和产业结构调整对碳排放效率的影响尚显不足[6]。省区层面上余光英和员开奇（2015）以投入产出作为土地利用碳排放效率评价指标体系，根据 IPCC 碳排放清单，从能源消费、农业、废弃物三方面系统测算湖南省历年土地利用碳排放总量，并运用 Malmquist 生产效率指数模型对湖南省土地利用碳

---

[1] 宋吉涛、赵晖、陆军等：《基于投入产出理论的城市群产业空间联系》，载于《地理科学进展》2009年第6期，第932~943页。
[2] 郑新奇、王筱明：《城镇土地利用结构效率的数据包络分析》，载于《中国土地科学》2004年第2期，第34~39页。
[3] 朱巧娴、梅昀、陈银蓉等：《基于碳排放测算的湖北省土地利用结构效率的DEA模型分析与空间分异研究》，载于《经济地理》2015年第12期，第176~184页。
[4] 赖力：《中国土地利用的碳排放效应研究》，南京大学出版社2011年版，第89页。
[5] 李颖、黄贤金、甄峰：《江苏省区域不同土地利用方式的碳排放效应分析》，载于《农业工程学报》2008年第2期，第102~107页。
[6] 李涛、傅强：《中国省际碳排放效率研究》，载于《统计研究》2011年第7期，第62~71页。

排放效率时序演变特征进行分析[①]。荆肇睿等（2016）构建工业分行业土地利用投入产出指标体系，分析2013年江苏省13个地级市的26个行业土地利用碳排放的总效率、技术效率与规模效率，并提出低碳优化方案[②]。城市层面上赵荣钦（2012）建立起对于南京市土地利用碳储量和碳通量的分析，在实际操作层面上对于土地利用规划方案的碳效应进行评估[③]。张苗等（2016）利用SBM模型及计量分析方法对土地集约利用进行了持续研究，估算各地区土地集约利用水平与碳排放率，探求土地集约利用水平和土地利用碳排放的关系，进行Granger因果关系检验，判断土地集约利用和土地利用碳排放间的作用方向[④]。於冉和田思萌（2016）提出合肥市碳排放贡献明显的主要是耕地、城镇工矿用地和农村居民点，其中耕地的贡献率为负，城镇工矿用地和农村居民点的贡献率为正[⑤]。

（三）土地利用空间布局及空间自相关

空间自相关是以空间关联作为测度的指标，通过分析和发现空间集聚与分散的程度，从而分析其空间分布格局，揭示研究对象之间的空间相互作用。赵云泰等（2011）分别从国家、区域和省级三个层次，采用Theil指数和空间自相关分析方法研究1999～2007年能源碳排放强度、区域差异水平及空间格局的演变[⑥]。孙赫等（2015）利用空间自相关方法，探讨了中国省级尺度1990～2008年土地利用碳排放量空间演变、土地利用碳排放集聚中心和孤立点的空间转移路径[⑦]。郑长德和刘帅（2011）采用空间计量经济学的方法进行研究，得出我国各省份的碳排放在空间分布上表现出一定的空间正自相关性，各省份的碳排放在空间分布上存在一定的空间集群效应，如环渤海地区就表现出高碳排放的空间集群效应，而西部地区的西藏、新疆、甘肃、青海却表现出低碳排放的空间集群效应，碳排放量最高的省份多处于经济发达的沿海地区[⑧]。

[①] 余光英、员开奇：《湖南省土地利用碳排放动态效率研究：基于Malmquist指数模型》，载于《环境科学与技术》2015年第2期，第189～194页。
[②] 荆肇睿、梁红梅、秦伟山等：《江苏省工业分行业土地利用碳排放效率与低碳优化——基于工业分行业建设用地控制指标视角》，载于《水土保持通报》2016年第5期，第266～272、277页。
[③] 赵荣钦：《城市系统碳循环及土地调控研究》，南京大学出版社2012年版，第20～21页。
[④] 张苗、甘臣林、陈银蓉：《基于SBM模型的土地集约利用碳排放效率分析与低碳优化》，载于《中国土地科学》2016年第3期，第37～45页。
[⑤] 於冉、田思萌：《基于承载关系的合肥市土地利用碳排放效应分析》，载于《安徽农业大学学报》2016年第6期，第939～945页。
[⑥] 赵云泰、黄贤金、钟太洋等：《1999～2007年中国能源消费碳排放强度空间演变特征》，载于《环境科学》2011年第11期，第3145～3152页。
[⑦] 孙赫、梁红梅、常学礼等：《中国土地利用碳排放及其空间关联》，载于《经济地理》2015年第3期，第154～162页。
[⑧] 郑长德、刘帅：《基于空间计量经济学的碳排放与经济增长分析》，载于《中国人口·资源与环境》2011年第5期，第80～86页。

三、相关文献述评

国际上对于土地利用的碳排放研究侧重于标准研究,以 IPCC 为代表的国际组织致力于归纳观测实验和研究成果,制定土地利用的碳排放核算标准,以作为决策辅助支撑。同时侧重大时间尺度的陆地生态系统碳蓄积核算、模拟和复原,侧重于机理研究,分析气温变化、土地利用方式转变等对植被体或生态系统的生理影响,进而定量地评价其碳排放驱动效果。国内学者对于土地利用碳排放的测算基本遵循国际标准进行,包括陆地生态系统、国家层面、区域层面、城市层面的核算,相比于国外缺少大时间尺度及碳排放机理研究,国内对于土地利用碳排放的研究由关注土地利用碳排放核算研究、效应研究逐渐向关注土地利用碳排放影响因素、土地利用与碳排放相关性分析、低碳城市与土地利用等方面转变,由对于土地利用和碳排放本身的研究逐渐扩展开来,更多与土地利用及碳排放相关的领域被发现并得以重视,但是在领域拓展中存在着对于经济发展与碳排放的过于关注,对土地利用变化本身架空的情况。

结合国内外研究现状,对土地利用碳排放进行如下研究展望[①]:

(1) 面向典型产业区开展碳排放核算研究,提高核算精度。产业结构的定位与调整与土地利用碳排放关系密切,现有研究中以宏观尺度上土地利用碳排放研究为主,选择通用的碳收支指数进行核算,不确定性较大。因此探讨不同产业用地碳排放和碳流通状况,结合典型开发区、高新区及产业园区案例,进一步深化土地利用碳排放研究,提出基于低碳目标的产业园区土地利用结构优化方案。

(2) 进行土地利用全生命周期碳排放核算及效率评价。土地开发利用全生命周期是一个持续而漫长的过程,包含开发、占用、建设、维护、追加投入及废弃等过程,分析不同地块单元土地利用属性、质量、投入产出分析及碳收支的情况,将区域不同地块单元的碳排放效率与碳减排目标相结合,构建土地利用空间布局结构碳效应评价的方法,并提出区域碳排放约束下的土地利用空间布局方案。

(3) 加强低碳土地利用规划的编制与实践。把建设低碳城市和发展低碳土地利用模式作为政策目标列入区域发展规划,编制实施低碳规划,低碳土地利用规划也可以与国家主体功能区规划结合起来,在实践中,通过土地利用规划的编制和应用,建立不同层次和类型的土地利用低碳发展示范区,开展低碳建设。

---

① 赖力:《中国土地利用的碳排放效应研究》,南京大学出版社 2011 年版,第 32~50 页。

本章以土地利用碳排放核算研究为基础，关注土地利用的动态变化过程，结合经济发展、人口效应及产业特征等因素进行扩展分析，在保持对土地利用变化关注的基础上进行土地利用碳排放影响因素的分析。

第三节　土地利用结构及其变化

山东省国土面积占全国总面积的 1.6%，根据第二次全国土地调查最新的数据可知，2016 年耕地面积 760.69 万公顷，占比 48.72%，园地面积 71.11 万公顷，占比 4.60%，林地面积 148.41 万公顷，占比 9.51%，草地面积 43.91 万公顷，占比 2.81%，城镇村及工矿用地面积 234.85 万公顷，占比 15.04%，交通运输用地面积 61.98 万公顷，占比 3.97%，水域及水利设施用地面积 161.33 万公顷，占比 10.33%，其他土地面积 78.29 万公顷，占比 5.01%，合计国土总面积为 15.61 万平方千米，如图 11-5 所示。

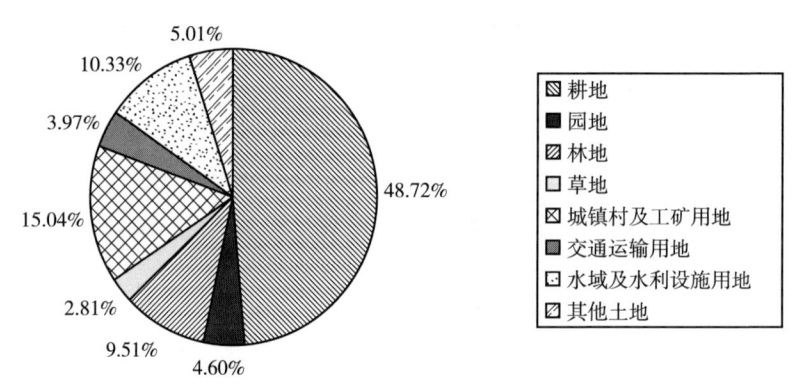

图 11-5　2016 年山东省主要地类结构

山东省地形复杂，平原与丘陵面积共占全省面积 68.2%，中部为鲁中南山地丘陵区，临海的东部半岛大部分为平缓的波状丘陵区，西部和北部属于华北大平原，由黄河冲积而成鲁西北平原区。

从图 11-6 中可以直观感受到各个城市面积的大小排布情况，土地利用面积存在明显的空间差异，对各个城市内部土地利用结构进行分析，除东营市外，其他城市土地利用结构占比中耕地比重最大，东营市水域及水利设施用地占比最高。

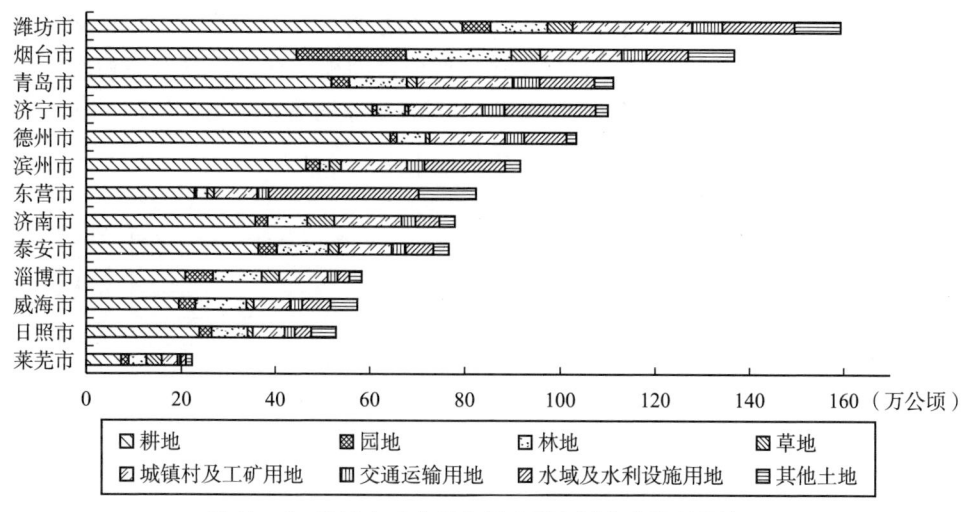

图 11-6 2016 年山东半岛城市群各城市土地利用情况

具体来看，潍坊市土地利用面积最大。济宁市、德州市、滨州市耕地占比超过 50%，上述城市均为山东省农业主产区。烟台市作为我国温带水果主产区之一，园地、林地面积超过 43 万公顷，为全省最高。东营市位于黄河三角洲，水域及水利设施用地接近 32 万公顷，居全省第一。潍坊市、青岛市由于城镇化水平较高，城镇村及工矿用地面积均超过 2 万公顷。青岛市交通运输用地面积接近 6 万公顷，居全省第一，与其经济发展水平和城镇化水平相符。

图 11-7 反映了 2009~2016 年山东半岛城市群各地市耕地构成的变化情况。结果表明，在此期间，除东营市和莱芜市外，其他各市的耕地面积明显减少，全省耕地面积减少超过 6 万公顷，反映出随着城镇化进程的加速，伴随着城市建设的推进，大量的耕地变为城镇用地。

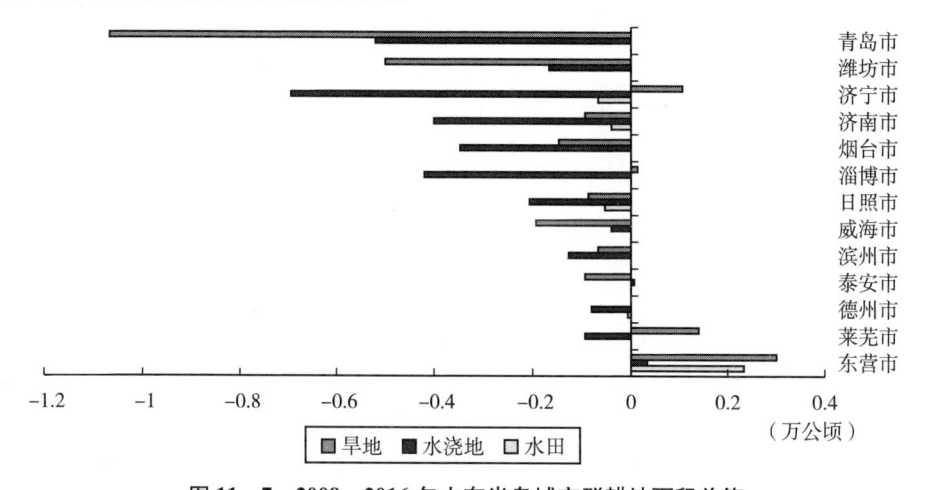

图 11-7 2009~2016 年山东半岛城市群耕地面积差值

山东半岛城市群各市的园地、林地、草地面积在同一时间段内表现出明显减少的状态，全省合计减少超过 11 万公顷，烟台市园地、林地、草地面积减少最多。经济的发展牺牲了生态环境的保护，全省各市绿地建设不足，加剧了城市生态环境的恶化，如图 11-8、图 11-9 所示。

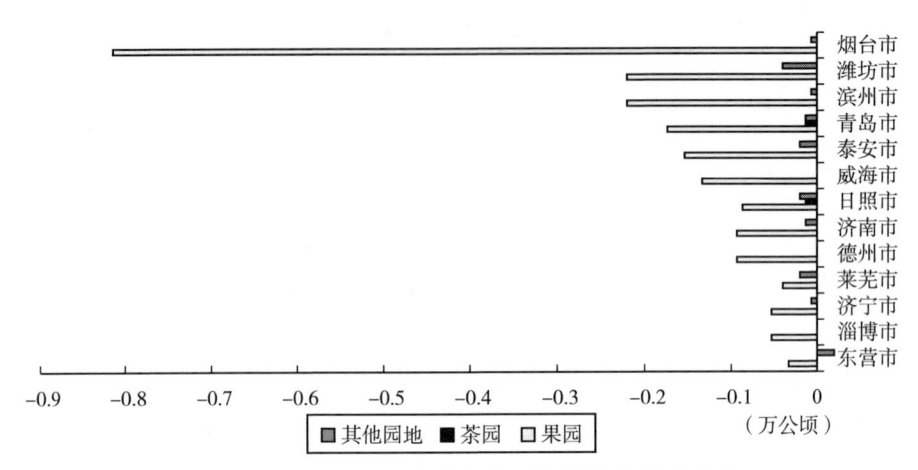

图 11-8　2009~2016 年山东半岛城市群园地面积差值

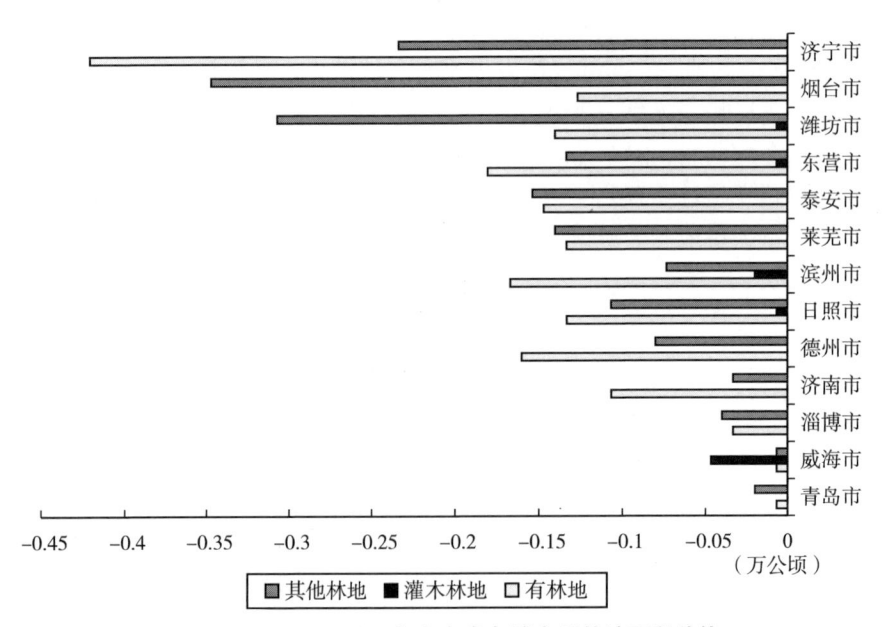

图 11-9　2009~2016 年山东半岛城市群林地面积差值

图 11-10 反映了 2009~2016 年山东半岛城市群各市城镇村及工矿用地变化情况。结果表明，城镇村建设用地显著增加，全省增加 19 万公顷；采矿用地有

所减少，全省减少 1 万公顷。随着城镇化的推进，城镇村面积扩大。特别是青岛市，随着经济的高速发展，建设用地扩张速度远高于其他城市，累计增加超过 2.5 万公顷。山东半岛城市群各城市交通运输用地面积显著增加，累计增加 3.3 万公顷，绝大部分为公路用地。济南市和青岛市由于经济实力较强，城市建设水平较高，交通运输用地增长速度低于其他城市。随着经济的快速发展和城镇化的推进，交通建设明显加快，交通便捷性显著提高。

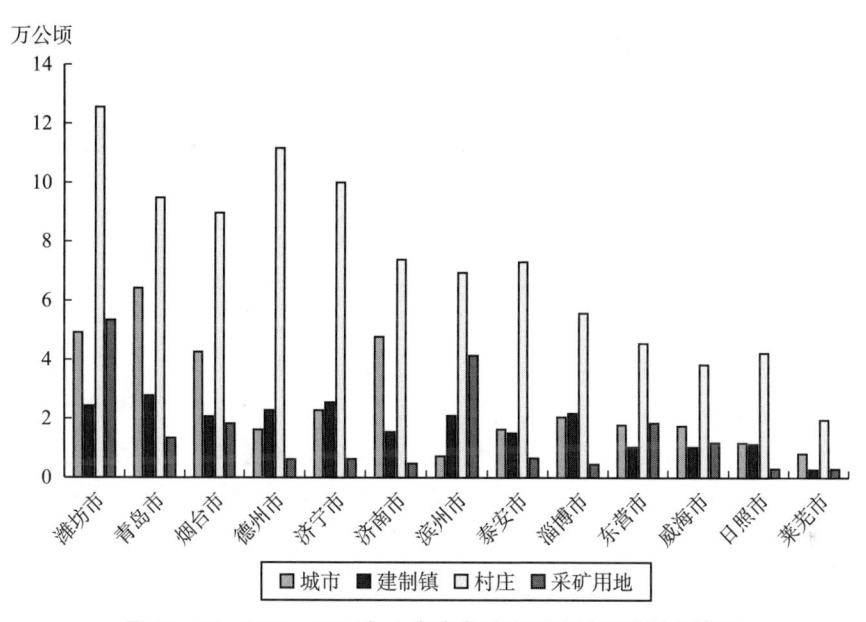

图 11-10 2009~2016 年山东半岛城市群建设用地利用情况

综上，虽然山东半岛城市群各市在土地利用面积和土地构成上存在明显差距，但呈现以下共同特征：随着快速发展的经济和耕地、园地、林地、草地面积迅速减少，工矿用地也呈下降的趋势，城镇村建设用地及交通运输用地显著增加。

第四节 土地利用碳排放时空演变及其影响因素

山东半岛城市群是山东省经济、产业、能源等多要素的缩影，一方面山东半岛城市群经济发展体量巨大，发展势头良好，产业结构经过多年稳定调整，第二、第三产业均衡发展；另一方面高速经济增长背后呈现出不合理的产业结构与能源结构，山东半岛城市群能源状况表现为"煤多油少气贫"，以煤为主的结构性矛盾比较突出，清洁能源与可再生能源的消费与开发程度较低，对于制造业、采矿业及建筑业的依赖程度依然很高。产业结构与能源结构的双重作用引发了不合理的土地利用方式及温室气体排放的上升趋势。面对资源、能源及环境约束形势日益严峻，有必要了解山东半岛城市群土地利用结构及其变化，在此基础上分析山东半岛城市群土地利用碳排放的时序特征与空间差异，分析其内在影响因素，为协调能源消费、碳排放、产业经济发展之间的关系提供理论与现实的指导。

一、山东半岛城市群土地利用碳排放总量

山东半岛城市群2009~2016年随着建设用地规模不断扩张，碳排放水平总体呈现上涨趋势，变化幅度较为明显。从2009年的77413.39万吨增长到2016年的106559.2万吨，增长了37.64%，平均年增长量为4163.68万吨，年增长率5.37%。

从变化趋势上可总结分为两个阶段。

第一阶段：2009~2011年为山东半岛城市群土地利用碳排放快速增长阶段。经济在这两年仍保持较为强劲的增长势头，碳排放量不断增加，从2009年的77413.39万吨增加到2011年的94459.98万吨，平均年增长量为5682.20万吨，年增长率7.34%，是2009~2016年碳排放增长率的2倍。

第二阶段：2012~2016年为山东半岛城市群土地利用碳排放增速下降阶段。从图11-11中可以看出，在2011年碳排放增速出现拐点，2012年碳排放量比2011年增加4664.91万吨，2016年比2012年碳排放量增加7434.31万吨，年平均增长率1.49%，山东半岛城市群土地利用碳排放变化进入增量稳定下降的状态，其中建设用地碳排放量的控制对总碳排放的影响较大，反映出山东省政府在节能减排方面所采取的政策逐渐开始发挥作用。

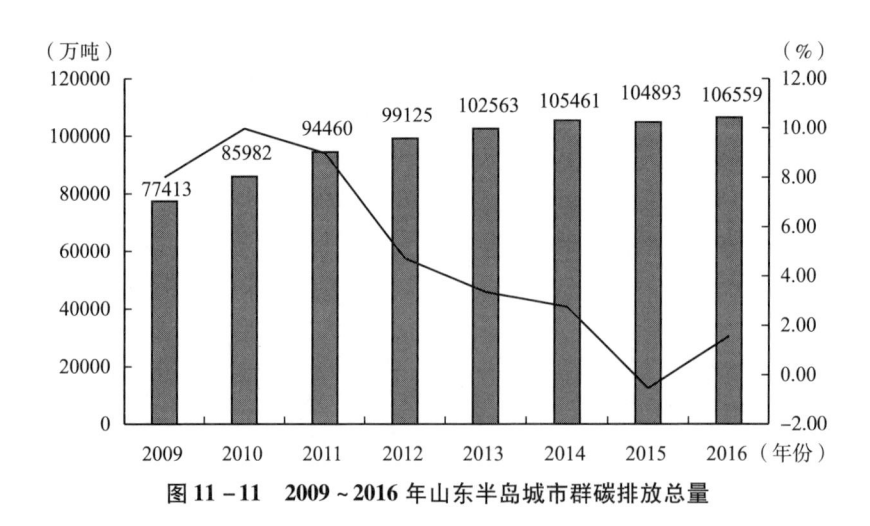

图11-11 2009~2016年山东半岛城市群碳排放总量

从碳源方面看，主要碳源为建设用地及耕地。其碳排放绝大部分仍然来自建设用地，工业化进程的持续加快发展导致对化石能源需求的持续上升，进而导致碳排放量急剧增加。2009 年建设用地碳排放量达 77289.33 万吨，耕地碳排放量为 257.69 万吨，至 2011 年，建设用地碳排放量已经达到 90243.70 万吨，增长了 16.76%，年均增长率 5.58%。2012 年为碳排放增量拐点，2016 年建设用地碳排放量为 102226.06 万吨，比 2012 年增加 84383.91 万吨。耕地碳排放与耕地面积变化情况基本一致，处于持续减少的状况，2016 年比 2009 年耕地碳排放减少 13.03 万吨。

从碳汇方面来看，耕地、林地、草地和园地发挥着重要的碳汇作用，但由于其面积在山东半岛城市群土地总面积中所占比例较少，因此对总碳吸收的影响很小，耕地碳排放量远大于其碳吸收作用，林地碳吸收量逐年减少，但整体变化幅度不大，草地面积相对较小，得益于政府对于草场的良好保护，草地面积下降相对缓慢，因此其碳吸收也是缓慢下降的状态。

二、山东半岛城市群土地利用碳排放时空演变

对比 2009 年、2012 年、2014 年及 2016 年山东半岛城市群各城市土地利用碳排放空间分析结果可以发现，各地区碳排放量均出现不同程度的增加，但无论从存量还是增量上都呈现出空间分异的特征。

山东半岛城市群土地利用碳排放表现出"由点成面"的变动状态，由淄博市这一点发散向东西方向同步展开，连同济南市、青岛市及潍坊市，四者碳排放量占到全省的 36.1%，形成了连通"两核"的中部碳排放带。威海市、东营市、日照市、滨州市碳排放量相对处于较低水平，威海市、日照市林地面积占比较大，东营市作为黄河入海口水域面积占比高，滨州市耕地面积占比较大，因此碳汇功能突出，表现出较低的碳排放水平。由此可见，土地利用结构中尤其是建设用地比例高低直接影响着碳排放总量的大小。2009 年与 2016 年碳排放总量最高的地区分别是淄博市和青岛市，2009 年淄博市碳排放量为 10124.66 万吨，青岛市 2016 年碳排放总量为 13526.41 万吨，比 2009 年增加了 4299.27 万吨碳排放量；碳排放量最低的地区是威海市，2016 年威海市碳排放量为 4162.11 万吨；增长最为明显的是滨州市，增长了 5497.57 万吨。烟台市、潍坊市、东营市和青岛市碳吸收量相对较多，但都处于逐渐递减的态势。

将碳排放总量水平相近的区域划为同一等级，低于 4000 万吨被认为低碳排放量，4000 万~6000 万吨为较低碳排放量，6000 万~8000 万吨为中等排放量，8000 万~10000 万吨为较高排放量，大于 10000 万吨为高排放量。2009 年各城市的平均碳排放量为 5945.33 万吨，其中最大排放量淄博市，为 10124.66 万吨，

是最小排放量威海市的 4.58 倍。2012 年碳排放量超过 10000 万吨的城市增加了青岛市和济南市，二者碳排放量分别是 12379.93 万吨和 10810.67 万吨，2014 年潍坊市以 10349.51 万吨加入高碳排放量区域，至此"中部碳排放带"形成。

2009 年和 2012 年还可以看到低碳排放量区域的身影，威海市连续四年都保持在 4000 万吨以下的碳排放量，东营市在 2009 年时碳排放量为 3415.02 万吨，这一数字到 2012 年骤升至 4391.17 万吨，滨州在 2009～2012 年表现出同样的变化态势。这说明了在"十二五"时期节能减排之前，山东省对于碳排放的管控并不充分重视，导致在这一时间段内多个城市碳排放量迅速增长。

2014 年碳排放空间表现与 2016 年基本一致，没有碳排放量小于 4000 万吨的城市，2016 年山东半岛城市群各个城市土地利用碳排放平均水平为 5368.21 万吨，其中最大总排放量青岛市是最小碳排放量东营市的 3.21 倍，较后者多 9321.12 万吨。2014 年及 2016 年较低碳排放量区域以东营市、威海市、莱芜市和日照市为主体，滨州碳排放量从 2014 年 5920.03 万吨上升至 8976.74 万吨。德州市、泰安市变为中等碳排放量区域，烟台市和济宁市成为仅次于第一高碳排放量梯队的城市。山东半岛城市群土地利用碳排放变化情况，如表 11-2 所示。

表 11-2　　　　山东半岛城市群土地利用碳排放变化情况　　　　单位：万吨

城市	2009 年	2012 年	2014 年	2016 年
威海市	3258.25	3884.31	4189.72	4162.11
东营市	3415.02	4391.17	4653.39	4205.29
滨州市	3479.17	4487.62	5920.03	8976.74
日照市	3789.78	5287.21	5616.30	5816.96
莱芜市	4284.60	4995.58	5055.47	4480.36
德州市	4479.98	5959.12	6250.64	6225.87
泰安市	5082.98	6640.50	7050.21	6477.16
烟台市	7023.67	8868.34	9226.29	9191.11
济宁市	7183.47	8963.62	9595.74	9405.37
潍坊市	7434.47	9616.51	10349.51	10614.95
济南市	8560.21	10810.68	11486.62	11258.12
青岛市	9297.14	12379.94	13174.73	13526.41
淄博市	10124.66	12840.30	12892.54	12079.42

三、山东半岛土地利用碳排放影响因素分解

$$\ln PC = 1.025\ln A + 0.831\ln T + 0.472\ln S_e + \ln e \qquad (11.7)$$
$$(7.83) \qquad (5.04) \qquad (2.25)$$

产业结构 S_i 未通过显著性检验,剔除产业结构后,拟合模型如式(11.7)。括号内为 t 检验值,均在95%的置信水平下显著,模型的拟合优度较好,判决系数 $R^2 = 0.730$,F 统计量的 P 值均为 0.000,表明各要素对排放量有较好的解释意义,说明方程整体显著。其中,人均 GDP 对山东半岛城市群人均碳排放影响最大,其弹性系数为 1.025,这说明过去山东半岛城市群经济增长对碳排放的贡献较大,而大于 1 的弹性系数也从侧面反映了粗放型增长的客观事实;其次为能源强度,能源强度弹性系数为 0.831,小于 1 的能源强度弹性系数说明能源强度虽然还有一定的下降潜力,但能源强度的下降所带来的减排效应难以抵消经济增长带来的增排效应。依靠能源强度下降中短期仍无法扭转人均碳排放不断增加的惯性趋势;能源消费结构对人均碳排放也具有一定的影响,这主要体现为水电、核电、风电对化石能源的替代作用,这些清洁能源对碳减排意义重大。

山东半岛城市群目前处于城镇化中期阶段,未来即将迎来工业化、城镇化与人口增长的高峰,因此经济发展对资源的刚性需求还将持续增加,特别是对能源与土地资源的需求,因此未来也将是经济增长与资源保护的矛盾尖锐期。在我国大力提倡节能减排、发展低碳经济的大背景下,探讨如何实现能源消耗减少、经济发展与节能减排的"共赢"就显得特别重要。

(1)经济水平作为影响碳排放的正效应因素,是 2009~2016 年山东半岛城市群碳排放增加的最主要的因素,其影响长期处于平稳状态。经济效应带来的碳排放增量显示出与碳排放总效应一致的波动情况,2011~2012 年呈现碳排放增量骤降至新低的事实以及经济增长新常态的论断,此后经济增长与碳排放均进入了有控制的稳定增长状态,从侧面表明了山东半岛城市群未来碳排放量可能存在一种惯性增长。人口数量效应导致的碳排放增量显示出平缓的增长迹象。

(2)能源结构效应对于碳排放的影响始终表现为正效应,这与全国数据有很大的区别,说明山东半岛城市群以煤为主的结构性矛盾依然比较突出。2013 年以来,全国煤炭消费呈现逐步下降趋势,年均减少 2.9%,而山东半岛城市群同期煤炭消费继续小幅微涨。2015 年煤炭消费总量达到 4.09 亿吨,约占全国的 10%,位居全国首位;煤炭在能源消费总量中的比重达到 80% 左右,高于全国 15 个百分点。原煤入洗率 60% 左右,低于全国平均 6 个百分点;发电用煤仅占煤炭消费的一半左右。清洁能源消费占比总体偏低,天然气消费占比不到全国平均水平的一半,可再生能源占比仅为全国的 1/4。

(3) 能源效率对碳排放的影响一直为正值，说明了能源效率因素对增加碳排放起到了推动作用。采用新技术和新工艺对钢铁、水泥、电力、焦炭、化工等行业进行技术改造，改造高耗能产业的落后设备，提高能源利用效率和资源生产率，最终减少碳排放。

(4) 产业结构效应对于碳排放的正负效应很难找出变化规律，主要的原因可能是在样本选取时间内山东半岛城市群产业结构调整缓慢，且山东作为工业大省，其第二产业比重在这段时间内未发生明显变化。但是加快经济结构调整，严格控制高污染、高耗能产业，实现产业结构转型，由高耗能产业向高科技产业转型，加快第三产业的发展，势必会对减少碳排放起到积极的作用。

第五节 结论与建议

人均 GDP、能源强度、能源结构是城市碳排放增长的主要拉动因素，同时考虑到政府在社会生活中的宏观调控作用，从经济发展、土地利用、政府宏观调控角度提出降低碳排放的相关建议。

一、从经济发展角度调控碳排放

(1) 加快低碳能源技术的研发进程，加大对于碳减排技术的投资强度。我国东部沿海地区和中部重工业地区是能耗的重要区域，其中山东半岛城市群作为工业大省，能耗排在全国前 5 位，大大超过了全国平均水平。究其原因主要在于山东半岛城市群的产业结构不合理，在如此大经济体量的背后是对能源的高度依赖，煤炭占全部能源比重持续高达 70% 以上，并且二氧化碳的排放量一直位居全国前列。因此，要把提高能源使用效率放在优先级的位置，一方面积极引进低碳新能源技术，另一方面要重视低碳能源技术的自主开发与创新过程，整合能源领域专业的人才、产品和技术，在风能、太阳能及生物质能等清洁能源方面给予更多的关注，对于相关的可再生能源领域的企业给予一定的政策支持，加快研发清洁煤、碳捕获及碳封存的技术。

(2) 对能源消费结构进行合理优化，提高非化石能源及低碳排放系数的替代率。由于能源禀赋的原因，山东半岛城市群能源结构以化石能源为主，发电效率低、污染高，导致其二氧化硫排放量居全国第一，这种能源发展模式是不可持续的，山东半岛城市群煤炭资源占全国的 5%，剩余可采量仅可维持 20 年。能源消费模式中，化石能源消费比重过大，这是导致碳排放量居高不下的直接原因，而不同种类化石能源燃烧所产生的热量也是不一样的，这导致能源碳排放系数的差别。在能源需求总量不变化的前提下，非化石能源对化石能源的替代率越高，低碳排放系数能源对高碳排放系数能源的替代率越高，都会导致碳排放总量的下降，因此优化能源消费的结构，降低煤炭在整个能源消费中的比例，提升能效水平，提高两个替代率，都是实现碳减排的有效途径。

（3）加快产业结构的升级转型，对于高污染、高排放的产业进行重点关注。山东半岛城市群产业结构对于第一、第二产业倚重较大，能源需求最小的第三产业在全国排名中为倒数第6，这说明山东半岛城市群的产业结构有待调整，减碳政策与措施有待加强。主要的一些高污染和高排放行业都属于第二产业，包括能源加工转化行业、黑色金属冶炼加工业、非金属矿物制品业、化学原料及化学制品制造业等，对于这一类非能源加工转换的高污染、高排放企业，要最大限度地减少其重复建设，控制增长速度，积极稳妥推进对碳排放影响较小的第三产业的发展。

二、从土地利用角度调控碳排放

（1）农业碳减排。农业碳减排主要从耕地管理、科学施肥和科学燃烧秸秆三个方面展开说明。耕作管理是农业碳减排的科学规划前提，依靠科学的耕作办法，意识到耕作方式的差异会对土壤产生不同程度的呼吸作用，而这些不同程度的呼吸作用会影响土壤有机质的分解，呼吸作用越发挥，分解速度越快，对于土壤中碳的流失就越严重。科学合理施肥是农业碳减排的重要环节，施肥量与施肥效率都是这一环节需要重点关注的指标，通过提高化肥的使用效率来逐步减少化肥数量的使用，比如采用深施化肥、长效化肥和平衡施肥等方式，由此来有效实现农业的碳减排。科学合理的燃烧秸秆是农业碳减排始终贯穿的一个理论，加强对于生物质燃烧的管理，限制随意乱烧，探索科学先进规模化的技术处理办法，比如二次能源化利用，借助化学生物质能无公害发电等有效手段。

（2）建设用地碳减排。建设用地碳排放主要从产业的空间规划、企业的降污减排及基础设施建设低碳化三个方面展开。产业空间规划体系的目标应当开始建立在一系列清晰的准则之中，基于可持续发展的长期目标，既包含通用指导法则，又包含清晰可操作的实施办法。对高排放的产业进行集中的空间排布，统一安排公共基础设施的建设与利用，可以有效减少交通运输及管网排布等方面的成本，统一对工业碳排放进行集中储存及处理，与农业碳减排类似，尽可能实现对于资源的二次利用。在实现经济收益的同时控制碳排放，节省基础设施投资的同时有效降低工业生产的综合成本。在高耗能产业集中规划建设中其实就提到了对于基础设施低碳化的建设，综合统一分析需求，规模集中利用设施，都是基础设施低碳化的重要表现，在建设过程中充分考虑降低碳排放的可能性，主要体现在对于非硬化铺设处理的过程中,要尽量减少硬化材料的过多使用,关注生态保护和城市化进程之间的矛盾,尽可能保持城市绿化率处在一个比较高的水平上。

企业的降污减排是建设用地碳减排的关键因素,建设用地的主要碳排放来源在于化石能源的燃烧与消耗。应大力发展环保产业,控制高污染高排放企业的发展状况,增加对于清洁能源的使用。关注更多的新型能源利用方式,如加大对于风电、水电、太阳能和清洁煤技术的推广和实现,如城市公共交通系统中汽油柴油的使用变换成为电能等清洁能源,从减少传统化石能源消耗的方面着手,加速对于环保产业的推动,以科技环保创新技术为先导,逐步提高能源利用效率,提高农业生产设备的能源利用效率,降低碳排放。

三、从行政管理角度调控碳排放

(1)政府需要充分发挥在碳排放过程中的监督、引导和激励作用。政府在城市规划、社会生活、低碳项目管理过程中都发挥着重要的作用。低碳城市规划作为城市尺度上碳减排的生动实践,对于城市发展建设有着长期不可逆的影响。因此政府作为规则的制定者,在倡导低碳发展模式的城市规划进程中,严格把关,持续发挥其领航带动作用,把低碳指标及时纳入规划的指标体系,践行低碳理念,为实现城市的清洁低碳多做贡献。在低碳项目的审核上,充分发挥监管作用,对科学有效的低碳项目给予合理的支持,甚至是优惠条件,同时也要注意避免一些项目存在打着低碳的旗号来谋利。最后政府作为低碳社会生活的一分子,力行低碳办公,从自身做起,不仅仅体现的是良好带头的政府形象,更是低碳城市最鲜明的标签。

(2)完善碳排放相关法律制度。法制制度的制定对于从源头上控制碳排放,形成碳监管的氛围至关重要。国外在碳减排方面步伐较快,因此碳减排政策上比较成熟完善的先例,我们可以充分借鉴国外经验,制定规则,从源头控制,鼓励企业及个人的低碳行为和贡献,为低碳企业实施税收和财政的优惠及奖励政策,对个人可以设置低碳账户,以鼓励其低碳行为。对于高碳排放企业,应该出台更加严厉的惩戒措施,比如利用财税手段增加税费,提高碳排放的成本,将这种碳减排的驱动力内部化。最后从碳排放监管出发,政府应该制定更加完善的碳排放考核规则,发挥群众舆论监督作用,多方监管,努力营造一个公开、公平的低碳法律化环境。

(3)提高居民节能减排、低碳环保的意识,低碳生活,从我做起。居民碳排放量随着经济社会及生活水平的提高持续增长,对于碳排放研究的尺度需要逐渐下移,更加关注个体的碳排放行为。树立低碳生活理念、节能减排意识,逐步引导居民正确的消费观念形成,持续深入引导节能减排成为居民的一种生活习惯。

第十二章

山东半岛城市群区域发展问题与对策

经过近30年来的快速发展,山东半岛城市群人口和经济规模持续壮大、交通和企业流强度不断提升,已经成为继京津冀、长江三角洲和珠江三角洲城市群之后重要城市群之一[1][2][3][4]。但与发达城市群相比,山东半岛城市群综合竞争力仍有不足[5],发展的不平衡不充分问题仍然突出。本章从重点问题分析入手,把握山东半岛城市群发展面临的制约因素,并提出针对性建议。

第一节 山东半岛城市群区域发展主要问题

山东半岛城市群发展的问题主要表现为中心城市综合实力不强、整体发展效率仍然不高、城乡区域差距依旧明显以及协同协作不够广泛深入四个方面。

一、中心城市综合实力不强

2016年底,山东半岛城市群有大中小城市和小城镇共837个(包括莱芜市和即墨市[6]),初步形成了以济南市、青岛市为双中心,相对均衡的城镇发展格局[7]。

---

[1] 姚士谋、李青、武清华等:《我国城市群总体发展趋势与方向初探》,载于《地理研究》2010年第8期,第1345~1354页。
[2] 叶磊、欧向军:《我国主要城市群的城市流动态比较》,载于《城市发展研究》2012年第6期,第6~11页。
[3] 黄金川、陈守强:《中国城市群等级类型综合划分》,载于《地理科学进展》2015年第3期,第290~301页。
[4] 方创琳、毛其智、倪鹏飞:《中国城市群科学选择与分级发展的争鸣及探索》,载于《地理学报》2015年第4期,第515~527页。
[5] 王成新、李新华、王格芳:《城市群竞争力评价实证研究——以山东半岛城市群为例》,载于《地域研究与开发》2012年第5期,第50~54页。
[6] 2019年9月,即墨市建制取消,设立青岛市即墨区。
[7] 陈晓倩、张全景、谷婷等:《山东半岛城市群主要城市辐射能力研究》,载于《地域研究与开发》2012年第6期,第65~69页。

现状城镇体系中，有300万~500万人Ⅰ型大城市2个，为青岛市、济南市；100万~300万人Ⅱ型大城市5个，为烟台市、淄博市、济宁市、潍坊市、泰安市；50万~100万人中等城市8个，分别为威海市、滨州市、德州市、东营市、日照市、莱芜市、即墨市、新泰市；另有20万~50万人Ⅰ型小城市26个，20万以下Ⅱ型小城市31个以及5万人以上小城镇42个、5万人以下小城镇723个，如表12-1所示。

表12-1　　　　　　　　山东半岛城市群城镇规模结构一览表

类别	规模（万人）	个数（个）	城镇名称
Ⅰ型大城市	300~500	2	青岛、济南
Ⅱ型大城市	100~300	5	烟台、淄博、济宁、潍坊、泰安
中等城市	50~100	8	威海、滨州、德州、东营、日照、莱芜、即墨、新泰
Ⅰ型小城市	20~50	26	诸城、平度、胶州、邹平、荣成、莱州、莱阳、安丘、寿光、邹城、青州、莱西、高密、龙口、齐河、临邑、肥城、临朐、海阳、乐陵、昌乐、夏津、莒县、曲阜、东平、招远
Ⅱ型小城市	<20	31	乳山、博兴、禹城、广饶、金乡、阳信、栖霞、蓬莱、宁津、泗水、梁山、嘉祥、庆云、昌邑、微山、平原、五莲、汶上、沂源、宁阳、惠民、桓台、武城、济阳、商河、无棣、平阴、鱼台、高青、利津、长岛
5万人以上小城镇	≥5	42	大王、南村、张村、蓝村、景芝、泊里、白塔、魏桥、冶源、石横、韩店、姜山、赵官、羊口、昆仑、辛寨、楼德、桃村、金山、刁镇、北沟、泊于、夏庄、太平、侯镇、陵城、欢城、磁窑、鲁权屯、拳铺、双杨、红河、湖屯、新河、马桥、明村、仙河、李哥庄、中埠、王台、辛庄、张黄
5万人以下小城镇	<5	723	略

资料来源：《山东省城市建设统计年报（2016年）》《山东省村镇建设统计年报（2016年）》。

山东半岛城市群这种"双中心"发展结构，源于其独特的地理格局和行政文化中心与经济中心分离的发展过程。济南作为省会城市，位于山东半岛城市群西部，借助政治、文化、教育、交通等优势，吸引全省发展要素不断聚集，但其直接辐射范围更多以山东省中西部地区为主；青岛市作为计划单列市，位于山东半岛城市群东部，借港口和区位之利，一直处于我国北方地区对外开放的最前沿，其海洋创新能力在全国首屈一指，是山东半岛城市群名副其实的经济中心。可以说，济南市、青岛市"双中心"支配了山东半岛城市群的发展过程，同时也直接决定了山东半岛城市群的发展水平。

目前来看，尽管济南市、青岛市两个中心城市在山东半岛城市群的发育过程中发挥了重要作用，但其短板和不足也逐渐显现。相比京津冀、长江三角洲、珠江三角洲、成渝、中原等城市群，山东半岛城市群中心城市规模偏小、辐射带动能力不强，在国家城镇体系网络中地位不高，已经成为影响城市群在国家层面进一步发挥作用的重要原因[①]。从人口规模看，济南市、青岛市2016年城市人口分别为335.21万人、441.62万人，在全国15个副省级城市中分别居于第13位和第9位；从建成区面积看，济南市、青岛市2016年城市建成区面积分别为447.69平方公里、599.32平方公里，在副省级城市中分别排第11位和第5位；从经济总量看，济南市、青岛市地区生产总值分别为6536.1亿元、10011.29亿元，分别位居副省级城市第10位和第7位，如表12-2所示。

表12-2　全国15个副省级城市人口、用地以及经济规模比较（2016年）

城市	城市人口规模（万人）	城市建成区面积（平方千米）	市域常住人口（万人）	地区生产总值（亿元）
广州市	1334.14	1249.11	1404.35	19610.94
深圳市	1190.84	923.25	1190.84	19492.60
武汉市	705.75	585.61	1076.62	11912.61
南京市	627.20	773.79	827.00	10503.02
成都市	690.35	837.27	1591.80	12170.20
杭州市	562.91	541.38	918.80	11050.49
沈阳市	536.21	588.26	829.20	5460.00
哈尔滨市	479.86	435.28	962.1（户籍人口）	6101.60
西安市	436.03	517.74	883.21	6257.18
长春市	356.32	519.04	753.4（户籍人口）	5928.50
青岛市	441.62	599.32	920.40	10011.29
大连市	352.20	433.30	595.63（户籍人口）	6810.20
厦门市	325.61	334.64	392.00	3784.25
济南市	335.21	447.69	723.31	6536.10
宁波市	284.57	330.75	787.5	8541.10

资料来源：《中国城市建设统计年鉴（2017）》、各市2016年国民经济和社会发展统计公报。

2018年初，人民论坛测评中心基于经济、创新、开放、支撑等功能，对19个副省级及以上城市的城市能级测评，结果显示，济南市的城市能级在全国19

---

① 山东省城乡规划设计研究院：《山东省城镇体系规划（2011~2030年）》。

个副省级及以上城市中，位居倒数第 3，青岛市也仅列第 12 位①，也证明了济南市和青岛市在国家城市体系中的地位不高这一现实。毫无疑问，提升济南市、青岛市两大中心城市综合实力，将成为未来一段时期内山东半岛城市群发展破局的重要切入点。2016 年山东半岛城市群及各设区市产业结构状况，如表 12 - 3 所示。

表 12 - 3　　山东半岛城市群及各设区市产业结构状况 （2016 年）

城市	地区生产总值（万元）	第一产业增加值（万元）	第二产业增加值（万元）	第三产业增加值（万元）	人均地区生产总值（元）	产业结构
济南市	6536.12	317.31	2368.90	3849.91	90999	4.85∶36.24∶58.9
青岛市	10011.29	371.01	4160.67	5479.61	109407	3.71∶41.56∶54.73
淄博市	4412.01	150.69	2315.48	1945.84	94587	3.42∶52.48∶44.1
东营市	3479.60	121.89	2163.10	1194.61	164024	3.5∶62.17∶34.33
烟台市	6925.66	467.51	3461.66	2996.49	98388	6.75∶49.98∶43.27
潍坊市	5522.68	475.32	2559.77	2487.59	59275	8.61∶46.35∶45.04
济宁市	4301.82	480.45	1949.67	1871.70	51662	11.17∶45.32∶43.51
泰安市	3316.79	280.93	1485.50	1550.36	59027	8.47∶44.79∶46.74
威海市	3212.20	229.34	1463.35	1519.51	114220	7.14∶45.56∶47.3
日照市	1802.49	146.97	851.94	803.58	62357	8.15∶47.26∶44.58
莱芜市	702.76	55.12	352.36	295.28	51533	7.84∶50.14∶42.02
德州市	2932.99	296.23	1403.17	1233.59	50856	10.1∶47.84∶42.06
滨州市	2470.10	232.21	1142.77	1095.12	63745	9.4∶46.26∶44.34
合计	55626.51	3624.98	25678.35	26323.19	79319	6.52∶46.16∶47.32

资料来源：《山东统计年鉴 （2017）》。

二、整体发展效率仍然不高

经过多年的发展，山东半岛城市群产业结构调整取得了初步成效，形成了以装备制造、交通运输设备、家电、石油化工、纺织服装、食品、有色金属等为主体的产业体系②。但也要看到，长期以来形成的资源依赖型产业和以高能耗为特

---

① 人民论坛测评中心：对 19 个副省级以上城市的城市能级测评：http：//www.rmlt.com.cn/2019/0312/541623.shtml，2019 年 3 月 12 日。
② 山东省城乡规划设计研究院：《山东半岛城市群发展规划 （2016～2030 年）》。

征的重化产业在国民经济体系中仍然占有相当大的比重,"大象经济"仍然突出,发展效率有较大提升空间。2016 年,山东半岛城市群人均地区生产总值 79319 元,虽然高于全国 53980 元的平均水平,但与京津冀、长江三角洲、珠江三角洲等城市群相比仍有较大差距[①],仅为长江三角洲城市群的 75.19%,珠江三角洲城市群的 70.28%。现代服务业发展较为滞后,第三产业增加值占全部地区生产总值比重只有 47.32%,分别比长江三角洲 53.65%、珠江三角洲 56.05%、京津冀城市群 55.77% 低 6.33 个、8.73 个、8.45 个百分点,甚至比全国平均水平还低 4.28 个百分点。13 个设区城市中,仅济南市和青岛市的三产比重超过 50%,其余 11 个设区市三产比重均在 48% 以下,与山东半岛城市群成为国家级城市群的发展期望不符。

从人口集聚和用地拓展的关系看,山东半岛城市群土地城镇化要快于人口城镇化,建成区分布零散,发展方式仍显粗放。根据《山东省城市建设统计年报(2016 年)》《山东省村镇建设统计年报(2016 年)》,2010~2016 年,山东半岛城市群城镇人口由 3675.34 万人增长至 4668.27 万人,增幅为 27%;同期,城镇建成区面积由 3858.69 平方公里拓展至 5009.68 平方公里,增幅约 29.8%,土地增幅是人口增幅的 1.1 倍;人均建成区面积不减反增,由 160.17 平方米扩大到 168.30 平方米,土地集约利用水平较低[②],偏离了当前新型城镇化发展的总体要求,如表 12-4 所示。

表 12-4　山东半岛城市群城镇人口用地增长情况(2010~2016 年)

城市	城镇人口（万人）			城镇建成区（平方公里）			城镇人均建成区面积（平方米）	
	2010 年	2016 年	增幅（%）	2010 年	2016 年	增幅（%）	2010 年	2016 年
济南市	394.80	426.28	8.0	566.76	615.17	8.5	143.56	144.31
青岛市	542.27	738.75	36.2	768.25	1109.72	44.4	141.67	150.22
淄博市	262.79	322.88	22.9	438.93	546.51	24.5	167.02	169.26
东营市	125.47	158.06	26.0	251.52	309.15	22.9	200.46	195.58
烟台市	391.40	485.88	24.1	701.99	834.04	18.8	179.35	171.66
潍坊市	470.69	542.52	15.3	686.64	871.83	27.0	145.88	160.70

---

① 山东省住房和城乡建设厅、山东省统计局:《山东省城镇化发展报告》,中国文史出版社 2017 年版,第 143 页。
② 姚士谋、周春山、王德等:《中国城市群新论》,科学出版社 2016 年版,第 361 页。

续表

城市	城镇人口（万人）2010年	2016年	增幅（%）	城镇建成区（平方公里）2010年	2016年	增幅（%）	城镇人均建成区面积（平方米）2010年	2016年
济宁市	326.60	497.88	52.4	495.44	796.69	60.8	151.69	160.02
泰安市	256.36	336.04	31.1	415.10	540.67	30.2	161.92	160.90
威海市	180.33	231.93	28.6	385.38	504.74	31.0	213.71	217.62
日照市	129.65	165.15	27.4	204.98	273.51	33.4	158.10	165.61
莱芜市	73.70	85.75	16.3	113.23	201.15	77.6	153.63	234.58
德州市	298.34	391.28	31.2	451.30	680.19	50.7	151.27	173.84
滨州市	222.93	285.86	28.2	407.32	573.33	40.8	182.71	200.56
合计	3675.34	4668.27	27.0	5886.83	7856.71	33.5	160.17	168.30

资料来源：《山东省城市建设统计年报（2016年）》《山东省村镇建设统计年报（2016年）》。

三、城乡区域差距依旧明显

缩小城乡区域差距，既是调整经济结构的重点，也是释放发展潜力的关键[①]。近年来，随着黄河三角洲高效生态经济区发展规划、山东半岛蓝色经济区发展规划以及省会城市群经济圈发展规划、西部经济隆起带发展规划等一系列区域战略和支农政策落地，山东半岛城市群城乡区域差距总体趋于缩小[②]，城乡收入比（城镇居民人均可支配收入与农民人均纯收入的比值）由2010年的2.62∶1缩小到2016年的2.36∶1，以设区市人均地区生产总值表征的区域差异系数（标准差与均值的比值）由0.4478减小到0.4091。但从绝对数值上看，城乡区域发展不平衡现象仍然突出，济南和东营两市的城乡收入比仍然维持在2.7∶1以上的高位；东营市人均地区生产总值已经达到16.4万元，而德州市仅5.1万元，两市绝对差距也由2010年的8.7万元扩大到11.3万元；从城镇化水平看，位于济青发展轴线上济南市、青岛市、淄博市已经达到或者接近70%，而相对外围地区的德州市、济宁市、滨州市、日照市仅为55%左右，如表12-5所示。

---

① 2016政府工作报告：http：//www.gov.cn/guowuyuan/2016-03/17/content_5054901.htm，2016年3月17日。
② 山东省城乡规划设计研究院：《山东省城镇体系规划（2011~2030年）》。

表 12-5　　　　　山东半岛城市群城乡收入变动情况（2010~2016 年）

城市	2010 年 城镇居民人均可支配收入（元）	2010 年 农民人均纯收入（元）	2010 年 城乡收入比	2016 年 城镇居民人均可支配收入（元）	2016 年 农民人均纯收入（元）	2016 年 城乡收入比
济南市	25321	8903	2.84	43052	15346	2.81
青岛市	24998	10550	2.37	43598	17969	2.43
淄博市	21784	9195	2.37	36436	15674	2.32
东营市	23796	8427	2.82	41580	14999	2.77
烟台市	23288	9916	2.35	38744	16721	2.32
潍坊市	19675	8872	2.22	33609	16098	2.09
济宁市	19826	7450	2.66	29987	13615	2.20
泰安市	19953	7592	2.63	30299	14428	2.10
威海市	22235	10517	2.11	39363	17573	2.24
日照市	17558	7504	2.34	28340	13379	2.12
莱芜市	20988	8311	2.53	32364	14852	2.18
德州市	17410	7028	2.48	22760	12248	1.86
滨州市	19686	7194	2.74	30583	13736	2.23
合计	21948	8391	2.62	35642	15105	2.36

资料来源：《山东统计年鉴（2011）》《山东统计年鉴（2017）》。

县域尺度上城乡区域发展差异表现更为明显，位于重要轴带的县（市）发展水平明显好于其他地区。具体来看，人均地区生产总值方面，最高的县（市）已接近 16 万元，最少的县（市）刚过 3 万元，最大值是最小值的 5.2 倍；城乡居民收入方面，总体较为均衡，有超过一半的县（市）城乡收入比在 2∶1 以下，但绝对差距仍然较大；城镇化水平方面，差异较为显著，有 5 个县（市）城镇化水平超过 60%，仍有 27 个县（市）不足 50%；基本公共服务方面，生均中小学专任教师数、千人有用医疗卫生床位数的最大值与最小值之比分别达 3.57∶1、3.05∶1；部分县（市）农村燃气普及率和农村道路硬化率分别只有 1% 左右，如表 12-6 所示。足以表明，城乡区域统筹发展仍有很多工作要做。

表12-6　山东半岛城市群县（市）部分发展指标统计特征（2016年）

统计指标	最大值	最小值	平均值	标准差
人均地区生产总值（元）	159430	30647	65458	33146
城镇居民人均可支配收入（元）	41708	20898	29764	5604
农民人均纯收入（元）	19231	10312	14646	2261
城乡收入比	2.36	1.65	2.03	0.14
城镇化水平（%）	67.7	28.26	50.08	8.05
每100个中学生拥有专任教师数（人）	17.38	5.04	9.30	2.10
每100个小学生拥有专任教师数（人）	15.00	3.60	6.98	1.85
千人拥有医疗卫生床位数（张）	7.89	2.59	4.32	1.14
万人拥有医生数（人）	28.72	3.91	19.65	4.57
农村燃气普及率（%）	100	1.06	54.94	27.43
农村道路硬化率（%）	99.94	1.14	56.26	29.01

资料来源：《山东省城镇化发展报告（2017）》。

四、协同协作不够广泛深入

城市群建设的最终目标是实现高度一体化[1]，城市间密切联系和深度合作是城市群的内在要求。山东半岛城市群正处于快速发展阶段，其内部经济文化联系与分工合作水平正随着城市基础设施的优化和城镇化水平的提升而逐渐成形，但总的来看，分工合作水平仍然不够理想[2]，同质竞争、零和博弈现象还很普遍。资源要素大多依托行政等级配置，市场配置资源的方式和程度较弱，与长江三角洲、珠江三角洲城市群的差距较大，要素流动不畅。港口、机场等重大基础设施布局缺乏统筹，沿海港城建设遍地开花，呈现"有湾必有港、有港必建城"局面[3]。城市群内城市之间产业互补性不足，产业同构现象突出，纵向与横向的产业互补性都没有达到作为城市群功能组合的要求[4]。现状138个省级及以上开发区中，有42个选择以化工为主导，超过总数30%；以汽车及零部件、电子信息、新材料等为主导的开发区各有32个，分别占23%以上。区域协调机制不健全，各类规划缺乏有效衔接，高环境冲击产业、有区域影响的邻避设施存在向边界地区布局的情况，环境共保、污染共治、设施共建、服务共享的协同协作框架尚不完善。

---

[1] 方创琳、鲍超、马海涛：《2016中国城市群发展报告》，科学出版社2016年版，第104页。
[2] 姚士谋、周春山、王德等：《中国城市群新论》，科学出版社2016年版，第361页。
[3] 山东省城乡规划设计研究院：《山东省沿海城镇带规划（2018~2035年）》。
[4] 仇保兴：《关于山东半岛城市群发展战略的几个问题》，载于《规划师》2004年第4期，第6~9页。

第二节　山东半岛城市群区域发展主要制约因素

山东半岛城市群正处于提升开放竞争水平的关键时期，除发展中面临的一系列不平衡不充分问题外，区域竞争更趋激烈和资源环境约束趋紧，也是山东半岛城市群需要面对的客观挑战。

一、区域竞争更趋激烈

我国城镇化总体上已经进入快速发展的中后期阶段[1]，城市群是这一时期空间组织的主体形态，区域竞争更多表现为核心城市和城市群的竞争[2]。山东半岛城市群作为我国起步最早、发展较快的城市群之一[3]，已经取得显著成绩。但也要看到，随着国家越来越重视城市群的发展，城市群建设正在以空前的规模和速度在全国各地展开，长江中游、成渝、中原等一批中西部城市群快速成长，已经对山东半岛城市群的既有优势和地位形成冲击。甚至在2010年以来国家出台的有关城市群发展的文件和政策中，山东半岛城市群仅出现1次[4]，一定程度上存在被边缘化的风险。中国各大城市群在中央及国家文件中出现次数示意，如图12-1所示。

另一方面，就地理区位来说，山东半岛城市群地处京津冀和长江三角洲两大世界级城市群之间的特殊位置，则是一把"双刃剑"。在城市群发育的早期阶段，临近京沪的区位优势，使得山东半岛城市群更容易接受来自高等级全球城市的辐射，在山东半岛城市群迅速壮大的过程中发挥了重要作用。然而时至今日，随着山东半岛城市群渐趋成熟，强有力的腹地支撑显得越来越重要。尤其是在资源环境保障程度日趋降低的情况下，拥有更大腹地的城市群在吸引国际国内资本、先进技术、人才和商业、金融等高利润行业进驻等方面具有更多优势[5]。山东半岛城市群的传统腹地既要受到京津冀、长江三角洲城市群的南北挤压，还面临西部中原城市群的激烈竞争。当前青岛港的主要货种集装箱90%来自省内，其他港口城市"本土化"特点更为突出[6]。狭小的内陆腹地空间制约了山东半岛城市群

---

[1] 赵展慧：《我国城镇化率已达56.1%（在国务院政策吹风会上）》，载于《人民日报》2016年1月31日第2版。
[2] 王伟、孙平军、杨青山：《新制度经济学下城市群形成与演进机理分析框架研究》，载于《地理科学》2018年第4期，第539~547页。
[3] 山东省城乡规划设计研究院：《山东半岛城市群发展规划（2016~2030年）》。
[4] 方创琳、鲍超、马海涛：《2016中国城市群发展报告》，科学出版社2016年版，第79页。
[5] 方创琳、鲍超、马海涛：《2016中国城市群发展报告》，科学出版社2016年版，第104页。
[6] 李忠：《关于山东半岛城市群规划的思考》，载于《中国经贸导刊》2014年第7期，第48~51页。

地区的发展潜力，突围难度较大①。2014年山东半岛城市群与周边城市群部分指标对比，如表12-7所示。

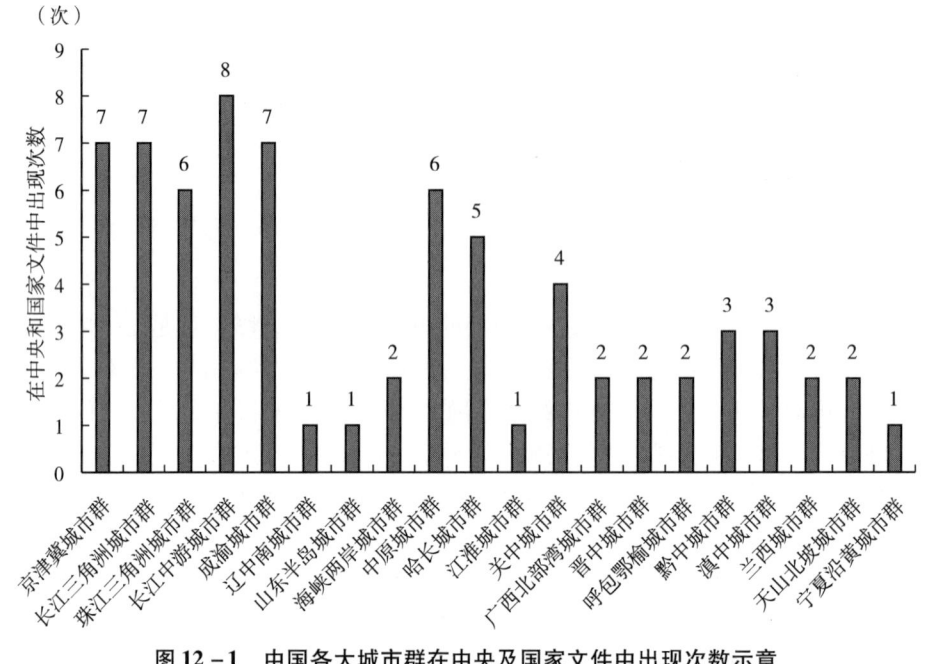

图12-1 中国各大城市群在中央及国家文件中出现次数示意

资料来源：根据《2016中国城市群发展报告》绘制。

表12-7 山东半岛城市群与周边城市群部分指标对比（2014年）

城市	总面积（平方公里）	总人口（万人）	地区生产总值（亿元）	第三产业增加值比重（%）	人均地区生产总值（元）	城镇化水平（%）
京津冀城市群	183393.00	8887.11	60227.24	55.05	67769.21	60.25
长江三角洲城市群	110771.11	9823.29	105750.51	51.29	107652.84	72.31
山东半岛城市群	115363.1	6946.87	49476.59	43.71	71414.19	58.10
中原城市群	59197.00	4440.05	20586.52	33.84	46365.51	50.34

资料来源：《2016中国城市群发展报告》。

二、资源环境约束趋紧

对资源环境的关注是新型城镇化区别于传统城镇化的主要特征之一。作为新

---

① 山东省城乡规划设计研究院：《山东省城镇体系规划（2011~2030年）》。

型城镇化的主体形态，城市群既是经济发展最具活力和潜力的核心地区[1]，同时也是一系列生态环境问题高度集中且激化的高度敏感地区。城市群在集中了全国 3/4 以上的经济总量与经济产出的同时，也集中了 3/4 以上的污染产出[2]。伴随高速度、高密度、高强度的发展，城市群已见与未见的生态安全风险逐渐蕴藏[3]，未来将面临十分严峻的资源环境保障压力和资源环境承载压力。

山东半岛城市群依托本地良好的资源组合条件，逐渐形成了以重化工业主导的产业体系，在经历近 30 年来的快速增长后，其弊端逐渐显现，迫切需要加快新旧动能转换步伐。一方面，传统发展模式资源能源消耗量相对较高。2016 年区域单位地区生产总值平均能耗约 0.82 吨标准煤/万元，水耗约 26.79 立方米/万元，部分设区市能耗水平甚至高达 2.58 吨标准煤/万元，水耗高达 66.04 立方米/万元。与此同时，山东半岛城市群水资源却严重短缺，人均水资源占有量仅 198.91 立方米/人，低于山东省平均水平（221.49 立方米/人），不足全国的 8.5%。另一方面，重化产业污染物排放量大，2016 年二氧化硫、氮氧化合物排放总量分别达 87.8 万吨、91.19 万吨，对区域环境造成巨大压力，减排任务尤为艰巨，如表 12-8 所示。

表 12-8　山东半岛城市群各设区市资源产出效率及污染物排放量情况（2016 年）

地区	万元 GDP 能耗（吨标准煤/万元）	万元 GDP 水耗（立方米/万元）	二氧化硫（吨）	氮氧化物排放量（吨）
济南市	0.70	24.88	44403	61075
青岛市	0.55	9.31	23320	58687
淄博市	1.11	23.50	171735	125096
东营市	0.58	28.25	44858	37020
烟台市	0.54	12.16	69111.52	71139
潍坊市	0.76	24.08	68452	102512
济宁市	0.92	54.63	79865	94958
泰安市	0.79	34.25	32895	40263
威海市	0.59	13.11	35722	39968

---

[1] 方创琳：《城市群空间范围识别标准的研究进展与基本判断》，载于《城市规划学刊》2009 年第 4 期，第 1~6 页。

[2] 方创琳：《科学选择与分级培育适应新常态发展的中国城市群》，载于《中国科学院院刊》2015 年第 2 期，第 127~136 页。

[3] 王伟、张常明、陈璐：《我国 20 个重点城市群经济发展与环境污染联动关系研究》，载于《城市发展研究》2016 年第 7 期，第 70~81 页。

续表

地区	万元 GDP 能耗（吨标准煤/万元）	万元 GDP 水耗（立方米/万元）	二氧化硫（吨）	氮氧化物排放量（吨）
日照市	1.75	29.63	37796	46245
莱芜市	2.58	39.84	36718	44968
德州市	0.85	66.04	61708	55346
滨州市	1.79	60.56	171392	134632

资料来源：《山东统计年鉴（2017）》。

第三节　山东半岛城市群区域发展对策和建议

针对山东半岛城市群发展面临的突出问题和挑战，重点从培育中心城市、强化设施建设、加快新旧动能转换和深化区域协同等方面提出对策，推动城市群高质量发展。

一、培育中心城市，构建都市圈为支撑的空间体系

山东半岛城市群核心城市首位度较低，属于一种"原始的和谐"，其均衡性源自城市群在人口、经济和文化发展方面的缓慢和低水平[1]，已经成为制约山东半岛城市群开放竞争水平进一步提升的短板。未来一段时期内，提升济南市、青岛市两大核心城市能级，增强辐射带动能力，构建以济南市、青岛市两大都市圈为支撑的空间体系，成为山东半岛城市群发展的当务之急。

济南市应发挥位于京沪发展主轴带、临近京津和直接面向中西部腹地的区位优势，强化与京沪衔接，全面对接京津冀、长江三角洲世界级城市群建设，主动服务雄安新区，更好地融入京沪主导的全国城镇发展网络中。充分利用省会城市的综合优势，协调好旧城更新和新区开发关系，打破"南山北河"的地形条件束缚，提升要素集聚能力。发掘"山泉河湖城"独有文化自然优势，提升人居环境质量和城市形象，增强城市吸引力。加快传统工业转型升级，超前布局大数据与新一代信息技术、量子科技、高端装备制造等重点产业，积极发展文化旅游、产业金融、教育科技、医疗康养等现代服务业，有效提升城市综合竞争能力。积极承办国际性赛事、会议，争取承担更多的国家和国际功能，提升国际影响力。

---

[1] 刘士林、刘新静：《中国城市群发展报告2016》，中国出版集团东方出版中心2016年版，第67页。

青岛市应依托国际国内合作优势和海洋科技创新优势,实施更加积极主动的全方位开放战略,深度融入"一带一路"倡议,形成山东半岛城市群对接全球城市体系的枢纽门户。加快西海岸新区、青岛蓝谷等新空间培育,协调好"湾海城山"关系,优化城市组团布局,建设国际湾区都会。积极推进城市地铁建设,高标准建设青岛胶东国际机场、董家口港区、青岛北站等重大交通枢纽设施,完善集疏运体系,强化不同运输方式的有效衔接和协调发展①。以海洋经济为核心,实施"海洋+"行动计划,加快发展现代金融、国际航运、物流贸易、创意设计、国际会展等高端服务业,培育壮大海洋信息服务、海洋文化体验、海洋休闲旅游等新型业态和新兴产业,全力构建产业发展新体系。

以济南市、青岛市为中心,协同周边城市,建设济南都市圈和青岛都市圈。完善都市圈内部轨道交通线网,提升水利、能源等基础设施共建共享水平,形成功能互补的基础设施体系。建立健全都市圈协调机制,强化重要生态空间协同保护和污染协同治理。合理组织都市圈功能空间,构建横向错位发展,纵向分工合作的城镇发展格局,促进都市圈在统筹资源要素和参与区域竞争中发挥更加重要的作用②。

二、强化设施建设,推动城市群一体化网络化发展

山东半岛城市群起步较早,交通等基础设施建设曾经一度在国内处于领先位置。但随着城市群的快速发展和其他地区基础设施的不断改善,这种比较优势逐渐消失③。尤其是快速交通体系方面,高速铁路建设较为滞后,城市群内部未形成网络,外部与周边地区缺少多通道联系;城市间快速交通网络与城市内部交通衔接不紧密④,造成城市群大部分城市经济联系强度较低,总体经济联系水平增速缓慢⑤。迫切要求强化设施建设,夯实城市群城乡区域一体化网络化发展支撑。

第一,要加快完善城市群快速交通网络。积极推动青银高铁、济郑高铁、鲁南高铁、京沪高铁二线、京九高铁、沿海高铁等跨区域高速通道建设,推进渤海海峡跨海通道前期工作,构建与京津冀、长江三角洲以及东北地区、中西部地区快速高效互联互通交通网络,拓展城市群腹地。完善城市群内高速(城际)铁路网和高速公路网布局,推进重要高速公路通道扩容升级,构建以高速(城际)铁

---

①④ 山东省城乡规划设计研究院:《山东半岛城市群发展规划(2016~2030年)》。
② 山东省城乡规划设计研究院:《山东省城镇体系规划(2011~2030年)》。
③ 张兵、古继宝:《中外城市群发展经验及其对山东半岛城市群的启示》,载于《城市发展研究》2006年第3期,第39~42页。
⑤ 于谨凯、马健秋:《山东半岛城市群经济联系空间格局演变研究》,载于《地理科学》2018年第11期,第1875~1882页。

路和高速公路为主，以普通国省道公路为辅，多种运输方式优势互补的现代交通体系，形成城市群内3小时交通圈、都市区内节点县市1小时交通圈、设区市中心城区与周边县市1小时通勤圈，支撑城市群一体化发展。

第二，要优化港口、机场等重大枢纽设施布局。统筹沿海港口发展，推动港口布局优化和功能提升，完善海河、海公、海铁等多式联运体系，形成以青岛港为龙头，布局合理、功能完备、分工明确的现代化港口群，搭建服务全省、辐射黄河流域的国际航运服务中心和港口综合物流贸易平台[1]。优化机场资源布局，促进机场群合理定位和专业分工，增强青岛机场、济南机场的辐射带动作用，提升面向国际和国内主要中心城市的可达性。

第三，要协同推进水利、能源、信息等跨区域重大基础设施建设。一是优化水资源配置格局，加大再生水利用力度，提升海水综合利用水平，推进海绵城市建设，促进城镇、人口和产业布局与水资源承载力相一致。二是统筹区域能源基地建设，完善外电、外气入鲁等能源储备运输网络，调整优化能源结构，构建现代能源保障体系。三是统筹推进"三网融合"，推动跨部门、跨行业、跨地区共建大数据公共服务平台，加快建设智慧城市群，促进城市群信息共享[2]。

另外，还应提升城市群公共服务设施配套水平。依据常住人口空间分布特征，统筹布局教育、卫生、文化、体育和养老设施，实现公共服务均等、便捷、高效。积极推进区域公共服务一体化发展，构建适应城市群发展要求的公共服务体系和安全保障体系。

三、加快动能转换，提升创新驱动和绿色发展水平

新型城镇化的一个重要特征就是经济发展由主要依赖要素投入向依靠创新驱动转变[3]。大力推进绿色发展、循环发展、低碳发展是生态文明建设的基本要求。城市群作为新型城镇化的主体形态，势必成为绿色发展的前沿阵地和良好空间载体[4]。山东半岛城市群已经进入城镇化快速发展的中后期阶段，重化主导的经济发展方式面临的资源环境压力日趋明显[5]，加快推进新旧动能转换，提升创新驱动和绿色发展水平显得尤为重要。

一方面，要发挥山东半岛城市群海洋科技优势和制造业基础优势，以创新为动力，培育壮大新一代信息技术、高端装备、新能源新材料、现代海洋、医养健

---

[1] 山东省城乡规划设计研究院：《山东省沿海城镇带规划（2018～2035年）》。
[2] 山东省城乡规划设计研究院：《山东半岛城市群发展规划（2016～2030年）》。
[3] 任远：《城镇化的升级和新型城镇》，载于《城市规划学刊》2016年第2期，第66～71页。
[4] 黄跃、李琳：《中国城市群绿色发展水平综合测度与时空演化》，载于《地理研究》2017年第7期，第1309～1322页。
[5] 李忠：《关于山东半岛城市群规划的思考》，载于《中国经贸导刊》2014年第7期，第48～51页。

康等新兴产业,改造提升高端化工、现代高效农业、文化创意、精品旅游、现代金融服务等传统产业,引导产业结构转型升级,实现价值链向高水平跃升。加快产城融合发展,优化产业园区布局,促进产业发展与资源环境承载力相适应,将山东半岛城市群建成全国重要的先进制造业基地、高新技术产业基地,有国际竞争力的海洋经济聚集带。

另一方面,要立足山东半岛城市群山水林田湖草自然生态特色和历史人文特质,将生态文明理念融入山东半岛城市群发展建设全进程。以山体、水系、海岸带为支撑,强化鲁中山区和半岛丘陵地区两大区域生态绿色保护,构建"绿水青山"生态体系。节约集约利用土地、水、能源等资源,强化环境保护和生态修复,减少对自然的干扰和损害,形成低环境冲击的城市群开发模式,共建宜居城市群。

四、深化区域协同,增强城市群统筹协调发展能力

提升城市群协同协作水平,始终是城市群建设的重要内容。应发挥山东半岛城市群不跨省便于协调的有利条件,加快体制机制创新,推进城市群生态共保、设施共建、服务共享、市场共育。可探索成立山东半岛城市群协调推进委员会或类似机构,负责城市群内各城市在资源开发、产业布局、基础设施建设、生态环境保护等方面的统筹协调,以减少因行政壁垒而造成的城市间的相互封锁、排斥和内耗,减少重复建设和资源浪费[1]。应以现代快速交通网络和信息网络为依托,因地制宜,突出特色,促进各级城镇在功能定位、产业发展上合作共赢、错位发展,形成陆海、区域、城乡统筹发展格局。应合理优化城市群行政区划设置,消除体制障碍和市场壁垒,共同构建区域统一要素市场,促进人口、土地、资本等生产要素自由流动和优化配置。

---

[1] 李忠:《关于山东半岛城市群规划的思考》,载于《中国经贸导刊》2014年第7期,第48~51页。

第十三章

山东半岛城市群区域空间治理

全球化背景下世界范围内城镇化速度加快，我国大中城市也逐渐冲破城市间刚性行政边界的限制，城市间跨界联系日益增长，区域同城化、一体化成为各大区域板块的普遍现象。区域的破碎化和分散化由此更加突出，因此出现了区域空间治理的需求。

从区域层面而言，2014年国家在全面深化改革总目标下提出推进国家治理体系和治理能力现代化，开始以全新的角度思考国家治理体系问题。而习近平总书记2017年又提出像"绣花"一样精准精细的城市管理思想，倡导依法治理和各类社会主体的参与。因此，城市群、都市区治理成为城市管理领域的焦点。

从城市层面而言，2010~2018年，国务院共计221条国函批复、通知中，有49条关于城市总体规划，40条关于城市新区、综合试验区和自主创新示范区，17条关于城市群和区域规划[1]。城市单元不管在国家还是全球竞争体系中的地位逐渐凸显。但经济发展程度较高的大城市普遍囿于土地、港口等资源紧缺的困境，继而引发在其邻近城市寻找各种资源以求互促、互补[2]。

从发展环境来看，经济社会环境变化和城市发展速度提升会催生更加合理的城市空间发展战略。21世纪以来，经济全球化与区域经济一体化进程进一步深化，世界范围内跨境合作和国家内部区域一体化相互交织，彼此利用各自地域优势资源以互补合作，区域空间治理在这种背景下应运而生。

---

[1] 《国务院办公厅政府信息公平指南（试行）》，中国政府网，http：//www.gov.cn/zhengce/content/node_330.htm。

[2] 罗小龙、沈建法：《跨界的城市增长——以江阴经济开发区靖江园区为例》，载于《地理学报》2006年第4期，第435~445页。

第一节 区域空间治理的理论基础

一、传统区域主义

传统区域主义认为过于破碎、分散的行政单元是导致大都市地区的区域隔离、造成区域分裂的主要根源,因此通过行政区划调整,组建统一的大都市地区政府可以促进区域协作,优化区域层面的公共物品供给。在地方自治传统的影响下,以美国为代表的许多西方国家一直存在着显著的政治"碎片化"现象,也即单一的城市地区内存在大量拥有独立自治权利的地方政府单位。因此,传统区域主义倡导的通过组织"集权式"管理来应对政治权力过度分散的治理策略,在20世纪中前期曾一度盛行[①]。

传统区域主义倡导着一种"巨人政府",来打破地方政府的碎片化,形成一个主导型决策中心的政治体制。碎片化的政府治理方式形成的多中心政府单元,一定会致力于追求各自的利益,导致无法解决公共问题和区域矛盾。如无计划发展、管理能力和专业技能欠缺、责任不清、缺乏统一行动等均导致无法实现区域共同发展。因此,组建统一的政府才是应对这一问题的唯一途径。

二、公共选择学派

公共选择学派则是主张"多中心"结构,和传统区域主义理论相悖。公共选择学派认为多中心的行政结构有利于权力制衡和竞争机制的引入,从而带来区域协调和区域善治。奥斯特罗姆(Ostrom)等在研究中指出,大都市地区内的多个地方政府并不是杂乱无章地运行,它们因竞争关系的存在构成了一个相互依赖的关联体系,政府之间会彼此考虑,参考多种契约性和合作性的事务或尝试建立解决冲突的集中机制,使得相互的行为变得协调和可预期。

与"巨人政府"相比,多样化的城市政府可以提供更多类型的公共服务;分散的、地方自主的公共支出模式可以更好地反映当地居民的政策偏好;公民"以脚投票"可以促使不同的地方政府在相互竞争中实现合理、高效、有针对性的公共物品和公共服务的提供。因此,公共选择派不建议改变大都市地区的政权分散状况,而是主张通过建立一套完善的多中心特征的民主行政机制来实现对大都市

---

① 唐燕:《德国大都市地区的区域治理与协作》,中国建筑工业出版社2011年版,第8页。

地区的有效管理①。

三、新区域主义

20世纪90年代以来,在传统区域主义基础上衍生出来的"新区域主义"逐步发展成为区域治理理论的第三波主流思潮。新区域主义认为区域协作的关键在于建立起由政府、私人部门、公众、学者等多角色参与的社会合作网络,通过持续的社会实践过程和集体行为来实现区域一体化。新区域主义兴起的原因包括经济全球化的影响,大都市地区经济景观的演变,以及对"新自由主义"政策的反思。与传统区域主义主张合并的观点不同,学者认为新区域主义有三条实践途径:多层级政府方法,由处于不同层级的政府提供与之相对应的不同范围的公共服务;功能链接方法,建立区域功能的合作或地方政府间的合作协议;综合网络方法,通过多层次、多主体的合作协议网络来促进区域治理②。

在某种意义上,新区域主义是一条有别于科层制与市场的第三条治理之路,新区域主义是对传统区域主义集权式的大都市地区政府模式和公共选择派分权式的市场竞争模式的综合和改进,代表着大都市地区治理理论演进的新趋向,但新区域主义也常因为将区域治理简单等同于区域合作而遭受诟病。

四、多中心治理

由于市场或政府在公共事务的治理过程中失灵,奥斯特罗姆夫妇基于长期的社会实证调研认为,公共事务的治理应该摆脱市场或政府"单中心"的治理方式,建立政府、市场、社会三维框架下的"多中心"治理模式,以有效地克服单一依靠市场或政府的不足。"多中心"意味着有许多在形式上相互独立的决策中心从事合作性的活动,或者利用核心机制来解决冲突,在这一意义上大城市地区各种各样的政治管辖单位可以连续的、可预见的互动行为模式前后一致地运作③。

多中心治理理论的核心是,主张采用分级别、分层次、分阶段的多样性制度设置,加强政府、市场、社会之间的协同共治。该理论的价值在于"通过社群组织自发秩序形成的多中心自主治理结构、以多中心为基础的新的'多层级政府安排'具有权力分散和交叠管辖的特征,多中心公共论坛以及多样化的制度与公共政策安排,可以在最大限度上遏制集体行动中的机会主义,实现公共利益的持续

---

① 唐燕:《德国大都市地区的区域治理与协作》,中国建筑工业出版社2011年版,第9页。
② 唐燕:《德国大都市地区的区域治理与协作》,中国建筑工业出版社2011年版,第10~11页。
③ 埃莉诺·奥斯特罗姆等:《公共服务的制度建构——都市警察服务的制度结构》,宋全喜、任睿译,三联书店出版社2000年版,第11~12页。

发展"①。多中心治理理论强调治理的主体是多元，而不是一元的，各主体相对独立且彼此之间相互联系，在一定范围内共同承担公共事务治理的职责。多中心治理实质上是构建政府、市场、社会共同参与的"多元共治"模式。

五、空间治理理论

空间治理是基于"空间"的公共治理方式，在社会空间领域进行空间塑造、空间修复和空间重构，最终实现空间正义的过程。空间治理强调多元主体共同参与，除政府外，还包括企事业单位、社会团体、社区和个人等。空间治理的对象并非自然空间，而是社会空间领域中的物质空间、交往空间、文化空间、网络空间以及其中的社会关系等。

从理论背景上看，空间治理内在地包含了空间研究的治理转向和治理理念的空间转向。社会理论对空间概念的系统关注源自 1974 年列斐伏尔（Lefebvre）的重要著作《空间的生产》，政治经济学分析视角开始在人文地理学领域中逐渐兴起。西方的空间治理视角更加广阔，从个人、家庭和社区到地方、区域、国家和全球，空间尺度尤其关注区域尺度如大都市区的区域规划和空间治理；导向更加明确，一方面是空间拓展，另一方面是提升全球竞争力，通过极化效应和扩散效应带动大都市区的成长。治理过程伴随着中央政府的权力下放、政府间合作机制和多主体协作机制的建立、正式与非正式制度的结合、市场化治理手段的应用等。

中国的空间治理体现在政府治理机制变革的过程中。中共十八届三中全会提出"推进国家治理体系和治理能力现代化"的重大议题，中共十八届五中全会进一步要求"加强空间治理体系建设"。由此，空间治理已成为新型城镇化课题，成为城镇化质量提升的必要手段。

中国空间治理中的空间尺度可以分为国家、区域、城市三个层次。在国家层面上的空间治理侧重于形成不同行政单元之间的协作关系，实现区域共同管理的空间治理机制；在区域层面上的空间治理侧重空间内部的治理体系的优化，保障空间治理的顺利进行；在城市层面上的空间治理侧重于空间单元内部的产业结构调整和优化，通过一系列空间治理的政策引导空间发展。目前，中国空间治理现状存在空间规划体系缺乏系统性和整体性、空间治理主体的行政边界不清、缺乏协同机制等问题。因此空间治理的主要手段需包括规划体系、土地制度、户籍制度和财税体制四个方面。但目前更多的研究是从规划角度对空间治理进行管治。

---

① Ostrom E. Institutional Incentives and Sustainable Development: Infrastructure Policies in Perspective. Westview Press, 1993, P. 18.

随着全球化、网络社会和流动空间的出现,传统的空间和制度范畴无法充分有效地描述和解决社会所面临的问题。传统的城市、地区等空间分类缺乏对当前社会问题的多维空间认识,快速城市化又引发复杂的空间过程,以组织、关系和流动的形式显著改变空间配置,如城市边界模糊、形成新的城市区域和市场空间等;而政府与市场的二元对立也忽视了参与解决社会问题的各种行动者(公私部门)之间复杂的相互作用。因此,关注空间属性和治理特性的空间治理亟须理论和实践创新。空间具有经济、生态和社会价值等多重属性。经济价值要求空间中各种要素的自由流动与组合以及空间本身的生产;生态价值要求减少废物的无序排放,保护生态环境;社会价值则重点体现在消除空间功能异化、空间隔离和排斥。而治理不同于政府单方的命令性或控制性的政策和规划,而是政府、非政府组织和私营公司等多主体复杂相互作用的结果。加强空间治理是当前推进城市治理体系和治理能力现代化的重要举措,以空间作为治理的切入点,有利于推动国家、区域、城市治理水平的不断提升,达到善治的目的。针对国家在长期城镇化发展进程中形成的各种问题,只有从空间治理角度来认识和处理,通过多元主体的共同参与,才能真正实现空间正义。

空间治理重在解决区域空间中的公共问题。当前,中国的公共治理问题,主要有三大类:第一类是跨越行政区划边界的各类跨界矛盾和问题,如空气污染、基础设施互联互通等;第二类是跨越公私领域(公权力和社会权力)之间的问题,最典型的城乡公共服务的供给问题,以政府为主的供给方式,数量有限,效率不高,难以满足多元化需求,这是当前我们在快速城镇化进程中面临的一个核心矛盾;第三类是跨越政府部门与部门之间的问题,在很多领域中一些职能部门之间职能交叉、权责不清、相互推诿,责任不清,存在管理真空[①]。

第二节　山东半岛城市群海岸带空间治理

山东半岛海洋资源丰富,具有海洋资源开发的良好物质基础。山东省港口资源丰富,拥有 26 座优良港口,青岛、烟台、威海、日照、龙口、石岛、岚山、东营等八座港口被国家批准为对外开放一类港口,青岛前湾港成为年吞吐能力 1.5 亿吨以上的我国北方国际航运中心之一,且大中小港口配套形成网络,辐射面大,对进出口贸易和沿岸经济可持续发展具有重要的推动作用。

山东半岛海岸带资源丰富,是山东发展海洋经济、提升山东产业升级的物质基础,但是随着海岸带资源的开发利用,也会产生一系列的问题,制约海岸带资

---

① 陶希东:《构建具有中国特色的"跨界治理"新模式》,载于《学习时报》2014 年 6 月 16 日。

源开发利用的可持续性，也制约着山东半岛经济发展。由于海岸带受到海洋和陆地双重作用，生态环境脆弱，其既受到来自海洋深处动力影响，又受到来自陆地的侵扰，现实开发中问题比较突出。世界范围内海岸带资源日益受到重视，对世界经济和社会的发展产生日益重要的作用，在世界范围内也有一些开发问题是拥有海岸带的城市共同面临的。因此，山东半岛城市群的区域空间治理不可避免地也要顾及海岸带空间治理。

一、海岸带空间治理存在的问题

（一）海岸带资源开发的外部性问题

山东省海岸带资源开发的外部性问题主要表现在以下几个方面：

资源开发过度和开发不足并存。例如在海洋旅游中，山东省海洋旅游资源开发方式长期处于粗放式阶段，而非集约式，忽视了旅游资源的社会价值与环境价值。在开发过程中，片面地向有限的海洋旅游资源进行索取，而没有对有限旅游资源的保护引起足够重视，资源破坏和污染情况十分严重。很多沙滩（度假区）开发过度，比如威海石岛海滩（度假区）、乳山银滩（度假区）、青岛石老人海滩（度假区）都有过度开发现象，其最典型特征是投机性房地产开发项目泛滥，各种宾馆、饭店、别墅、公寓等设施沿度假区中心由内向外蔓延，呈带状分布在沙滩周围；度假区内城镇化现象非常严重，在布局设计、街区大小与形状、道路宽度与排列等方面，度假区与城市其他地区几乎完全一个模式，没有风格，没有特点，形成单调的城镇化环境。且由于海洋旅游的季节性特点，滨海旅游者出游时间非常集中，导致旅游景区在旅游淡季时旅游设施大量闲置和旅游资源大量浪费；然而，在旅游旺季时，旅游景区人满为患，旅游饭店超负荷运载，不仅旅游服务质量下降，游客满意度降低，而且游客数量过多，超过景区的承载能力，导致旅游资源及环境的破坏；游客在旅游高峰出游，不仅个人的旅游效用降低，而且会影响其他人的旅游效用，与游客的期望值之间形成较大反差，从而在旅游企业与游客之间、游客与游客之间形成外部成本。

与此同时，目前山东省东部海岸带旅游资源开发大多数仅限于海水、阳光和沙滩等资源的直接利用，缺乏水上和水底娱乐活动，空间布局上仅限于近岸水域和沙滩的利用，忽视海洋岛屿与陆域腹地的开发。一些区域开发过度，而另外某些区域尚未进行开发。青岛市有大小岛屿69个，而目前已进行旅游开发的只有灵山岛、田横岛、竹岔岛等几个岛屿；旅游开发多集中在海滨，海上旅游开发区域狭窄，仅集中于青岛湾、汇泉湾、团岛湾、浮山湾等海湾，开发层次较低，项目较少，主要是海上观光、划船、游泳、摩托艇等项目；资源开发利用不充分，使得夏季游客过于集中于海滩而形成人满为患的局面，对海滨旅游环境造成极大压力①。

（二）山东省沿海地区海洋污染仍较严重

从 2009～2015 年，山东半岛蓝色经济区近海水质劣于一类海水水质标准面积上升速度明显增加。据统计，从 2009 年的 13820 平方千米上升到 2015 年的全年最高值 19608 平方千米。符合第二类、第三类和第四类海水水质标准的海域面积分别为 6654 平方千米、4266 平方千米和 2423 平方千米；未达到第四类海水水质标准的海域面积为 2965 平方千米②。因为山东半岛蓝色经济区内许多河流直接汇入海洋，导致现阶段在近岸海域发生了明显的营养盐污染问题。黄河、绣针河、傅疃河、大沽河、五龙河、母猪河、界河、大沽夹河、白浪河、小清河、挑河、潮河 12 条入海河流污染较重，且污染范围不断扩大。山东半岛蓝色经济区内海水富营养化情况也比较严重。据统计，在冬季、春季、夏季和秋季，呈富营养化状态的海域面积分别为 5353 平方千米、3661 平方千米、3724 平方千米和 4419 平方千米。夏季和秋季呈重度富营养化的海域面积较高，分别为 447 平方千米和 368 平方千米，重度富营养化海域主要集中在渤海湾南部、莱州湾等近岸海域③。

另外，海洋污染问题在界定和赔偿方面仍存在漏洞，并具有事实认定困难、因果关系隐蔽、赔偿主体难以确定、专业技术性强等特点，海洋因子及海洋污染行为的特殊性，使海洋污染具有了污染源多且复杂、污染种类繁杂、污染扩散范围大、污染持续性强和污染后果严重等特点。这无疑也使海洋污染损害赔偿较传统的民事侵权损害赔偿而言更加难以判定④。

（三）山东省海岸带管理法律体系建设不完善

山东省海岸带管理立法发展滞后严重制约着海岸带开发利用的效率。山东省海岸带相关立法进程缓慢，不能适应当前海岸带开发、管理、保护的需要，这是造成山东省海岸带管理混乱的致命硬伤。现在人们对海洋的开发、利用的程度大大超过了以往，但是关于海岸带的立法仍是空白。

从国家海岸带法律政策发展来看，2011 年国务院批复将建立半岛蓝色经济区纳入国家战略，修改后的《海洋环境保护法》要求在海岸带工程的建设方面凸

---

① 宋立杰：《海岸带综合管理下的山东省东部海岸带旅游管理模式研究》，山东师范大学硕士学位论文 2005 年。
②③ 山东省海洋与渔业厅：《2015 年山东省海洋环境状况公告》，http：//www.hssd.gov.cn/pub/hjb-hczz/hyhjzl/hjgb/201506/t20150625 - 166897.html，2015 年 4 月 1 日。
④ 斜晓东、藏卫华：《海洋时代海洋污染损害赔偿问题研究》，载于《法学杂志》2013 年第 2 期，第 69～79 页。

显对生态系统的保护；2002年施行的《中华人民共和国海域使用管理法》明确地规定海域所有权归国家所有，并对海洋进行功能规划，对海域使用金也作出相应规定；2010年施行的《中华人民共和国海岛保护法》，明确规定了国家拥有无居民海岛的所有权，以保护生态环境脆弱、数量急剧减少的海岛。

山东省作为海洋经济发展的排头兵，加大对海岸带的管理迫在眉睫。而进行海岸带相关立法首当其冲。山东省对于海岸带管理的规制仅有《青岛市海岸带规划管理规定》，此规定仅对海岸带的规划进行了详细的规定，对海岸带的开发利用、海岸带的管理体制等方面并没有做相关规定；虽然2010年《威海市人民政府关于加强海岸带管理与保护的意见》中对保护海岸带的意义、海岸带保护的范围、内容以及基本原则以及相关机构的主要职责分工等做了规定，但是其法律效力太低，无法解决山东省海岸带存在的问题。作为一个拥有着668.6公里海岸线的海洋资源大省，历来重视海岸带资源的保护和开发，海洋经济飞速发展，竟没有专门针对海岸带资源管理的相关立法或规范性文件着实令人费解[①]。

二、海岸带区域空间政策及其演变

1949~1978年，山东省执行国家区域经济平衡发展战略，为了实现产业的合理布局，有计划地调整了全省的工业布局，原有工业基础薄弱的内地工业发展迅速，增加投资和沿海一些工业逐步向内地迁移，胶济铁路沿线和沿海城市的工业在原有较好的工业基础上得到了改造与发展，山东省区域发展差距有所缩小。

1978年以后，国家实行先沿海后内陆梯次推进的战略部署，东部沿海城市已有良好的产业基础，具备了对外开放和经济发展的必要条件，具有丰富的劳动力资源，市场条件较好，国家政策向沿海地区倾斜。山东省在全国实施梯次推进战略的大环境中，区域发展战略由均衡发展转向效率优先的非均衡发展战略。

1981~1983年，山东省响应国家先沿海后内陆的梯次发展战略，选择"以沿海城市为突破口，以沿海重点城市带头，大片开花"的发展战略，重点发展青岛、威海、烟台及省会城市济南。在工业布局上，体现为济南、东部沿海地区、淄博及鲁北地区、鲁中南地区和鲁西北地区五大片区的安排布局。这一战略规划原意是以沿海发达城市带动内陆共同发展，但在实践中过于注重效率而欠缺公平，使山东省东部沿海和内陆差距越来越大。面对日益扩大的地区发展差异，山东省于1984~2004年实施梯次发展战略，并立足省情，出台了一系列促进区域共同发展的政策与规划，其中涉及海岸带区域的规划及政策如表13-1所示。

---

① 张娜:《海岸带综合管理立法问题研究——以〈山东省海岸带综合管理条例〉的制定为中心》，烟台大学硕士学位论文2013年。

表 13-1　　　　　　　　山东半岛涉及海岸带区域规划及政策

时间	区域战略
1981~1983 年	青岛和烟台等沿海重点城市带动战略
1986 年	东西结合、共同发展战略
1991 年	"海上山东"战略,致力于发展"蓝色产业集聚带"
1994 年	跨世纪城市"两带五群"发展战略
1995 年	"海上山东"和黄河三角洲两大跨世纪工程的开发建设
2000 年	《山东省城镇体系规划（1996~2010）》
2001 年	城镇化促协调发展
2002 年	建设鲁南经济带,老工业基地
2002 年	部署山东半岛城市群发展战略研究,提出三大都市圈建设
2003 年	胶东半岛制造业基地
2004 年	建设山东半岛城市群
2007 年	"一体两翼"
2007 年	鲁南经济带
2008 年	省会城市群经济圈和海洋经济发展战略
2008 年	胶东半岛高端产业集聚区
2009 年	《黄河三角洲高效生态经济区发展规划》上升为国家战略
2010 年	重点区域带动战略
2010 年	胶东半岛城市群和省会城市群一体化战略
2011 年	《山东半岛蓝色经济区发展规划》上升为国家战略
2012 年	《山东省城镇化发展纲要（2012~2020 年）》提出加快培育山东半岛城市群和济南都市圈
2017 年	山东省人民政府批复《山东半岛城市群发展规划（2016~2030 年）》
2017 年	山东省人民政府印发《山东省海洋主体功能区规划》
2018 年	《关于印发全省新型城镇化建设近期工作要点的通知》提出：打造"两圈四区"总体格局,提高山东半岛城市群建设质量
2019 年	黄河流域生态保护和高质量发展上升为国家重大战略
2020 年	山东省先后出台了《贯彻落实〈中共中央、国务院关于建立更加有效的区域协调发展新机制的意见〉的实施方案》《关于加快省会经济圈一体化发展的指导意见》《关于加快胶东经济圈一体化发展的指导意见》和《关于加快鲁南经济圈一体化发展的指导意见》,正式明确了"一群两心三圈"的区域发展格局

续表

时间	区域战略
2021年	《山东省国土空间规划（2021~2035年）》（征求意见稿）提出：以济南、青岛为核心，建成具有全球影响力的山东半岛城市群。支持济南建设黄河流域中心城市、青岛建设全球海洋中心城市，增强区域引领和辐射带动能力
2021年	《山东半岛城市群发展规划（2021~2035年）》提出：建设人、河、山、海、城和谐共生的美丽半岛城市群，打造全球海洋经济中心
2022年	《关于推动城乡建设绿色发展若干措施的通知》提出：构建城乡绿色发展空间载体，推动山东半岛城市群绿色发展、建设绿色低碳城市、建设美丽宜居乡村

资料来源：根据相关信息整理。

"七五"到"九五"期间，山东省东部地区依靠积累起来的发展优势，经济增长率居高不下。虽然实施了十几年东、中、西各有侧重的梯次发展战略，但山东省西部地区在全省的经济比重仍然相对较低，区域发展不合理的问题突显。进入21世纪，山东省开始探索东西联动、城乡统筹、促强扶弱多区域带动的协调发展战略。2001~2005年是山东省区域协调发展战略的启动阶段。山东省实施了"一个龙头""三个突破""三个战略"的区域经济发展战略。通过实施这一战略，一方面"点"和"面"互联互动，打造区域经济的核心，青岛按照建设区域性经济中心城市的要求，增强综合功能和辐射带动力；另一方面推进城市化，提出以"城镇化促协调发展"的战略，发展城市成为区域增长中心，形成"两大中心一四个层次一五条城镇发展轴线"的区域城市格局，形成各级增长极。从空间发展来看，东部发挥带动作用，东、中、西重点城市突破；从城镇体系来看，打造重点城市为区域增长极，建立各级城镇体系，重点发展县域经济。[①] 2006~2007年，在全国发展城市群、经济区以促进产业及人口聚集的大背景下，山东省提出了东部优化发展，建设现代化半岛城市群，中部加速崛起，建设济南都市圈，西南地区强化开发开放，建设鲁南经济带；优化提升海洋经济圈、综合开发黄河三角洲、建设胶东半岛制造业区、打造鲁中南山地生态经济区。由此突破东、中、西重点城市的旧有思路，转为发展城市群、经济带、都市圈。[②]

2007~2008年是山东省区域空间发展思路转型的关键时期，山东省提出发展山东半岛城市群、省会城市群经济圈、高效生态经济区及海洋经济区第"五大板块"。同年，山东省实施鲁南经济带、黄河三角洲"一体两翼"战略。2008年

---

① 马学广等：《海岸地带城市——区域空间治理研究》，人民出版社2015年版，第369页。
② 张臻：《山东省区域政策实施及对区域协调发展的影响研究》，山东师范大学硕士学位论文2012年。

10月山东省制定《胶东半岛城市群和省会城市群一体发展规划》，这一区域发展战略的实施标志着山东省解决区域经济发展不平衡的思想有了改变，从过去的在东西横向上解决差距问题，转而从南北纵向上探求区域经济平衡发展。2009年11月，黄河三角洲高效生态经济区上升为国家战略。2010年，山东省"十二五"规划提出全省国土空间按开发方式分为优化开发、重点开发、限制开发和禁止开发四类区域，其中海岸带区域在开放发展中占据极为重要的地位，胶东半岛城市群、黄河三角洲高效生态经济区被划入优化开发区，鲁南经济带被划入重点开发区，主体功能区实施分类管理的区域性产业政策、土地政策、财政政策、投资政策等。2011年1月，山东半岛蓝色经济区上升为国家战略。至此，山东省形成了多区域带动的协调发展战略[①]。

三、国家战略规划下的海岸带空间治理

2011年国务院批复《山东半岛蓝色经济区发展规划》，明确了"一核、两级、三带、三组团"的海陆空间政策布局。提升"一核"即为以胶东半岛高端海洋产业集聚区作为山东半岛蓝色经济区的核心地带，并以青岛为龙头，以烟台、潍坊、威海等沿海城市为骨干。壮大"两极"一是黄河三角洲高效生态海洋产业集聚区，发挥滩涂和油气矿产资源丰富的优势，培育和壮大环境友好型海洋产业；建设一批大型生态增养殖渔业区，大力发展现代渔业；加强油气矿产等资源勘探开发，加快发展海洋先进装备制造业、环保产业；大力发展临港物流业、滨海生态旅游业等现代海洋服务业，培育具有高效生态特色的重要增长极。另一个是鲁南临港产业集聚区，依照日照深水良港，充分发挥腹地广阔的优势，集中培育海洋先进装备制造、汽车零部件、储运加工等；加强集疏运体系建设，加强日照保税物流中心建设，把鲁南临港产业集聚区打造成为区域性物流中心和我国东部沿海地区重要的临港产业基地。构筑"三带"指海岸近海远海同步开发，优化海岸和海洋空间开发保护格局，推进海岸、近海和远海三条开发保护带的可持续发展。壮大"三大城市组团"指壮大"青岛—潍坊—日照城市组团""烟台—威海城市组团""东营—滨州城市组团"。其中日照及鲁南地区应当按照"接轨青岛、融入半岛"的战略进行发展。鲁北地区以烟台、威海为中心，通过改善沿海地区中小型城镇的功能和建设良好的基础设施改善沿海环境，形成沿海旅游度假休闲区域。鲁东北突出黄河三角洲的地理特点，建设资源节约、环境友好的城镇密集区。

[①] 张臻：《山东省区域政策实施及对区域协调发展的影响研究》，山东师范大学硕士学位论文2012年。

四、海岸带空间治理的对策

(一)加强海岸带资源开发管理与规划

由于海岸带资源开发中存在的外部性等问题,加强对海岸带资源开发的规划与管理是迫在眉睫的事情。海岸带资源开发的规划管理的对象,无论是自然系统还是社会系统都处在不断变化和发展之中。因此,海岸带资源开发规划管理总是处在动态的、连续的发展过程之中。海岸带旅游资源管制是一个发展的过程,往往需要不断解决旅游发展所产生的复杂经济、社会、环境、法律和管理问题,来促进当地经济、社会的持续发展。海岸带资源开发规划与管理就是解决海岸带资源利用的矛盾,协调海岸带资源利用与保护的相互关系,促进海岸带地区经济、生态协调发展和当地产业的可持续发展。与此同时,对海岸带资源利用的规划与管理是一个"自下而上"与"自上而下"相结合的管理过程,海岸带资源规划管理需要国家各有关部门的紧密配合和国家与地方有机结合才能有效开展。地方的海岸带资源规划与管理,尤其是在内陆地区和海岸带的陆地区域更显得重要,而离海岸越远的海区,国家政府的管理变得越发重要。只有从地方逐级向上"自下而上"和国家逐级向下"自上而下"有机结合、共同管理,海岸带旅游资源管制的任务才能很好地完成。山东省海岸带旅游资源管理规划的编制尽管为我国海岸带地区海滨旅游业的可持续发展提供了一种可贵的借鉴模式,但其并不是十分完善,仍然有很大提升空间。

(二)实施流域环境综合治理

完善沿海城市生活污水和工业"三废"的处理设施建设,提高污染物的处理能力和处理效率,大幅度减少各种污染物的入海量。在有条件的大城市城区,尽快实现污水的三级处理后循环利用;没有条件或基础设施不达标的城区也要尽快实现污水的二级处理或深海集中排放;严格控制大气和固体污染,采用清洁生产技术或后处理设施,显著降低大气污染排放量,有效减少固体垃圾对海洋环境的污染。

启动农业非点源污染控制工程,完善农业生态环境监测体系的建设。积极调整农业生产结构,提升农业生产的科技含量,减少农业废物;开展生态农业工程及生态农业示范区建设,完成一批对改善生态农业环境有重要影响的工程;开发生物控制技术,推广生物农药,控制化学农药和生物激素的使用量,显著降低农药的环境残余;推动集约化畜牧业养殖工程,提高有机废物的综合利用率;推广生态养殖技术和工厂化养殖技术,提高资源利用效率,减少有机废物的流失和向海排放总量;开展水土保持及小流域综合整治示范工程,防止大量的有机污染物和有毒废物通过水土流失进入海洋造成污染。在沿岸重点海域设定海岸带隔离区和保护区，保护及恢复沿海湿地、潟湖生态系统和海岸带防护林体系，维护海岸带的生态完整性[①]。

（三）成立黄河三角洲专业治理机构

黄河三角洲是黄河携带大量泥沙在渤海凹陷处沉积形成的冲积平原，位处黄河入海口处的黄河三角洲自然保护区正是以保护河口湿地生态系统和珍稀、濒危鸟类为主的湿地类型保护区。以利津为顶点，北到徒骇河口，南到小清河口，呈扇状三角形，地面平坦，在海拔 10 米以下。向东撒开的扇状地形，海拔高程低于 15 米，面积达 5450 平方千米。三角洲属温带季风性气候。四季分明，光照充足，区内自然资源丰富。但是由于黄河携带大量泥沙及污染物，在黄河口处沉积，导致河床抬升、污染物流入海洋等问题。目前对于黄河三角洲地区的环境治理责任主要由国家海洋局、当地国土局及相关环保部门承担，各个参与治理的机构层级差异较大，容易引起权责不清、职权冲突、管理不善等问题。

如今在西方许多国家，对于某个特殊区域都采取设立专业机构进行综合治理的模式。如 1933 年成立的田纳西河流域管理局，便是专责解决田纳西河谷一切问题的机构；奥地利在 1884 年成立由农垦部管理的荒溪管理局，有关流域管理的一切事务由农林部统一领导，由荒溪管理局具体负责。这一模式在我国也早有类似实践，经长期实践最符合我国国情的便是流域机构。流域机构是指水利部按照河流或湖泊的流域范围设置的水行政主管管理部门，其代表水利部在所辖流域内行使水行政管理权，为水利部直属派出机构，包括长江、黄河、淮河、海河、珠江、松辽水利委员会和太湖流域管理局及其所属管理机构，级别为副部或正厅级。目前黄河口区域由属于水利部黄河委员会下属的山东黄河河务局进行管理，但黄河三角洲的范围并不仅仅局限于黄河口及山东境内的黄河流域。故而建议可以根据我国实际国情，参考西方先进国家及我国现有的相关实践经验，在山东省成立黄河三角洲专业治理机构，负责协调涉及黄河三角洲治理的相关部门，进行黄河三角洲区域统一治理规划，专责解决涉及黄河三角洲一切事务（包括排污、农业、河口治理、水利设施等）。

（四）加强公众参与及海洋知识普及

目前山东省海岸带相关政策及规划在对民间进行宣传的过程中，多采取传统官方宣传的模式，如召开新闻发布会、发布政府通告、新闻宣讲等等，民众对此接受度不高，涉海知识及政策在群众中的传播程度仍有较大提升空间。主要原因

[①] 刘康、姜国建：《山东海洋环境问题与管理对策分析》，载于《海洋开发与管理》2005 年第 6 期，第 5 页。

有两点：一是采取的宣传模式"不接地气"，普通群众认为这是"官样文章"，与自己"关系不大"；二是群众在相关政策规划的制定中参与程度有限，在政策及规划制定过程中很少有机会亲自参与其中，并且相关部门在制定有关政策和规划时对群众态度考虑较少，田野调查力度不足，以至于人民群众认为自己在政策及规划制定过程中，自己属于"利益被忽视群体"。

在加强海洋知识普及过程中，传统模式仅要求政府尽到宣传责任，而对宣传手段并无明确要求。政府在海洋知识宣传普及过程中，主要依靠社区的力量，如在社区中进行政策宣讲会等，缺乏对不同受众群体采取不同宣传手段。应该加强对相关行业群体的宣传力度，如航海业从业人员、渔业从业人员、农业从业人员等不同职业群体；应加强对以学生为主的青少年群体的宣传，如学习开展海洋环境知识普及、海洋知识竞赛、开设涉海类选修课等；应采取鼓励政策，推动海洋环境保护民间社团建设，如通过募捐或赞助等方式设立海洋环境保护基金，对有突出贡献的个人和团体进行奖励等。

在相关政策及规划制定过程中，长期以来缺乏民众参与，导致普通群众认为自身利益在政策及规划中受到忽视。应鼓励和支持公众和企业参与海洋环境保护行动，组织海洋环境保护和环境监测志愿者队伍，对涉及公众切身利益或公众关注的海域开展志愿监测行动，以弥补专业监测网络的不足，在规划及政策制定过程中，应多做相关田野调查，摸清相关群体的利益诉求及群众的意见；建立定期的区域海洋环境质量状况信息发布制度，为公众和民间团体提供参与和监督海洋环境保护的信息渠道与反馈机制。

（五）制定山东省海岸带治理与保护相关法规

2017年9月30日，《福建省海岸带保护与利用管理条例》经福建省第十二届人大常委会第三十一次会议通过，自2018年1月1日起施行，成为我国大陆沿海省份第一部规范海岸带保护与利用管理的地方性法规。

2017年3月，国家海洋局出台我国首部《海岸带保护与利用管理办法》，为山东省进行海岸带管理与保护提供了政策指导，国内其他省市关于海岸带立法的经验也给山东省提供了有益借鉴。如我国首部省级海岸带保护与利用地方性法规《福建省海岸带保护与利用管理条例》，以及之前的《江苏省海岸带管理条例》和《葫芦岛市海岸带管理暂行办法》等地方性法规，都为山东省海岸带立法工作提供了有益指导。在山东省制定海岸带相关法律法规的过程中可以参考江苏省以及葫芦岛市关于海岸带管理的相关内容，这对山东省海岸带相关法律法规的制定不无裨益[1]。

---

① 张娜：《海岸带综合管理立法问题研究——以〈山东省海岸带综合管理条例〉的制定为中心》，烟台大学硕士学位论文2013年。

第三节 山东半岛城市群区域空间治理策略

一、总体战略目标

按照山东省发展和改革委员会出台的《山东半岛城市群发展规划（2016～2030年）》，将把山东半岛城市群打造为我国北方重要开放门户，京津冀和长江三角洲重点联动区，国家蓝色经济示范区和高效生态经济区以及环渤海地区重要增长极。根据发展目标，近期至2020年，城市群综合实力明显提升，全方位对外开放格局基本建立，在环渤海地区合作和引领黄河流域加快发展进程中作用不断彰显；远期到2030年，全面建成发展活力足、一体化程度高、核心竞争力强的现代化国家级城市群。

具体来看，需在山东创新发展、持续发展、领先发展以及创建国家新旧动能转换综合试验区的发展大背景下，将城市群打造成：立足东亚，接轨国际的开放地域；带动山东，辐射北方的强势龙头；空间优化，分工有序的都市连绵区；人地和谐，适宜居住的城市群体以及城乡一体，文明富足的小康之地。

二、培育山东半岛城市群的世界城市

在经济全球化背景下，城市的经济国际化是区域发展、实力提升的必由之路。经济国际化，是一种以国际市场为导向，以投资贸易自由化为基础，以国际运行规则为约束，在全球范围内有效配置生产要素，以实现与世界经济融合和对接以促进经济快速发展的战略。山东半岛城市群以其极佳的区位条件和社会经济基础，理应进一步融入世界经济，参与全球产业分工，从而实现跨越式发展。全球化背景下，商品、资本、技术及人才等要素的全球化流动，推动越来越多的城市成为全球化网络中的重要节点，世界城市则由于其对资源要素全球化流动的组织控制作用而成为全球经济管理控制中心、金融中心、创新中心、文化中心及国际事务协调中心，深刻影响并引领全球化进程[1]。在国家发展大环境下，建设具有国际影响力的世界城市也已上升为国家战略，2014年《国家新型城镇化规划（2014～2020年）》要求京津冀、长江三角洲和珠江三角洲城市群"要以建设世界级城市群"为目标。因此，山东半岛城市群也应跟随其步伐，打造区域内的世

---

[1] 陈维民、马学广、窦鹏：《世界城市发展趋势及未来中国的网络结构分析》，载于《区域经济评论》2017年第2期，第78～85页。

界城市。根据测算，山东半岛城市群城市中，仅有青岛位列中国（大陆）100 城市"世界城市建设评价指标"中的第 10 位，其次是济南位列第 18 位，区域内整体经济国际影响力不足，国际化程度较低。因此应多措并举，提升山东半岛城市群的经济国际化水平。

（一）通过吸引外资和扶持民营经济提高区域产业的国际竞争力

加强对外商投资的产业导向，促进产业结构优化升级。对高新技术产业投资实行特殊优惠。要注重提高外资项目的整体技术质量和水平，以促进外资逐步由劳动密集型产业向资金、技术密集型产业推移。进一步拓宽引进外资的途径，开辟更多的外资利用方式。允许外资通过产权交易参与国有企业和非国有企业的资产重组或企业并购。大力扶持民营企业，全方位参与国际化。针对现状，区域内各城市政府要从思想上认识民营企业参与国际化的重要性，政策导向从"简单放开"向"主动服务、积极引导"转变。抓骨干企业，抓改制改组，抓技术创新，放手让各类民营企业在一般竞争性领域发展，积极支持民营经济参与国际国内市场竞争。

（二）发挥地缘优势强化与日韩的经济联系

全面发挥文化纽带和政府的推动作用。日韩两国深受山东儒家思想影响，应充分利用这种文化纽带的联系，各地政府采取主动态度，广泛吸引外资，使得文化纽带优势转化为经济联系优势。在区域内创造更好的社会条件，如开办更多的日韩学校，积累与日韩之间的社会资本。以引进日韩大型跨国公司作为新一轮开展对外招商的重点，瞄准大企业财团，建立长期稳定的紧密联系，及时把握其投资意向，建立高效运行的重大项目推进服务体系。加强与日韩具有较强互补性产业的引进，目标应聚焦在韩国目前具有一定竞争优势的汽车、电子、钢铁、造船、石化和机器制造等资本密集型产业。与日韩合作，共同开发东北亚历史文化旅游观光带，拓展跨国旅游。

（三）加快建设胶东半岛制造业基地

胶东半岛（青岛市、烟台市、威海市）地理位置比较接近日本和韩国，而且交通便利，具备高起点、高标准发展制造业的良好基础，具有承接韩国、日本、中国台湾以及欧美产业转移的良好条件。应大力发展高水平制造业。着重提升产业层次，集中发展和培育高技术含量、高加工度、高附加值的现代制造业。建立完善科技教育体系和金融服务体系。加强高等院校、科研院所和行业、企业技术中心建设，引进学科带头人、技术拔尖人才和经营管理人才，围绕重点行业、重点产品组织和推进产学研结合，促进科技成果转化，发展有自主知识产权的技术和产品。着力加强职业技术教育，培养急需的高级技术工人。

三、强化济南市和青岛市的龙头带动作用

龙头城市是指对区域发展具有全局影响力，能够主导区域经济发展方向、具有引领效应的核心城市。区域经济不平衡决定了其发展总是在特定的优势地区带动下逐步推进的，这种对整个区域具有类似火车头功能的优势地区就成为区域发展的龙头。对于城市群而言，在向都市连绵区发展演进过程中，核心城市的龙头带动作用更是必不可少的基本前提。因此，实施以强化区域优势为目的的龙头带动战略将是加快山东半岛城市群发展、促进形成都市连绵区的重要举措。作为全面对接国家区域发展战略的山东半岛城市群，支持济南市、青岛市建设国家中心城市，形成"两圈四区"的总体格局中也凸显了济南市和青岛市的龙头地位。

（一）促进青岛市由半岛型城市向海湾型城市发展

1985年青岛市经济技术开发区在黄岛布点以来，又相继兴建了保税区、旅游度假区、国家森林公园、前湾港等重大项目，吸引三资项目超过1500个，大项目建设不断，一个现代化国际新城已迅速在胶州湾西岸形成。黄岛对于青岛市的意义不亚于浦东对于上海市的意义，应当以黄岛大开发带动青岛市大发展，以青岛市大发展带动半岛加快发展。在青岛港口功能的重点已经转移到黄岛以后，要加快青岛、黄岛之间大容量快速交通干道系统的建设，依托东岸的青岛和西岸的黄岛，将城阳、即墨、胶州和胶南纳入统一的城市规划，促进青岛由半岛型城市向海湾型组团式城市转型，拉开青岛都市区的框架，把龙头做强。

（二）围绕济南发展核心，推进济南都市圈一体化和同城化

增强济南辐射带动能力，加快建设全国重要的区域性经济中心、金融中心、物流中心和科技创新中心。济南都市圈地处山东省中西部，承东启西，在山东省区域经济格局中居重要地位，而济南市地处蓝黄两个经济区的中心地带，有着独特的区位优势和人才优势，金融信息服务业水平的提高，可以带动两大经济区的工业、农业乃至社会各个领域的发展，也能同时优化全省信息服务业的发展水平，因此更加凸显其重要位置。济南都市圈发展的关键是要形成区域内一体化的互动机制，要有一个强有力的政府机构来统筹引领各方面的发展，不仅要在经济，还要在基础设施、社会保障、环境保护等方面形成进一步协调。并且不仅是济南，周边各城市也要以开放的思维和办法来破解区域难题，通过全力拓展开放广度和深度，获得发展所必需的资金、技术、资源、人才，取人之长补己之短，从根本上打破制约发展的天花板。

（三）推动城市外经贸的各项商务服务业

把金融、保险、咨询、公证、海事仲裁和货物代理等外经贸有关的商务专门服务业，放在城市产业发展的重要位置，形成济南、青岛外贸枢纽。同时应以"一带一路"建设为契机，提升旅游业发展水平。对于与现代制造业基地目标不符的初级产品加工、有潜在污染风险、高耗水的制造业，要有所取舍、合理布局。

四、建立完善新型的区域合作机制

区域是一个完整的、复杂的经济系统，其内部诸要素的相互作用构成了区域经济系统的整体运动。区域合作机制的目的是通过产业协同和空间协同来整合区域发展的资源要素，发挥"整体大于部分之和"的效应，提高区域整体竞争力，增强其在更大范围内对资源的利用能力和对市场的占有能力。但是，山东省目前的区域合作机制尤其是在产业和空间两方面都明显不足，这直接影响了区域整体竞争力的提高。

（一）建立制度化、多层次的区域合作机制

区域合作机制的基本原则为"政府引导、企业主体、社会参与"。进一步完善党政联席会议制度，加强对基础设施建设、生态环境保护与产业布局调整等重大事项的协调，寻找实现各方利益最大化的切入点，为促进城市群协调发展提供引导。健全区域经济利益分享和补偿机制。积极倡导城市群发展中的"竞合"精神，建立制度化的利益表达和协商机制；制定互利共赢的利益分享和补偿机制，平衡不同城市之间的利益分配，促进劳动力、人才、资本等生产要素的跨区域合理流动和资源的优化配置。完善市场化合作机制。充分调动社会组织、民间团体、研究机构及普通民众等各类社会力量参与城市群发展的积极性，探索建立市场化的协调机构，为加快区域协调发展建言献策；建立跨区域的民意联络沟通机构，负责联系民意代表参会、征集各类意见建议等，为相关部门和地方政府提供决策参考[1]。

（二）设立"空间治理综合配套改革试验区"

"空间治理综合配套改革试验区"，主要是围绕城市区域内部，在快速交通体系下城市经济社会的同城化发展与各城市行政区划隔离之间的矛盾（经济区与行政区之间的矛盾），通过区域空间治理体制机制的建设，为资源空间治理流动重

---

[1] 王安、于吉海：《推动山东半岛城市群发展的思路与对策》，载于《财政科学》2016年第7期，第126~131页。

组、公共服务一体化发展,提供制度和政策上的综合性、配套性支撑,以全面解决同城环境下"经济分割、社会分割、服务分割"的深层次矛盾。"空间治理综合配套改革试验区"需在区域内重点试验推动行政区划改革,探索切实有效的空间治理机制,推动公共服务跨界一体化、均等化,推动跨界领导力体系建设以及推动相关配套政策的制定和实施等任务。

(三)构建"网络联盟"的城市治理机制

转型社会尤其是政府主导的转型社会的根本需求为合作主义。转型既是一个矛盾重重的高风险时期,也是一个冲突迭起的结构调整过程,如何把冲突与矛盾控制在秩序的范围内以完成平稳过渡,是转型社会面临的一个重大课题。显而易见,合作主义是国家与社会实现双赢的一种理论架构。合作主义理念下城市的治理方式首先表现为科层组织内部形成网络式的组织联盟。这些以任务为导向的城市政府,其组织的目的是取得效果,其特征是当任务改变时,其结构和程序也随之改变。它们的作用实际上提供了一个持续变化的组织结构,尤其善于与复杂多变的环境打交道,为了实现经济增长和协调、调动地方潜力,在行政管理部门内创建了各种科室和专业部门之间的网络,如特别小组、发展新项目小组等。我国许多城市政府已开始接受这样"内部合作"的理念,并运用于城市治理,运用于工作内容交叉、利益关联面广、具体目标性强的城市管理任务。其次是创建各类公私合伙人关系。以制度化的公共部门与私营机构的伙伴关系为基础,通过共同的公私合作活动推动城市经济发展。面对紧张的财政拨款和日益增多的重新发展的任务,城市政府应积极与各类投资者、开发商、私有公司的联合企业结成合伙人关系,允许来自不同领域、不同组织形式的行动者参与到城市公共产品提供和城市发展政策中来。

五、打造山东半岛城市连绵区

都市连绵区在本质上打破了固有的行政区域带来的制约,加快了资本、劳工、技术等生产要素的流动,增强了产业集聚度与关联度,优化了城市之间产业布局及错位发展,形成强大的整体竞争优势,成为国家经济发展重心以及区域发展的重要战略支点①。大中城市符合某种条件都可以形成都市区,但都市连绵区只有在都市区发育的基础上,在少数具备特定条件的地区才能出现。而且,都市连绵区和经济圈不同,经济圈突出城市之间的经济联系,都市连绵区则更加突出区域的空间、功能协调和各方面一体化发展。

---

① 张震:《中国都市连绵区的界定与治理对策述评——基于全球大都市区发展的启示》,载于《现代经济探讨》2015年第11期,第69~72页。

(一) 变扩大行政区为做实都市区

中心城市的发展是培育都市连绵区的重要基础,针对山东半岛城市群中心城市实力偏弱的状况,必须首先强化中心城市的带动作用。但做大做强中心城市,不能片面强调扩大市辖行政范围的方式。行政区划调整涉及多方利益,且总是滞后于现实的发展需要,是计划经济体制下的一种行政干预手段。其实山东半岛城市群中心城市在都市区范围内尚有较大的发展空间。因此应转换思路来做大做强中心城市,即变扩大行政区为做实都市区。都市区反映了中心城市功能对外围地区直接影响所及的范围,应通过合理组织都市区,挖掘都市区范围内的发展潜力。只有通过努力提高与中心城市联系密切的外围县市的经济发展水平和发展规模,扩大这些非农化外围县/市的地域规模,才能确实提高城市化的水平和质量。

(二) 培育新的城市增长点

山东半岛城市群发展走廊上的中心城市数量偏少,城市链条中存在明显的"塌陷"环节,这对未来都市连绵区的形成是个重要问题。如青岛—潍坊、青岛—烟台之间空间距离较大,都市区之间存在范围较大的低谷地区。要解决这一问题,应选择高密、诸城、莱阳、龙口给予重点扶持,培育新的城市增长点。当中心城市进入郊区化阶段以后,扶持发展综合交通走廊上两个中心城市之间的中间区位城市,有利于都市连绵区的形成和完善。根据山东发展走廊的实际,选择中间区位城市加以重点发展,对于都市连绵区的形成大有裨益。如此未来将形成以超大城市、特大城市、大城市、中等城市、小城市协调发展的城市体系。

(三) 完善综合交通走廊以支撑都市连绵区的形成和发展

山东半岛城市群交通走廊和基础设施应以港口、机场、铁路、公路和物流节点为重点。港口重点扶持青岛港,青岛港的定位关系到龙头城市青岛的发展壮大。作为空中"门户",机场的合理布局和发展有利于强化都市连绵区中发展极和中心城市的凝聚力和扩散力。都市连绵区中都市区之间、城乡之间的交互作用和社会经济联系在相当程度上表现为物流的流向、流量和流速,都市连绵区的一体化也就表现为物流节点(以引导物流为目的)的等级系统化,而物流节点体系反过来又将强化各中心城市的聚散功能,激活都市连绵区的凝聚力和影响力。物流节点的系统性决定了只能从全局着眼建立全省性的物流节点体系,各个中心城市内部的物流节点亦形成一定的体系。积极引导城市空间向主要经济联系方向扩展。都市连绵区的综合交通走廊体现了经济流运动和生产力布局阻力最小的方向。因此位于发展走廊上的城市,要沿发展走廊向经济联系的主导方向扩展,偏离发展走廊的城市要沿着主要经济联系方向向发展走廊靠拢。

六、推动区域社会组织发育与发展

以社会组织推动经济合作具有成本低、见效快的优势，组建跨地区的社会组织，以民间力量自下而上地推进区域政府合作，可以突破行政区划限制，进而推动区域经济一体化。在山东半岛城市群的建设过程中，大力推进非政府组织的发展，可以充分发挥它们的交流协调作用，同时这些组织的非官方性和灵活性，在促进半岛城市群政府合作中可以发挥桥梁纽带的作用，是不可缺少的理想媒介[①]。

（一）社会组织管理体制的创新

首先，完善社会组织的服务管理机制。在加强对社会组织领导和管理的同时，做好社会组织服务工作。其次，健全社会组织监管机制。根据有关法律、法规，对相关社会组织进行日常监管，依法坚决取缔非法社会组织，严厉打击各种非法活动。建立社会组织管理工作联席会议制度，加强工作联系和信息沟通，提供服务，促进社会组织的健康发展。最后，加强社区组织的服务管理工作。在社区（村）居委会设置专职人员，负责社区组织的服务和管理工作，反映社区组织的实际需求，协调解决社区组织的资金、场地、人才等实际困难。加快社区组织备案登记工作，将有条件的社区组织，通过引导规范为"合法"的社会组织。

（二）扶助社会组织发育与发展

政府放宽社会组织注册门槛，要吸引更多的草根社会组织在民政部门注册，要从制度上彻底改革以前的双重管理的管理制度，改进政府的工作效率，促进社区社会组织的发展，提升地方治理的能力。此外，对于一些运作资金独立，筹资渠道多元化且常能获得境外资金支持的草根组织，要加强社会监督。同时，对于已经和政府有良好合作基础的社会组织，政府可以扩大合作的领域，不单单是社会公共服务和福利领域，还可以扩大到经济、科学和技术、文化和教育、卫生健康、危机应对和灾后恢复等领域。政府扶助并不意味着社会组织成了"准政府组织"。社会组织需要的扶助并不是一种失去了自主性的扶助。坚持民办、人才培训与资金支持是政府对民间组织的实际问题予以扶助解决的几个方面。政府可增加社会组织能够参与的服务项目，增加社会组织能够参与的服务项目意味着政府在部分领域的放权、职能转变，意味着政府以公共政策赋予社会组织参与的权力。一些原由政府直接提供的服务（或原有自身下属二级机构和事业单位承办的服务）及一些新的服务采用创新的方式来供给——能够鼓励社会组织参与的方式。

---

① 王佃利：《区域公共管理的制度与机制创新探析——以山东半岛城市群为例》，载入《北京行政学院学报》2009年第5期，第11~15页。

（三）促进社会组织资金来源多元化

从政府角度而言，可增加对社会组织的财政投入及投入方式。从国际上看，增加政府购买服务的力度能促进社会组织保持竞争力，占政府对其财政投入的大部分。但对于我国社会组织发展尚幼的总体情况来看，直接的扶持必不可少。事实上，在社会转型的当下，社会组织在不少领域是非常缺乏的。地方政府在充分调研摸底之后，以直接的赞助金、鼓励金和培育费的方式投向一些特定领域和特定阶段的社会组织（如初创期的社会组织、从事社区服务的志愿组织、具有完善的发展思路而缺乏生存经费的社会组织等）是必需的。将政府对社会组织的财政投入以政府购买服务、公益创投大赛、社会组织孵化中心、政府捐赠、政府鼓励金等方式以怎样的组合来供给，亦是多个职能部门公共政策过程中的重要问题。社会组织亦可以采用企业化运营模式，以结果为导向的同时，不一定拘泥于组织的"非营利"定位。事实上，社会组织可以"挣钱"，但如何让民众以低成本获得高质量社会服务才是"非营利"性的真正内涵。同样，社会组织可以运用组织营利所得，投入到下一轮的社会服务建设之中。从而实现组织的长久、持续发展，缓解组织资金来源困难这一现实难题。

附录 1

山东半岛城市群研究述评

　　山东半岛城市群位于中国东部沿海，地处环渤海经济区南翼，是衔接京津冀和长江三角洲这两大国家战略区域的重要地带，是我国东部沿海地区具有较高经济发展水平和鲜明地域文化特色的先行地区，在推进海洋强国建设、承载"一带一路"倡议和实施新旧动能转换等方面具有不可替代的作用。

　　关于山东半岛城市群区域空间范围的界定，不同学者持有不同的观点。1986 年，山东社会科学院马传栋研究员对济南市、青岛市、烟台市、潍坊市和淄博市等城市的发展及其内在联系进行了较为系统的实地调查研究，认为山东省已初步形成了以济南市、青岛市、淄博市、烟台市、潍坊市为中心的城市群并呈典型的"双城"状，这是山东学者第一次提出山东半岛城市群的概念[1]。2003 年 3 月，时任山东省省长韩寓群提出"促进半岛城市群崛起"的战略设想，指出"我省沿海和胶济沿线的济南、青岛和烟台等 8 个城市，要依靠整体优势，增强集群竞争力，在更高水平上参与国内外竞争与合作，成为全国区域经济中最具发展活力的地区之一"。2003 年，北京大学周一星教授主持的《山东半岛城市群发展战略研究》指出，山东半岛城市群包括济南市、青岛市、淄博市、东营市、烟台市、威海市、潍坊市、日照市等八个城市，这也是国内外学者进行山东半岛城市群研究常用的地域范围。李玉江、陈培安和吴玉麟（2009）从山东半岛城市群历史发展的角度探析其空间结构的演化[2]，指出山东半岛城市群经历了先秦时期、秦汉时期、魏晋南北朝时期、唐宋时期、元明清时期、近代时期、新中国成立之后这七个阶段，每个阶段的城市群范围、规模等都存在差异。

---

[1] 刘兆德、陈素青：《山东半岛城市群可持续发展研究》，科学出版社 2010 年版，第 64~65 页。
[2] 李玉江、陈培安、吴玉麟：《城市群形成动力机制及综合竞争力提升研究：以山东半岛城市群为例》，科学出版社 2009 年版，第 33~37 页。

一、山东半岛城市群产业结构研究

产业结构是指特定的区域内产业的发展分布和分配情况,既包括不同产业的分布分配情况,如第一、第二和第三产业的发展情况,又包括特定区域内部不同地方的产业分布情况,如旅游业比重较大,制造业发展较好等。优良的产业结构对经济发展所起的作用不可忽视,促进产业结构的不断优化也是城市群发展的题中之义。通过分类整理和总结相关文献,可以从宏观上的山东半岛城市群产业发展分布情况和微观上的山东半岛城市群内各城市的产业发展选择这两个方面来论述山东半岛城市群的产业结构。

首先,从宏观上来看,对山东半岛产业结构的研究可分为山东半岛产业结构分布现状及存在的问题和对策建议这两个方面。王乃静等(2005)对山东半岛城市群与日韩产业协作进行分析[①],研究发现:在协作影响因素方面,有文化传统同质性、地理区位与基础设施条件、投资条件、投资环境、经济竞争力与市场潜力、贸易合作现状、企业集聚现状和特点、产业结构互补性这几个方面影响着山东半岛城市群与日韩产业协作。刘兆德和陈素青(2010)对山东半岛城市群的产业结构以及产业集聚进行了研究[②]。在产业结构方面,通过定量计算分析了城市群的产业结构变动能力、产业结构转换速度、产业结构转换方向;在产业集聚方面,对城市群产业发展阶段、工业经济格局进行了研究分析。伏兴和栾贵勤(2011)分别以2000~2005年、2005~2009年为考察期,利用SSM(偏离—份额分析法)对山东半岛城市群的产业结构及其对半岛城市群经济增长的影响进行分析研究,发现在10年的考察期内,山东半岛城市群的第二产业逐渐下滑,比较优势减小,而第三产业逐步崛起,产业结构进一步优化,竞争力逐步提高[③]。但是,王少海(2008)认为,山东半岛城市群仍存在着产业结构问题,如农业基础地位脆弱,缺乏持续增产的后劲;工业结构不合理;产业素质低,组织结构不合理;人口就业压力及地区结构趋同化,加大了转换难度;产业结构演变的供给需求导向存在偏差等[④]。可以看出,虽然山东半岛城市群产业结构正处于不断优化的阶段,但仍然存在整体竞争力较弱、产业结构不合理的问题,城市群内部也存在着差异。如胡水炜(2010)对山东半岛城市群8市的产业结构现状进行量化分析后指出,从总体来看,东营市和烟台市产业结构效益较好,具有较强的产业竞争力,产业发展水平比较高,对经济增长的贡献较多;相比之下,济南市、淄

---

① 王乃静等:《山东半岛城市群发展战略新探》,经济科学出版社2005年版,第46~72页。
② 刘兆德、陈素青:《山东半岛城市群可持续发展研究》,科学出版社2010年版,第206~210页。
③ 伏兴、栾贵勤:《山东半岛城市群的产业结构优化》,载于《开放导报》2011年第2期,第97~100页。
④ 王少海:《山东半岛城市群产业结构调整和升级问题研究》,东北师范大学硕士学位论文2008年。

博市和威海市产业竞争力水平低,产业结构优势还不显著,潍坊和日照两市产业结构效益明显比较低①。可以发现,虽然山东半岛城市群产业结构正处于不断优化的阶段,但城市群内部差异较为明显。高新技术产业是现代城市群经济发展的重要动力和产业结构升级的目标之一。

针对山东半岛城市群内存在的产业结构不合理、第三产业发展较弱等问题,部分学者提出相应的解决策略。第一,强化农业的基础地位。王少海(2008)指出,要加大对水利等农业基础设施建设和农村社会事业发展的投入,调整农业产业结构。第二,加强对传统产业的改造,发展新兴产业②。任建兰、史会剑和张淑敏(2008)认为,应培育高新技术产业新的增长点,发挥高新产业技术扩散效应,带动周边区域高新产业发展。第三,重点发展第三产业。大力发展旅游业、金融服务业等第三产业,形成比较优势,促进产业结构升级③。第四,扩大山东半岛城市群的经济腹地,促进与山东半岛城市群周边城市的合作。伏兴和栾贵勤(2011)提出山东半岛城市群各城市应加强与周边城市,特别是省内其他城市的合作,加强生产协作,拓展产业链,优化产业结构④。

从微观上来看,主要着重于山东半岛城市群内部不同城市的产业优势分析与相应的产业选择。商薇、李福柱和孙毅(2008)通过构建优势产业指标,分别指出了山东半岛城市群内部各城市在第二产业和第三产业中的优势产业⑤。刘惠敏和窦大海(2006)通过对各城市产业区位商进行主成分分析,指出了未来各城市的产业选择发展方向⑥。在各城市良好的产业选择的基础上,产业集群有利于集聚优势产业力量,减少成本,提高收益,促进产业内部升级与创新。但张云飞(2014)则指出,山东半岛城市群内产业集聚与经济增长之间存在倒U形曲线关系,表现为"门槛效应",也就是说,产业集聚初期推动经济增长,达到一定程度后,过度集聚引起的负外部性会抑制经济增长⑦。张红霞和程美秀(2007)指出山东半岛城市群产业集聚存在的问题:内源型品牌企业带动的产业集群发展良好,外商直接投资形成的产业集群发展一般,市场创造模式的产业集群的发展较弱;外商直接投资形成的产业集群存在"复制群居链"现象,根植性较差;产业集群成长的环境不理想

---

① 胡水炜:《山东半岛城市群产业结构与竞争力研究》,载于《中国集体经济》2010年第3期,第45~46页。
② 王少海:《山东半岛城市群产业结构调整和升级问题研究》,东北师范大学硕士学位论文2008年。
③ 任建兰、史会剑、张淑敏:《山东半岛城市群高新技术产业发展定位研究》,载于《世界地理研究》2008年第1期,第60~66页。
④ 伏兴、栾贵勤:《山东半岛城市群的产业结构优化》,载于《开放导报》2011年第2期,第97~100页。
⑤ 商薇、李福柱、孙毅:《山东半岛城市群优势产业分析及其产业分工调控研究》,载于《经济师》2008年第3期,第262~264页。
⑥ 刘惠敏、窦大海:《山东半岛城市群产业优势分析与选择》,载于《山东建筑大学学报》2006年第3期,第230~233页。
⑦ 张云飞:《城市群内产业集聚与经济增长关系的实证研究——基于面板数据的分析》,载于《经济地理》2014年第1期,第108~113页。

等。因此，这就需要政府实行积极有效的举措来促进城市群内部良好的产业集群。

综上所述，既有文献对山东半岛城市群产业结构的研究主要集中于宏观与微观两个方面。在宏观上，指出了当前的发展现状及存在的问题，并提出了相应的解决对策；在微观上，着重探究了城市群内部不同城市的产业优势及产业选择，并发现过度的、不合理的产业集群会带来负面影响。但对于山东半岛城市群如何合理地进行产业集聚研究较少，且较多是从不同城市出发综合各种指标探究其优势产业及产业选择，较少地从特定的产业出发去探究不同城市在该领域的现状及问题，难以形成产业内的对比。

二、山东半岛城市群空间结构研究

《国家新型城镇化规划（2014～2020年）》中明确提出，要以城市群为主体形态，科学规划建设城市群，推动大中小城市和小城镇协调发展。随着中国城市化的深入发展，优化城市体系结构、促进大中小城市协调发展越来越成为国家城镇化战略的重点，中共十八大报告明确提出要"构建科学合理的城市化格局"[1]。

城镇空间分布结构反映了城镇体系内城镇的空间位置、形态及相互关系，是城市群体社会经济发展的载体。景建军（2006）从城市影响域的角度构造了山东半岛城市群的空间层级结构[2]。王新娜（2008）分析了山东半岛城市群的"双中心"和"点—轴"空间布局格局[3]。李玉江、陈培安和吴玉麟（2009）从等级、职能、空间这三个方面探究山东半岛城市群的空间结构现状[4]：在等级结构方面，分别计算了城市群城市首位度、位序—规模分布；在职能结构方面，利用计算区位商与职能强度公式，在计算结果的基础上对城市群进行城市职能定位；在空间结构方面，指出山东半岛城市群呈T形分布。刘兆德和陈素青（2010）从空间格局角度探析山东半岛城市群空间结构的演化[5]：从核心—边缘结构突出，区域经济重心明显东移，到点—轴结构明显，东部地区呈现出网络结构的雏形，再到极化作用显著，出现扩散现象，最后核心区内出现新增长极且边缘地区中心城市集聚现象突出。刘兆德和杨琦（2011）采用综合指数法，研究了20世纪80年代以来山东半岛城市群地区空间极化的特点[6]，分析了半岛城市群的空间结构的极化

---

[1] 魏守华、周山人、千慧雄：《中国城市规模偏差研究》，载于《中国工业经济》2015年第4期，第5～17页。
[2] 景建军：《山东半岛城市群的功能联系与结构优化》，载于《经济地理》2006年第3期，第469～472页。
[3] 王新娜：《山东半岛城市群空间结构研究》，载于《资源与产业》2008年第3期，第63～66页。
[4] 李玉江、陈培安、吴玉麟：《城市群形成动力机制及综合竞争力提升研究：以山东半岛城市群为例》，科学出版社2009年版，第37～47页。
[5] 刘兆德、陈素青：《山东半岛城市群可持续发展研究》，科学出版社2010年版，第242～246页。
[6] 刘兆德、杨琦：《山东半岛城市群地区空间极化及其影响因素研究》，载于《长江流域资源与环境》2011年第7期，第790～795页。

现象，指出山东半岛城市群地区经济活动有明显的经济中心指向、沿海指向。从实际来看，山东半岛城市群城镇体系空间布局不尽合理，表现在中心城市首位度低①、中等城市数量较多但规模较小，中小城镇发育不健全、空间结构失衡、分布不均衡、区域分异明显等方面。

合理的城市群空间布局有利于区域优势的最大限度发挥，是实现区域和谐发展的重要前提。第一，强化核心城市建设，发挥济南市和青岛市两大核心城市的辐射带动作用。第二，重点发展小城市，因地制宜发展特色产业、高效农业、园区工业、城郊休闲旅游观光业，增强小城市的经济实力，同时加大基础设施建设力度，完善交通网络，增强与大中城市的联系，促进生产要素的合理流动和空间配置，完善城市规模等级结构②。第三，优化城市体系的空间结构③，进一步建设和完善交通网络和信息通信网路，促进点、轴、面城市空间架构的进一步完善，加强城市间的联系与交流，促使城市体系结构的优化，向网络化、高级化发展。此外，有学者构想了山东半岛城市群的区域空间结构，如王新娜（2008）构建了"两大中心、四条轴线"的区域空间结构④。

综上所述，既有文献对山东半岛城市群空间结构的研究主要集中在现有空间结构的分析以及空间结构的构建及发展对策这两个方面。在现状方面，既包括空间结构形态，又包括层级结构形态，但总体缺乏对山东半岛城市群空间结构的历史演变的分析。

三、山东半岛城市群地区治理研究

城市群协调发展能够消除区域内各城市之间的森严壁垒，加快生产要素自由流通，降低社会运行成本，推动资源在更大区域空间范围内实现有效配置，推动区域在经济与社会、环境之间取得平衡，维持地区持续竞争力和魅力⑤。而城市群合作大多涉及共同利益或共同问题，这些问题往往涉及面广、影响因素众多，必须以明确的制度设计来推进合作，建立完善城市群发展协调机制。区域公共管理突破了单位行政区划的刚性约束，以区域性公共问题和事务出发点，寻求合作共赢的问题解决机制⑥。因此，多位学者从区域公共治理的视角出发，探析山东半岛城市群的区域治理体系。

---

① 刘凡胜：《山东半岛城市群空间布局研究》，兰州商学院硕士学位论文2013年。
② 陈延斌、程钰：《山东半岛城市群城市规模分布演变特征》，载于《青岛科技大学（社会科学版）》2012年第1期，第20~24页。
③ 谢馥荟：《山东半岛城市群空间结构演变研究》，南京航空航天大学硕士学位论文2006年。
④ 王新娜：《山东半岛城市群空间结构研究》，载于《资源与产业》2008年第3期，第63~66页。
⑤ 李世泰：《山东半岛城市群协调发展探析》，载于《商业研究》2007年第2期，第105~109页。
⑥ 王佃利：《区域公共管理的制度与机制创新探析——以山东半岛城市群为例》，载于《北京行政学院学报》2009年第5期，第11~15页。

山东半岛城市群当前的运行模式存在不足之处。王佃利和史越（2013）认为，山东半岛城市群的运行模式是省政府间的诱导型合作①，在这一上级主导模式下，可以发挥上级政府的协调作用，大大降低合作难度，但同时，过多的上级指示也会阻碍地方政府间自发性的合作。其次，各地政府各自为政，行政区壁垒和地方保护主义存在且缺乏有效的协调机制，为吸引资本而展开招商引资的恶性竞争，城市群内的生态环境跨行政区污染现象严重。究其原因，地方政府任期长度、政绩考核标准的局限，以及各地政府自身强烈的地方利益取向，使得城市群内部难以形成持续良好的合作局面；同时半岛城市群区域合作中缺乏协调的利益分配比例，使得许多合作项目难以顺利实施②。再次，城市间合作缺乏长效性和稳定性。缺乏切实有效的政策工具——没有效力约束的行政协议很难得到落实，甚至仅仅是作为形象工程或政绩考核的指标，手段成为目标。最后，主体单一。山东半岛城市群的主要治理主体是山东省政府和各级政府部门，缺乏公众参与和各类社会组织、企业的参与，使得区域治理过程中互动乏力，主体单一缺乏竞争和监督机制，导致效率较低，创新能力不足。

区域公共管理的主体是多元主体，包括政府组织、私营组织和第三部门；目的是解决由各领域中跨区的、复杂的交错性问题，实现最优的共同利益；区域公共管理所采用的方式和手段与市场领域、行政领域的管理不同，既非交易—价格机制又非命令—服从机制，而是基于平等地位之上的协调和调解；区域公共管理的对象是区域内各种利益相关者个体和共同体之间历经多元重复博弈所形成的交叉重叠的互动关系③。因此，针对山东半岛城市群地区治理过程中存在的不足之处，学者们也对此作出了具体细致的研究。第一，转变观念，树立区域合作与服务意识。通过重新界定政府职能，明确政府之间的权限，实现地方政府职能的规范化，并促进调整山东半岛城市群内政府的政绩考核标准向长期化与合理化发展。第二，加强合作约束机制：变非制度性约束为制度性约束，这就需要完善公共服务领域的法律法规，为公共服务供给提供法律依据和保障④；建立对区域内各合作主体行为的约束机制，严厉打击和处罚破坏区域合作的行为。第三，推动各地市政府自发组织的执行机制：一是建立跨行政区的政府间磋商机制，二是建立跨行政区的制度性组织协调常设机构，三是建立专业委员会和工作小组，建立冲突调解部门，完善冲突解决机制。第四，鼓励建立各种跨地区的民间组织的合

---

① 王佃利、史越：《跨域治理理论在中国区域管理中的应用——以山东半岛城市群发展为例》，载于《东岳论丛》2013年第10期，第113~116页。
② 单春红、刘晓丽：《区域经济合作中地方政府政策选择的博弈分析——以山东半岛城市群为例》，载于《山东经济》2010年第1期，第136~141页。
③ 郭风旗：《我国区域公共管理理论分析》，载于《行政论坛》2005年第4期，第15~17页。
④ 允春喜、上官仕青：《公共服务供给中的地方政府合作——以山东半岛城市群为例》，载于《东北大学学报（社会科学版）》2013年第5期，第489~494页。

作机制①，如参谋咨询机构，充分发挥行业组织、贸促会等在政府发挥作用受地区利益限制的领域中的作用。

综上所述，既有文献对山东半岛城市群地区治理的研究主要集中在探析当前区域治理问题和原因，并在此基础上提出解决对策这两个方面。但研究多采用定性研究方式，较少用定量研究方法建立指标，去探析不同区域治理模式或机制对山东半岛城市群地区一体化所起到的作用，缺乏一定的数据支持和成果反馈。

四、山东半岛城市群可持续发展研究

可持续发展是指"既能满足当代人的需要，又对后代人满足其需求能力不构成危害的发展"。可持续发展的提出在很大程度上是由于日益恶化的环境对社会经济发展造成巨大压力引起的，其目标是社会持续发展，其基础是经济增长，必要条件是资源的供给和环境的保护。李玉江、陈培安和吴玉麟（2009）将人口、资源、环境与经济社会等因子统一到城市群体系中进行研究和评估②，指出山东半岛城市群存在人口压力沉重，经济持续发展的阻力大；人力资本投入少，经济持续创新的动力不足；经济发展粗放，经济持续增长的质量不高；城市群内部经济差距较大；环境污染加剧，生态环境恶化，环境可持续发展压力大等问题，并综合评估了山东半岛城市群的水资源承载力以及土地资源承载力。刘兆德和陈素青（2010）针对山东半岛城市群进行了研究，研究发现，该城市群在1992~2005年的可持续发展度呈上升态势，可持续发展水平中经济发展水平贡献最大，可持续发展能力不断增强，可持续发展协调度持续增长③。但是，山东半岛城市群的可持续发展依旧面临一系列难题，如经济的结构性矛盾突出，核心城市综合竞争力不足，资源严重不足，土地开发后备资源不足，环境污染严重，人口总量、劳动适龄人口、老龄人口三大高峰均呈继续增长的叠加态势等④。通过分类整理和总结相关文献，可将山东半岛城市群可持续发展研究分为三个部分：发展绿色化研究、资源承载力研究以及生态环境研究。

首先，山东半岛城市群发展绿色化研究。绿色化就是要将保护环境、节约资源、改善生态等绿色理念贯穿于人们的生产生活中，指导居民绿色生活、绿色消费，指导企业清洁环保生产、依靠科技生产，指导政府绿色施政、绿色管理，从而推进经济发展、人民生活水平提高，实现资源、环境、经济和社会良性循环发

---

① 王佃利：《区域公共管理的制度与机制创新探析——以山东半岛城市群为例》，载于《北京行政学院学报》2009年第5期，第11~15页。
② 李玉江、陈培安、吴玉麟：《城市群形成动力机制及综合竞争力提升研究：以山东半岛城市群为例》，科学出版社2009年版，第169~181页。
③ 刘兆德、陈素青：《山东半岛城市群可持续发展研究》，科学出版社2010年版，第95~97页。
④ 汪广印：《山东半岛城市群经济可持续发展研究》，重庆大学硕士学位论文2007年。

展，构建人与自然和谐共处的社会主义和谐社会。葛振香和崔树强（2016）制定了绿色化水平测度指标体系，运用熵值法处理指标体系，评估了山东半岛城市群其绿色化发展水平，将八市绿色化水平按综合排名划分为高、中、低三类。[①] 产业生态化作为一种生态型循环经济，是绿色化发展的重要途径之一。叶焕民、周娜和宗振利（2008）从微观、中观和宏观三个层面对山东半岛产业生态化的实现提出对策[②]，在微观层面上，第一产业向现代化"生态大农业"模式转变，第二产业对重点行业进行生态化调整；在中观层面，发展以城市为载体的循环经济，进一步构建产业间的生态化协作体系，推动产业增长方式从资源消耗粗放型向集约型转变；在宏观层面，发展以城市群为载体的循环经济，应该打破城市与城市的界限。

其次，山东半岛城市群资源承载力研究。资源承载力是在可预见的时期内，利用当地能源和其他自然资源及智力、技术等，在保证与其社会文化准则相符的物质生活水平下能持续供养的人口数量[③]。谈家青、孙希华和李玉江（2007）采用相对资源承载力的研究思路和计算方法，计算分析了山东半岛城市群2000～2004年相对土地资源承载力、相对经济资源承载力和综合承载力及其演化过程[④]，指出山东半岛城市群的土地资源对综合承载力的贡献大于经济资源，是山东半岛城市群人口的主要承载资源。刘兆德和陈素青（2010）总结出山东半岛城市群三种综合承载力类型[⑤]：青岛市、烟台市、东营市、威海市属于综合承载力极度富裕类型，济南市和淄博市属于综合承载力轻度富余类型，潍坊市和日照市则属于综合承载力超载类型。张广海和刘佳（2008）构建旅游环境承载力评价体系，定量描述山东半岛城市群旅游环境系统的承载潜力及旅游环境可持续承载状况[⑥]，指出青岛市、烟台市、威海市处于可持续承载状态，而济南市、日照市、淄博市、潍坊市、东营市则处于不可持续承载状态。土地集约利用是指在单位面积土地上，合理增加物质和劳动投入，以提高土地收益的一种经营方式[⑦]，通过提高土地利用率，挖掘土地经济供给潜力，提高区域的资源承载力，为区域经济发展提供基础。王艳、曹俊茹和孙艳青（2012）从土地投入程度、土地经济产出、土地利用合理程度和土地集约利用发展趋势四个方面建立了城市土地集约利

---

① 葛振香、崔树强：《山东半岛城市群绿色化水平研究》，载于《绿色科技》2016年第12期，第239～242页。
② 叶焕民、周娜、宗振利：《产业生态化的分析角度选择——以山东半岛城市群的产业生态化为例》，载于《青岛科技大学（社会科学版）》2008年第3期，第56～59页。
③ 牛文元：《持续发展导论》，科学出版社1994年版，第1页。
④ 谈家青、孙希华、李玉江：《山东半岛城市群相对资源承载力与竞争力研究》，载于《资源开发与市场》2007年第3期，第196～198、206页。
⑤ 刘兆德、陈素青：《山东半岛城市群可持续发展研究》，科学出版社2010年，第200～202页。
⑥ 张广海、刘佳：《山东半岛城市群旅游环境承载力地域差异与功能分区》，载于《地域研究与开发》2008年第4期，第77～80、85页。
⑦ 毕宝德：《土地经济学》，中国人民大学出版社2006年版，第44～45页。

用评价指标体系[1]，将山东半岛城市群的城市土地集约利用情况分为三类：集约利用，包括青岛市和威海市；勉强集约利用，包括淄博市、东营市、烟台市、济南市和相对粗放利用，包括潍坊市和日照市。崔林娜、王富喜和杜育娟（2012）也将山东半岛城市群土地集约利用情况分为三类[2]，包括土地集约利用水平高的城市，如青岛市和威海市；土地集约利用水平中等的城市，如淄博市、东营市、烟台市、济南市；土地集约利用水平低的城市，如潍坊市和日照市。

最后，山东半岛生态环境研究。良好的生态环境是城市群发展的基础和保障，促进山东半岛城市群生态系统良性循环和健康发展，有利于实现可持续发展。山东半岛城市群生态系统的健康水平整体上处于亚健康的状态，多个因素影响山东半岛城市群健康程度[3]，主要体现在污染物排放量居高不下，自然生态系统遭到破坏，资源的不合理利用、利用率低，海洋生态环境问题日趋严重，这些因素影响着山东半岛城市群的可持续发展[4]。水资源和水环境问题是制约山东半岛城市群发展的重要因素之一。研究发现，山东半岛城市群存在水资源总量不足和开发利用率高，水环境脆弱；长期超采地下水，形成地下水沉降漏斗；水资源过度利用造成自然生态循环失调；海咸水入侵，地下水咸化；水域污染和水质恶化严重等问题[5]。因此，完善现代化水网体系，实现水资源优化配置；注重对生态敏感区的保护等促进城市群生态环境建设等行动刻不容缓。

综上所述，既有文献对山东半岛城市群的可持续发展研究集中在绿色化发展、资源承载力以及生态环境研究这三个方面，并分别分析了发展现状、问题，提出了解决对策，但是对策的提出主要是针对整个城市群，既没有说明不同城市之间是否应该根据其经济发展水平等现状提出不同对策，也没有说明山东半岛城市群之间如何协调促进区域的可持续发展。

五、山东半岛城市群空间联系研究

城市联系是劳动地域分工的产物，是城市经济发展的内在要求和必要条件，它以发达的交通网络和现代化的通信设施等条件为支撑。区域中城市间拥有较高的联系强度是区域发展演化的原动力，同时也是区域形成城市密集区或者城市群

---

[1] 王艳、曹俊茹、孙艳青：《山东半岛城市群城市土地集约利用评价》，载于《国土与自然资源研究》2012年第5期，第4~6页。

[2] 崔林娜、王富喜、杜育娟：《山东半岛城市群土地集约利用空间差异分析》，载于《广东土地科学》2012年第4期，第32~37页。

[3] 王乐：《山东半岛城市群生态系统健康状况的分析评价》，青岛科技大学硕士学位论文2008年。

[4] 刘兆德、陈素青：《山东半岛城市群可持续发展研究》，科学出版社2010年，第82~85页。

[5] 吴佩林、王学真、高峰：《山东半岛城市群水资源与水环境问题及对策》，载于《辽宁工程技术大学学报》2007年第4期，第614~617页。

的前提条件①。城市群的空间联系是指城市群内部基于交通联系、经济联系等基础上形成的职能分工、空间结构等。综合相关学者的研究,将山东半岛城市群空间联系分为交通联系、经济联系,并在此基础上形成城市的职能结构,构成相互联系作用、功能互补的整体。

交通是城市群最为重要的基础设施之一,它与通信、网络等基础设施构成了城市群联系的基础。高岭、张为华和丁志伟(2016)从交通建设度、交通运输度、交通可达性、交通服务度4个方面构建交通网络建设水平评价指标体系,搭建出山东半岛城市群交通网络联系的基本结构②。该研究认为,从节点层面看,各城市的交通网络建设水平可以分为3个等级,整体差异性较大,济南市、青岛市首位性突出;从联系度层面看,两两城市间的联系度呈现出明显的不均衡性和距离衰减性;从网络层面看,山东半岛城市群交通联系网络不健全。董长瑞、庞晶和耿文红(2014)通过将山东半岛城市群与珠江三角洲城市群进行比较研究,指出虽然从交通网络密度上看,在交通条件的"量"的方面,山东半岛城市群具有优势。但其综合交通网络的连通度和综合网络可达系数,都落后于珠江三角洲城市群③。因此,进一步建设山东半岛城市群综合交通网络系统,提升可达性,并注重整体协调发展,减少城市间的差距。

经济联系体现了城市群间的劳动力、资金等因素的流动,是城市群空间联系中最重要的一环。周斌(2016)通过对山东半岛城市群2006~2015年面板数据进行空间计量分析,研究发现山东半岛城市群内部城市经济服务化的空间溢出效应显著存在④,且正向的作用明显,即城市群内某一城市经济服务化水平的提升,将对周边城市的经济服务化水平产生积极的促进作用。陶修华、曹荣林和刘兆德(2007)根据城市流强度计算公式,计算出山东半岛城市群三个等级城市流强度⑤:高城市流强度值城市为门户城市青岛市和省会城市济南市,中等城市流强度值城市为淄博市、威海市、潍坊市和烟台市,低城市流强度值城市为日照市和东营市,并指出山东半岛目前仍处于城市群的雏形期,城市群发育程度低,区域内尚未形成城市联系密切的高密度城镇群体,城市间经济联系较弱。

以城市职能结构差异性为基础的城市间分工合作与以交通为基础的城市基础设施建设是实现区域城市职能结构优化升级的必要前提。颜蕊(2013)分别从空

---

①⑤ 陶修华、曹荣林、刘兆德:《基于城市流分析的城市联系强度探讨——以山东半岛城市群为例》,载于《河南科学》2007年第1期,第152~156页。

② 高岭、张为华、丁志伟:《山东半岛城市群城市交通网络水平评价》,载于《河南科学》2016年第7期,第1160~1165页。

③ 董长瑞、庞晶、耿文红:《交通条件对城市群一体化的影响分析——基于珠三角与山东半岛城市群交通优势度的对比》,《产业竞争力与创新驱动——引自2014年山东省科协学术年会论文集》,中国科学技术出版社2014年版,第464~475页。

④ 周斌:《山东半岛城市群经济服务化的溢出效应——基于空间面板模型的分析》,载于《上海经济》2016年第5期,第52~60页。

间和时间的尺度上对山东半岛城市群的城市职能结构特征进行分析[①]，发现山东半岛城市群的城市职能结构存在问题，即城市等级结构畸形，缺乏特大城市；产业结构层次低；产业同质化现象严重。戴桂林和翟涛（2017）采用区位熵法、纳尔逊法等方法分析2005~2014年的8城市职能演变与城际职能结构差异变化状况[②]，指出济南市与其他城市的城市职能差异强度总体呈现减弱趋势，说明山东半岛城市群内其他城市在城市发展中不断地寻求城市的全面发展。

综上所述，对山东半岛城市群空间联系的研究主要集中在经济联系、交通联系两个方面，并在此基础上探析城市群的城市职能结构，研究较为单一，还有其他重要的指标如资源联系、政策联系等方面很少或尚未有研究。

六、山东半岛城市群地区创新研究

创新驱动型发展模式是现代城市实现跨越式发展的主攻方向。而城市创新能力是创新型城市的核心，是城市科技发展潜力的综合反映，也是衡量创新型城市建设的一个重要尺度。隋映辉和毛佳（2006）认为，山东半岛城市群各地市的创新能力还是有很大差距的[③]，其中排在前六位的是青岛市、济南市、烟台市、威海市、东营市、淄博市。李世泰、赵亚萍和张喆（2012）构建了创新型城市的要素结构模型，并从创新资源、创新载体、创新制度、创新环境、创新绩效5个方面构建了城市创新能力评价指标体系[④]，指出山东半岛城市群的创新能力发展水平空间差异悬殊，其中，济南市、青岛市在5个方面都具有明显优势，烟台市、潍坊市、淄博市居其次，东营市、威海市则较弱，日照市各方面能力都明显偏低。刘春浩（2017）对山东半岛城市群城市创新能力空间分析显示[⑤]，从2004年的以青岛市、济南市为双核的状态发展成为2014年的以青岛市、济南市、烟台市和潍坊市为核心的多核状态，其城市创新发展形成了以青岛市、济南市、烟台市和潍坊市为轴的一体两翼的发展态势。但山东半岛城市群的创新发展依旧存在不足之处。第一，总体的创新能力较弱，特别是与长江三角洲等发展较为成熟的城市群相比。第二，技术和人才的匮乏从根本上制约着本区现代制造业的超常规发展[⑥]。第三，创新机构间横向合作欠缺。第四，科技创新公共服务平台建设

---

① 颜蕊：《山东半岛城市群城市职能结构比较研究》，曲阜师范大学硕士学位论文2013年。
② 戴桂林、翟涛：《基于结构演化的山东半岛城市群城市职能研究》，载于《广西经济管理干部学院学报》2017年第1期，第27~34页。
③ 隋映辉、毛佳：《山东城市创新能力分析及提升思路》，引自《科学发展观：理论·模式·实践——山东省社会科学界2006年学术年会文集》，黄河出版社2006年版，第558~563页。
④ 李世泰、赵亚萍、张喆：《山东半岛城市群创新能力评价研究》，载于《地域研究与开发》2012年第4期，第64~68页。
⑤ 刘春浩：《山东半岛城市群创新能力时空差异与协同发展研究》，鲁东大学硕士学位论文2017年。
⑥ 李峰、李恒光：《山东半岛区域创新体系的构建》，载于《山东工商学院学报》2004年第5期，第116~119、124页。

滞后①。因此，可以从问题出发提出相应的创新能力提升对策。一是提升科技创新能力，健全科技服务体系，增强协同创新能力，培育发展科技型中小企业并进行科技援助。二是培育创新主体。建立人才共享机制以及产学研协同创新机制，增强人才引进，建立激励机制。三是将山东半岛城市创新系统、企业创新系统共同构成一个功能协调、结构合理的战略生态系统。四是通过山东半岛城市创新圈的建设，以高端产业的聚集带动一大批具有高附加值、市场需求大的零部件配套企业，形成多个以城市创新圈为主体的产业集群，并以城市群的园区产业、重大项目为主线，提供创新资源和科技产业配套服务②。

对山东半岛城市群地区创新的研究主要集中在探析区域创新能力、区域创新问题以及提升区域创新能力路径这三个方面，但不同学者所采用的山东半岛城市群的范围差距较大，且在同一个界定范围下对山东半岛区域创新的研究也较少，同时，提升创新能力的对策多从区域整体出发，较少从每个城市的现状、特点和发展需求出发提出不同的对策。

本章从产业结构、空间结构、区域治理、可持续发展、空间联系、区域创新这六个方面阐释学者们对于山东半岛城市群的研究，并分别总结了这六个方面的研究存在的不足之处。总体而言，对山东半岛的研究也存在不足之处，主要表现为对山东半岛的研究受到学科的限制，一方面，研究主要为城市规划、行政管理、经济管理、地理等方面，缺乏关于山东半岛社会状况、文化状况、心理状况等研究，学科较为单一；另一方面，每个领域的研究都采用特定的研究方法，缺少学科的交叉，使得山东半岛城市群较少有综合性的多方面研究。

---

① 于会娟：《山东半岛蓝色经济区海洋科技创新的支撑体系研究》，载于《中共青岛市委党校·青岛行政学院学报》2011 年第 2 期，第 33~36 页。
② 隋映辉：《城市创新：山东半岛"城市创新圈"及其构建》，载于《山东经济》2004 年第 5 期，第 85~88 页。

附录2

山东半岛城市群区域空间范围划定技术方案

在本研究中，山东半岛城市群区域空间范围的划定主要采取大数据信息获取和空间分析技术，数据来源包括：生产性服务业企业分支机构网点的地址信息、城市间公路交通发车次数和城市间铁路客运发车次数数据。在此基础之上，综合运用社会网络分析法、地理信息系统（GIS）空间分析法和可达性分析法等多种研究方法，避免了单一要素和的单一分析方法对山东半岛城市群区域空间范围划定造成不可避免的干扰。此外，本研究还综合考虑自然地理环境及其空间连续性的影响，社会经济、行政管理与区域公共政策的影响，以及铁路和公路等基础设施网络的空间支撑作用等因素，经过方案比选和综合校核，划定山东半岛城市群的空间范围。

一、城市群区域空间范围划定的影响因素

城市群区域空间范围的拓展是一个复杂的动态性过程，自然、经济以及制度等众多因素均对其产生了深刻影响，如图1所示，因此识别与划定城市群区域空间范围需综合考虑不同因素的相互作用，以引导资源与要素优化配置以实现区域经济快速发展并提高国家竞争力。

（一）自然地理环境

自然地理环境是城市群形成的基础，也是其空间范围划定的重要影响因素之一。地域邻近城市的文化与生态关联通常较为密切，甚至会形成同一种地域语言或相似的生态系统。尤其在城市群发展的中后期，基于自然地理条件而形成的区域认同感深刻影响城市群的社会结构，进而决定着城市群空间模式与发展的终极水平[1]。山东半岛城市群的自然地理基础是胶东半岛，是主要依托于青岛市、威海市以

---

[1] 李凯、刘涛、曹广忠：《中国典型城市群空间范围的动态识别与空间扩展模式探讨——以长江三角洲城市群、武汉城市群和成渝城市群为例》，载于《城市发展研究》2015年第11期，第72~79页。

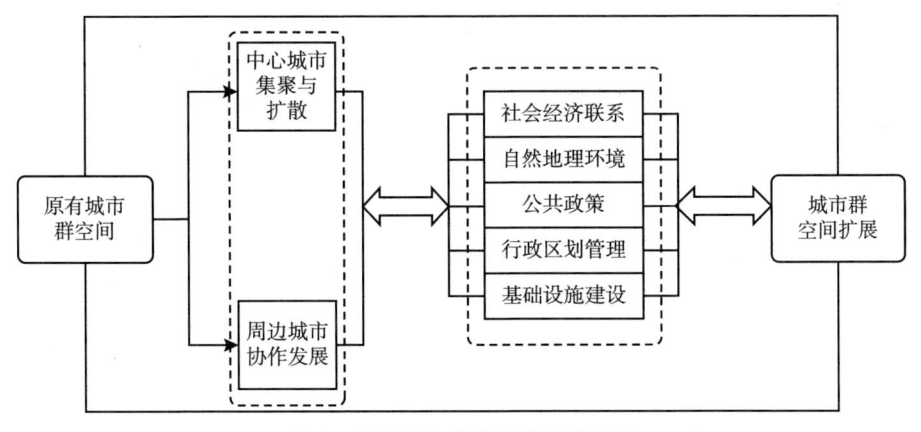

图 1　城市群空间扩展的影响因素

及烟台市等城市构成的实体地域空间，地形与地势较为接近，大部分地区都位于沿海地带，受陆地和海洋双重影响，地域文化上均带有一定的海洋特色。同时，还要关注某些在自然地理上一体但却受到行政管理分割的次级区域的取舍，综合考虑各种因素在范围划定中的作用。因此，需要立足于区域独特的自然地理环境，充分考虑城市间文化与生态关联以划定城市群的空间范围，从而避免城市群在地域与文化上的割裂。

（二）社会经济联系

城市间联系是城市群本质，也是其空间范围划定的核心指标。在市场机制的作用下，资金、人员以及信息等要素频繁流动，促进了城市间经济社会往来。尤其是城市间企业关联是城市群内部产业分工与协作的体现，不仅对中心城市资源集聚与产业升级具有重大的推动作用，而且对于周围地区经济发展也能产生较好的带动作用。随着市场经济体制改革的深入，城市间产业分工与合作的模式不断创新。如基于产业合作园区等新形式开展的产业转移，既推动中心城市的空间扩展，又促进承接地的经济崛起，进而使得城市群区域空间范围获得迅速扩展。因此，能否基于密切的社会经济联系而形成网络化空间格局，直接影响到城市群的空间扩张。然而，基于企业联系而划定的城市群范围受制于城市经济发展水平，部分城市可能因网点较少而未能与其他城市形成密切的经济联系，以密切的经济联系作为衡量标准时，该城市并不能成为城市群的重要组成部分。所以，城市群作为地域邻近的城市区域，对其空间范围进行划定时也应适当考虑空间连续性，从而对城市群范围进行适当调整以便于城市群空间发展战略的制定以及实施。

（三）基础设施支撑

作为城市群发展的助推器，基础设施建设改善了城市区位条件，吸引着产业向特定地域集聚与扩散,并深刻影响着城市群区域空间范围的变迁,也应作为城市群区域空间范围划定的重要依据。在城市群发展的前期阶段,交通基础设施的完善方便了城市间人员往来与物品的运输,通过通勤时间与距离的节约、出行能力的增强以及经济集聚等方式变化影响着城市间联系方向与强度,并使得城市群沿着特定的交通路线而呈现出点轴式拓展模式。高速公路与高速铁路等新型交通基础设施的建设,极大缩短了沿线城市与区域时空距离并强化了沿线地区的人流与物流等要素流动与集聚,使得山东半岛城市群区域空间范围呈现出沿京沪线与胶济线两大交通轴带的方向拓展。此外,交通基础设施的建设也有利于促进城市间合作的开展,双方通过资金与人员等资源的协调共同解决区域公共问题。

(四) 区域公共政策

中国城市群发育普遍带有强烈的行政主导性[1],区域公共政策成为城市群区域空间范围变迁的内在驱动力。国家与地方政府通过制定宏观调控政策与区域发展政策指导并约束着城市群的发展,国家层面《全国主体功能区规划》的颁布直接将社会经济发展较好的地区作为重点开发区或优先开发区,并赋予税收减免等优惠政策吸引着产业向特定地区集聚,从而促进城市群空间朝着拥有着众多优惠政策的地区发展。因此,对城市群区域空间范围划定也需要考虑区域公共政策对城市群培育和拓展带来的深刻影响。国家级战略作为中央政府制定的区域公共政策,通过引导资本与信息等资源流向特定地区,并使其获得了优先发展的机会,进而重塑了区域空间格局[2]。

目前,山东省主要集中了山东半岛蓝色经济区与黄河三角洲高效生态经济区两个国家级战略,并且这两大战略镶嵌在山东半岛城市群特定地域。尤其山东半岛蓝色经济区战略不仅在省内取得了广泛共识,而且成为国家海洋发展战略的重要组成部分,并通过尺度跃迁方式获得了国家政策的支持。位于这两大国家战略区域的城市享有国家与省政府下放的专门性行政管理权限,通过本土化发展政策发展经济并提高其在全国乃至全球产业分工体系中的地位,吸引高科技企业落地,进而发挥产业规模效应实现区域经济快速发展。

(五) 行政区划管理

作为新型区域组织,城市群具有虚拟性网络空间与实体性地域空间交叉融合

---

[1] 王婧、方创琳:《中国城市群发育的新型驱动力研究》,载于《地理研究》2011 年第 2 期,第 335~347 页。

[2] 马学广、李鲁奇:《新国家空间理论的内涵与评价》,载于《人文地理》2017 年第 3 期,第 1~9 页。

的功能属性①，基于功能性联系的划定方法主要考虑城市群网络空间的属性而忽略了其地域属性。然而，为便于区域行政区划管理，区域发展战略与空间政策的制定与实施更多基于地域属性与兼顾各地区的利益诉求以实现区域协调发展。

由于鲁南与鲁中等部分地区经济发展长期较为落后，尽管山东省基于区域协调发展，在2017年出台的《山东半岛城市群发展规划（2016~2030年）》将全省17个城市纳入城市群的空间范围，但目前聊城市、菏泽市、枣庄市以及临沂市四个城市的城市间企业联系并不密切。基于城市群经济联系的标准，这些城市难以成为城市群的构成单元，即政策意义上的城市群空间大于其实际发育范围，使得城市群空间被人为地扩大。因此，划定城市群区域空间范围对于行政区划管理应采取谨慎态度，而不能片面考虑省域经济全面发展，从而提出宏伟的城市群构想而导致城市群战略难以发挥吸引产业向特定地区集聚的效应，不利于区域经济综合实力提升。

二、山东半岛城市群区域空间范围划定的研究设计

山东半岛城市群区域空间范围的划定在研究思路上，采取整体研究基础上采取核心功能区的方式。因此，本节选取山东省17个城市与140个县级行政单元作为研究区域。在此基础上，从功能性联系视角出发，深入分析不同尺度下山东省地域间联系特征与结构，进而划定山东半岛城市群的空间范围。

（一）研究方法

本研究采用大数据信息获取工具，依托地理信息系统空间分析平台，借助于社会网络分析方法，多渠道获取多来源的基础性数据以多侧面地揭示山东省城市间联系的空间格局特征，通过比较、叠合和裁剪，确定山东半岛城市群的空间范围。

1. 基于链锁网络模型的联通度分析

英国著名的城市研究机构全球化与世界级城市研究组织及网络（globalization and world cities study group and network，GaWC）首创链锁网络模型（interlocking network model），用以计算各城市在城市网络中的连通度。

鉴于网点数量与规模的影响，首先构建不同行业下公司与城市的二模网络并通过以下方式获得公司j在城市i的得分V_{ij}：

$$V_{ij} = \sum_{h} W_h \cdot n_{ij,h} \quad (h = 1, 2, \cdots, 5) \tag{1}$$

---

① 苗长虹、胡志强：《城市群空间性质的透视与中原城市群的构建》，载于《地理科学进展》2015年第3期，第271~279页。

式（1）中，h 为公司级别，共分为五级，包括总部，省分公司，市分公司，支公司和普通网点等并根据服务范围确定其级别，但银行业网点中不包括 ATM 机和自助银行。W_h 为某一层级分支机构对应的权重值，参照国内外已有研究依次从总部到普通网点赋值 1~5 分，$n_{ij,h}$ 表示公司 j 在城市 i 所拥有 h 层级网点的数量。

然后将公司与城市间二模矩阵转换为一模矩阵，并通过以下公式计算城市间连通值与单一城市连通度。

公司 j 在城市 a 与城市 b 的连通度 $R_{ab,j}$：

$$R_{ab,j} = V_{aj} \cdot V_{bj} \quad (h = 1, 2, \cdots, m) \qquad (2)$$

城市 a 与城市 b 之间的总体连通值 R_{ab}：

$$R_{ab} = \sum R_{ab,j} \quad (j = 1, 2, \cdots, m) \qquad (3)$$

单一城市在网络中的联通度 N_a 是它与各城市连通度的总和：

$$N_a = \sum_i R_{ai} \quad (i = 1, 2, \cdots, n, i \neq a) \qquad (4)$$

县区连通度与城市连通度类似，将城市转换为相应的县区。同时，将 R_{ab} 与 N_a 通过取各值与最大值的比值进行标准化以更好比较其结果。

2. 基于中心度社会网络分析

社会网络分析方法（social network analysis，SNA）是由社会学家根据数学方法、图论等发展起来的定量分析方法。常规统计分析处理的都是属性数据，而社会网络分析处理的则是关系数据，其分析单位是"关系"，是从"关系"角度出发研究社会现象和社会结构，从而捕捉由社会结构形成的态度和行为。在复杂网络中，各节点由于地位与角色的差异而具有不同中心度，其表现形式主要有度数中心度、中介中心度以及接近中心度。其中，某个节点的度数中心度越大，联系的节点数量越多且越接近网络的核心位置，反之则联系节点数量越少且网络地位越低而越处于边缘位置。[①] 即可以依据拓扑网络节点度数中心度的大小及其位置，识别节点在网络中的影响力以及与其他节点联系紧密程度，从而用于划定城市群核心、边缘以及外围城市节点。

$$CD_{(i)} = \sum_{j=1}^{n} X_{ij} \qquad (5)$$

式（5）中，$CD_{(i)}$ 为节点 i 在网络中度数中心度，X_{ij} 为节点 i 与节点 j 的联系强度。

3. 集聚性分析

集聚性指一个城市与其他城市实际联系强度之和，反映某一城市在网络中的

[①] 刘军：《整体网分析讲义：UCINET 软件实用指南》，上海人民出版社 2009 版，第 98 页。

流集聚能力。其公式为：

$$P_i = \sum_{i=1}^{n}(P_{ij} + P_{ji}) \quad (i = 1, 2, 3, \cdots, n, i \neq n) \quad (6)$$

式（6）中，P_{ij}为城市 i 与其他城市联系强度之和，P_{ji}为城市 j 与其他城市联系强度之和。县区集聚性计算与其类似，即将城市间联系转换为对应县域间联系。

4. 首次位联系分析

首次位联系分别通过统计与某一城市（县）间往来车次数最多以及其次的城市（县），较充分地考虑了城市间最强的经济联系并构成了城市网络的主干，直观揭示了网络中城市集群以及城市间相互作用强度[①]，从而基于城市间联系的强度与方向识别城市群的空间范围与集聚特征。

5. 可达性分析

可达性系数指该城市某一可达性指标同网络中全部城市该指标平均值的比值，可达性系数越小表明城市间经济联系越便捷。尤其是城市群作为城市间往来高度频繁的地区，常用通勤时间或距离作为划定其范围的依据，如中心城市两小时与三小时的交通圈等[②]。其公式为：

$$A'_i = \frac{A_i}{(\sum_{i=1}^{n} A_i)/n} \quad (7)$$

式（7）中，A_i为加权平均旅行时间，在考虑经济发展水平的基础上计算城市间的最短时间距离，其公式为：

$$A_i = \frac{\sum_{j=1}^{n}(T_{ij} \cdot M_j)}{\sum_{j=1}^{n} M_j} \quad (8)$$

式（8）中，M_j为城市（县）对周边城市（县）辐射力，本研究中城市尺度运用全市的 GDP（G_j）和常住人口数（P_j）来计算权重，而县级层面则运用市辖区以及县 GDP（G_j）和常住人口数（P_j），即 $M_j = \sqrt{G_j \cdot P_j}$，$T_{ij}$为城市 i 与城市 j 之间的最短旅行时间。其公式为：

$$T_{ij} = \min\{T^0_{ij}, (T_{ik} + T_{kj})\} \quad (9)$$

式（9）中，T^0_{ij}为城市 i 与城市 j 之间有直达车次的最短时间，若无直达车次则 $T^0_{ij} = \infty$；T_{ik}和T_{kj}分别为城市 i 和城市 j 到城市 k 的最短时间，即进行一次中转

---

① 王姣娥、景悦：《中国城市网络等级结构特征及组织模式——基于铁路和航空流的比较》，载于《地理学报》2017 年第 8 期，第 1508～1519 页。

② 黄征学：《城市群界定的标准研究》，载于《经济问题探索》2014 年第 8 期，第 156～164 页。

的最短旅行时间。

(二) 数据选取原则

山东半岛城市群区域空间范围划定基础数据的选取主要基于以下三个方面的考虑：

1. 数据典型性

目前城市间联系测度主要通过企业组织、基础设施以及社会文化等途径，其中基于高端生产性服务企业的网点布局与规模信息较真实揭示了城市间资金、信息以及技术流动[①]，而公路与铁路客运流等交通流数据反映不同距离下城市间人流与物流等要素流动[②]。

2. 数据可获取性

在区域尺度上，相比于微博、手机信息等互联网大数据，APS 企业网点数据、公路以及铁路客运流数据较容易通过网络爬取获得并在实践中进行推广。

3. 数据适宜性

青岛、烟台和威海等沿海城市区位优势显著且经济对外开放水平高，已成为众多 APS 企业的集聚地。同时，截至 2016 年底，山东省基本上实现各县通高速公路且各城市通铁路，交通基础设施较为完善。

(三) 数据来源

本研究选取山东省在 17 个城市均设有总部或分支机构的银行、保险、证券、会计与法律事务所等五个行业的 75 家高端生产者服务业企业（advanced producer service，APS），利用大数据信息获取技术，获得 75 家 APS 公司的 11614 条网点数据，获得全省 17 城市铁路与公路客运流数据。

考虑数据的可获取性与分级结构，银行业选取中国工商银行、中国建设银行、中国农业银行、中国邮政储蓄银行、中国银行以及交通银行 6 家全国性银行，保险行业选取选取中国人寿保险（集团）公司、中国平安保险（集团）股份有限公司、中国人民保险集团股份有限公司、新华人寿保险股份有限公司 4 家大型全国性保险公司，证券公司和法律与会计师事务所分别选取 2016 年综合实力前一百名且山东省各城市分布有两个分支机构的公司。由于中国邮政储蓄银行的末级营业网点更多是基于行政原则，而依附于邮政局设立的乡镇"营业所"，难以客观表征城市间经济联系，因此本研究不涉及中国邮政储蓄银行的末级营业

---

① 路旭、马学广、李贵才：《基于国际高级生产者服务业布局的珠三角城市网络空间格局研究》，载于《经济地理》2012 年第 4 期，第 50~54 页。

② 陈伟、修春亮、柯文前等：《多元交通流视角下的中国城市网络层级特征》，载于《地理研究》2015 年第 11 期，第 2073~2083 页。

网点。

APS公司网点数据主要来源于各个公司官方网站，铁路客运交通流数据和公路客运交通流数据分别通过爬取查询网（www.ip138.com）与车次网（www.checi.cn），并用极品时刻表补充完善。随后，客运流数据分别将经停站信息转换所在城市和县域信息，利用排列组合获得同一车次下任意两城市或两县域间有效的车次数据，并且剔除重复数据。此外，山东省各城市与各县的GDP与常住人口数等指标利用《中国城市统计年鉴（2016）》和各地区发布的统计公报，缺失数据则用该年份该类数据的平均值进行替换。

三、山东半岛城市群区域空间范围的划定

在要素快速流动中，城市节点的性质及其联系特征决定了城市群网络的结构。因此，有必要采取多源数据，通过企业流、公路客运交通流与铁路客运交通流三个途径分别确定城市群区域空间范围，并对以上结果进行比较分析，最终确定可供使用的山东半岛城市群区域空间范围方案。

（一）山东半岛城市群区域空间范围的单因素确定

从APS企业流、公路客运交通流和铁路客运交通流等三个来源分别确定山东半岛城市群的空间范围。

1. 基于APS企业流确定山东半岛城市群的空间范围

APS企业分布在山东省17城市的网点数量与规模信息能够反映地域间资金与信息流动方向与强度，能够较好地揭示现实世界中山东省17城市之间的地域联系。

研究发现：基于山东省APS企业间功能性联系的强度，参考以城市和县（区）两个空间单元的尺度分析，山东半岛城市群区域空间范围可以划分为核心区、边缘区和外围区等三个等级。其中，核心区包括济南市、青岛市、烟台市、潍坊市、淄博市、东营市、济宁市和临沂市8个城市，边缘区包括滨州市、德州市、威海市和泰安市4个城市，外围区包括日照市、莱芜市、菏泽市、枣庄市和聊城市5个城市。在本节中，位于外围区的莱芜市、枣庄市、日照市、聊城市、菏泽市5个城市被排除在本阶段山东半岛城市群的范围。

2. 基于公路交通流确定山东半岛城市群的空间范围

公路客运是地域间直达的交通方式，并且具有显著的空间依赖性，在一定程度上能够反映地域间的社会经济联系状况。因此，通过计算公路客运流中地域间联系强度并结合首次位联系分析，可以揭示山东省区域交通网络的结构特征，以及城市吸引力范围，借以识别山东半岛城市群的空间范围。

研究发现：基于山东省城市间公路客运交通流的强度和方向，参考以城市和县（区）两个空间单元的尺度分析，山东省公路客运交通网络形成了分别以济南市、青岛市、济宁市与临沂市为中心的四大片区，其中济南市与青岛市分别成为省内中西部地区和东部地区客流中心，济南片区的客运交通吸引区范围涵盖了济南市、滨州市、东营市、德州市、淄博市、泰安市、莱芜市和聊城市8个城市，青岛片区的客运交通吸引区范围涵盖了青岛市、烟台市、威海市、潍坊市4个城市，济宁片区的客运交通吸引区范围涵盖了济宁市、菏泽市和枣庄市3个城市，临沂片区的客运交通吸引区范围涵盖了临沂市和日照市。以公路客运交通流所揭示的山东半岛城市群的空间范围涵盖了山东省17个城市。

3. 基于铁路交通流确定山东半岛城市群的空间范围

城际通勤时间影响了人、财、物资源的流动与集聚，压缩城际通勤的时间和空间成本是实现城市群交通一体化的内在要求。铁路客运承担着中长距离物质与信息交换的功能，能够反映地域间相互作用的方向和强度。因此，通过测度地域间铁路客运联系的方向和强度可以分析山东省内铁路客运网络结构特征以及各个城市的铁路通勤范围，进而为山东半岛城市群区域空间范围的划定提供定量依据。

研究发现：基于山东省城市间铁路客运交通流的强度和方向，参考以城市和县（区）两个空间单元的尺度分析，山东省在东西走向上以济南—青岛—烟台—威海铁路为骨架、南北走向上以京沪铁路为骨架，形成了铁路客运联系的基本空间架构。借助山东省铁路客运交通流分析，山东半岛城市群核心区涵盖了济南市、淄博市、潍坊市、青岛市、烟台市、威海市、德州市、聊城市、滨州市、泰安市、莱芜市、济宁市和枣庄市13个城市，而日照市、菏泽市、临沂市和东营市4个城市被排除在山东半岛城市群之外。

（二）山东半岛城市群区域空间范围的交叠与整合

城市群范围的确定是随着社会经济发展而不断拓展和变更的过程，对山东半岛城市群区域空间范围进行划定时，应以地缘性的自然环境为基础，考虑基础设施不断完善导致的城市间联系不断增强，考虑国民经济社会发展的区域政策环境变迁。尤其需要重点考虑市场驱动下城市间功能性城市流的空间联系，综合协调各个因素影响下的城市群区域空间范围划定，以此作为确定城市群区域空间范围的依据。

单因素功能性城市流确定的山东半岛城市群范围仅仅是城市间某一方面联系的体现，高端生产者服务业（APS）企业网点数据反映了城市间的经济联系，而公路客运交通流和铁路客运交通流数据则一定程度上反映了城市间人员和物资的往来交通。在基于功能性联系界定城市群区域空间范围的基础上，结合空间连续性以及国家战略对其范围进行适当调整,形成多种城市群区域空间范围的划定方案并对其优缺点进行比较分析,将多个方案比选所确定的山东半岛城市群范围的交集作为整合性的山东半岛城市群的空间范围,从而最终划定山东半岛城市群的空间范围。

方案1:基于自然环境因素,胶东半岛城市和非胶东半岛拥有海岸线的城市应该纳入山东半岛城市群的空间范围,即:青岛市、烟台市、威海市、潍坊市、日照市、东营市和滨州市,共计7个城市。

方案2:基于山东省两个国家战略("蓝黄战略",即山东半岛蓝色经济区和黄河三角洲高效生态经济区)建设,所涉及城市应该纳入山东半岛城市群的空间范围,即:青岛市、烟台市、威海市、潍坊市、日照市、东营市、滨州市、德州市和淄博市,共计9个城市。

方案3:基于区域空间政策的继承性,第一版《山东半岛城市群规划》(2005年5月通过专家评审)所涉及城市应该有选择地纳入山东半岛城市群的空间范围,即:青岛市、济南市、淄博市、烟台市、威海市、潍坊市、日照市、东营市和滨州市,共计9个城市。

方案4:山东省人民政府2014年10月批复同意《山东省新型城镇化规划(2014~2020年)》,该规划将山东半岛城市群范围拓展为13个城市,即济南市、青岛市、烟台市、潍坊市、淄博市、滨州市、德州市、威海市、泰安市、莱芜市、东营市、聊城市和日照市。

方案5:山东省人民政府2017年3月批复同意《山东半岛城市群发展规划(2016~2030年)》,该规划将山东半岛城市群的空间范围拓展至全省17个城市,即济南市、青岛市、烟台市、潍坊市、淄博市、滨州市、德州市、威海市、济宁市、泰安市、莱芜市、东营市、日照市、聊城市、菏泽市、枣庄市和临沂市。

方案6:基于前文的高端生产性服务企业的功能性联系分析,济南市、青岛市、烟台市、潍坊市、淄博市、东营市、济宁市、临沂市、滨州市、德州市、威海市、泰安市12个城市纳入山东半岛城市群核心区,莱芜市、枣庄市、日照市、聊城市、菏泽市5个城市纳入山东半岛城市群外围区。

方案7:基于前文公路客运交通流的功能性联系分析,济南市、青岛市、烟台市、潍坊市、淄博市、滨州市、德州市、威海市、济宁市、泰安市、莱芜市、东营市、日照市、聊城市、菏泽市、枣庄市和临沂市17个城市全部纳入山东半岛城市群。

方案8:基于前文铁路客运交通流的功能性联系分析,济南市、淄博市、潍坊市、青岛市、烟台市、威海市、德州市、聊城市、滨州市、泰安市、莱芜市、济宁市和枣庄市13个城市纳入山东半岛城市群核心区,日照市、菏泽市、临沂市和东营市4个城市纳入山东半岛城市群外围区。

在方案 6 和方案 8 中，日照市因方案 1～方案 5 和方案 7 的需要而应纳入山东半岛城市群的核心区范围。方案 6 中，莱芜市因自然环境因素（空间连续性）而应纳入山东半岛城市群的核心区范围，虽然在以高端生产性服务企业的功能性联系方面，莱芜市并未被纳入核心区。

在方案 6 和方案 8 中，枣庄市、聊城市、菏泽市和临沂市 4 个城市因以高端生产性服务企业为代表的经济联系和以铁路客运交通流为代表的交通联系这两个方面的薄弱性而建议暂时不纳入山东半岛城市群的核心区，而置于山东半岛城市群的外围区。

综上所述，考虑到对现有区域公共政策延续性和对政府官方规划方案的尊重，结合城市群区域空间范围五大因素（自然地理环境、社会经济联系、基础设施建设、区域公共政策和行政区划管理）的影响，基于山东省全域城市尺度和县（区）尺度 APS 企业流、公路客运交通流和铁路客运交通流的详细分析，得出山东半岛城市群核心区的空间范围：即济南市、青岛市、淄博市、潍坊市、烟台市、威海市、日照市、德州市、东营市、滨州市、泰安市、莱芜市和济宁市 13 个城市的全部管辖范围，而临沂市、枣庄市、菏泽市和聊城市则暂可列为山东半岛城市群的外围区，随着未来社会经济的快速发展和基础设施网络建设的加速，也有望纳入山东半岛城市群的核心区范围。如无特殊说明，本书所指的山东半岛城市群即本节所确定的山东半岛城市群核心区范围。

附录3

山东半岛城市群主要统计信息

一、山东半岛城市群在山东省区域经济发展中的地位

山东半岛城市群逐渐成为山东省区域经济发展的核心区和"领头羊"。山东半岛城市群土地面积占全省面积的73.06%，集中了70.83%的人口，创造了88.29%的GDP，如表1所示，山东半岛城市群的人均GDP和地均GDP都高于全省平均水平。山东半岛城市群第一产业增加值占全省的76.88%，第二产业增加值占全省的81.71%，第三产业增加值占全省的83.58%，固定资产投资占全省的82.87%，工业总产值占全省的79.22%，货物进出口总额占全省的91.1%。此外，山东半岛城市群集中了山东省96.14%的外商直接投资。

表1　　山东半岛城市群在山东省区域经济发展中的地位（2016年）

指标	土地面积（万平方公里）	常住人口（万人）	GDP（亿元）	第一产业增加值（亿元）	第二产业增加值（亿元）	第三产业增加值（亿元）
山东半岛城市群合计	1153.73	7044.84	55626.51	3789.39	24848.66	26469.29
占全省比重（%）	73.06	70.83	88.29	76.88	81.71	83.58

指标	全社会固定资产投资（亿元）	工业总值（亿元）	货物进出口总额（亿美元）	进口额（亿美元）	出口额（亿美元）	外商直接投资实际使用额（亿美元）
山东半岛城市群合计	43396.9	119392.41	2133.54	886.96	1246.58	1617546
占全省比重（%）	82.87	79.22	91.1	91.39	90.89	96.14

资料来源：《山东统计年鉴（2017）》。

二、山东半岛城市群社会经济发展比较分析

在本研究中，山东半岛城市群涵盖济南市、青岛市、淄博市、东营市、烟台市、潍坊市、济宁市、泰安市、威海市、日照市、莱芜市、德州市和滨州市13个城市，其社会经济发展可以概括为经济总量、经济发展水平、工业化进程、工业经济效益、城市化进程、国际化程度、人民生活水平和地区财政金融状况等8个方面。

截至2016年底，山东半岛城市群有青岛市、烟台市、济南市和潍坊市4个城市的地区生产总值超过5000亿元，其中青岛市地区生产总值超过10000亿元，如表2所示。

表2 山东半岛城市群各城市经济总量分析（2016年）

城市	地区生产总值（亿元）	第一产业增加值（亿元）	第二产业增加值（亿元）	第三产业增加值（亿元）	工业总产值（亿元）	固定资产投资（亿元）	粮食产量（万吨）	社会消费品零售额（亿元）	地方财政收入（亿元）	外商直接投资实际使用额（万美元）
济南市	6536.12	317.31	2368.90	3849.91	7643.49	3498.40	257.27	3764.78	641.22	171624
青岛市	10011.29	371.01	4160.67	5479.61	16343.81	6555.70	305.00	4104.93	1100.03	700273
淄博市	4412.01	150.69	2315.48	1945.84	12011.52	2731.60	143.40	2155.03	345.38	63509
东营市	2142.63	121.89	2163.10	1194.61	13334.65	3084.70	100.48	789.72	221.87	22302
烟台市	6925.66	467.51	3461.66	2996.49	16434.66	4667.10	179.72	2976.07	577.11	206173
潍坊市	5522.68	475.32	2559.77	2487.59	13152.80	4516.70	432.00	2514.85	521.54	106431
济宁市	4301.82	480.45	1949.67	1871.70	5499.65	2891.00	445.20	2071.89	391.52	50657
泰安市	3316.79	280.93	1485.50	1550.36	5631.45	2618.20	262.11	1462.77	206.71	51605
威海市	3212.20	229.34	1463.35	1519.51	7141.30	2543.70	70.21	1456.73	260.50	121145
日照市	1802.49	146.97	851.94	803.58	2459.57	1407.80	88.48	660.09	128.73	57858
莱芜市	702.76	55.72	352.36	295.28	1788.50	619.10	23.00	347.80	53.00	15291
德州市	2932.99	346.49	1403.17	1106.41	10569.46	2237.90	643.75	1394.87	183.51	12099
滨州市	2470.10	232.21	1142.77	967.07	7382.03	1073.30	306.13	889.70	220.01	38579

资料来源：《山东统计年鉴（2017）》。

截至2016年底，山东半岛城市群有青岛市、东营市和威海市3个城市的人均地区生产总值超过100000元，其中东营市人均地区生产总值超过160000元。

济南市、青岛市、泰安市、威海市 4 个城市的产业结构步入了 Ⅲ ≥ Ⅱ ≥ Ⅰ 的第三产业主导阶段,如表 3 所示。

表 3 山东半岛城市群经济发展水平分析(2016 年)

城市	人均地区生产总值(元)	第一产业比重(%)	第二产业比重(%)	第三产业比重(%)
济南市	90999	4.9	36.2	58.9
青岛市	109407	3.7	41.6	54.7
淄博市	94587	3.4	52.5	44.1
东营市	164024	3.5	62.2	34.3
烟台市	98388	6.7	50.0	43.3
潍坊市	59275	8.6	46.4	45.0
济宁市	51662	11.2	45.3	43.5
泰安市	59027	8.5	44.8	46.7
威海市	114220	7.1	45.6	47.3
日照市	62357	8.1	47.3	44.6
莱芜市	51533	7.8	50.2	42.0
德州市	50856	10.1	47.8	42.1
滨州市	63745	9.4	46.3	44.3

资料来源:《山东统计年鉴(2017)》。

截至 2016 年底,山东半岛城市群有济南市、青岛市、烟台市、潍坊市 4 个城市的工业生产总值超过 5000 亿元,其中青岛市工业生产总值超过 10000 亿元。山东半岛城市群各城市工业企业的规模结构均呈现大中小企业分布的"倒金字塔"式结构,小型企业所占比重超过八成,如表 4 所示。

表 4 山东半岛城市群工业化进程分析(2016 年)

城市	工业生产总值(亿元)	规模结构		
		大型企业比重(%)	中型企业比重(%)	小型企业比重(%)
济南市	6536.12	2.44	8.99	88.57
青岛市	10011.29	1.92	11.65	86.44
淄博市	4412.01	2.02	9.81	88.17

续表

城市	工业生产总值（亿元）	规模结构 大型企业比重（%）	中型企业比重（%）	小型企业比重（%）
东营市	3479.6	5.66	15.20	79.14
烟台市	6925.66	3.84	15.30	80.85
潍坊市	5522.68	2.57	10.28	87.15
济宁市	4301.82	1.85	7.27	90.88
泰安市	3316.79	2.56	10.55	86.89
威海市	3212.2	4.89	15.35	79.77
日照市	1802.49	2.28	13.39	84.32
莱芜市	702.76	1.82	8.58	89.60
德州市	2932.99	1.71	8.59	89.70
滨州市	2470.1	3.75	11.07	85.18

资料来源：《山东统计年鉴（2017）》。

截至2016年底，山东半岛城市群有青岛市、淄博市、烟台市、潍坊市、济宁市、德州市6个城市的工业企业数量超过2000家，其中青岛市工业企业数量超过4000家。2016年，青岛市、淄博市、烟台市、潍坊市、济宁市、威海市等城市工业企业从业人员平均数超过50万人，其中，青岛市工业企业从业人员平均人数超过90万人，如表5所示。

表5　　　　　　　山东半岛城市群工业经济效益（2016年）

城市	工业企业数（家）	从业人员平均人数（人）	资产总计（万元）	负债合计（万元）	所有者权益（万元）	主营业务收入（万元）	利润总额（万元）	本年应交增值税（万元）
济南市	1968	438720	90169897	53189097	36980799.6	80256811	5072716	2995512
青岛市	4431	948717	124537736	71409436	53128299.7	157720705	9312964	4002777
淄博市	2976	589089	67318552	33776782	33541770.7	118603830	8039058	3395938
东营市	954	381849	100190191	49780472	50409719	132282719	6117941.3	2378459
烟台市	2575	829276	93101436	46366273	46735163.5	161482426	11810051.1	2683207
潍坊市	3812	804761	93812189	53414115	40398073.7	132127340	7374239.6	2586658
济宁市	2599	573467	74689563	46200520	28489043.4	54117341	3440945.3	1717861

续表

城市	工业企业数（家）	从业人员平均人数（人）	资产总计（万元）	负债合计（万元）	所有者权益（万元）	主营业务收入（万元）	利润总额（万元）	本年应交增值税（万元）
泰安市	1640	400210	44286442	26752371	17534071	57442110	3544959	1009334
威海市	1883	569555	49519015	20936764	28582250.6	70572586	4102376.4	1407318
日照市	657	147402	29695883	20821171	8874712.1	24558205	834352.4	593247
莱芜市	548	123913	12686972	8605125	4081846.3	15907456	407081	147886
德州市	2991	484046	43724008	15435430	28288578.3	104652239	5840950	1071536
滨州市	1201	367476	64255381	43013590	21241791	83484050	2847041	817735

资料来源：《山东统计年鉴（2017）》。

截至2016年底，山东半岛城市群有济南市、青岛市、烟台市、潍坊市、济宁市、泰安市、德州市7个城市的常住人口数量超过500万人，其中青岛市和潍坊市常住人口超过900万人。2016年，济南市、青岛市、淄博市、东营市、烟台市、威海市、莱芜市等城市城镇化率超过60%，其中青岛市城镇化率超过70%，如表6所示。

表6　　　　山东半岛城市群城市化进程比较（2016年）

城市	常住人口（万人）	城镇人口（万人）	城镇化率（%）	全社会从业人员（万人）	人均固定资产投资（元）
济南市	723.31	502.41	69.46	470.1	54946.40
青岛市	920.40	658.36	71.53	591.3	80994.14
淄博市	468.69	323.91	69.11	320.8	66137.50
东营市	213.21	142.15	66.67	151.1	115967.69
烟台市	706.40	438.67	62.10	463.2	74989.03
潍坊市	935.70	544.11	58.15	573.0	54638.61
济宁市	835.44	461.58	55.25	553.9	39248.47
泰安市	563.74	332.94	59.06	410.8	51435.37
威海市	281.93	183.25	65.00	200.9	102130.05
日照市	290.11	164.96	56.86	209.8	55074.88
莱芜市	137.58	84.09	61.12	111.7	46203.89
德州市	579.23	311.45	53.77	358.0	43813.04
滨州市	389.10	221.13	56.83	289.0	55424.61

资料来源：《山东统计年鉴（2017）》。

截至 2016 年底,山东半岛城市群有济南市、青岛市、东营市、烟台市、潍坊市、威海市、日照市等城市的进出口总额超过 100 亿美元,其中,青岛市进出口总额超过 600 亿美元,如表 7 所示。

表 7　　　　　山东半岛城市群国际化程度比较(2016 年)

城市群名称	进出口总额(亿美元)	进口额(亿美元)	出口额(亿美元)	外商直接投资实际使用额(亿美元)	接待入境旅游人数(万人次)	国际旅游外汇收入(万美元)
济南市	108.49	35.04	73.44	17.16	35.2	19609
青岛市	655.81	231.16	424.65	70.03	141.0	98055
淄博市	79.08	26.71	52.37	6.35	20.3	9858
东营市	150.79	105.20	45.59	2.23	6.0	5277
烟台市	439.17	190.71	248.46	20.62	61.3	55260
潍坊市	188.24	64.75	123.49	10.64	34.8	22474
济宁市	54.17	20.51	33.66	5.07	34.6	15247
泰安市	20.06	3.91	16.16	5.16	38.5	24328
威海市	177.70	60.99	116.71	12.11	48.5	27207
日照市	124.21	81.98	42.23	5.79	28.3	12363
莱芜市	17.01	7.25	9.76	1.53	0.8	654
德州市	31.70	9.26	22.43	1.21	2.1	536
滨州市	87.12	49.50	37.62	3.86	4.9	1491

资料来源:《山东统计年鉴(2017)》。

截至 2016 年底,山东半岛城市群有济南市、青岛市、东营市等城市的城镇居民人均可支配收入超过 4 万元,城镇居民恩格尔系数超过 30% 的仅有烟台市、济宁市和德州市 3 个城市,如表 8 所示。

表 8　　　　　山东半岛城市群人民生活水平比较

城市	城镇居民人均可支配收入(元)	城镇居民人均消费支出(元)	城镇居民人均食品消费支出(元)	城镇居民恩格尔系数(%)	农村居民人均纯收入(元)	农村居民人均消费支出(元)	农村居民人均食品消费支出(元)	农村居民恩格尔系数(%)
济南市	43052	28537	6908	24.21	15346	9396	3028	32.23
青岛市	43598	28285	8473	29.96	17969	12006	3651	30.41

续表

城市	城镇居民人均可支配收入（元）	城镇居民人均消费支出（元）	城镇居民人均食品消费支出（元）	城镇居民恩格尔系数（%）	农村居民人均纯收入（元）	农村居民人均消费支出（元）	农村居民人均食品消费支出（元）	农村居民恩格尔系数（%）
淄博市	36436	23697	5993	25.29	15674	11225	3163	28.18
东营市	41580	24879	5896	23.70	14999	11348	2678	23.60
烟台市	38744	25737	8018	31.15	16721	11651	4067	34.91
潍坊市	33609	20976	4931	23.51	16098	10027	2835	28.28
济宁市	29987	18202	5478	30.10	13615	8812	2831	32.13
泰安市	30299	17900	4649	25.97	14428	9297	3006	32.34
威海市	39363	25639	7625	29.74	17573	10780	3352	31.10
日照市	28340	17957	5290	29.46	13379	7264	2384	32.82
莱芜市	32364	18523	4694	25.34	14852	10413	3183	30.57
德州市	22760	14131	4250	30.07	12248	9887	2998	30.32
滨州市	30583	20728	5882	28.38	13736	9574	2888	30.17

资料来源：《山东统计年鉴（2017）》。

截至2016年底，山东半岛城市群有济南市、青岛市的金融机构人民币存款超过10000亿元，青岛市居民储蓄存款超过5000亿元、财政预算收入超过1000亿元，如表9所示。

表9　山东半岛城市群地区财政金融状况比较（2016年）

城市	金融机构人民币存款（亿元）	居民储蓄存款（亿元）	金融机构人民币贷款（亿元）	财政预算收入（亿元）	财政预算收入占地区生产总值（%）	财政预算支出（亿元）	教育支出（亿元）	社会保障支出（亿元）	医疗卫生支出（亿元）	农林水利支出（亿元）
济南市	15537.4	4344.8	13096.1	641	9.81	741	130.86	96.11	64.61	46.22
青岛市	14673.8	5460.2	12955.3	1100	10.99	1353	253.02	133.74	88.87	85.99
淄博市	4204.4	2498.8	2871.7	345	7.83	418	93.83	42.22	41.62	33.50
东营市	3986.7	1478.6	3507.5	222	10.35	268	52.56	24.32	21.44	28.72
烟台市	7580.1	4026.6	4736.7	577	8.33	679	131.34	80.91	54.84	87.86
潍坊市	7094.8	4025.1	4906.0	522	9.44	638	165.20	65.34	60.42	67.48

续表

城市	金融机构人民币存款（亿元）	居民储蓄存款（亿元）	金融机构人民币贷款（亿元）	财政预算收入（亿元）	财政预算收入占地区生产总值（%）	财政预算支出（亿元）	教育支出（亿元）	社会保障支出（亿元）	医疗卫生支出（亿元）	农林水利支出（亿元）
济宁市	4612.1	2803.9	2879.3	392	9.10	556	124.97	58.93	61.00	59.76
泰安市	3075.7	1958.6	1938.6	207	6.23	331	66.38	50.29	38.12	44.25
威海市	3112.8	1691.6	1902.4	260	8.11	339	75.12	35.72	24.49	49.53
日照市	2080.6	1114.3	2274.2	129	7.14	205	44.94	23.63	22.76	23.68
莱芜市	914.0	541.8	672.2	53	7.54	87	20.48	11.00	10.05	10.25
德州市	2868.6	1943.3	1659.8	184	6.26	331	65.17	43.94	38.65	43.43
滨州市	2697.9	1287.4	2394.3	220	8.91	321	61.79	41.61	31.95	42.08

资料来源：《山东统计年鉴（2017）》。

截至2016年底，山东半岛城市群各城市中，淄博市和济南市城市人口密度超过2000人/平方公里，烟台市、日照市和青岛市人口密度超过1900人/平方公里。与此同时，青岛市、东营市、烟台市和泰安市等城市的人均日生活用水量超过150升，威海市、德州市、东营市人均城市道路面积超过30平方米，威海市、德州市、泰安市、莱芜市、东营市、日照市、烟台市等人均公园绿地面积超过20平方米，威海市、日照市、淄博市、莱芜市、泰安市等建成区绿化覆盖率超过45%。如表10所示。

表10　　山东半岛城市群基础设施比较（2016年）

城市	城市人口密度（人/平方公里）	人均日生活用水量（升）	人均城市道路面积（平方米）	人均公园绿地面积（平方米）	建成区绿化覆盖率（%）
济南市	2127	145.7	27.0	11.3	40.3
青岛市	1925	158.7	18.2	18.6	38.6
淄博市	2558	131.1	24.0	18.7	45.1
东营市	619	159.0	32.1	22.5	43.5
烟台市	1999	154.1	21.9	20.7	42.5
潍坊市	1097	111.0	28.6	18.1	41.9
济宁市	1751	123.6	29.5	14.7	42.5

续表

城市	城市人口密度（人/平方公里）	人均日生活用水量（升）	人均城市道路面积（平方米）	人均公园绿地面积（平方米）	建成区绿化覆盖率（%）
泰安市	1719	157.9	27.6	22.8	45.0
威海市	1499	136.3	33.6	26.1	46.0
日照市	1986	115.7	22.4	21.2	45.5
莱芜市	1023	94.3	29.1	22.6	45.2
德州市	1464	91.9	33.0	24.8	43.6
滨州市	1115	103.8	22.2	19.5	44.8
山东半岛城市群	1606	129.5	26.9	20.1	43.4
山东省	1502	132.8	24.7	17.9	42.3

资料来源：《山东统计年鉴（2017）》。

截至2016年底，山东半岛城市群各城市市区面积合计37731.7平方公里（不包括各地级以上城市所辖县级市的市区面积），占山东省所有城市市区面积的41.8%。其中，城市建成区面积规模位列前三的城市分别是青岛市、济南市和烟台市。就城市现状建设用地面积而言，青岛市、济南市、烟台市和淄博市均超过200平方公里，在全省领先。如表11所示。

表11 山东半岛城市群城市建设用地比较（2016年）

城市	市区面积总体规模	其中：城市建成区面积	城市现状建设用地面积总体规模	其中：居住用地	其中：公共管理与公共服务用地	其中：工业用地	其中：道路与交通设施用地
济南市	5112.0	447.7	446.2	118.6	73.9	86.6	72.7
青岛市	3231.2	599.3	493.4	147.8	36.7	124.2	66.3
淄博市	2989.1	270.6	268.6	93.5	19.4	75.9	32.7
东营市	5525.4	151.2	143.3	49.0	18.3	27.2	9.7
烟台市	2722.3	330.1	282.6	64.2	35.3	66.6	29.6
潍坊市	2006.0	179.8	176.7	61.3	12.9	33.1	25.3
济宁市	1647.5	198.8	189.7	52.7	6.7	53.1	31.1
泰安市	2087.0	154.6	154.6	50.0	15.7	39.4	21.5

续表

城市	市区面积（平方公里）		城市现状建设用地面积（平方公里）				
	市区面积总体规模	其中：城市建成区面积	城市现状建设用地面积总体规模	其中：居住用地	其中：公共管理与公共服务用地	其中：工业用地	其中：道路与交通设施用地
威海市	2606.7	192.8	188.6	48.5	13.4	54.6	27.6
日照市	2043.1	103.7	103.7	32.0	6.9	20.9	24.9
莱芜市	2246.0	120.0	105.8	37.7	17.1	23.1	3.9
德州市	1752.4	154.1	152.4	40.7	26.0	40.7	22.7
滨州市	3763.1	138.8	136.4	36.6	15.5	31.7	20.2
山东半岛城市群	37731.7	3014.0	2842.0	832.6	297.8	677.1	388.2
山东省	90263.1	4795.5	4540.0	1374.0	482.6	997.1	578.2

资料来源：《山东统计年鉴（2017）》。

截至2016年底，山东半岛城市群各城市主要污染物排放是全省污染物排放的主力。其中，废水排放量占全省75%（潍坊市和青岛市名列前二），化学需氧量排放量占全省71.8%（潍坊市最突出），氨氮排放量占全省67.4%（潍坊市居首），二氧化碳排放量占全省77.4%（淄博市和滨州市名列前二，不相上下），氮氧化物排放量占全省74.2%（滨州市、淄博市和潍坊市位列前三），烟（粉）尘排放量占全省80.8%（莱芜市、日照市和淄博市问题最突出）。如表12所示。

表12　　山东半岛城市群主要污染物排放比较（2016年）

地区	废水排放量（万吨）	化学需氧量排放量（吨）	氨氮排放量（吨）	二氧化硫排放量（吨）	氮氧化物排放量（吨）	烟（粉）尘排放量（吨）
济南市	34530	30202	4306	44403	61075	64253
青岛市	51536	29095	3539	23320	58687	24387
淄博市	35329	32027	5359	171735	125096	90670
东营市	19139	15216	1845	44858	37020	6513
烟台市	25915	34077	4164	69112	71139	39644
潍坊市	53917	59800	6619	68452	102512	56588
济宁市	42425	36418	6151	79865	94958	56693
泰安市	19992	38692	5596	32895	40263	25160

续表

地区	废水排放量（万吨）	化学需氧量排放量（吨）	氨氮排放量（吨）	二氧化硫排放量（吨）	氮氧化物排放量（吨）	烟（粉）尘排放量（吨）
威海市	18280	11241	2842	35722	39968	19207
日照市	14078	13942	2358	37796	46245	97968
莱芜市	5837	9269	1565	36718	44968	124639
德州市	28249	38074	4647	61708	55346	39423
滨州市	32230	32695	3534	171392	134632	60924
山东半岛城市群	381457	380748	52525	877976	911909	706069
山东省	507591	530515	77974	1134524	1229383	873829

资料来源：《山东统计年鉴（2017）》。

截至2016年底，山东半岛城市群各城市公共安全形势较为严峻，火灾事故发生数量占山东省全省的72.3%（烟台市和济宁市都超过2000起），直接经济损失占山东省全省的69.6%；各类交通事故发生数量占山东省全省的83.3%（其中济南市占全省的22.4%），直接经济损失占山东省全省的60%（其中济南市占全省的14.0%）。如表13所示。

表13　山东半岛城市群公共安全比较（2016年）

城市	火灾事故 发生数（起）	火灾事故 死亡人数（人）	火灾事故 直接经济损失（万元）	交通事故 发生数（起）	交通事故 死亡人数（人）	交通事故 直接经济损失（万元）
济南市	1825	13	1904	2946	403	875
青岛市	1654	8	1444	1759	308	507
淄博市	1068	0	308	1059	303	503
东营市	1443	1	791	451	126	153
烟台市	2438	2	3426	622	216	85
潍坊市	1598	1	1666	1085	287	536
济宁市	2083	1	975	811	221	368
泰安市	1440	2	571	445	179	132
威海市	1072	0	742	172	140	24
日照市	306	0	1606	430	115	177

续表

城市	火灾事故 发生数（起）	火灾事故 死亡人数（人）	火灾事故 直接经济损失（万元）	交通事故 发生数（起）	交通事故 死亡人数（人）	交通事故 直接经济损失（万元）
莱芜市	165	0	295	275	57	96
德州市	849	1	1249	658	220	228
滨州市	730	0	1473	259	106	85
山东半岛城市群	16671	29	16450	10972	2681	3769
山东省	23057	33	23647	13164	3613	6277

资料来源：《山东统计年鉴（2017）》。

主要参考文献

[1] 埃莉诺·奥斯特罗姆等:《公共服务的制度建构——都市警察服务的制度结构》,宋全喜、任睿译,三联书店出版社 2000 年版。

[2] 毕宝德:《土地经济学》,中国人民大学出版社 2006 年版。

[3] 陈建军、郑广建、刘月:《高速铁路对长江三角洲空间联系格局演化的影响》,载于《经济地理》2014 年第 8 期。

[4] 陈维民、马学广、窦鹏:《世界城市发展趋势及未来中国的网络结构分析》,载于《区域经济评论》2017 年第 2 期。

[5] 陈伟、修春亮、柯文前等:《多元交通流视角下的中国城市网络层级特征》,载于《地理研究》2015 年第 11 期。

[6] 陈伟劲、马学广、蔡莉丽、栾晓帆、李贵才:《珠三角城市联系的空间格局特征研究——基于城际客运交通流的分析》,载于《经济地理》2013 年第 4 期。

[7] 陈晓倩、张全景、谷婷等:《山东半岛城市群主要城市辐射能力研究》,载于《地域研究与开发》2012 年第 6 期。

[8] 陈新岗、张秀娈:《山东经济史》,山东人民出版社 2011 年版。

[9] 陈延斌、程钰:《山东半岛城市群城市规模分布演变特征》,载于《青岛科技大学(社会科学版)》2012 年第 1 期。

[10] 陈延斌:《山东半岛城镇群体空间组合与优化研究》,山东师范大学硕士学位论文 2009 年。

[11] 陈玉成、刘伟、杨逸飞等:《基于资源 O2C 卫星山东省典型岩矿解译标志的建立》,载于《山东国土资源》2015 年第 7 期。

[12] 城市群边界以地级以上城市为界,其中长江中游城市群、成渝城市群、长江三角洲城市群、兰西城市群范围以国家发改委印发的城市群发展规划为准,京津冀城市群、珠江三角洲城市群、辽中南城市群边界主要参考方创琳:《中国城市群研究取得的重要进展与未来发展方向》,载于《地理学报》2014 年第 8 期。

[13] 程利莎、王士君、杨冉:《基于交通与信息流的哈长城市群空间网络结构》,载于《经济地理》2017 年第 5 期。

[14] 程子腾、严金明、高峰:《土地利用碳排放与经济增长研究——以柳

州市为例》,载于《生态经济》2016年第8期。

[15] 仇保兴:《关于山东半岛城市群发展战略的几个问题》,载于《规划师》2004年第4期。

[16] 揣小伟、黄贤金、赖力等:《基于 GIS 的土壤有机碳储量核算及其对土地利用变化的响应》,载于《农业工程学报》2011年第9期。

[17] 崔林娜、王富喜、杜育娟:《山东半岛城市群土地集约利用空间差异分析》,载于《广东土地科学》2012年第4期。

[18] 戴桂林、翟涛:《基于结构演化的山东半岛城市群城市职能研究》,载于《广西经济管理干部学院学报》2017年第1期。

[19] 单春红、刘晓丽:《区域经济合作中地方政府政策选择的博弈分析——以山东半岛城市群为例》,载于《山东经济》2010年第1期。

[20] 钭晓东、藏卫华:《海洋时代海洋污染损害赔偿问题研究》,载于《法学杂志》2013年第2期。

[21] 杜军、孙希华、高志强、李玉江:《山东半岛城市群城市流强度研究》,载于《山东师范大学学报(自然科学版)》2006年第4期。

[22] 范恒山、肖金成、方创琳等:《城市群发展:新特点新思路新方向》,载于《区域经济评论》2017年第5期。

[23] 方创琳、鲍超、马海涛:《中国城市群发展报告(2016)》,科学出版社2016年版。

[24] 方创琳、毛其智、倪鹏飞:《中国城市群科学选择与分级发展的争鸣及探索》,载于《地理学报》2015年第4期。

[25] 方创琳:《城市群空间范围识别标准的研究进展与基本判断》,载于《城市规划学刊》2009年第4期。

[26] 方创琳:《科学选择与分级培育适应新常态发展的中国城市群》,载于《中国科学院院刊》2015年第2期。

[27] 方精云、郭兆迪、朴世龙等:《1981~2000年中国陆地植被碳汇的估算》,载于《中国科学》2007年第6期。

[28] 冯杰、王涛:《中国土地利用碳排放演变与影响因素分析》,载于《软科学》2016年第5期。

[29] 冯长春、谢旦杏、马学广、蔡莉丽:《基于城际轨道交通流的珠三角城市区域功能多中心研究》,载于《地理科学》2014年第6期。

[30] 伏兴、栾贵勤:《山东半岛城市群的产业结构优化》,载于《开放导报》2011年第2期。

[31] 傅毅明、赵彦云:《基于公路交通流的城市群关联网络研究——以京津冀城市群为例》,载于《河北大学学报(哲学社会科学版)》2016年第4期。

[32] 高风林：《山东通史·隋唐五代》，山东人民出版社1994年版。

[33] 高岭、张为华、丁志伟：《山东半岛城市群城市交通网络水平评价》，载于《河南科学》2016年第7期。

[34] 葛振香、崔树强：《山东半岛城市群绿色化水平研究》，载于《绿色科技》2016年第12期。

[35] 郭风旗：《我国区域公共管理理论分析》，载于《行政论坛》2005年第4期。

[36] 郭倩倩：《长三角城市群城市职能分工及互补性研究》，载于《科技与管理》2017年第1期。

[37] 韩光辉：《齐都临淄户口考辨》，载于《管子学刊》1996年第4期。

[38] 韩骥、周翔、象伟宁：《土地利用碳排放效应及其低碳管理研究进展》，载于《生态学报》2016年第4期。

[39] 何勇、姜允迪、丹利：《中国气候、陆地生态系统碳循环研究》，气象出版社2006年版。

[40] 贺可强：《山东半岛城市群地区地质资源与环境及其承载力综合分析与评价》，山东大学出版社2009年版。

[41] 侯春岭、黄绍鸣、徐本坚等：《山东地貌区划》，载于《山东师范大学学报（人文社会科学版）》1959年第4期。

[42] 胡水炜：《山东半岛城市群产业结构与竞争力研究》，载于《中国集体经济》2010年第3期。

[43] 黄金川、陈守强：《中国城市群等级类型综合划分》，载于《地理科学进展》2015年第3期。

[44] 黄跃、李琳：《中国城市群绿色发展水平综合测度与时空演化》，载于《地理研究》2017年第7期。

[45] 黄征学：《城市群界定的标准研究》，载于《经济问题探索》2014年第8期。

[46] 姜博、修春亮、陈才：《辽中南城市群城市流分析与模型阐释》，载于《经济地理》2008年第5期。

[47] 姜春云：《山东省情》，山东人民出版社1986年版。

[48] 焦敬娟、王姣娥、金凤君、王涵：《高速铁路对城市网络结构的影响研究——基于铁路客运班列分析》，载于《地理学报》2016年第2期。

[49] 荆肇睿、梁红梅、秦伟山等：《江苏省工业分行业土地利用碳排放效率与低碳优化——基于工业分行业建设用地控制指标视角》，载于《水土保持通报》2016年第5期。

[50] 景建军：《山东半岛城市群的功能联系与结构优化》，载于《经济地

理》2006 年第 3 期。

[51] 赖力：《中国土地利用的碳排放效应研究》，南京大学出版社 2011 年版。

[52] 雷菁、郑林、陈晨：《利用城市流强度划分中心城市规模等级体系——以江西省为例》，载于《城市问题》2006 年第 1 期。

[53] 冷炳荣、杨永春、谭一洺：《城市网络研究：由等级到网络》，载于《国际城市规划》2014 年第 2 期。

[54] 李峰、李恒光：《山东半岛区域创新体系的构建》，载于《山东工商学院学报》2004 年第 5 期。

[55] 李嘎：《从青州到济南：宋至明初山东半岛中心城市转移研究——一项城市比较视角的考察》，载于《中国历史地理论丛》2011 年第 4 期。

[56] 李嘎：《山东半岛城市地理研究》，复旦大学硕士学位论文 2008 年。

[57] 李海奎、雷渊才、曾伟生：《基于森林清查资料的中国森林植被碳储量》，载于《林业科学》2011 年第 7 期。

[58] 李慧玲、戴宏伟：《京津冀与长三角城市群经济联系动态变化对比——基于城市流强度的视角》，载于《经济与管理》2016 年第 2 期。

[59] 李佳洺、孙铁山、李国平：《中国三大都市圈核心城市职能分工及互补性的比较研究》，载于《地理科学》2010 年第 4 期。

[60] 李凯、刘涛、曹广忠：《中国典型城市群空间范围的动态识别与空间扩展模式探讨——以长三角城市群、武汉城市群和成渝城市群为例》，载于《城市发展研究》2015 年第 11 期。

[61] 李世泰、赵亚萍、张喆：《山东半岛城市群创新能力评价研究》，载于《地域研究与开发》2012 年第 4 期。

[62] 李世泰：《山东半岛城市群协调发展探析》，载于《商业研究》2007 年第 2 期。

[63] 李涛、傅强：《中国省际碳排放效率研究》，载于《统计研究》2011 年第 7 期。

[64] 李秀芬、候立群、张建锋，等：《山东省的主要水文特征与森林资源培育区域的划分》，载于《山东林业科技》2003 年第 5 期。

[65] 李颖、黄贤金、甄峰：《江苏省区域不同土地利用方式的碳排放效应分析》，载于《农业工程学报》2008 年第 2 期。

[66] 李玉江、陈培安、吴玉麟：《城市群形成动力机制及综合竞争力提升研究：以山东半岛城市群为例》，科学出版社 2009 年版。

[67] 李玉江：《城市群形成动力机制及综合竞争力提升研究：以山东半岛城市群为例》，科学出版社 2009 年版。

[68] 李玉江：《山东区域经济非均衡协调发展》，中国社会科学出版社 2014 年版。

[69] 李忠：《关于山东半岛城市群规划的思考》，载于《中国经贸导刊》2014 年第 7 期。

[70] 刘春浩：《山东半岛城市群创新能力时空差异与协同发展研究》，鲁东大学硕士学位论文 2017 年。

[71] 刘德军、刘芳：《山东通史·当代卷》，人民出版社 2010 年版。

[72] 刘凡胜：《山东半岛城市群空间布局研究》，兰州商学院硕士学位论文 2013 年。

[73] 刘果、叶堃晖：《基于复杂网络的我国高铁演化特征研究》，载于《交通运输研究》2017 年第 3 期。

[74] 刘红光、刘卫东：《中国工业燃烧能源导致碳排放的因素分解》，载于《地理科学进展》2009 年第 2 期。

[75] 刘红耀、温利华、宋继革：《河北省太行山区土地利用方式转变下的碳排放研究》，载于《环境工程》2014 年第 12 期。

[76] 刘惠敏、窦大海：《山东半岛城市群产业优势分析与选择》，载于《山东建筑大学学报》2006 年第 3 期。

[77] 刘建朝、高素英：《基于城市联系强度与城市流的京津冀城市群空间联系研究》，载于《地域研究与开发》2013 年第 2 期。

[78] 刘军：《整体网分析讲议：UCINET 软件实用指南》，上海人民出版社 2009 年版。

[79] 刘康、姜国建：《山东海洋环境问题与管理对策分析》，载于《海洋开发与管理》2005 年第 6 期。

[80] 刘士林、刘新静：《中国城市群发展报告 2016》，中国出版集团东方出版中心 2016 年版。

[81] 刘涛：《基于功能网络的珠三角区域城市联系研究》，载于《经济地理》2015 年第 12 期。

[82] 刘玉强、游文澄：《山东省矿产资源形势与对策》，载于《山东国土资源》2002 年第 4 期。

[83] 刘兆德、陈素青：《山东半岛城市群可持续发展研究》，科学出版社 2010 年版。

[84] 刘兆德、杨琦：《山东半岛城市群地区空间极化及其影响因素研究》，载于《长江流域资源与环境》2011 年第 7 期。

[85] 刘正兵、丁志伟、卜书朋、王发曾：《中原城市群城镇网络结构特征分析：基于空间引力与客运联系》，载于《人文地理》2015 年第 4 期。

[86] 卢东东：《先秦齐鲁地区城市发展的历史审视》，华中师范大学硕士学位论文 2012 年。

[87] 卢明华、李国平、孙铁山：《东京大都市圈内各核心城市的职能分工及启示研究》，载于《地理科学》2003 年第 23 期。

[88] 卢娜、曲福田、冯淑怡等：《基于 STIRPAT 模型的能源消费碳足迹变化及影响因素——以江苏省苏锡常地区为例》，载于《自然资源学报》2011 年第 5 期。

[89] 卢万合、刘继生：《中国十大城市群城市流强度的比较分析》，载于《统计与信息论坛》2010 年第 2 期。

[90] 路旭、马学广、李贵才：《基于国际高级生产者服务业布局的珠三角城市网络空间格局研究》，载于《经济地理》2012 年第 4 期。

[91] 罗小龙、沈建法：《跨界的城市增长——以江阴经济开发区靖江园区为例》，载于《地理学报》2006 年第 4 期。

[92] 罗震东、何鹤鸣、韦江绿：《基于公路客流趋势的省域城市间关系与结构研究——以安徽省为例》，载于《地理科学》2012 年第 10 期。

[93] 马学广、窦鹏：《基于客运交通流的山东沿海城市带多中心结构特征研究》，载于《现代城市研究》2017 年第 10 期。

[94] 马学广、贾朝祥、张瑞敏等：《城市群体区域空间联系格局的多尺度研究——以山东沿海城市带为例》，载于《青岛科技大学（社会科学版）》2015 年第 4 期。

[95] 马学广、李贵才：《世界城市网络研究方法论》，载于《地理科学进展》2012 年第 2 期。

[96] 马学广、李贵才：《西方城市网络研究进展和应用实践》，载于《国际城市规划》2012 年第 4 期。

[97] 马学广、李鲁奇：《城际合作空间的生产与重构——基于领域、网络与尺度的视角》，载于《地理科学进展》2017 年第 12 期。

[98] 马学广、李鲁奇：《基于铁路客运流的环渤海城市空间联系及其网络结构》，载于《经济地理》2017 年第 5 期。

[99] 马学广、李鲁奇：《新国家空间理论的内涵与评价》，载于《人文地理》2017 年第 3 期。

[100] 马学广、李鲁奇：《中国城市网络化空间联系结构：基于银行网点数据的研究》，载于《地理科学进展》2017 年第 4 期。

[101] 马学广、孟颖焘：《山东沿海城市带城市流时空演变格局研究》，载于《中国名城》2015 年第 7 期。

[102] 马学广：《全球城市区域的空间生产与跨界治理研究》，科学出版社

2016年版。

[103] 马学广等：《海岸地带城市—区域空间治理研究》，人民出版社2015年版。

[104] 毛敏康：《试论山东省地貌区域结构》，载于《地理科学》1993年第1期。

[105] 孟德友：《基于铁路客运网络的省际可达性及经济联系格局》，载于《地理研究》2012年第1期。

[106] 苗长虹、胡志强：《城市群空间性质的透视与中原城市群的构建》，载于《地理科学进展》2015年第3期。

[107] 苗长虹：《变革中的西方经济地理学：制度、文化、关系与尺度转向》，载于《人文地理》2004年第4期。

[108] 牟胜举、曹荣林、魏宗财：《山东半岛城镇空间演变研究》，载于《河南科学》2007年第3期。

[109] 牛文元：《持续发展导论》，科学出版社1994年版。

[110] 彭颖、翁时秀、李立勋：《市场化背景下中国城市电视市场结构空间格局演变——以30个省会城市、直辖市为例》，载于《热带地理》2018年第1期。

[111] 任建兰、史会剑、张淑敏：《山东半岛城市群高新技术产业发展定位研究》，载于《世界地理研究》2008年第1期。

[112] 任远：《城镇化的升级和新型城镇》，载于《城市规划学刊》2016年第2期。

[113] 山东省城乡规划设计研究院：《山东半岛城市群发展规划（2016~2030年）》。

[114] 山东省城乡规划设计研究院：《山东省城镇体系规划（2011~2030年）》。

[115] 山东省城乡规划设计研究院：《山东省沿海城镇带规划（2018~2035年）》。

[116] 山东省地方史志编纂委员会：《山东省志：自然地理志》，山东人民出版社1996年版。

[117] 山东省住房和城乡建设厅、山东省统计局：《山东省城镇化发展报告》，中国文史出版社2017年版。

[118] 商薇、李福柱、孙毅：《山东半岛城市群优势产业分析及其产业分工调控研究》，载于《经济师》2008年第3期。

[119] 宋承新、邹连文：《山东省地表水资源特点及可持续开发分析》，载于《水文》2001年第4期。

[120] 宋德勇、徐安：《中国城镇碳排放的区域差异和影响因素》，载于

《中国人口·资源与环境》2011年第11期。

[121] 宋吉涛、赵晖、陆军等:《基于投入产出理论的城市群产业空间联系》,载于《地理科学进展》2009年第6期。

[122] 宋立杰:《海岸带综合管理下的山东省东部海岸带旅游管理模式研究》,山东师范大学硕士学位论文2005年。

[123] 隋映辉:《城市创新:山东半岛"城市创新圈"及其构建》,载于《山东经济》2004年第5期。

[124] 孙赫、梁红梅、常学礼等:《中国土地利用碳排放及其空间关联》,载于《经济地理》2015年第3期。

[125] 孙建卫、赵荣钦、黄贤金等:《1995~2005年中国碳排放核算及其因素分解研究》,载于《自然资源学报》2010年第8期。

[126] 孙阳、姚士谋、张落成:《长三角城市群"空间流"层级功能结构——基于高铁客运数据的分析》,载于《地理科学进展》2016年第11期。

[127] 谈家青、孙希华、李玉江:《山东半岛城市群相对资源承载力与竞争力研究》,载于《资源开发与市场》2007年第3期。

[128] 唐洪松、马惠兰、苏洋等:《新疆不同土地利用类型的碳排放与碳吸收》,载于《干旱区研究》2016年第3期。

[129] 唐燕:《德国大都市地区的区域治理与协作》,中国建筑工业出版社2011年版。

[130] 陶希东:《构建具有中国特色的"跨界治理"新模式》,载于《学习时报》2014年6月16日。

[131] 陶修华、曹荣林、刘兆德:《基于城市流分析的城市联系强度探讨——以山东半岛城市群为例》,载于《河南科学》2007年第1期。

[132] 汪广印:《山东半岛城市群经济可持续发展研究》,重庆大学硕士学位论文2007年。

[133] 汪晗、吴静兰、张安录等:《土地利用强度碳排放效应分析——以广西南宁为例》,载于《生态经济》2016年第9期。

[134] 王安、李媛媛:《山东半岛城市群发展研究》,载于《宏观经济管理》2016年第9期。

[135] 王安、于吉海:《推动山东半岛城市群发展的思路与对策》,载于《财政科学》2016年第7期。

[136] 王彬燕、王士君、田俊峰:《基于城市流强度的哈长与辽中南城市群比较研究》,载于《经济地理》2015年第11期。

[137] 王成新、李新华、王格芳等:《城市群竞争力评价实证研究——以山东半岛城市群为例》,载于《地域研究与开发》2012年第5期。

[138] 王佃利、史越:《跨域治理理论在中国区域管理中的应用——以山东半岛城市群发展为例》,载于《东岳论丛》2013年第10期。

[139] 王佃利:《区域公共管理的制度与机制创新探析——以山东半岛城市群为例》,载于《北京行政学院学报》2009年第5期。

[140] 王海江、苗长虹、牛海鹏、袁占良:《中国中心城市公路客运联系及其空间格局》,载于《地理研究》2016年第4期。

[141] 王建国:《山东气候》,气象出版社2005年版。

[142] 王姣娥、景悦:《中国城市网络等级结构特征及组织模式——基于铁路和航空流的比较》,载于《地理学报》2017年第8期。

[143] 王婧、方创琳:《中国城市群发育的新型驱动力研究》,载于《地理研究》2011年第2期。

[144] 王克奇、王钧林:《山东通史·先秦卷》,山东人民出版社1993年版。

[145] 王乐:《山东半岛城市群生态系统健康状况的分析评价》,青岛科技大学硕士学位论文2008年。

[146] 王磊、李慧明:《产业用地空间碳排放效应研究》,载于《城市发展研究》2013年第10期。

[147] 王乃静等:《山东半岛城市群发展战略新探》,经济科学出版社2005年版。

[148] 王少海:《山东半岛城市群产业结构调整和升级问题研究》,东北师范大学硕士学位论文2008年。

[149] 王世旭:《山东省旅游资源可持续利用探讨》,载于《山东行政学院学报》2005年第3期。

[150] 王伟、孙平军、杨青山:《新制度经济学下城市群形成与演进机理分析框架研究》,载于《地理科学》2018年第4期。

[151] 王伟、张常明、陈璐:《我国20个重点城市群经济发展与环境污染联动关系研究》,载于《城市发展研究》2016年第7期。

[152] 王新娜:《山东半岛城市群空间结构研究》,载于《资源与产业》2008年第3期。

[153] 王艳、曹俊茹、孙艳青:《山东半岛城市群城市土地集约利用评价》,载于《国土与自然资源研究》2012年第5期。

[154] 王有邦:《山东地理》,山东省地图出版社2000年版。

[155] 王钊、杨山、龚富华、刘帅宾:《基于城市流空间的城市群变形结构识别——以长江三角洲城市群为例》,载于《地理科学》2017年第9期。

[156] 魏守华、周山人、千慧雄:《中国城市规模偏差研究》,载于《中国工业经济》2015年第4期。

[157] 温惠英、尹宏宾、苏奎:《广州市公路客运交通发展新趋势》,载于《华南理工大学学报(自然科学版)》2000年第9期。

[158] 吴康:《京津冀城市群职能分工演进与产业网络的互补性分析》,载于《经济与管理研究》2015年第3期。

[159] 吴佩林、王学真、高峰:《山东半岛城市群水资源与水环境问题及对策》,载于《辽宁工程技术大学学报》2007年第4期。

[160] 吴威、曹有挥、梁双波、曹卫东:《中国铁路客运网络可达性空间格局》,载于《地理研究》2009年第5期。

[161] 郗凤明、梁文涓、牛明芬等:《辽宁中部城镇密集区土地利用变化的碳排放及低碳调控对策》,载于《应用生态学报》2016年第2期。

[162] 肖爱玲:《山东早期城市群及其与环境关系研究》,载于《西北大学学报·自然科学版》2006年第6期。

[163] 肖泽磊、朱威鹏、范斐、魏伟:《城市群创新投入的空间格局与创新绩效研究——以长江经济带所辖城市群为例》,载于《人文地理》2017年第3期。

[164] 谢馥荟:《山东半岛城市群空间结构演变研究》,南京航空航天大学硕士学位论文2006年。

[165] 谢鸿宇、陈贤生、林凯荣、胡安焱:《基于碳循环的化石能源及电力生态足迹》,载于《生态学报》2008年第4期。

[166] 熊永兰、张志强、曲建升等:《2005~2009年我国省域CO_2排放特征研究》,载于《自然资源学报》2012年第10期。

[167] 徐国泉、刘则渊、姜照华:《中国碳排放的因素分解模型及实证分析:1995~2004年》,载于《中国人口·资源与环境》2006年第6期。

[168] 徐慧超、韩增林、赵林、彭飞:《中原经济区城市经济联系时空变化分析——基于城市流强度的视角》,载于《经济地理》2013年第6期。

[169] 闫曼娇、马学广、娄成武:《中国沿海城市带城市职能分工互补性比较研究》,载于《经济地理》2016年第1期。

[170] 颜蕊:《山东半岛城市群城市职能结构比较研究》,曲阜师范大学硕士学位论文2013年。

[171] 杨金华:《高速铁路对湖南城市群可达性的影响》,载于《人文地理》2014年第2期。

[172] 杨雪雅:《山东省城镇化发展实证分析与策略研究》,中国海洋大学硕士学位论文2013年。

[173] 姚士谋、李青、武清华等:《我国城市群总体发展趋势与方向初探》,载于《地理研究》2010年第8期。

[174] 姚士谋、周春山、王德等:《中国城市群新论》,科学出版社 2016 年版。

[175] 叶焕民、周娜、宗振利:《产业生态化的分析角度选择——以山东半岛城市群的产业生态化为例》,载于《青岛科技大学学报(社会科学版)》2008 年第 3 期。

[176] 叶磊、欧向军:《我国主要城市群的城市流动态比较》,载于《城市发展研究》2012 年第 6 期。

[177] 於冉、田思萌:《基于承载关系的合肥市土地利用碳排放效应分析》,载于《安徽农业大学学报》2016 年第 6 期。

[178] 于会娟:《山东半岛蓝色经济区海洋科技创新的支撑体系研究》,载于《中共青岛市委党校·青岛行政学院学报》2011 年第 2 期。

[179] 于谨凯、马健秋:《山东半岛城市群经济联系空间格局演变研究》,载于《地理科学》2018 年第 11 期。

[180] 余光英、员开奇:《湖南省土地利用碳排放动态效率研究:基于 Malmquist 指数模型》,载于《环境科学与技术》2015 年第 2 期。

[181] 袁顺全、刘殿成、赵烨:《山东省耕地资源安全问题研究》,载于《地理与地理信息科学》2007 年第 1 期。

[182] 岳超、胡雪洋、贺灿飞等:《1995~2007 年我国省区碳排放及碳强度的分析——碳排放与社会发展Ⅲ》,载于《北京大学学报(自然科学版)》2010 年第 4 期。

[183] 允春喜、上官仕青:《公共服务供给中的地方政府合作——以山东半岛城市群为例》,载于《东北大学学报(社会科学版)》2013 年第 5 期。

[184] 张兵、古继宝:《中外城市群发展经验及其对山东半岛城市群的启示》,载于《城市发展研究》2006 年第 3 期。

[185] 张光明、王赛时:《隋唐时期山东城市及商贸交通的发展》,载于《东岳论丛》1998 年第 4 期。

[186] 张广海、刘佳:《山东半岛城市群旅游环境承载力地域差异与功能分区》,载于《地域研究与开发》2008 年第 4 期。

[187] 张虹鸥、叶玉瑶、罗晓云、叶树宁:《珠江三角洲城市群城市流强度研究》,载于《地域研究与开发》2004 年第 6 期。

[188] 张俊峰、张安录、董捷:《土地集约利用与土地利用碳排放的关系研究——以武汉城市圈为例》,载于《农业现代化研究》2013 年第 6 期。

[189] 张坤民、潘家华、崔大鹏:《低碳经济论》,中国环境科学出版社 2008 年版。

[190] 张苗、甘臣林、陈银蓉:《基于 SBM 模型的土地集约利用碳排放效率

分析与低碳优化》，载于《中国土地科学》2016年第3期。

[191] 张娜：《海岸带综合管理立法问题研究——以〈山东省海岸带综合管理条例〉的制定为中心》，烟台大学硕士学位论文2013年。

[192] 张熙惟、赵文坦，等：《山东通史·宋金元卷》，人民出版社2009年版。

[193] 张绪良：《山东省海洋资源开发与海洋经济发展》，载于《高师理科学刊》2003年第3期。

[194] 张勇、张乐勤、汪应宏等：《安徽省池州市土地利用碳排放演变及其影响因素》，载于《中国农业大学学报》2014年第2期。

[195] 张云飞：《城市群内产业集聚与经济增长关系的实证研究——基于面板数据的分析》，载于《经济地理》2014年第1期。

[196] 张臻：《山东省区域政策实施及对区域协调发展的影响研究》，山东师范大学硕士学位论文2012年。

[197] 张震：《中国都市连绵区的界定与治理对策述评——基于全球大都市区发展的启示》，载于《现代经济探讨》2015年第11期。

[198] 张祖陆：《山东地理》，北京师范大学出版社2014年版。

[199] 赵丹、张京祥：《高速铁路影响下的长三角城市群可达性空间格局演变》，载于《长江流域资源与环境》2012年第4期。

[200] 赵凯球、马新著：《山东通史·魏晋南北朝卷》，山东人民出版社1994年版。

[201] 赵渺希、魏冀明、吴康：《京津冀城市群的功能联系及其复杂网络演化》，载于《城市规划学刊》2014年第1期。

[202] 赵荣钦、黄贤金、揣小伟：《中国土地利用碳排放的研究误区和未来趋向》，载于《中国土地科学》2016年第12期。

[203] 赵荣钦、黄贤金、钟太洋：《中国不同产业空间的碳排放强度与碳足迹分析》，载于《地理学报》2010年第9期。

[204] 赵荣钦、黄贤金：《基于能源消费的江苏省土地利用碳排放与碳足迹》，载于《地理研究》2010年第9期。

[205] 赵荣钦：《城市系统碳循环及土地调控研究》，南京大学出版社2012年版。

[206] 赵先超、朱翔、周跃云：《湖南省不同土地利用方式的碳排放效应及时空格局分析》，载于《环境科学学报》2013年第3期。

[207] 赵云：《山东半岛城市群动力机制与提升路径研究》，哈尔滨工业大学硕士学位论文2010年。

[208] 赵云泰、黄贤金、钟太洋等：《1999～2007年中国能源消费碳排放强

度空间演变特征》，载于《环境科学》2011年第11期。

[209] 赵展慧：《我国城镇化率已达56.1%（在国务院政策吹风会上）》，载于《人民日报》2016年1月31日第2版。

[210] 郑新奇、王筱明：《城镇土地利用结构效率的数据包络分析》，载于《中国土地科学》2004年第2期。

[211] 郑长德、刘帅：《基于空间计量经济学的碳排放与经济增长分析》，载于《中国人口·资源与环境》2011年第5期。

[212] 中共山东省委政策研究室：《山东省情》（1948~1984年），山东人民出版社1986年版。

[213] 周斌：《山东半岛城市群经济服务化的溢出效应——基于空间面板模型的分析》，载于《上海经济》2016年第5期。

[214] 朱巧娴、梅昀、陈银蓉等：《基于碳排放测算的湖北省土地利用结构效率的DEA模型分析与空间分异研究》，载于《经济地理》2015年第12期。

[215] 朱勤、彭希哲、陆志明等：《中国能源消费碳排放变化的因素分解及实证分析》，载于《资源科学》2009年第12期。

[216] 朱翔：《湖南省城市职能体系优化研究》，载于《湖南师范大学自然科学学报》1996年第2期。

[217] 卓蓉蓉、余斌、曾菊新、郭新伟、李瑞瑞：《湖北省经济空间格局演变与经济空间战略效应》，载于《经济地理》2018年第3期。

[218] Beaverstock J, Smith R G. World-city Network: A New Metageography. Annals of the Association of American Geographers, 2000, Vol. 90, No. 1, pp. 123-134.

[219] Bramryd T. Fluxes and Accumulation of Organic Carbon in Urban Ecosystems on a Global Scale. In: Bornkamn R, Lee JA, Seaward MRD. Urban Ecology, 1980, No. 6, pp. 3-12.

[220] Castells M., Grassrooting the Space of Flows. Urban Geography, 1999, Vol. 20, No. 4, pp. 294-302.

[221] Churkina G. Modeling the Carbon Cycle of Urban Systems. Ecological Modeling, 2008, No. 2, pp. 107-113.

[222] Dickinson A. Polynucleate Metropolitan Regions in Northwest Europe: Theme of the Special Issue. European Planning Studies, 2014. Vol. 6, No. 4, pp. 365-377.

[223] Friedmann J., The World City Hypothesis. Development and Change, 1986, Vol. 17, No. 1, pp. 69-83.

[224] Harris B. Two-Mode Networks and the Interlocking World City Network Model: A Reply to Neal. Geographical Analysis, 2013. Vol. 44, No. 1,

pp. 2171 – 2173.

[225] Lal R. Carbon Emission from Farm Operations. Environment International, 2004, No. 7, pp. 981 – 990.

[226] Lebel L, Garden P, Banaticla M R N, et al. Integrating Carbon Management into the Development Strategies of Urbanizing Regions in Asia. Journal of Industrial Ecology, 2007, No. 2, pp. 61 – 81.

[227] Meijers E, Polycentric Urban Regions and the Quest for Synergy: Is a Network of Cities More Than the Sum of the Parts. Urban Studies, 2005, Vol. 42, No. 4, pp. 765 – 781.

[228] Oort F G V, Burger M J, Raspe O. On the Economic Foundation of the Urban Network Paradigm: Spatial Integration, Functional Integration and Economic Complementarities within the Dutch Randstad. Urban Studies, 2009, Vol. 47. No. 1, pp. 725 – 748.

[229] Ostrom E. Institutional Incentives and Sustainable Development: Infrastructure Policies in Perspective. Westview Press, 1993, pp. 18.

[230] Pachauri R K, Allen M R, Barros V R, et al. Climate Change 2014: Synthesis Report. Contribution of Working Groups Ⅰ, Ⅱ and Ⅲ to the Fifth Assessment Report of the Intergovernmental Panel on Climate Change. IPCC, 2014.

[231] Potter C, Klooster S, Steinbach M, et al. Understanding Global Teleconnections of Climate to Regional Model Estimates of Amazon Ecosystem Carbon Fluxes. Global Change Biology, 2004, No. 5, pp. 693 – 703.

[232] Sassen S., The Global City: New York, London, Tokyo. Princeton, N. J.: Princeton University Press, 2001.

[233] Taylor P J, Hoyler M, Verbruggen R. External Urban Relational Process: Introducing Central Flow Theory to Complement Central Place Theory. Urban Studies, 2010, Vol. 47, No. 13, pp. 2803 – 2818.

[234] Taylor P. J., Catalano G. and Walker D. R. F. Walker, Measurement of the World City Network. Urban Studies, 2002, Vol. 39, No. 39, pp. 2367 – 2376.

[235] Van Meeteren M, Bassens D. World Cities and the Uneven Geographies of Financialization: Unveiling Stratification and Hierarchy in the World City Archipelago. International Journal of Urban and Regional Research, 2016, Vol. 40. No. 1, pp. 62 – 81.

[236] West T O, Marland G. A Synthesis of Carbon Sequestration, Carbon Emissions, and Net Carbon Flux in Agriculture: Comparing Tillage Practices in the United States. Agriculture, Ecosystems & Environment, 2002, No. 3, pp. 217 – 232.

后　　记

　　山东半岛城市群是山东省展示改革开放四十多年优秀成果的最具代表性的区域，在全国具有鲜明的地域特色和显著的阶段性特征。对山东半岛城市群的研究是一项富有挑战性的工作，如何继承和借鉴既往研究成果的主要结论，并在此基础之上突破相关研究结论与规划方案的束缚，实现研究创新始终是摆在笔者面前的难题。本研究是抛砖引玉式的初步探索，对山东半岛城市群的探讨也仅仅落脚于有选择性的部分主题研究而非全景式的理论或实践透视，结论上难免呈现雪泥鸿爪、管中窥豹的特征，有待更多对该地域和该领域感兴趣的科研工作者加入其中，为山东半岛城市群的科研和建设提供更详细、更专业、更高端、更丰富、更系统的智力支持。

　　国内地理学界对山东半岛城市群的专门性研究相比珠三角、长三角和京津冀等地区尚不充分，既往的代表性著作偏重于竞争力研究、可持续发展研究、城镇体系研究等侧面，多元性、多样化和系统化的研究还有待更多的学者参与。而本研究由于时间、数据和作者水平有限，主要聚焦于大数据信息获取和分析技术支撑下的城市联系研究，基于流动空间的公路流、铁路流、企业流等功能性城市流分析是其主要特色所在，同时还加入了基于地方空间属性数据的区域空间结构分析、城市流分析、城市职能互补性分析和土地利用碳排放分析等内容，并基于公共政策分析而提出了区域空间治理的指导性策略。

　　本研究涉及大规模海量数据的获取和分析，因此采取集体合作的方式。其中，马学广负责本书的总体统筹和协调，以及各章节内容的撰写及整合；于兰军参与了本书的整体构思和结构设计，以及部分章节的撰写；窦鹏、张翼飞、唐承辉、鹿宇、魏晓迪、蓝灵莹、邱鹏、刘佳文、杨沛东、郭铭文和燕月等人参与了本书各章节基础数据的收集整理和初步分析；马学广负责本书的校对和核实。

　　受多种因素影响，本书的出版经历了漫长的写作与修改、完善过程，几经沉浮，最终付梓殊为不易。感谢中国城市群研究丛书主编、上海财经大学城市与区域科学学院张学良教授发起成立"中国城市群研究联盟"并主导系列丛书出版的协调工作，本研究能够忝列其中、与有荣焉。感谢中国城市群研究丛书主编、国家发展和改革委员会宏观经济研究院肖金成研究员对本研究的关心、支持和指导。感谢国家留学基金委青年骨干教师出国研修项目的支持，非常荣幸能够获得美国加州大学伯克利分校邢幼田（You-tien Hsing）教授的悉心指点。感谢经济科学出版社编辑对本书出版所付出的艰苦辛劳，其专业精神令人敬仰。感谢南开大学有关部门和周恩来政府管理学院各位领导、同事对本研究的鼓励和支持。感谢山东省城乡规划设计研究院、山东省建设发展研究院和青岛市城市规划设计研究院等机构领导和专家对本研究的项目调研工作所提供的宝贵支持。感谢本书所引用各项参考文献和资料数据的作者所提供的真知灼见。

尤其感谢爱妻对我科研工作的充分理解和坚定支持，感谢岳父、岳母对我们小家庭成长不计辛劳的全身心投入和细心呵护。

马学广

2021年10月于天津南开